Hermann-Josef Frisch

Zum Geheimnis finden

Wortgottesdienste für Familien mit Kindern

Lesejahr B

Hermann-Josef Frisch

Zum Geheimnis finden

Wortgottesdienste für Familien mit Kindern

Lesejahr B

Patmos Verlag Düsseldorf

Wortgottesdienste für Familien mit Kindern

Lesejahr A (Matthäus): In Gemeinschaft feiern

Lesejahr B (Markus): Zum Geheimnis finden

Lesejahr C (Lukas): Vom Leben erzählen

Die Deutsche Bibliothek – CIP Einheitsaufnahme

Frisch, Hermann-Josef:
Zum Geheimnis finden: Wortgottesdienste für Familien mit Kindern; Lesejahr B/
Hermann-Josef Frisch.
– 1. Aufl. – Düsseldorf: Patmos-Verl., 1999
ISBN 3-491-70316-6

1. Auflage 1999
Satz und Gestaltung: Hermann-Josef Frisch
Umschlagentwurf: Volker Butenschön mit einer Bildvorlage von Eva Degenhardt
Druck und Bindung: Friedrich Pustet, Regensburg
ISBN 3-491-70316-6

Einführung

Ein Wort zu Beginn . . . 7
Wortgottesdienste für Familien mit Kindern . . . 8
Der Evangelist Markus im Lesejahr B . . . 10
Leitfaden Gottesdienst (B) . . . 12
Texte im Gottesdienst mit Kindern . . . 12
Spiele, Zeichen und Zeichenhandlungen . . . 15
Bilder und Musik im Gottesdienst mit Kindern . . . 17
Zu den Gottesdienstmodellen . . . 20

Weihnachtsfestkreis

Einführung Advent und Weihnachten . . . 21
B 1 1. Adventssonntag . . . 22
B 2 2. Adventssonntag . . . 26
B 3 3. Adventssonntag . . . 29
B 4 4. Adventssonntag . . . 33
B 5 Heiligabend . . . 36
B 6 Fest der Heiligen Familie . . . 38
B 7 Neujahr . . . 40
B 8 2. Sonntag nach Weihnachten . . . 41
B 9 Erscheinung des Herrn . . . 42
B 10 Taufe des Herrn (1. Sonntag im Jahreskreis) . . . 44

Sonntage im Jahreskreis (1. Teil)

B 11 2. Sonntag im Jahreskreis . . . 46
B 12 3. Sonntag im Jahreskreis . . . 49
B 13 4. Sonntag im Jahreskreis . . . 51
B 14 5. Sonntag im Jahreskreis . . . 54
B 15 6. Sonntag im Jahreskreis . . . 56
B 16 7. Sonntag im Jahreskreis . . . 58

Osterfestkreis

Einführung Fastenzeit und Ostern . . . 61
B 17 Aschermittwoch . . . 62
B 18 1. Fastensonntag . . . 63
B 19 2. Fastensonntag . . . 66
B 20 3. Fastensonntag . . . 69
B 21 4. Fastensonntag . . . 71
B 22 5. Fastensonntag . . . 74
B 23 Palmsonntag . . . 77
B 24 Gründonnerstag . . . 78
B 25 Karfreitag . . . 79
B 26 Osternacht . . . 80
B 27 Ostersonntag . . . 82
B 28 2. Sonntag der Osterzeit (Weißer Sonntag) . . . 83
B 29 3. Sonntag der Osterzeit . . . 85
B 30 4. Sonntag der Osterzeit . . . 87
B 31 5. Sonntag der Osterzeit . . . 90

B 32 6. Sonntag der Osterzeit 93
B 33 Christi Himmelfahrt 96
B 34 7. Sonntag der Osterzeit 98
B 35 Pfingsten 101
B 36 Dreifaltigkeitssonntag 102
B 37 Fronleichnam 104

Sonntage im Jahreskreis (2. Teil)

B 38 8. Sonntag im Jahreskreis 107
B 39 9. Sonntag im Jahreskreis 110
B 40 10. Sonntag im Jahreskreis 114
B 41 11. Sonntag im Jahreskreis 117
B 42 12. Sonntag im Jahreskreis 120
B 43 13. Sonntag im Jahreskreis 124
B 44 14. Sonntag im Jahreskreis 127
B 45 15. Sonntag im Jahreskreis 130
B 46 16. Sonntag im Jahreskreis 132
B 47 17. Sonntag im Jahreskreis 136
B 48 18. Sonntag im Jahreskreis 139
B 49 19. Sonntag im Jahreskreis 142
B 50 20. Sonntag im Jahreskreis 144
B 51 21. Sonntag im Jahreskreis 147
B 52 22. Sonntag im Jahreskreis 150
B 53 23. Sonntag im Jahreskreis 153
B 54 24. Sonntag im Jahreskreis 156
B 55 25. Sonntag im Jahreskreis 159
B 56 26. Sonntag im Jahreskreis 162
B 57 27. Sonntag im Jahreskreis 165
B 58 28. Sonntag im Jahreskreis 168
B 59 29. Sonntag im Jahreskreis 171
B 60 30. Sonntag im Jahreskreis 174
B 61 31. Sonntag im Jahreskreis 177
B 62 32. Sonntag im Jahreskreis 180
B 63 33. Sonntag im Jahreskreis 183
B 64 Christkönigssonntag 186

Anhang

Schriftstellenregister 190
Stichwortverzeichnis 196

Ein Wort zu Beginn

Die Liturgiereform nach dem Zweiten Vatikanischen Konzil hat neue Möglichkeiten zur Gottesdienstgestaltung gebracht. Dies wirkte sich in hohem Maße auch auf die Gottesdienste aus, die in den Gemeinden mit Familien und Kindern gehalten werden. In vielen Gemeinden sind in den letzten Jahrzehnten Gottesdienste für Familien mit Kindern zur festen Einrichtung geworden. Viele Frauen und Männer haben sich mit hohem Einsatz in dieser Arbeit engagiert, solche Gottesdienste vorbereitet und auch im Gottesdienst selber Teile der Gestaltung übernommen.

Durch den zunehmenden und sich in Zukunft weiter verstärkenden Priestermangel wird es an vielen Orten künftig nicht länger möglich sein, solche Familiengottesdienste auch als Eucharistie zu feiern. Mehr denn je sind Gemeinden auf Wortgottesdienste angewiesen, wollen sie ihren Kindern (entsprechend auch ihren Jugendlichen) zielgruppengerechte Gottesdienste anbieten.

Zudem werden auch die Schwierigkeiten von Kinder- und Familiengottesdiensten immer größer. Die allgemein festzustellende »Verdunstung des Glaubens«, die zunehmende Entfremdung vieler, besonders jüngerer Menschen von Kirche und Religion wirkt sich in hohem Maße auf die Kinder aus. Stärker als zu früheren Zeiten treffen wir in unseren Gemeinden auf Kinder, die zwar getauft sind, die aber keinerlei religiöse Erziehung erhalten haben. Kinder mit Glaubenserfahrungen und einem Grundwissen um die Botschaft christlichen Glaubens, um seine Feste, Riten, Gottesdienst- und Gebetsformen stellen heute meist nur eine Minderheit dar.

Mit solchen »kleinen Heiden« gilt es also Gottesdienst zu feiern. Ihnen sollen die Frohe Botschaft eines menschenfreundlichen Gottes und zugleich die glaubende und feiernde Gemeinschaft der Christen vermittelt werden. In einer Zeit also, in der selbst viele Erwachsene kaum »gottesdienstfähig« sind, stellt der Gottesdienst mit Kindern eine besondere Herausforderung dar.

Der »normale« Erwachsenengottesdienst einer Gemeinde ist bei dieser Aufgabe wichtig, und Kinder dürfen ihm nicht entfremdet werden, müssen letztlich den Kontakt zu ihm gewinnen. Dennoch kann er allein die Aufgabe eines kindgerechten Gottesdienstes nicht erfüllen. Wir brauchen im Interesse unserer Kinder auch eigens für sie gestaltete, auf ihre Lebenssituation, ihre Wünsche und Vorstellungen eingehende Gottesdienste. Angesichts der heutigen kirchlichen Situation können dies oft nur Wortgottesdienste sein.

Das vorliegende Buch und die beiden anderen Bände zu den Lesejahren A und C möchten an dieser Stelle ansetzen und vielfältige Anregungen für eine Gestaltung solcher Wortgottesdienste geben. Dabei werden in der Regel die Schrifttexte der Sonn- und Feiertage als Grundlage gewählt. Sie werden allerdings immer intensiv mit der heutigen Lebenswirklichkeit und der Lebenswelt der Kinder verbunden.

Wir sind überzeugt, dass nur dann Gottesdienste kindgerecht gestaltet werden und bei den Kindern »ankommen« können, wenn das Leben der Kinder mit allen Seiten, mit Glück und Freude, ebenso aber auch mit Leid und Trauer in solchen Gottesdiensten Platz findet. Der Gottesdienst ist für den Menschen da, ist Dienst Gottes (und glaubender Menschen) an Menschen und ihrem Leben, das durch den Glauben gelingen soll.

Wo solcherart das Leben einbezogen und »vom Leben erzählt« wird (vgl. den Band zum Lesejahr C), da klingt etwas vom Geheimnis des Lebens an, da begeben sich Menschen miteinander auf den Weg, zu diesem tiefsten Geheimnis, zu Gott, zu finden.

Wir wünschen Ihnen, dass Sie in den Familiengottesdiensten Ihrer Gemeinde miteinander einen solchen Weg beschreiten und die Freude des Glaubens erfahren können. Wir wünschen Ihnen, dass die Botschaft des Glaubens Kindern wie Erwachsenen durch gut gestaltete Gottesdienste zugänglich wird und dass sie erfahren, wie durch die Feier des Glaubens das Leben auch in unserer Welt bereichert wird. Wir wünschen Ihnen, dass Sie *»zum Geheimnis finden«* können.

Hermann-Josef Frisch

Wortgottesdienste für Familien mit Kindern

(Diese Einführung findet sich ausführlicher im Band zum Lesejahr C.)

Gottesdienste für Familien mit Kindern finden zu verschiedenen Gelegenheiten statt:

- Besonders in größeren Gemeinden mit einem besseren Gottesdienstangebot gibt es am Sonntagmorgen regelmäßig oder in bestimmten Abständen (etwa einmal oder zweimal im Monat) einen Familiengottesdienst als Eucharistiefeier. Zunehmend werden solche Gottesdienste (wesentlich im ersten Teil des Wortgottesdienstes) aber eigenverantwortlich von Gottesdienstgruppen vorbereitet und gestaltet, die für ihre Arbeit ausreichende Hilfen benötigen.
- Wo sonntags nur eine Eucharistiefeier stattfinden kann, wird oft versucht, diese Feier zwar grundsätzlich auf Erwachsene auszurichten, aber an einer Stelle des Gottesdienstes ein kindgemäßes Element oder eine Beteiligung der Kinder einzubauen.
- Manche Gemeinden trennen die Zielgruppen während des Wortgottesdienstes: Die Erwachsenen versammeln sich in der Kirche, die Kinder in einem anderen geeigneten Raum. Etwa zur Gabenbereitung kommen auch die Kinder zur Kirche und feiern den zweiten Teil der Messe zusammen mit den Erwachsenen.
- In wieder anderen Gemeinden gibt es eigene Wortgottesdienste für Kinder, die zu einer anderen Zeit als die sonntägliche Eucharistie der Gemeinde (oder der sonntägliche Wortgottesdienst für Erwachsene) stattfinden.
- Auch zu anderen Gelegenheiten (etwa zum Martinszug, zum Kreuzweg oder zur Maiandacht ...) gibt es oft eigene Angebote für Familien mit Kindern.

Alle diese Angebote gehen heute mehr als früher davon aus, dass sie keine reinen *Kinder*gottesdienste sind, sondern dass sie sich an Familien, das heißt an Kinder *und* Erwachsene richten. Es geht in ihnen wesentlich, aber nicht ausschließlich um Kinder. Die Gestaltung solcher Gottesdienste erfordert von den Verantwortlichen, gleich ob es Hauptamtliche oder Ehrenamtliche sind, sehr viel. Sie brauchen deshalb ausreichende Unterstützung.

Die Verantwortung für die Gestaltung der Gottesdienste einer Gemeinde und damit auch der Familiengottesdienste obliegt keineswegs allein den Hauptamtlichen und dabei vorrangig dem Pastor. Christen sind miteinander das Volk Gottes, das füreinander Verantwortung trägt und durch Taufe und Firmung zur Gestaltung seines Lebens berufen ist. Damit ist der besondere Dienst in der Kirche keineswegs bestritten, aber er ist in diese grundsätzliche Berufung der Christen eingebunden.

Ebenso wie die Weitergabe des Glaubens an die nachwachsende Generation (vgl. die Gemeindekatechese etwa in den Bereichen Kommunion- und Firmvorbereitung) stellt somit auch der Gemeindegottesdienst eine Aufgabe dar, die alle Gemeindemitglieder – wenn auch auf unterschiedliche Weise – angeht und anfordert.

Es ist deshalb erfreulich, dass viele Frauen und Männer diese Aufgabe bereits zu ihrer eigenen gemacht haben und sich auf vielfältige Weise an der Vorbereitung und Durchführung von Gottesdiensten beteiligen.Oft übernehmen sie in hohem Maße Verantwortung für einzelne Gottesdienste, die ohne ihren Einsatz nicht möglich wären. Dabei geht es naturgemäß, wenn auch nicht ausschließlich, um Wortgottesdienste oder den Wortgottesdienstteil der Eucharistiefeier.

In den meisten Gemeinden gibt es inzwischen einen Liturgieausschuss als Unterausschuss des Pfarrgemeinderates, der die verschiedenen gottesdienstlichen Angebote koordiniert und anregt. Er wird aber kaum die Gestaltung einzelner Gottesdienste übernehmen können. So sind eigene Gottesdienstkreise in den Gemeinden nötig, auch und besonders für den Bereich Familiengottesdienst. Jeder Familiengottesdienstkreis wird seinen eigenen Arbeitsstil finden und aushandeln müssen, so dass hier nur allgemeine Grundsätze gegeben werden können:

- Gründliche Schulung und Vorbereitung auf diese Aufgabe sind unerlässlich. Die Gemeindeleitung (Hauptamtliche bzw. Pfarrgemeinderat oder Liturgieausschuss) muss dies unterstützen und durch Angebote fördern.

• Am Beginn der Gottesdienstvorbereitung muss die eigene Beschäftigung mit dem Thema und dem Inhalt stehen. Zuerst einmal muss man sich selber über wichtige Akzente des Themas und über seinen eigenen Standpunkt klar werden. Bei unseren Gottesdienstvorschlägen steht deshalb am Beginn eine Beschäftigung mit dem jeweiligen Schrifttext und seiner möglichen Verankerung im heutigen Leben.

• Alle Modelle, Überlegungen und Vorschläge sind nur Anregungen, die auf die eigene Situation hin angepasst und verändert werden müssen. Man kann fertige Vorlagen also nicht einfach übernehmen, sondern muss sie von der Gemeinde- und Gottesdienstsituation her ebenso überprüfen wie von der Lebenswelt der teilnehmenden Kinder und Erwachsenen.

• Die einzelnen Aufgaben für einen Gottesdienst sollten klar abgesprochen und aufgeteilt werden.

Die Vorbereitung und Gestaltung von Familiengottesdiensten ist für die mitwirkenden Frauen und Männer nicht allein eine Aufgabe, die im Interesse der ganzen Gemeinde und ihrer Zukunft wichtig ist. Sie kann dem Einzelnen auch für seinen persönlichen Glaubens- und Lebensweg wichtige Impulse geben und so Leben und Glauben verbinden und bereichern.

Außer dieser allgemeinen Einführung in die Gestaltung von Wortgottesdiensten für Familien mit Kindern geben wir in den drei Bänden dieser Reihe jeweils spezielle Hinweise, die aufeinander aufbauen und miteinander eine Art »Grundkurs« zur Gestaltung von Familiengottesdiensten geben.

Entsprechend den drei Lesejahren und den dabei jeweils im Vordergrund stehenden Evangelisten folgt auf den beiden folgenden Seiten eine Einführung in das Denken und die inhaltlichen Schwerpunkte dieser Evangelisten:

Lesejahr A	Matthäus
Lesejahr B	Markus
Lesejahr C	Lukas

Danach folgen jeweils mehrere Teile eines *Leitfadens Gottesdienst*:

Lesejahr A:
- Kinder und Gottesdienst
- Eucharistiefeier und Wortgottesdienst
- Kleine Sprach- und Gebetsschule

Lesejahr B:
- Texte im Gottesdienst mit Kindern
- Spiele, Zeichen und Zeichenhandlungen im Gottesdienst mit Kindern
- Bilder und Musik im Gottesdienst mit Kindern

Lesejahr C:
- Heutiges Leben und der Gottesdienst der Christen
- Kriterien von Gottesdiensten für Familien mit Kindern
- Zur Thematik von Gottesdiensten

Zur Vertiefung der in diesen Abschnitten dargestellten Fragen verweisen wir auf folgendes Buch: Hermann-Josef Frisch, Leitfaden Kinder- und Familiengottesdienst, Patmos Verlag, Düsseldorf 1992.

Der Evangelist Markus im Lesejahr B

Das Lesejahr B stellt den Evangelisten Markus in den Vordergrund (A = Matthäus, C = Lukas, Texte des Johannesevangeliums sind auf alle Lesejahre verteilt). In der Regel steht die erste, alttestamentliche Lesung im Zusammenhang mit dem Evangelium; die zweite, neutestamentliche Lesung besteht meist aus fortlaufenden Stücken der neutestamentlichen Briefliteratur.

Der Evangelist Markus

Der Verfasser des Markusevangeliums hat für das Neue Testament und für die Jesusverkündigung eine unersetzliche Bedeutung. Als Erster hat er die ihm vorliegenden Überlieferungen zu Jesus systematisch gesammelt, verarbeitet und unter theologischen Leitlinien geordnet zu einem neuen Werk zusammengestellt. Damit schuf er eine neue literarische Gattung, das *Evangelium.* Nicht umsonst sagt man von ihm, dass »er der Kirche das Evangelium geschenkt habe«.

Der Verfasser des ersten Evangeliums (ebenso dann die Verfasser der ihm folgenden drei anderen Evangelien) setzte sich dabei nicht das Ziel, eine Lebensbeschreibung Jesu in Art einer Biografie, einer Chronologie seines Lebens, zu schaffen. Ebenso wenig wollte er Jesus auf psychologische Weise betrachten. Ihm geht es um Verkündigung, um Theologie, um das Bekenntnis zu Jesus, dem Christus Gottes.

Durch sein Bekenntnis soll seinen Lesern (bzw. Hörern in den Gemeinden) Mut gemacht werden, sich als Jünger Jesu in einer feindlichen Umwelt in gleicher Weise zu bekennen. Das Markusevangelium ist etwa um das Jahr 70 entstanden, als die Christen im römischen Reich bereits die große Verfolgung durch Nero erleben mussten und sich weiteres Leid abzeichnete.

Dazu passt auch der vermutete Entstehungsort des ersten Evangeliums. Nach alter Überlieferung soll dies Rom gewesen sein, heute nimmt man eine Stadt im östlichen Mittelmeerraum (etwa Antiochia in Syrien) als ebenso wahrscheinlich an. Auf jeden Fall ist das Evangelium für eine heidenchristliche Gemeinde im römischen Herrschaftsbereich geschrieben worden.

Der Name des Verfassers wird im Evangelium nicht genannt. Nach alter kirchlicher Tradition ab dem dritten Jahrhundert ist dies Markus, ein Schüler des Apostels Petrus (vgl. 1 Petr 5,13, deshalb auch Bezug zu Rom), der dann oft mit dem in der Apostelgeschichte erwähnten Johannes Markus gleichgesetzt wird. Heute nimmt man eher einen uns namentlich unbekannten Autor an, dessen Werk nachträglich entsprechend damaliger Gewohnheit durch eine apostolische Autorität besonderes Gewicht verliehen werden sollte.

Über die Person des Verfassers braucht man deshalb nicht weiter zu spekulieren, sein Werk ist wichtig. Es ist in einer einfachen, volksnahen, manchmal holprigen und eher deftigen Sprache geschrieben, unterscheidet sich also deutlich etwa von der gehobenen Schriftsprache eines Lukas. Plastische Schilderungen und farbige Sprachbilder kennzeichnen den Stil des Markus.

Markus kann für sein Evangelium auf verschiedene Quellen zurückgreifen, die für uns heute nicht mehr eindeutig zu identifizieren sind. Sicher ist, dass ihm eine vormarkinische Passionserzählung vorliegt. Wahrscheinlich ist auch, dass er verschiedene kleine Quellen in sein Werk integriert hat. Möglich sind etwa: eine Gleichnissammlung (Kap. 4), eine Aussendungsrede (Kap. 6), eine Endzeitrede (Kap. 13), eine Sammlung von Wundern, ein Bericht über das Wirken Jesu an einem Tag in Kafarnaum (Kap 1) ...

So zeigt sich Markus als ein Autor, der nicht neues Erzählmaterial schafft, sondern eher wie ein Redakteur vorhandenes Material zusammenträgt, ordnet und dadurch mit neuen Akzenten versieht, darüber hinaus aber vor allem aus diesen Stücken theologische Aussagen macht – eine Verkündigung Jesu, des Christus Gottes, der die Menschen zur Nachfolge beruft.

Das Markusevangelium

Anders als Lukas und Matthäus, die beiden anderen synoptischen Evangelisten, beginnt

Markus sein Evangelium nicht mit einer Kindheitsgeschichte, er setzt auch nicht wie Johannes einen Prolog an den Anfang. Wohl aber macht er mit seinem ersten Vers seinen theologischen Grundgedanken sichtbar: »Anfang des Evangeliums von Jesus Christus, dem Sohn Gottes ...«

Von diesem Leitgedanken ausgehend formt er sein Evangelium mit folgender Gliederung:

1,1-13	Einleitung: Johannes der Täufer, Taufe und Versuchung Jesu
1,14-4,41	I. Teil: Wirken Jesu in Galiläa mit Predigt vom Reich Gottes, Wunder bekräftigen diese Predigt, Gleichniserzählungen
5,1-9,50	II. Teil: Wirken über Galiläa hinaus mit Predigten und Wundern (u.a. Speisungsgeschichten), Verklärung, Hinweise auf sein Leiden
10,1-15,47	III. Teil: Wirken in Jerusalem und Leidensgeschichte
16,1-7	Schluß: der auferweckte Jesus
(16,8-20	*spätere Zusätze)*

Diese Gliederung führt Markus durch verschiedene inhaltliche Schwerpunkte aus:

• *Das Reich Gottes, Gott selbst, ist den Menschen nahe gekommen (1,15):* Die endgültige Heilszeit ist in Jesus angebrochen, in ihm wird den Menschen Gottes Heil erfahrbar. Dieses Reich Gottes ist nicht äußerlich sichtbar, es ist verborgen, noch klein (wie ein Senfkorn), aber der Anfang ist gesetzt: Nach Gottes Willen wird es wachsen und reifen und Frucht tragen. Das Reich Gottes ist also jetzt schon da und zugleich noch nicht da; der Anfang ist erfahrbar, aber noch nicht seine Fülle und Vollendung. Das ist die Frohe Botschaft, die Jesus den Menschen gebracht hat. Das Reich Gottes stellt das Wesentliche seiner Predigt dar, auch seine Wunder bezeugen das in Jesus nahe gekommene Reich Gottes.

• *Jesus von Nazaret ist der Sohn Gottes, der Christus:* Die Botschaft vom Reich Gottes ist nicht zu trennen vom Boten, von Jesus selbst. Er ist – wenn den Augen auch ebenso verborgen wie das anfanghaft anwesende Reich Gottes – der Sohn Gottes, der verheißene Messias, der Christus. Das Evangelium geht also der Frage nach, wer dieser ist, der eine solche Botschaft mit Macht verkündet. Eine Antwort auf diese Frage wird den Menschen aber erst am Ende gegeben: Der Hauptmann bekennt unter dem Kreuz: »Wahrhaftig, dieser Mensch war Gottes Sohn.« Auf dieses Bekenntnis läuft das ganze Evangelium hinaus, allerdings wird diese Aussage an verschiedenen Stellen bereits vorbereitet: am Anfang (1,1: »Evangelium von Jesus, dem Sohn Gottes«), bei der Taufe (1,11: »Du bist mein geliebter Sohn«), bei der Verklärung (9,7: »mein geliebter Sohn, auf ihn sollt ihr hören«). Sonst aber entzieht sich Jesus der Frage nach seinem Wesen (Messiasgeheimnis).

• *Das Leiden am Kreuz offenbart den Sohn Gottes als den leidenden Menschensohn:* Das ganze Evangelium ist von seinem Ende her zu lesen, von der Passionsgeschichte. Darauf deuten die verschiedenen Leidensweissagungen, die das Evangelium durchziehen, hin. Das Kreuz Jesu ist der entscheidende Schlüssel zum Verständnis seiner Person: Der am Kreuz Getötete ist der leidende Gerechte, von dem im Alten Testament gesprochen wird, der Menschensohn, der sein Leben für die Menschen hingibt. Doch das Kreuz ist nicht allein der Ort der tiefsten Erniedrigung des Menschensohnes, seines Dienstes an den Menschen, sondern zugleich Ort seiner Offenbarung als Gottessohn und damit seiner Verherrlichung.

• *Der am Kreuz offenbarte Gottessohn ruft Menschen in seine Nachfolge, die eine Nachfolge im Kreuz darstellt:* Wer auf die Botschaft des Evangeliums hört, wer also umkehrt und das Evangelium glaubt, wird zur Schicksalsgemeinschaft mit Jesus aufgerufen, er wird ermuntert, zu seinem Jünger zu werden. Das Evangelium ist also Einladung zum Glauben, zur Bindung an Jesus und zur Kreuzesnachfolge im Dienst an den Menschen. Der Weg des Kreuzes gilt nicht allein für Jesus, sondern auch für die, die sich an ihn binden und ihm nachfolgen. Wer so zur Jüngergemeinschaft gehört, gewinnt Anteil am Reich Gottes.

Literatur: Josef Ernst, Markus. Ein theologisches Portrait, Patmos, Düsseldorf 1987

Leitfaden Gottesdienst (B)

Auf den folgenden Seiten dieses Bandes ebenso wie in den beiden Bänden zu den Lesejahren A und C sollen Leitlinien für Gottesdienste mit Familien dargestellt werden, die als Grundlage jeder Vorbereitung und Durchführung dienen können. Zusammen ergeben diese Texte einen Leitfaden Gottesdienst, der den Mitarbeiterinnen und Mitarbeitern im Bereich der Liturgie für Familien Anregung und Hilfe sein soll.

Texte im Gottesdienst mit Kindern

Bei allen Versuchen einer vielfältigen Gottesdienstgestaltung bleiben unterschiedliche Formen von Texten doch wesentlicher Bestandteil eines jeden Gottesdienstes, auch des Gottesdienstes für Familien mit Kindern. Dabei geht es zum einen um Texte der Bibel, der »Gründungsurkunde« der Christen (und der Juden). Zum anderen geht es dann auch um Geschichten, Gedichte und andere Textformen, die in den Gottesdienst hineingenommen werden (zu Gebeten vgl. im Band zum Lesejahr A: Kleine Sprach- und Gebetsschule).

Biblische Texte im Familiengottesdienst

Die Bibel ist kein Buch für Kinder. Sie ist für Erwachsene geschrieben. Ihre Zusammensetzung aus Schriften verschiedener Autoren, verschiedener Textsorten, verschiedener Zeiten, verschiedener kultureller Hintergründe und verschiedener Zielgruppen macht es zudem auch Erwachsenen schwer, die Bibel zu lesen, ihre Inhalte richtig zu verstehen und ihre Bedeutung für die heutige Zeit zu erkennen.

Dennoch ist die Bibel als »Ursprungsurkunde« christlichen Glaubens für den Glauben der Christen und damit auch für die Feier des Gottesdienstes unersetzlich. Die Bibel ist *das* Buch der Christen, *das* Buch der Kirche, *das* Buch des Gottesdienstes. In ihr finden sich nämlich die grundlegenden Gotteserfahrungen vieler Menschen, die über die Jahrhunderte des Alten Testamentes gesammelt wurden und die schließlich in den Erfahrungen gipfeln, die die Jünger mit Jesus, dem Christus Gottes, machten. Nach Ostern »gingen den Jüngern die Augen auf« für das, was sie vor Ostern mit Jesus erlebt hatten. Diese Erfahrungen gaben sie zuerst mündlich, dann schriftlich weiter und setzten sie in Beziehung zu neuen Lebenserfahrungen und zu den unterschiedlichen Umweltbedingungen der allmählich entstehenden Gemeinden. Auch die Texte des Alten Testamentes wurden nun neu gelesen und zur Erfahrung mit Jesus in Beziehung gesetzt.

Wesentlicher Ort des (Vor-)Lesens und Hörens biblischer Texte war der Gottesdienst, zu dem die ganze Gemeinde am Herrentag, am Sonntag, zusammenkam. In der Gemeinschaft des Gottesdienstes feierte man das »Gedächtnis« des Herrn. Je mehr »Augenzeugen« des Wirkens Jesu starben, um so mehr war man auf schriftliche Berichte, auf schriftliche Glaubenszeugnisse, auf die Bibel eben, angewiesen, um dieses Gedächtnis im Gottesdienst zu vollziehen.

Die Bedeutung, die die Schriften des Alten und des Neuen Testamentes für den Gottesdienst der ersten Gemeinden gewannen, gilt auch für die Feier des Gottesdienstes in unserer Zeit. Allerdings ist uns heute der Zugang zu diesen Texten schwerer geworden. Um so mehr sind wir auf Vermittlungen, Verständnishilfen und auf eine fundierte Auslegung angewiesen. Zudem muss je neu der Prozess vollzogen werden, die Botschaft der Bibel mit den heutigen Lebenssituationen in eine Wechselwirkung zu bringen. Beides gilt in besonderer Weise für Gottesdienste mit Kindern.

Für Familiengottesdienste mit Kindern sind bei der Verwendung von Schrifttexten folgende Gedanken wichtig:

- *Erzählende Texte* der Bibel (also etwa viele Stücke der Evangelien oder auch einzelne Teile der geschichtlichen Bücher des AT) sind in der Regel kindgemäßer als Sammlungen theologischer Gedanken, wie sie etwa bei den Propheten, in den Apostelbriefen oder auch den langen Lehrreden Jesu im Johannesevangelium zu finden sind.

- Solche erzählenden Texte beinhalten meist *Handlungen*, die es Kindern erleichtern, den Sinn des Textes aufzunehmen. Durch die Handlungsorientierung läßt sich der Text leichter auf verschiedene Sprecher aufteilen, als Sprechspiel, Rollenspiel oder auch als Pantomime gestalten oder nach einer Besprechung stegreif nachspielen.
- Bei der Auswahl eines Textes sollen Übertragungen oder Texte mit vielerlei Erläuterungen und Beiwerk vermieden werden, der Vortrag eines Schrifttextes sollte auch in Gottesdiensten mit Kindern möglichst *nahe am Urtext* sein. Oft lässt sich die Einheitsübersetzung verwenden oder eine andere urtextnahe Übersetzung.
- Manchmal wird es allerdings nötig sein, in einen Text *kürzend* einzugreifen. Das muss mit Vorsicht geschehen, um den Sinn nicht zu verändern. Ebenfalls müssen biblische »Fachwörter« erklärt werden. Wenn möglich, sollten solche Erklärungen ebenso wie Erläuterungen zu kulturellen, geographischen, religiösen und anderen Besonderheiten aber vor dem Vortrag oder nachher in einem klärenden Gespräch erfolgen. Je klarer der eigentliche Text ohne Zusätze dargeboten wird, um so mehr lässt sich seine Bedeutung herausstellen.
- Jeder ausgewählte Bibeltext muss in einer *Beziehung zum Leben der Kinder* stehen, selbst wenn eine solche Beziehung nicht vordergründig sichtbar ist. Es ist dann die Aufgabe einer folgenden Erarbeitung der Texte, diesen Bezug zum Leben heute durch Gespräch, Spiel, Bild, Lied oder andere Methoden sichtbar zu machen.
- Für die Darbietung eines biblischen Textes kann die Verbindung mit einem passenden *Kunstbild* sehr hilfreich sein. Dazu eignen sich in der Regel die mittelalterlichen Bilder ebenso gut wie Bilder unserer Zeit. Der methodische Weg kann dabei sowohl vom Text zum Bild wie auch umgekehrt vom Bild zum Text gehen. Im letzteren Fall wird zuerst (ohne den Hintergrund des Textes) das Bild genau beschrieben (was sehe ich?), danach der Text vorgetragen und erst dann eine Deutung des Textes im Zusammenhang mit dem Bild versucht, die auch die heutige Lebenswirklichkeit mit in den Blick nimmt.
- Manchmal ist es zu empfehlen, einen Bibeltext nach der Erarbeitung noch einmal langsam vorzulesen. Er kann nun auch in seinen Einzelheiten aufmerksamer wahrgenommen werden. Zusätzlich helfen dabei bestimmte *Höranweisungen*, die den Kindern vorgeben, auf welche Punkte sie besonders achten sollen.
- Für die Aufnahme eines Bibeltextes ist die Anregung eines *Nacharbeitens* nach dem Gottesdienst hilfreich (vgl. jeweils den letzten Punkt in unseren Gottesdienstmodellen). Das kann z.B. dadurch geschehen, dass die Kinder aufgefordert werden, zum Bibeltext entsprechende Bilder zu malen und zum nächsten Gottesdienst mitzubringen. Manche Gemeinden geben den Kindern dazu vorgezeichnete Skizzen, die sie nur bunt malen sollen. Besonders bei Themenreihen lassen sich durch solche Nacharbeit Verbindungen vom einen zum nächsten Gottesdienst schaffen.

Andere Texte im Familiengottesdienst

Kinder unserer Zeit sind stark an Bilder und Filme gewöhnt, das eigene Lesen nimmt ab. Dennoch vermag eine packende Geschichte Kinder zu fesseln, aufmerksam zu machen, ihren Alltag zu unterbrechen und zu neuen Überlegungen Anlass zu geben. Geschichten können Impulse zu einem bewussteren Leben geben, können Ereignisse unserer Zeit, Verhaltensweisen von Menschen und vieles andere deuten. Schließlich können Geschichten zur Deutung von Sinn führen und somit Brücken schlagen zu einer religiösen und zur christlichen Deutung des Lebens. Geschichten sind somit Hilfen zum Leben.

Bei diesem Aspekt kann man sich auf Jesus berufen. Er hat seine Botschaft nicht in gelehrten Reden ausgedrückt (entsprechende Texte sind redaktionelle Arbeit der Evangelisten), sondern oft in kleinen Geschichten. Seine Gleichnisse zeigen in einer eng mit dem Alltagsleben verbundenen Sprache einen tieferen Sinn auf, sie führen vom Vordergründigen zu neuen Einsichten. Die Gleichnisse Jesu sind Musterbeispiele eines gelingenden und sinndeutenden Erzählens.

Die christlichen Gemeinden des Anfangs folgten Jesus auch in diesem Punkt; sie waren vor allem *Erzählgemeinschaften*. Man erzählte vom befreienden Handeln Gottes, von den Veränderungen, die Menschen durch die Begegnung mit Gott und Jesus erfuhren. Die Bibel ist weithin ein erzählendes Buch, ein rühmendes Nacherzählen der großen Heilstaten Gottes in Vergangenheit und Gegenwart. In vergleichbarer Weise müssen wir uns heute bemühen, durch das Erzählen von Geschichten Tore zu einem besseren Verständnis von Religion und christlichem Glauben zu öffnen.

Kinder lassen sich gerne Geschichten erzählen. Selbst schwierige und verhaltensauffällige Kinder sind durch gut erzählte Geschichten zu packen und lassen sich zu tieferen Dimensionen des Lebens hinführen.

Geschichten im Gottesdienst können:

- die Alltagswelt von Menschen heute in den Gottesdienst einbringen und zur Botschaft der Bibel in Beziehung setzen,
- einen Bibeltext in sein geographisches, kulturelles und religiöses Umfeld einordnen und so einen leichteren Zugang zu ihm schaffen,
- durch Provokation und überraschende Vorgänge zu einer kritischen Unterbrechung alltäglicher Gewohnheiten und Denkstrukturen führen und Raum für neue Impulse geben,
- Deutungsversuche des Lebens und menschlichen Verhaltens geben und zur Identifikation und Nachahmung ermuntern,
- zum Widerspruch und damit zu einer eigenen, verantworteten Stellungnahme reizen,
- den Verständnishorizont der Hörer erweitern ...

Geschichten lassen sich im Familiengottesdienst unterschiedlich einsetzen:

– als Einstieg in ein Thema, um Aufmerksamkeit zu erregen und einen ersten Impuls zu geben, sich mit einer Sache zu beschäftigen,
– als Vorbereitung zum besseren Verständnis eines nachfolgenden Bibeltextes,
– als Kontrast zu einem Bibeltext und damit als Anregung zur eigenen Stellungnahme,
– als Deutung eines Sachverhaltes, eines Themas, eines Glaubenssatzes,
– als Verbindung von heutiger Lebenswirklichkeit und Glaubensbotschaft,
– als Impuls zu eigenem Werten, Handeln und Verhalten ...

Für alle Texte gelten einige Grundregeln zum Lesen oder besser eigenem Erzählen:

- Der Vortrag einer Geschichte (oder besser das eigene Erzählen) muss *vorbereitet* sein. Es gibt nur wenige begnadete Erzähler, die aus dem Augenblick heraus so zu erzählen vermögen, dass ihre Hörer gepackt werden. Um so wichtiger ist es, sich vorab Gedanken zu machen über das Ziel (was will ich bei meinen Hörern erreichen?), über die Struktur der Geschichte (welche Teile müssen aufeinander folgen, um Sinn zu ergeben und die Handlung voranzubringen), über die Verbindung der Geschichte mit dem Leben der Hörer.
- Die Sprache einer Erzählung muß *dem Hörer angemessen* sein. Bei Kindern bedeutet das, dass einfache, klar strukturierte Sätze ohne Fremdworte und eine plastische, bildhafte Sprache nötig sind. Statt indirekter Rede sollten Gespräche in direkter Rede geschehen. Eine Wertung von Menschen und Handlungen sollte nicht vom Erzähler erfolgen, das ist dem Hörer und seinem Urteilsvermögen zu überlassen. Die Verwendung des Präsens erhöht die Spannung und lässt vor allem Kinder stärker mitgehen.
- Die *Lebenswelt von Menschen* heute (also in unserem Fall in besonderer Weise von Kindern) sollte aufgegriffen werden.
- Reines Erzählen kann mit *anderen Methoden* verknüpft werden. So kann eine Geschichte an einer passenden Stelle unterbrochen werden, um die Hörer über einen möglichen Schluss nachdenken zu lassen. Bei Kontrasttexten überlegen die Hörer, wie die Geschichte ganz anders verlaufen könnte. Auch dies ist ein Anlass zum Gespräch. Weitere Methoden: Suchen einer passenden Überschrift, Nacherzählen, Schaubilder oder Sprechzeichnen, Perspektivenwechsel (etwa Perikope der Großen Speisung aus der Sicht des Jungen, der die Brote bringt), Verbindung mit einem Kunstbild, Umsetzen eines Textes in Spiel, Bild, Tanz, Pantomime ...

Spiele, Zeichen und Zeichenhandlungen

Texte, das gesprochene oder verlesene Wort, bilden die Grundlage unserer Gottesdienste. Dennoch sollten, und dies gilt besonders für Gottesdienste mit Kindern, mehr Sinne als nur das Gehör angesprochen werden. Das Bild (vgl. den nächsten Abschnitt) ist ebenso wichtig wie ein Geschehensablauf, der mit den Augen wahrgenommen werden kann, ja mehr noch, bei dem man möglichst mit dem eigenen Körper mittun kann. Somit gehören Spiele, Zeichen und Zeichenhandlungen zu den unverzichtbaren Elementen gottesdienstlicher Gestaltung.

Spiele im Gottesdienst

Im Spiel zeigt der Mensch sein Leben, er bearbeitet Konflikte und erprobt Lösungen, er macht menschliche Beziehungen sichtbar, er umgreift im Spiel alle Lebensbereiche von höchster Freude bis zu tiefstem Leid. Dies gilt für Kinder in besonderem Maß. Im Spiel erarbeiten sie sich einen Zugang zur Welt und zur Deutung der vielfältigen Erfahrungen, die sie in den unterschiedlichsten Situationen machen. Im Spiel lernen sie soziale Einordnung und die Verhaltensweisen eines guten Miteinander. Phantasie und Kreativität werden freigesetzt, neue Horizonte eröffnen sich. Das Spiel ist eine Chance, auch die ernsten Dinge des Lebens zu bewältigen.

Die Liturgie wird deshalb seit langem auch als »Heiliges Spiel« bezeichnet. Daran erinnern – wenn auch ein wenig versteckt – Prozessionen zum Einzug und zur Gabenbereitung, der Friedensgruß, Inzens, Gesten ... Manchmal wird das Spiel deutlicher, etwa bei der Palmweihe und Palmprozession am Palmsonntag, beim Osterfeuer und den Osterkerzen in der Osternacht ... Auch viele Ortsbräuche (etwa zu Fronleichnam, zum Advent, zum Erntedank, zu Martin ...) verbinden Liturgie und Spiel.

Spiel und Liturgie gehören also zusammen, weil so der ganze Mensch mit Geist, Seele und Körper angesprochen wird. Spiele schaffen Freude und motivieren zum Mittun. Spiele sind deshalb eine gute Chance für Familiengottesdienste.

Es gibt verschiedene Möglichkeiten des Spielens, die unterschiedliche Funktion besitzen:

- *Darstellendes Spiel:* Hierzu gehören Spiele, die ein bestimmtes Thema, eine Geschichte, einen biblischen Text, eine Erfahrung spielerisch-erzählend wiedergeben. Das kann zum einen ein reines Nachspielen sein (etwa des Evangeliums). Texte können weiterhin durch Spiele bearbeitet werden: Verfremdungen, Kontraste, Weiterführungen, ergänzendes Aufzeigen unterschiedlicher Lösungen ... Spiele können ferner ein Thema mit der Lebenswelt der Kinder verknüpfen: Nach der Vorgabe eines Thema oder nach dem Vortrag einer Geschichte spielen die Kinder Beispiele, wie Thema oder Geschichte in ihrem Leben eine Rolle spielen können.

Andere Möglichkeiten des darstellenden Spiels: Anspiele führen in eine Handlung hinein, Rollenspiele legen besonderen Wert auf das Verhalten und die Gefühle einzelner Personen. Pantomimen als nonverbale Spiele (oft auch ohne Requisiten möglich) sprechen besonders die emotionale Seite des Menschen an. Lieder lassen sich manchmal durch begleitende Spielhandlungen deuten. Sing- und Tanzspiele nutzen die Bewegungsfreude der Kinder und binden auch größere Teilnehmerzahlen aktiv ein.

- *Liturgische Elemente als Spiel:* Einzelne Teile der Liturgie können als Spiel gestaltet werden. Dazu zählen alle Elemente, die sich prozessionsartig gestalten lassen. Die Gabenbereitung eignet sich für ein spielerisches Geschehen (Tisch decken ...). Im Kirchenjahr lässt sich oft vom Tagesgedanken her ein Spiel gestalten. Beispiele: Lichtmess und Kerzenprozession, Kreuzweg, Gründonnerstag als Paschafeier oder mit der (nicht unproblematischen) Fußwaschung, Osternacht mit Feuer und Kerzen, Kräuterweihe an Mariä Himmelfahrt, Erntedank, Advent mit Adventskranz, Adventskrippe, Weihnachten mit Krippenspielen, Erscheinung des Herrn (die Heiligen Drei Könige) ...
- *Spiele mit Puppen ...:* Durch eine Puppe kann zu den Kindern gesprochen werden. Es

können auch mehrere Puppen (von mehreren Spielern gehalten) eingesetzt und so ein größeres Spiel gestaltet werden. Puppen benötigen keine aufwendige Vorbereitung, Stabpuppen etwa lassen sich mit einem kleinen Stock und wenigen Stoffresten schnell fertigen.

- *Buchstaben- und Bildcollagen:* Aus verschiedenen Buchstaben oder Bildern wird ein Thema zusammengestellt. Die einzelnen Stücke können dabei in Form eines Quiz erarbeitet werden, aus den einzelnen Teilen stellen die Kinder dann das Lösungswort zusammen. Diese Methode lässt sich bei thematischen Reihen auch über mehrere Gottesdienste hinweg einsetzen und so eine Verbindung zwischen ihnen schaffen.

Zeichen und Zeichenhandlungen

Häufig werden in Gottesdiensten mit Kindern Zeichen oder Gegenstände mitgebracht oder Zeichenhandlungen durchgeführt. An einem Telefon etwa werden Aussagen zum Gebet gemacht. Eine Brücke aus Pappkartons oder von Kindern pantomimisch dargestellt gibt einen Einstieg in das Thema Versöhnung. Ein gemalter Regenbogen lässt die Verschiedenheit der Menschen ebenso anklingen wie den Freundschaftsbund Gottes mit den Menschen. Ein Bergseil dient als Einstieg in das Thema Vertrauen ...

Durch Zeichen und Zeichenhandlungen werden schwierige Inhalte leichter verständlich, Zeichen können für tiefere Dimensionen öffnen, sie können durch ihr überraschendes Auftreten zum Nachdenken anregen und die Alltäglichkeit unterbrechen (was hat z.B. ein Fußball oder ein Hammer im Gottesdienst zu suchen?). Zeichen und Zeichenhandlungen bringen neben dem Wort auch das visuelle Moment in den Gottesdienst ein – das ist für Kinder unserer Zeit besonders wichtig. Durch die Zeichen prägt sich ein Sachverhalt erheblich besser ein als nur durch Worte. Zeichen zeigen die Mehrdimensionalität unserer Welt auf. Zeichen lassen sich auf unterschiedliche Altersstufen in gleicher Weise deuten. Hier liegt gerade in Gottesdiensten mit Kindern *und* mit Erwachsenen eine gute Chance, beiden Zielgruppen gerecht zu werden.

Zeichenpredigten verbinden Dinge des täglichen Lebens mit der Botschaft des Glaubens. Die Dinge unserer Welt, ob natürlichen Ursprungs oder vom Menschen gemacht, werden durchsichtig auf einen tieferen Sinn und damit letztlich auf Gott.

Zum Umgang mit Zeichen gibt es einige Grundregeln, die beachtet werden sollen:

- *Ein Zeichen in einem Gottesdienst:* Mehrere Zeichen verwirren nur, ein Zeichen bleibt haften. Es soll möglichst klar allen Gottesdienstbesuchern auch über einen längeren Zeitraum sichtbar sein (also den genutzten Gegenstand nach der Besprechung an eine gut sichtbare Stelle stellen oder hängen).
- *Das Zeichen vielfältig deuten:* In der Regel lässt sich ein Zeichen nicht nur in eine Richtung deuten. Mehrere Denkanstöße können unterschiedliche Menschen mit unterschiedlicher Lebenssituation besser erreichen. Erwachsene lesen aus einem Zeichen vielleicht ganz anderes als Kinder. Die Mehrdimensionalität eines Zeichens ist eine gute Chance für eine Breitenwirkung.
- *Das Zeichen mit möglichst vielen Elementen des Gottesdienstes verbinden:* Das Zeichen kann mit Gebeten, Liedern, den Fürbitten, einem Text zur Entlassung und natürlich auch mit einem passenden Schrifttext verbunden werden. So kann eine durchgehende Linie im Gottesdienst entstehen, das Verständnis eines Themas wird erleichtert.
- *Ein Zeichen nicht zur negativen Deutung eines Gegenstandes nutzen:* Durch ein Zeichen darf nicht ausgedrückt werden, wie sich ein Sachverhalt *nicht* verhält. Denn das Zeichen bleibt haften, und so kann genau das Gegenteil des Gewünschten erreicht werden.
- *Bei der Darbietung eines Zeichens Kinder beteiligen:* Das kann bereits durch Halten des Gegenstandes im Gottesdienst geschehen. Ebenso können manche Dinge mit Kindern gemeinsam vorbereitet werden. Diese Kinder werden dadurch stark motiviert, aktiv am Gottesdienst mitzutun. Beispiel: In einem Ferienlager soll als Zeichen eine Wurzel verwandt werden. Die Teilnehmer des Lagers sammeln Wurzeln, bringen sie zum Gottesdienst mit und nehmen sie anschließend als Erinnerung an den Lagergottesdienst mit nach Hause.

• *Das Zeichen gemeinsam deuten:* Wer eine Zeichenpredigt vorbereitet, hat ein bestimmtes Ziel und eine bestimmte Vorstellung, wie dieses Zeichen gedeutet werden soll. Im gemeinsamen Gespräch darüber gibt es aber immer wieder überraschende neue Deutungen durch die Kinder (und manchmal auch durch Erwachsene). Durch gemeinsame Überlegung kann das Bedeutungsspektrum eines Zeichens vergrößert werden.

• *Zeichenpredigten verbinden Alltagswelt und Glauben:* Bei der Erarbeitung eines Zeichens muss darauf geachtet werden, dass man nicht bei der Sache stehen bleibt, sondern in einem Überstieg die Deutung auf das religiöse Thema hin vornimmt. Hier muss letztlich der Schwerpunkt liegen.

• *Zeichenpredigten sind auch von Laienmitarbeitern ohne große theologische Vorbildung durchzuführen:* Ein Zeichen kann aus sich heraus sprechen, so dass eine Erklärung und Deutung leicht fällt. Dadurch sind Zeichenpredigten einfacher zu gestalten als andere thematische Predigten. Es kommt bei ihnen zuerst auf eine klare Darstellung des Zeichens an, dann auf die Deutung der verschiedenen Dimensionen des Zeichens und schließlich auf den Überstieg zum gemeinten Thema.

Zeichenpredigten und Zeichenhandlungen können mit Texten, Bildern, Liedern und anderen Elementen des Gottesdienstes verbunden werden. Sie stellen ein wichtiges Element im Gottesdienst mit Kindern dar.

Bilder und Musik im Gottesdienst mit Kindern

Neben Texten, Zeichen und Riten tragen besonders Bilder und musikalische Elemente zur Gottesdienstgestaltung bei. Sie sprechen nicht allein die kognitive Ebene des Menschen an, sondern in hohem Maß auch seine Emotionen. Somit sind sie oft besser als das rein erläuternde Wort geeignet, religiöse Erfahrungen wiederzugeben und den Glauben der Christen ganzheitlich auszusagen.

Bilder im Gottesdienst

Bilder und audiovisuelle Medien bestimmen mehr als zu früheren Zeiten die Menschen unserer Gesellschaft. Besonders Kinder werden von Bildern (meist Filme, Video, Computerspiele etc. als laufende Bilder) beeinflusst. Auch bei Lernprozessen, gleich ob in der Schule oder an anderen Orten (etwa der Gemeindekatechese), haben Bilder heute einen hohen Stellenrang.

Dies geschieht, obwohl der Einsatz von Bildern nicht unumstritten ist. Besonders wird ihre Verwendung im Gottesdienst bereits seit alter Zeit angefragt: Sind Bilder eine Hilfe, die Welt zu überschreiten und religiöse Erfahrungen zu machen, oder lenken sie den Menschen von der geistigen Ebene ab, ja sind sie sogar sein Versuch, sich Macht über etwas zu verschaffen (vgl. das alttestamentliche Bilderverbot, Ex 20,4)?

Christliche Gruppen haben unterschiedlich auf diese Frage geantwortet. So finden wir – besonders im evangelischen Raum – oft einen sehr zurückhaltenden Gebrauch von Bildern im Gottesdienstraum und in den Gottesdiensten (eher: das Wort allein). Im orthodoxen und katholischen Raum werden Bilder häufiger eingesetzt, in der Ostkirche haben sie zudem eine »sakramentale Funktion«, sie verweisen auf Transzendenz, auf Gott selbst. Bilder haben hier eine verweisende Funktion. Sie helfen zudem dem Menschen beim Verständnis schwieriger Sachverhalte.

Bereits in der christlichen Antike findet sich eine Fülle bildnerischer Elemente in Fresken, Statuen, Mosaiken ... Das Mittelalter geht noch darüber hinaus, es setzt Bilder in hohem Maß als »visuelle Verkündigung« ein, etwa in den »erzählenden« Glasfenstern der Dome und den hochwertigen Miniaturen der handgeschriebenen Bibeln. Die Barockzeit setzt dann einen neuen Höhepunkt in der bildnerischen Ausstattung der Kirchen mit einem Feuerwerk an Formen und Farben.

Die Verwendung von künstlerischen Bildwerken in den Kirchengebäuden und damit indirekt auch im Gottesdienst geschieht mit der Begründung, dass jegliche Kunst, auch wenn sie nicht ausdrücklich christlich orientiert ist, versucht, Menschen aus der Oberflächlichkeit des Lebens herauszuholen, ihnen tiefere Dimensionen der Welt sichtbar zu machen als nur die empirische, ihn also letztlich auf Transzendenz hin zu öffnen. Kunst hilft dem Menschen, über sich selbst, die Welt und den umfassenden Sinn des Lebens nachzudenken. Kunst kann zu neuen Sehweisen führen und gleichzeitig das Denken einer Epoche wiedergeben. Ob Christus z.B. als Schmerzensmann am Kreuz dargestellt wird oder als Weltenherrscher, macht nicht nur theologisch einen erheblichen Unterschied, sondern gibt auch Aufschluss über das Empfinden des Künstlers und seiner Zeit und Gesellschaft.

Der Einsatz von Bildern im Gottesdienst kann auf diesem Hintergrund auch in unserer Zeit verantwortet geschehen. Dabei lassen sich unterschiedliche Bildarten einsetzen:

- *Stehende Bilder:* Kunstdarstellungen als Nachdruck, Poster oder Dia; selbstgemalte »Kunst«werke der Kinder (etwa als Gruppenbilder großflächig gestaltet, etwa: mit Abtönfarben auf sieben Betttüchern die Schöpfungstage entsprechend Genesis 1); ferner Fotos, Plakate, Collagen, Applikationen ... Die vom Hilfswerk Misereor herausgegebenen Hungertücher zur Fastenzeit (alle zwei Jahre ein neues Tuch, in der Regel aus einem Land der Dritten Welt) sind eine weitere Möglichkeit zur Verwendung von Bildern.
- *Laufende Bilder:* Aus didaktischen und praktischen Gründen werden Filme und Videos nur selten im Gottesdienst eingesetzt. Ihr Einsatz kann nur mit Vorsicht erfolgen.

Bilder im Gottesdienst können verschiedene Funktion besitzen, sie können:
– einen Einstieg in ein Thema geben,
– sachliche Informationen zu einem Thema liefern,
– in Form eines Impulses ein Thema oder einen Text vertiefen,
– die emotionale Seite ansprechen,
– einen Text illustrieren,
– einen eigenständigen Beitrag zu einem Thema leisten,
– von einem Thema weiterführen und neue Impulse zum Verständnis geben,
– ein Thema der Bibel oder des Glaubens mit dem Leben heutiger Menschen verbinden,
– über den Gottesdienst hinaus zu einem aktiven Umsetzen der gehörten Botschaft ermuntern ...

Beim Einsatz von Bildern (vor allem von Kunstdarstellungen) sollten folgende Schritte erfolgen:

- *Sammlung (still werden):* Eine Kunstdarstellung kann man nicht so betrachten wie ein Comic-Heft. Es muss zuerst eine Bereitschaft zu einem tiefen Sehen geweckt werden. Erst durch Stille und Konzentration kann eine Aufnahmebereitschaft erlangt werden, die Voraussetzung für einen guten Umgang mit einem Bild ist. Das setzt manchmal entsprechende Hinweise an die Gemeinde (ruhiges Sitzen, Ruhigstellung von Füßen und Händen der Kinder ...) voraus, Stilleübungen können ebenfalls eine Hilfe sein.
- *Betrachtung (sehen):* Erst nach der Sammlung wird das Bild aufgestellt oder projiziert. Danach ist eine Zeit der Stille nötig, in der jeder die Einzelheiten des Bildes wahrnehmen kann.
- *Erste Analyse (sagen, was zu sehen ist):* Nach dem ersten Sehen sollte nicht unmittelbar eine Deutung erfolgen, sondern ein Austausch darüber, was zu sehen ist. So können alle Einzelheiten des Bildes, die Anordnung und Zuordnung der Bildelemente, die Farben und die Farbsymbolik wahrgenommen werden. Erst nach einer genauen Aufzählung der Einzelheiten (Sätze mit »Ich sehe ...« beginnen lassen) kann der nächste Schritt erfolgen.
- *Zweite Analyse (sagen, was das Bild bedeutet):* Die Bildelemente werden in einen inhaltlichen Zusammenhang gestellt. Hier lassen sich Texte einbringen, etwa ein passender Bibeltext, eine Geschichte, ein Kontrasttext ... Ein offenes Gespräch über die Deutung des Bildes hilft, eine Vielzahl von Aspekten wahrzunehmen, es gibt nicht nur eine Sehweise. An dieser Stelle kann auch eingebracht werden, in welchem Entstehungskontext ein Bild zu sehen ist (Informationen über Entstehungszeit, Künstler, gesellschaftliche und religiöse Situation, Aussageabsicht des Künstlers ...).

Persönliche Betroffenheit (was bedeutet mir das Bild): Im letzten Schritt wird die Brücke zum Leben der Gottesdienstbesucher geschlagen: Was fange *ich* mit diesem Bild an? Wo löst es in mir Betroffenheit aus? Wozu regt es mich an? Wie hilft es mir auf meinem Lebensweg, wie kann es ein Stück Deutung, Weiterführung, Kritik, Hilfe ... meines Lebens sein?

Musik im Gottesdienst

Für unseren Kulturkreis ebenso wie für die meisten anderen Völker sind Gottesdienste ohne musikalische Elemente, vor allem ohne Lieder, kaum denkbar. Musik hebt den Menschen über sich selbst hinaus, spricht ihn ganzheitlich an, versetzt ihn in Begeisterung und freudige Stimmung, vermag ihn mit dem Geheimnis des Lebens in Beziehung zu bringen.

Zum Einsatz von Liedern und Instrumentalmusik in Familiengottesdiensten einige Hinweise:

- Das Gotteslob ist weder von seinen Inhalten noch von seiner Handhabung her für Kinder geeignet. Daran ändern auch die als Kinderlieder ausgewiesenen Nummern 504-514 nichts. Mit dem Gotteslob allein kann man einen Kinder- und Familiengottesdienst nicht kindgerecht gestalten. Dennoch hat das Gotteslob seine Bedeutung auch für Gottesdienste mit Kindern. Sie werden zum Gottesdienst der ganzen Gemeinde hingeführt und erhalten allmählich Zugang zu den Liedern der Erwachsenengottesdienste.
- Zusätzlich sind Lieder nötig, die in Sprache und Musik den Menschen von heute mehr entsprechen als die in der Regel mehrere Jahrhunderte alten Gottesloblieder. Inzwischen gibt es eine Fülle moderner religiöser Lieder, die den Ansprüchen von Text- und Tonqualität im Gottesdienst vollauf genügen und die ein leichtes Mitsingen möglich machen. Solche Lieder sprechen nicht ausschließlich Kinder an, viele werden von allen Altersgruppen gern gesungen. Auf dieses Liedgut sollte bei der Gestaltung von Familiengottesdiensten zurückgegriffen werden.
- Das Liedgut in Familiengottesdiensten sollte sich an alle Altersgruppen richten. Alle müssen die Wünsche der anderen respektieren. Kinder sollten demnach auch herkömmliche Lieder lernen, und umgekehrt sollten alte Menschen an neueres Liedgut herangeführt werden.
- In der Regel lässt sich mit einer Gemeinde keine Mehrstimmigkeit bei Strophenliedern erreichen. Allerdings bieten die vielen alten und neuen Kanones eine gute Möglichkeit für eine schnell erreichbare Mehrstimmigkeit.
- Eine Liedprobe vor dem Gottesdienst dient nicht allein dem Lernen neuer Lieder, sondern stimmt ebenso auf den Gottesdienst ein.
- Um der Gemeinde neueres Liedgut zugänglich zu machen, müssen die Texte und möglichst auch die Noten in ausreichender Zahl vorhanden sein. Günstig ist die Anschaffung eines entsprechenden Satzes Liederbücher.
- Einsatzmöglichkeiten für Lieder im Gottesdienst ergeben sich aus dem Aufbau der Gottesdienste. Im Gottesdienst mit Kindern gibt es zusätzliche Möglichkeiten. So kann man etwa ein Lied als Mittelpunkt der Verkündigung im Wortgottesdienst wählen.
- Bei manchen Liedern lassen sich zum Text und zur Musik passende Bewegungen (Gesten, Körperhaltungen) ergänzen. Das kommt besonders Kindern und ihrem Bewegungsdrang entgegen. Auch sollte der Tanz im Gottesdienst immer wieder versucht werden.

Die Verwendung von Instrumenten in Gottesdiensten kann wie folgt geschehen:

- Liedbegleitung durch Orgel, aber ebenso durch andere Instrumente, etwa Gitarre, Flöten, Orffsches Instrumentarium ... Die Instrumente können von Kindern gespielt werden, selbst wenn man dabei Abstriche an der musikalischen Qualität vornehmen muss. Die Beteiligung der Kinder hat Vorrang.
- Eigenständige Instrumentalmusik kann an besonderen Stellen des Gottesdienstes eingesetzt werden, so etwa als Einstimmung vor dem Gottesdienst, zum Einzug, als besinnliche Musik nach einem Schrift- oder Meditationstext, zum Friedensgruß, zum Auszug ...

Neben dem Einsatz einer Instrumentalgruppe ist vor allem ein (Kinder-)Chor sinnvoll, der die Gestaltung von Familiengottesdiensten in hohem Maße fördern kann. Auch beim Chorgesang der Kinder liegt der Akzent weniger auf der erreichten musikalischen Qualität als auf dem Mittun der Kinder.

Zu den Gottesdienstmodellen

Die folgenden siebzig Gottesdienstmodelle (vergleichbar in den Bänden zu den beiden anderen Lesejahren) sind nach gleichem Schema in vier Schritten aufgebaut:

Zu den Schrifttexten	In aller hier gebotenen Kürze werden einige Verständnishilfen zu den Schrifttexten gegeben, die Anstöße sein können, die eigene Stellung und den eigenen Glauben zu bedenken.
Schrifttext und Familien mit Kindern	In einem zweiten Schritt wird bedacht, welche Ansatzpunkte im Leben heutiger Familien mit einem der Schrifttexte korrespondieren und die Grundlage des Gottesdienstes bilden können.
Gestaltungsideen für den Gottesdienst	Nicht fertig ausgeführt, vielmehr als Ideensammlung und Anregung zu eigenem Tun, folgen Hilfen zur Umsetzung der ersten beiden Schritte in einen Gottesdienst.
Weiterführung nach dem Gottesdienst	Um Gottesdienst und alltägliches Leben zu verbinden, folgen Ideen zur Weiterführung des Themas im Leben der Familie und der Gemeinde.

Alle Anregungen, die im Folgenden vorgestellt werden, müssen auf die eigene Situation hin konkretisiert werden. Wie dies auch für andere Bücher mit Gottesdienstmodellen gilt, wird man wohl kaum einen Gottesdienst unverändert übernehmen können, sondern muss ihn immer der Situation vor Ort und dem Leben der dortigen Menschen anpassen. Diese Arbeit kann der vorbereitenden Gruppe und den Verantwortlichen nicht von außen abgenommen werden, da sich menschliches Leben und auch die gemeindlichen Strukturen zu vielgestaltig zeigen, als dass Rezepte für alle passen könnten. Wir verstehen deshalb die folgenden Anregungen eher als eine Art »Steinbruch«, aus dem sich jeder passende Steine für sein »Gottesdiensthaus« selber schlagen muss. Dies ist eine manchmal mühevolle, zugleich aber reizvolle und kreative Aufgabe.

Wichtig ist uns auch hier wiederum die Verbindung von Leben und Glauben. So ist der jeweils letzte Abschnitt kein »liturgischer Wurmfortsatz«, sondern auf seine Weise Bestandteil eines Gottesdienstes und seiner Vorbereitung. Gottesdienst und Leben sowohl in der Familie wie auch in der Gemeinde müssen aneinander gebunden werden. Nur so erhält der Gottesdienst eine Relevanz, die ihn auch für heutige Menschen attraktiv macht.

Ferner weisen wir an dieser Stelle noch einmal darauf hin, dass der Ansatz dieser Buchreihe die Schrifttexte der Sonn- und Festtage sind. Ebenso ist es natürlich immer möglich, im Gottesdienst mit Kindern andere Schrifttexte auszuwählen, wenn sich die regulären als zu sperrig erweisen. Auch können andere Themen wichtiger sein als diejenigen, die sich aus den Schrifttexten ergeben. Wir wünschen Ihnen jedenfalls viel Freiheit und Kreativität.

Einführung Advent und Weihnachten

Im Spätherbst und beginnenden Winter, vor allem im »trüben« Monat November machen Menschen in besonderer Weise die Erfahrung der Endlichkeit, des Sterbens und des Todes. Dass das Totengedenken besonders im November vollzogen wird (nicht allein Allerseelen, auch Volkstrauertag und Totensonntag), hängt sicher damit und mit der Erfahrung zusammen, dass auch die Natur im Herbst »stirbt«.

Aus dieser Grunderfahrung bedrohten Lebens heraus erwächst die menschliche Hoffnung auf neues Leben, auf Überwindung der das Leben bedrohenden Dunkelheit und Kälte. In früheren Zeiten lag dies vielleicht noch offener dar als in unserer Zeit, wo Licht und Wärme durch technische Mittel im Überfluss zu jeder Jahreszeit vorhanden sein können. Dennoch ist auch heutigen Menschen, ausgehend von der Erfahrung der Jahreszeiten, die Spannung von Dunkelheit und Licht, von Kälte und Wärme, von Tod und Leben bewusst. Dies gilt nicht allein für ältere Menschen, sondern ebenso auch für Kinder.

Im Band zum Lesejahr A betonen wir als Grundsymbol von Advent und Weihnachten das Licht, als Grundhaltung die Sehnsucht und die Hoffnung. Im Band zum Lesejahr C geht es vor allem um das Warten, um Wachsamkeit und aufmerksames Leben. In diesem Band ist uns als ein übergreifender adventlicher und weihnachtlicher Gedanke wichtig: Advent und Weihnachten bedeuten Zuspruch des Lebens und Anspruch auf Leben.

Zuspruch des Lebens: Gott selbst, das Leben schlechthin, kommt dem Menschen entgegen, er wird Mensch, lässt sich auf menschliches Leben ein. Dies dürfen wir nicht allein im Blick auf die Geburt Jesu vor zweitausend Jahren sehen. Gott will immer wieder Mensch werden, dem Menschen Leben zusprechen. Er will nicht allein damals in Jesus mit dem Menschen in Berührung kommen, sondern in jedem Kind, das geboren wird. Die Mystik hat dies so ausgedrückt: »Wäre Gott tausendmal in Betlehem geboren und nicht in dir, so wärest du trotzdem verloren.« Gott will Mensch werden in jedem Menschen.

Damit aber ist das Verhältnis Gott-Mensch grundsätzlich verändert: Gott ist nicht länger der Unnahbare und Ferne (das bleibt er bei allem auch), er ist in unsere Welt hinabgestiegen, in unsere Konflikte und unser Leid. Wir brauchen ihn nicht länger »oben« zu suchen, im schönen Jenseits, im Himmel, sondern hier in unserer Welt mit ihren Licht- und Schattenseiten. So ist der Mensch das Einfallstor Gottes in unsere Welt geworden. Im Menschen ist Gott nahe. Gott spricht dem Menschen Leben zu, ermutigt ihn zu erfülltem Leben – das ist die Botschaft von Advent und Weihnachten.

Leben als Anspruch: Wenn Gott im Menschen lebt, wenn Gott immer wieder Mensch wird unter uns, dann steckt darin auch ein Anspruch an uns und unsere Lebensgestaltung. Denn sicher ist, was Menschsein ausmacht, was an Fülle von Möglichkeiten, von Liebe und Güte, von Erbarmen und Glück in uns steckt, das leben wir nur zum allerkleinsten Teil. Die Menschwerdung Gottes, das neue Leben, das er schafft, bietet uns deshalb die Chance zur eigenen Menschwerdung.

Wo Menschen sich an den menschgewordenen Gott binden, da erlangen wir die Chance zum Menschsein. Vielleicht macht dies die Faszination aus, die von Advent und Weihnachten auch auf heutige Menschen ausgeht: Wir ahnen in diesem Kind, in diesem neuen, uns geschenkten Leben etwas von dem, was auch wir sein können.

Advent und Weihnachten verkünden also eine lebensfördernde Botschaft. Dies muss sich in unseren Gottesdiensten und unserer Advents- und Weihnachtsgestaltung niederschlagen: Es geht dabei nicht allein um Traditionen und Brauchtum, es geht um die Verkündigung, dass wir zum Gott des Lebens gehören und mit ihm zusammenspielen dürfen und sollen, das Leben zu bewahren und zu schützen. So werden »ein neuer Himmel und eine neue Erde« möglich (vgl. 2. Advent), so finden wir selber Geborgenheit und Schutz – Advent und Weihnachten sind eine Zeit des Vertrauens und der Hoffnung auf Leben. Dies gilt es unseren Kindern zu vermitteln.

(B 1) 1. Adventssonntag

Zu den Schrifttexten

Jes 63,16-17; 64,1-8: *Du bist unser Vater – wir sind der Ton, du der Töpfer.* Diese Perikope ist ein Klagelied, das wohl unmittelbar nach der Zerstörung Jerusalems und noch vor der Rückkehr des Volkes aus dem Exil geschrieben wurde. Es ist geprägt von Klage, Schuldbekenntnis und der Bitte um Lösung dieser Schuld, um »Erlösung«. Der Text beginnt mit der Anrufung Gottes als Vater. Entgegen der Meinung vieler ist diese Anrede nicht erst von Jesus eingeführt, sie prägt bereits den Glauben des Alten Bundes. Von Jesus wird sie als Ausdruck seines Vertrauens allerdings betont in den Vordergrund seines Gottesbildes gestellt.

Trotz des auch in dieser Lesung anklingenden Vertrauens erfährt das Volk seinen Gott in der Katastrophe als abwesend mit »verborgenem Antlitz«. So erinnert es sich klagend daran, dass Gott in früheren Zeiten den Menschen erschienen ist. Von da aus bittet es um ein neues Erscheinen Gottes: »Reiß doch die Himmel auf und steig herab« (vgl. GL 105). Der Text schließt mit einem Bild, das den Schöpfergott vor Augen stellt: Wie der Töpfer aus Ton ein Werk formt, so formt Gott den Menschen. Man muss ergänzen: Wie der Töpfer sich um sein Werk kümmert, so soll Gott sich nun um die Menschen kümmern.

1 Kor 1,3-9: *Ihr wurdet berufen zur Gemeinschaft mit Jesus.* Die Eingangsverse des ersten Korintherbriefes folgen formal der antiken Briefliteratur, machen aber deutliche theologische Aussagen. Damit sind sie nicht allein als Grußwort für die damalige Gemeinde wichtig, sonden auch für christliche Gemeinden heute. 1. Der Gemeinde ist Gnade und Frieden, also umfasssendes Heil von Gott *geschenkt* worden. Dessen muss sie sich dadurch würdig erweisen, dass sie für die Menschen Heil und Frieden ist. 2. Das kann sie sein, wenn die Fülle der in der Gemeinde vorhandenen Gnadengaben (vgl. 1 Kor 14) zum Wohle aller eingesetzt wird. 3. Entscheidend ist die Gemeinschaft mit Jesus, zu der alle gerufen sind – »ein Leib und viele Glieder«. 4. Diese Gemeinschaft ist auf dem Weg, ihr Ziel ist die Wiederkunft des Herrn und die endgültige Vollendung in Christus.

Mk 13,33-37: *Gleichnis vom Türhüter.* Dieses Gleichnis ist der Abschluss der Endzeitrede in Mk 13. Im ursprünglichen Gleichnis Jesu wird dazu aufgefordert, für die Ankunft der Gottesherrschaft bereit zu sein. In den Gemeinden der ersten Zeit und bei Markus wird dies mit der Erwartung der Parusie, der Wiederkunft des Herrn, verknüpft. Es gilt, den Herrn wachend zu erwarten. In ihm kommt das Heil zu den Menschen, die er wachend findet; sein Kommen kann aber auch zum Gericht werden (vgl. dazu etwa das Gleichnis von den zehn Jungfrauen). Es geht also darum, dass Christen die Verantwortung für ihr eigenes und für fremdes Leben wahrnehmen, ihren Auftrag erfüllen und sich so bereitmachen für die Vollendung.

Schrifttext und Familien mit Kindern

Zu allen drei Schrifttexten fällt »normalen« Familien der Zugang heute schwer. Dies liegt nicht allein an den uns ungewohnten Sprachformen (Klagelied, antike Briefstruktur, Gleichnis mit seinen Verschlüsselungen), sondern auch an der gewählten Thematik der Eschatologie, dem Sprechen über Vollendung, Ende der Zeiten und Bereitmachen dafür. Von da aus sind diese Texte heute fremdartig.

Trotz dieser inhaltlichen und kulturellen Differenz zu heutigem Leben gibt es verschiedene Ansatzpunkte, die Botschaft dieser Texte auch für heutiges Leben fruchtbar zu machen. Diese stellen gleichzeitig Anregungen für die Gottesdienstgestaltung dar:

– *Der verborgene Gott:* Das Gottesbild der alttestamentlichen Lesung zeigt ein doppeltes Gesicht: Zum einen wird Gott vertrauensvoll als Vater und Erlöser bezeichnet, als Schöpfergott, der unser Leben geschaffen hat und formt. Zum anderen aber erfährt das Volk in seiner Notsituation Gott als abwesend, »mit verborgenem Antlitz«. Dies stellt eine Erfahrung dar, die viele Menschen auch heute machen: Wo ist Gott in meinem Leid? Wo erfahre ich seine Hilfe, wenn ich sie brauche? Wie ist Gott für mich ein guter Vater? Bereits Kinder stellen in ihren leidvollen Lebenssituationen solche Fragen, und dies führt bei Kindern wie bei Erwachsenen zur Anfrage an den Glauben überhaupt, oft genug zum Verlust des Glaubens an einen guten Gott. Das Gottesbild des glaubenden Menschen ist ein erster Themenansatz.

– *Rufen in der Not:* Selbst wo das Vertrauen in Gott ungebrochen ist, fällt es Menschen schwer, ihre Not ins Gebet zu bringen. Wie also kann man bitten und auch im Gebet klagen – bis hin zur Anklage Gottes (vgl. den zweiten Vers der Lesung und auch die Gestalt des Ijob)? An wen wenden Menschen sich in der Not, was tun sie, um auch in ausweglosen Situationen Hilfe zu erhalten? Es wäre gut, wenn Christen immer wieder deutlich machen, dass das klagende und bittende Gebet keine Flucht aus der Wirklichkeit ist, sondern einen wesentlichen Teil glaubender Lebensbewältigung darstellt. Dass dies nicht bedeuten kann, angesichts von Not und Elend die Hände in den Schoß zu legen, ist selbstverständlich.

– *Vertrauen zu Gott:* Aus den Sprachbildern der ersten Lesung (Vater, Töpfer) ergibt sich das Vertrauen als weiteres Thema. Ohne Vertrauen ist gelingendes Leben nicht möglich. Vertrauen beginnt dabei in der Erfahrung anderer Menschen (Stichworte: Urvertrauen, Familie, Liebe ...). Vertrauen kann darüber hinaus ein Grundvertrauen ins Leben bedeuten, für den glaubenden Menschen das Vertrauen, dass er im Guten wie im Schlechten in Gottes Hand liegt.

– *Gemeinschaft mit Jesus:* Die neutestamentliche Lesung ergibt für heutige Menschen vor allem den Ansatz, dass der Glaube der Christen und ihre Gemeinschaft aneinander gebunden sind. (Nicht umsonst heißt ein bekannter Kommunionkurs »Gemeinschaft mit Jesus«.) Dies kann thematisiert werden: Wir gehören zu einer Gemeinschaft, deren Mitte Jesus ist.

– *Aufmerksames Leben:* Als letzte Verbindung der Schrifttexte zu heutigem Leben benennen wir hier die Wachsamkeit (vgl. Evangelium). Sie lässt sich heute als aufmerksame, über die Oberflächlichkeit hinausgehende Lebensgestaltung verstehen, die nach Sinn und Ziel menschlichen Handelns fragt und sich um ein verantwortliches Leben bemüht. Damit wird die Ebene des Glaubens erreicht: Wachsamkeit und Verantwortung machen letztlich nur Sinn, wenn sie im Gegenüber Gottes verstanden werden. Auf ihn hin ist unser Leben ausgerichtet, ihm verantworten wir unsere Lebensgestaltung.

Gestaltungsideen für den Gottesdienst

Die vier Adventswochen werden von vielen als Einheit gesehen, auch vollziehen hier viele den Gottesdienstbesuch regelmäßiger. Deshalb erscheint es sinnvoll, im Advent Themenreihen aufzubauen. Wir stellen im Folgenden deshalb drei Anregungen zu Predigtreihen vor (ähnlich in den beiden Bänden zu den anderen Lesejahren). Zusätzlich geben wir noch Impulse für Einzelthemen, die sich aus den jeweiligen Schrifttexten für einen Sonntag ergeben.

Reihe A: Was Weihnachten bedeutet. Der Blick der Gottesdienstbesucher ist in den Adventswochen natürlich auf Weihnachten gerichtet. So sollen ausgehend von den neutestamentlichen Lesungen Grundzüge des Evangeliums vorgestellt und damit die Weihnachtsbotschaft über Krippe und Kind hinaus gedeutet werden. Weihnachten bedeutet, dass Gott uns nahe gekommen ist in Jesus. Das heißt im Einzelnen:

1. Advent:	Ihr seid zur Gemeinschaft mit Jesus berufen.
2. Advent:	Das Kommen Jesu schafft einen neuen Himmel, eine neue Erde.
3. Advent:	Dies ist Grund zu tiefer Freude.
4. Advent:	Die Weihnachtsfreude gilt allen Menschen, allen Völkern.

Stichworte zur Verkündigung: In der Anrede an die Gemeinde in Korinth erinnert Paulus daran, dass sich diese Gemeinde und ihr gemeinsamer Glauben nur durch die Gemeinschaft mit Jesus, also durch die Bindung an den Herrn, ergibt. Als Einzelne wurden die Mitglieder der Gemeinde in diese Gemeinschaft gerufen, durch sie können sie die Botschaft des Evangeliums aufnehmen und die Gnadengaben Gottes empfangen. Im Leben der Gemeinde können sie ihre Gaben auch zum Wohl aller einsetzen.

Dies kann auf heutige Gemeinden übertragen werden: Die christliche Gemeinde ist nicht irgendein Verein, sondern trotz ihrer Größe eine Gemeinschaft von Menschen, die sich miteinander auf Gott und Jesus ausrichten. Fragen zur Besinnung: Wie stehe ich zu meiner Gemeinde? Wie bin ich in sie hineingewachsen? Was hat mir die Zugehörigkeit zur Gemeinde »gegeben«, ist mein Leben durch Anstöße der Gottesdienste und der Gemeindegruppen bereichert worden? Wie kann ich umgekehrt in meiner Gemeinde das Leben anderer bereichern? Solche Fragen müssen sich nicht allein auf Erwachsene beziehen, sie können durchaus schon von Kindern bedacht werden und münden in die Fragen: Wo erfahre ich in der Gemeinde Gemeinschaft mit Jesus? Wie kann ich solche Gemeinschaft vertiefen?

Darstellung: Ähnlich wie in den Gottesdienstreihen der beiden anderen Bände schlagen wir vor, die »abstrakten« Glaubensthemen durch Zeichen, Symbole, Bilder zu visualisieren. Diese Bilder können wöchentlich zu den bereits vorhandenen hinzugefügt werden, so dass sich ein durch die Adventszeit aufbauendes Bild ergibt. Für den ersten Sonntag wäre zum Beispiel ein Plakat denkbar, das in der Mitte Brot zeigt, darum sind unterschiedliche Menschen angeordnet: Gemeinschaft mit Jesus. Möglich ist auch ein Bild der örtlichen Kirche oder einfach das Chi-Rho als Christuszeichen ...

Reihe B: In Gott geborgen. Die zweite Reihe geht von den alttestamentlichen Lesungen aus und greift als Oberbegriff das Gottesbild auf. Im Advent »lernen« wir Gott neu, wir richten uns neu auf ihn hin aus.

1. Advent: In Gottes Hand
2. Advent: Eine Straße zu Gott
3. Advent: Sich freuen an Gott
4. Advent: Von Gott geschützt

Stichworte zur Verkündigung: Es gibt eine Fülle von Gottesvorstellungen und Bildern, die stichwortartig benannt (evtl. auch ins Bild gebracht) werden können. Neben Erfahrungen von Menschen, die Gott mit Eigenschaften von Personen ausdrücken (Vater, Retter, Hirt ...), gibt es eine Fülle von Symbolen, die ebenfalls Erfahrungen von Menschen mit Gott widerspiegeln (Licht, Wasser, Fels, aber auch dunkle Wolke, loderndes Feuer ...). Aus dem personalen Bild des Töpfers am Ende der ersten Lesung wird das Symbol der »guten Hand Gottes« erarbeitet: Gott schafft das Leben, er hält es in seiner Hand (vgl. das Spiritual: He's got the whole world in his hand). Besinnung: Was man mit der Hand alles machen kann: Gutes und Schlechtes (evtl. von den Kindern spielen lassen). Möglich dazu neben der Übersetzung des Spirituals auch das Lied: Halte zu mir, guter Gott.

Darstellung: Bild einer großen Hand, darin ein Mensch (vgl. das bekannte Bild von Walter Habdank, In manibus tuis). Dias von Händen und dem, was sie tun. Zeichenhandlung: aufmerksam die Hand geben (zur Begrüßung, zum Friedensgruß); etwas vorsichtig in die Hand nehmen, um es zu beschützen und zu bewahren (pantomimisch spielen lassen).

Reihe C: Die vier Adventskerzen. Die Kerzen des Adventskranzes werden auf vier Grundhaltungen des Christen hin gedeutet:

1. Advent: Vertrauen
2. Advent: Liebe
3. Advent: Freude
4. Advent: Geborgenheit

Stichworte zur Verkündigung: Die Kerzen am Adventskranz in der Kirche werden erst nach der Schriftlesung und ihrer Deutung angezündet (dies kann dann jeweils von einem Kind geschehen). Aus der alttestamentlichen Lesung ergibt sich das Thema Vertrauen in Gott. Advent bedeutet: Wir setzen unser Vertrauen auf Gott, denn er liebt uns. Dieser Gedanke kann mit der Weihnachtsbotschaft verknüpft werden: Aus Liebe zu uns hat er Jesus gesandt, deshalb dürfen wir ihm vertrauen.

Einzelthemen:

– *Gemeinschaft mit Jesus:* Symbolisch durch Kerzen deuten (vor allem in einem Abendgottesdienst in dunkler Kirche sinnvoll): Wenn möglich, wird in den Adventskranz die Osterkerze oder eine andere große Kerze als Zeichen für Jesus gestellt: Er ist die Mitte unserer Gemeinschaft. Die Kinder stellen sich mit Lichtern darum, die an der Osterkerze angezündet werden: Wir erhalten unser Licht von Jesus, er ist die Mitte unserer Gemeinschaft. Dazu können Lieder gesungen werden, in denen Jesus als Licht bezeichnet wird (vgl. viele neuere Adventslieder).

– *Reiß die Himmel auf:* Das Lied (GL 105) wird im Gottesdienst inhaltlich erschlossen, die einzelnen Strophen von ihrem biblischen und symbolischen Hintergrund her gedeutet. Dies kann auch gut in Bildern dargestellt werden, etwa: wolkenverhangener Himmel, der an einer Stelle aufreißt und das Licht der Sonne durchlässt; eine Tür steht weit offen, ein zerbrochenes Schloss liegt davor (1. Str.); Wasser kommt wie eine sprudelnde Quelle aus einer Wolke (2. Str.); Leben erblüht auf der Erde (3. Str.); eine strahlende Sonne (5. Str.); schließlich ein Jesusbild inmitten von Menschen (4. + 6. Str.).

– *Töpfer und Ton:* Wo in der Gemeinde Gruppen gestalterisch mit Ton arbeiten (Erwachsenen- oder Kinderkurse), kann eine solche Gruppe das alttestamentliche Bild näher deuten. Töpferscheibe und Ton, dazu getöpferte Gegenstände, werden vorgestellt, der Vorgang des Töpferns wird erläutert. Dabei geht es nicht allein um die Technik, sondern vor allem um die Freude des Schaffenden, der in seinem Werk ein Stück von sich selber ausdrücken kann. Übertrag: Gott schafft uns Menschen. Auch in uns liegt ein Stück Gottes, wir sind Gottes Ebenbild. Wir dürfen ihm dankbar sein, wir dürfen ihm Vertrauen entgegenbringen.

– *Wachsamkeit:* Ein Wecker wird als Symbol des Aufwachens und der Wachsamkeit auf den Altar gestellt und von ihm her das Evangelium gedeutet. Gespräch: Wann müssen wir besonders wachsam sein? In Gefahr, bei wichtigen Entscheidungen, in Lebenswenden, immer dann, wenn sich – im Guten wie im Bösen – Entscheidendes im Leben tut. Der Advent ist auch eine für uns entscheidende Zeit: nicht allein Vorbereitung auf das Weihnachtsfest, sondern Chance zur Neuorientierung, zum Neubeginn (richtig verstandene Buße), zur Ausrichtung auf Gott und die Menschen.

Weiterführung nach dem Gottesdienst

Besonders bei Predigtreihen ist es gut, wenn den Gottesdienstbesuchern nach dem Gottesdienst etwas an die Hand gegeben wird, das sie nach Hause mitnehmen können und das sie an den Gottesdienst erinnert. In den folgenden Wochen kann so ein Gesamtbild entstehen, das die Kerngedanken der Predigtreihe in Erinnerung ruft. Dies kann ein Gegenstand sein (ein Symbol oder Zeichen) oder auch ein Text, eine Zeichnung ... Möglich ist auch, an jedem Sonntag ein schönes Adventslied als Kopie mitzugeben (für diesen Sonntag eignet sich etwa GL 105 O Heiland, reiß die Himmel auf).

Als mögliche Zeichen schlagen wir für diesen Sonntag vor:

– *Hand:* Hinweis auf die gute Hand Gottes, in der wir geborgen sind, Hinweis aber auch, was wir mit unseren Händen tun können, wie unsere Hände dazu beitragen können, dass es Menschen gut geht (das ist Weihnachtsvorbereitung).

– *Ton oder Getöpfertes:* Ausgehend vom alttestamentlichen Bild wird ein kleines getöpfertes Werk übergeben, etwa kleine runde Scheiben, in die das Christussymbol oder eine Kerze eingraviert ist. Wo dies nicht möglich ist, kann auch ein wenig Ton gegeben werden, jeder kann selber etwas daraus formen.

– *Uhr:* Ein Blatt mit einer gemalten oder fotografierten Uhr erinnert an das Evangelium.

Für das Gespräch in den Familien und den Gemeindegruppen kann das Stichwort Gemeinde (vgl. zweite Lesung) eingegeben werden: Inwieweit erfahren wir bei uns Gemeinschaft – mit Jesus und untereinander? Wie können wir diese Gemeinschaft in der Zeit des Advent intensivieren?

(B 2) 2. Adventssonntag

Zu den Schrifttexten

Jes 40,1-5.9-11: *Baut eine Straße für unseren Gott.* Diese Verse sind der Beginn des zweiten Abschnitts des Jesajabuches. Sie sind nicht mehr von Jesaja, dem Propheten des achten Jahrhunderts geschrieben, der zur Umkehr angesichts des drohenden Gerichts aufgerufen hat. Vielmehr ist der Verfasser ein namentlich unbekannter Prophet in der Mitte des sechsten Jahrhunderts (meist als Deuterojesaja = zweiter Jesaja bezeichnet), der eine Heilsbotschaft verkündet. Dahinter steht die Situation, dass Israel im Exil vom Untergang bedroht ist. Gleichsam am Nullpunkt seiner geschichtlichen Existenz ist nicht allein das Volk bedroht, sondern damit auch der Glaube an den Gott, der auf dem Weg mitgeht (Exoduserfahrung Israels) und der ein Gott für die Menschen ist (Sinaierfahrung Moses und Gottesname »Jahwe«). Deuterojesaja verkündet nun eine Wende. Die Zeit der Trauer und Bedrängnis ist vorbei, es gilt eine Prozessionsstraße durch die Wüste von Babylon nach Jerusalem zu bauen, auf der Gott ziehen kann und – ihm folgend – das ganze Volk: ein zweiter Auszug hin zum Gelobten Land. Auf diesem Prozessionsweg erscheint Gottes Herrlichkeit nicht allein Israel, sondern in Jerusalem dann allen Völkern.

2 Petr 3,8-14: *Wir erwarten einen neuen Himmel und eine neue Erde.* Der zweite Petrusbrief ist eine Spätschrift des Neuen Testamentes, dessen unbekannter, heidenchristlicher Verfasser sich auf die Autorität des Petrus beruft. Der Hintergrund unserer Perikope ist das Ausbleiben der Wiederkunft Jesu. War die erste christliche Generation von der Naherwartung überzeugt, so gibt es jetzt Zweifel: Wann endlich kommt der Herr? Ist unser Warten nicht vergeblich? Gegen solche Vorstellungen argumentiert der Verfasser wie folgt: Zeit bedeutet für Gott etwas anderes als für den Menschen. Zudem bedeutet die Verzögerung nur, dass Gott langmütig und geduldig dem Menschen die Chance zur Umkehr gibt. Dennoch darf sich niemand in falscher Sicherheit wiegen: Diese »alte« Welt wird zu Grunde gehen, doch Gott schafft einen »neuen Himmel und eine neue Erde«, die geprägt sind von Gerechtigkeit und Frieden. Darauf muss sich der Mensch durch ein Leben der Gerechtigkeit und des Friedens ausrichten.

Mk 1,1-8: *Ein Bote, der den Weg bereitet.* In den Eingangsversen des Markusevangeliums steht nach der »Überschrift« Johannes der Täufer im Vordergrund. Dennoch ist dies nur »vordergründig«, die eigentlichen Aussagen dieses das Evangelium einleitenden Textes zielen auf Jesus und die von ihm verkündete Botschaft. Dies wird in den vier Abschnitten der Perikope sichtbar: 1. Die Überschrift über das Markusevangelium benennt Jesus Christus als die Mitte der Frohen Botschaft. Nicht länger seine Verkündigung des Reiches Gottes, sondern nunmehr er selber ist das Heil der Menschen. 2. Auf dem Hintergrund von Mal 3,1 und Jes 40,3 (s.o.) wird das Bild der Prozessionsstraße gezeichnet, auf der Gott – und diesmal in Jesus, seinem Christus – zu den Menschen kommen will. Diesem Auftrag ist das ganze Wirken des Johannes untergeordnet. 3. So stellt seine Taufe eine Art »Besiegelung« der Umkehr der Menschen dar: Wer sich auf das Kommende, den kommenden Herrn, ausrichten will, lässt das Alte zurück (vgl. 2 Petr). 4. Der asketische Prophet Johannes wirkt – in der Sicht dieses Evangeliums – ausschließlich auf Jesus hin. Hier zeigt sich eine christliche Vereinnahmung des ursprünglich wohl eigenständigen Propheten.

Schrifttext und Familien mit Kindern

Sowohl die Gestalt des Johannes als auch seine Rolle als Vorläufer, Wegbereiter und Bote sind den meisten Christen zwar in einer recht undifferenzierten Weise bekannt. Dennoch werden die Perikopen auf erhebliche Verständnisschwierigkeiten stoßen, die Lesung des Petrusbriefes mit ihrem Blick auf Apokalyptik und Parusie erst recht. Die uns eigenartig erscheinende Gestalt des Johannes (u.a. Heuschrecken als Nahrung) verstellt eher den Blick auf das Eigentliche des Evangeliums, als dass sie zum Verständnis hilft. Das von ihm angesprochene Thema Bekehrung und Sündenvergebung gehört zudem zu den eher heißen und deshalb tabuisierten »Eisen« heutiger Verkündigung.

Dennoch lassen sich verschiedene Anknüpfungspunkte zwischen den Texten und dem Leben heutiger Familien finden:

– *Bereit werden und bereit machen:* Die Weihnachtsvorbereitung in all ihren Facetten prägt das Familienleben in dieser Zeit. Dies kann im Gottesdienst durchaus thematisiert und mit Beispielen belegt werden. Was heißt aber dann bei all dem der Satz: »Bereitet dem Herrn den Weg«? Hilfreich kann hierbei die Überlegung sein, welche Vorbereitungen für das Kommen eines Gastes getroffen werden müssen: Wenn Jesus in gut zwei Wochen zu uns käme, was sollten wir jetzt als Vorbereitung darauf tun?

– *Bekehren als Neubeginn:* Das Wort Buße klingt in den Ohren heutiger Menschen negativ und hat deshalb keinen hohen Stellenrang. Biblisch gemeint ist aber etwas durchaus Positives: In einer bedrückenden Situation gibt es die Chance zu einem Neubeginn, zur Versöhnung und zu neuer Liebe. Es kann bedacht werden, in welchen Situationen sich Erwachsene wie Kinder einen Neubeginn wünschen. Konkrete Schritte auf solchen Neubeginn hin zu tun – das kann ein Anstoß des Evangeliums sein.

– *Sehnsucht nach einem »neuen Himmel und einer neuen Erde«:* Unabhängig vom christlichen Glauben gibt es im Menschen eine tief verwurzelte, gleichsam urreligiöse Sehnsucht nach gelingendem Leben, nach Harmonie von Gott, Welt und Mensch, nach Freiheit von Krankheit, Leid und Behinderung, nach Schalom im biblischen Sinn. Solche Sehnsucht wird sprachlich in verschiedene Bilder gekleidet. Der Ausdruck im Petrusbrief ist ein Ansatzpunkt, dies im Gottesdienst zur Sprache zu bringen.

– *Auf Zukunft hin leben:* Damit hängt ein weiterer Aspekt zusammen, dass nämlich Menschen versuchen, ihre Zukunft aktiv zu gestalten und in den Griff zu nehmen. Was man jedoch für die Zukunft anstrebt, hängt eng zusammen mit dem Menschenbild, mit den Werten, die man fördern will. Hier kann die Ermunterung am Ende der Petrusbrief-Perikope zu Frieden (umfassend im Sinn von Schalom verstanden) ein Denkanstoß sein.

– *Jesusbild:* Der Evangelientext (auf dem Hintergrund des Jesaja) führt zur Frage nach Jesus. Sein Kommen (und die Vorbereitung darauf) wird in Parallele gezeichnet zum Kommen Gottes damals (und der Vorbereitung darauf). In Jesus also wird Gottes Zuwendung zu den Menschen sichtbar, in ihm erscheint Gottes Herrlichkeit. Dies stellt einen Ansatzpunkt für die Verkündigung dar: Wer etwas über Gott und sein Verhältnis zu den Menschen erfahren will, muss sich auf Jesus ausrichten. Er ist das gute Wort Gottes an uns.

Gestaltungsideen für den Gottesdienst

Reihe A: Was Weihnachten bedeutet. Thema an diesem Sonntag – ausgehend vom Stichwort des Petrusbriefes: Das Kommen Jesu schafft einen neuen Himmel und eine neue Erde.

Stichworte zur Verkündigung: Die Sehnsucht der Menschen nach gutem und gelingendem Leben aufzeigen und mit Beispielen belegen. Besonders in bedrückenden Situationen (Beispiele nennen) wünschen wir uns einen Neubeginn. Dies gilt auch und gerade in Situationen von Schuld. »Wenn ich das noch einmal zu tun hätte, würde ich es anders machen.« – »Man müsste noch mal neu anfangen können.«

Christen glauben, dass Gott einen solchen neuen Anfang schafft, dass alles Leid und alle Not (vgl. auch Offb 21) durch ihn ein Ende findet, dass jeder Mensch Gemeinschaft und Geborgenheit findet, eine wirkliche Heimat.

Dies wird durch das Bildwort vom neuen Himmel und der neuen Erde ausgedrückt.

Christen glauben auch, dass diese neue Welt Gottes in Jesus bereits begonnen hat. Er macht – wenn auch nur an einigen Stellen – zeichenhaft deutlich, was die Vollendung in Gott bedeutet: Blinde können sehen, Lahme springen, Taube hören, Hungernde werden satt, der Tod ist überwunden. In Jesus beginnt der neue Himmel und die neue Erde. Wer sich auf Jesus einlässt, nimmt diese neue Welt in sein Leben auf, er kann sich in seiner Lebensgestaltung um die Verwirklichung dieses Schaloms bemühen. Dies sollte an Beispielen deutlich werden: Wie wir den neuen Himmel und die neue Erde ein kleines Stück weit schaffen können ...

Darstellung: Passend zum Gottesdienst des ersten Advent (B 1) ist ein Plakat denkbar, das eine Erdkugel in strahlendem Licht und bunten Farben zeigt. Möglich sind auch andere biblische Bilder, etwa das der neuen, goldenen Stadt, des großen Hochzeitsfestes, der Völkerwallfahrt in Frieden ... Solche Bilder können in Gemeindegruppen entstehen, in den meisten Gemeinden gibt es aber auch jemanden, der solche Ideen malend umsetzen kann. Ebenso sind natürlich auch Collagen oder Fotos möglich, die einen Aspekt des Neuen symbolisch wiedergeben.

Reihe B: In Gott geborgen. Thema dieses Sonntags: Eine Straße zu Gott.

Stichworte zur Verkündigung: Weg und Straße sind Bilder für das Leben der Menschen, das immer in Bewegung ist, voranschreitet. Der Lebensweg des Menschen kennt dabei unterschiedliche Wegstücke, die gut sein können oder auch schwer (Beispiele aufführen). Damit ein Weg sinnvoll ist, braucht er ein Ziel, eine Ausrichtung.

Christen glauben, dass ihr Lebensweg ein Weg auf Gott hin ist, eine Straße gleichsam, die Gott als Ziel hat. Jeder muss dies in seinem Leben verwirklichen: Berge aus dem Weg räumen, Schluchten auffüllen, Schwierigkeiten bewältigen, immer wieder aus Sackgassen umkehren und einen neuen Weg hin zu diesem Ziel suchen. Beim Lebensweg gibt es bestimmte Wegstationen, die das Ziel des Lebensweges deutlicher werden lassen als andere Wegstücke: die Taufe etwa, aber auch die Firmung und die anderen Sakramente. Ebenso wird an manchen Lebenswenden, an Schlüsselstellen des Lebens (Beispiele) die Frage nach dem Ziel, dem Sinn von allem wichtig.

Darstellung: Der Weg als Symbol lässt sich sowohl durch ein Dia als auch durch ein gemaltes Bild wiedergeben. Beim gemalten Weg können auch bestimmte Wegstationen, wichtige Stellen im Leben eines Menschen, bereits eingezeichnet sein oder im Gottesdienst eingezeichnet werden. Je nach den räumlichen Möglichkeiten kann ein solcher Weg auch in der Kirche gestaltet werden (im Mittelgang). Dann ist es möglich, diesen Weg auch symbolisch nachzugehen, evtl. mit Kerzen.

Reihe C: Die vier Adventskerzen. Nach der Kerze »Vertrauen« nun die zweite Kerze zum Stichwort »Liebe«.

Stichworte zur Verkündigung: Die in Jesus sichtbar gewordene Liebe Gottes zu uns ermuntert uns zu einer Antwort der Liebe, zum Bemühen um Gerechtigkeit und Frieden (vgl. Petrusbrief), zur Wegbereitung für den Herrn (vgl. Jesaja und Evangelium).

Einzelthemen:

– *Jesus kommt zu uns:* Das Thema Bereitwerden kann im Blick auf die Kinder unter dem Gedanken angeschnitten werden: Was müssten wir tun, wenn Jesus in drei Wochen zu uns zu Besuch kommen würde? Würden äußere Vorbereitungen wie das Haus putzen, Blumen stecken, etwas Gutes kochen ... als Vorbereitung ausreichen? Was wäre wichtiger? Beispiele mit den Kindern überlegen.

– *Taufe:* Wenn die Taufe des Johannes auch eine andere Zielsetzung (Besiegelung der Umkehr) hat als die Taufe der Christen, so werden die Gottesdienstbesucher durch dieses Stichwort dennoch an ihre Taufe erinnert. Somit lässt sich eine adventliche Tauferneuerung gestalten, die das Thema »Bereit werden für den Herrn« von dieser Seite her aufgreift.

– *Hirt und Herde:* Der Jesajatext ruft mit dem Bildwort vom Hirten das bereits für den ersten Sonntag vorgeschlagene Thema »Gottesbild« in Erinnerung. Hier wird der gute, fürsorgliche Gott dargestellt.

Weiterführung nach dem Gottesdienst

Das Stichwort Weg gibt Anlass, das Gespräch in der Familie, aber auch in Gemeindegruppen über den eigenen Lebensweg und den anderer Menschen zu suchen. Kinder können ihren bisherigen Lebensweg in Form eines »Lebensfilms« gestalten, mit einzelnen Bildern, die wichtige Punkte ihres Lebens als Filmstreifen wiedergeben. Das Erzählen vom Lebensweg sollte im Gespräch der Generationen immer wieder seinen Platz haben. Bei diesem Erzählen kann auch der Frage nachgegangen werden, an welchen Stellen der persönliche Lebensweg einen besonderen Bezug zu Gott sichtbar werden ließ.

Ebenso können von einer Gruppe der Gemeinde auch der Weg und die Geschichte der Gemeinde mit wichtigen Ereignissen darin im Bild wiedergegeben werden. Dies kann zu einer Informationstafel führen, die in der Kirche oder im Pfarrheim Platz finden kann.

Vorbereitung auf Weihnachten findet nicht nur in der Familie, sondern auch in der Gemeinde statt. Zu einzelnen Vorbereitungsaufgaben (Krippe aufbauen, Schmuck in Kirche und Pfarrheim, Gestaltung des Kirchplatzes ...) können Familien eingeladen werden. Dies ist nicht allein eine Verteilung der anstehenden Aufgaben, sondern kann zugleich zu einer inneren Beschäftigung mit der Vorbereitung auf Weihnachten führen (etwa beim Krippenbau: Welchen inhaltlichen Schwerpunkt setzen wir? Oder beim Weihnachtsschmuck: Was wollen wir damit eigentlich ausdrücken?).

(B 3) 3. Adventssonntag

Zu den Schrifttexten

Jes 61,1-2.10-11: *Der Geist des Herrn ruht auf mir.* Im letzten Teil des Jesajabuches verkündet ein unbekannter, sich auf die Autorität des ersten, vorexilischen Jesaja berufender Prophet dem nach Jerusalem zurückgekehrten Volk die Heilsbotschaft, dass Gott einen neuen Anfang schenkt. Dieser Prophet, der die Botschaft des zweiten Jesaja (Deuterojesaja am Ende der Exilszeit) aufgreift, wird meist Tritojesaja (= der dritte Jesaja) genannt. Er weiß sich als von Gott berufen und von Gott für seinen prophetischen Auftrag gestärkt: Die Salbung und damit Geistübertragung erfolgt an Könige (etwa David), Priester und Propheten. In der Präzisierung seines Auftrags greift Tritojesaja auf Bilder zurück, die aus der Tradition Israels stammen: Jahwe ist ein Gott der Armen, er schafft seinem Volk Befreiung (Exodus), er richtet die Menschen auf (Herz als Mitte der Person; wo das Herz geheilt wird, wird der ganze Mensch als Individuum und in seinen sozialen Bezügen heil). Dies alles geschieht in einem langsamen Wachstumsprozess. Dies ist auch der Grund dafür, dass die Menschen in Jerusalem das verheißene Heil noch nicht so sehen, wie es Jesaja (etwa im Bild der Völkerwallfahrt, vgl. Jes 2,1-5) angekündigt hat. Dennoch darf sich das Volk über seinen Gott freuen.

1 Thess 5,16-24: *Freut euch zu jeder Zeit.* Die Lesung ist ein Teil des Schlussabschnitts des ersten Paulusbriefes und damit der ersten Schrift des Neuen Testamentes. Paulus antwortet im ersten Thessalonicherbrief auf verschiedene Fragen der von ihm gegründeten Gemeinde; am Schluss gibt er der Gemeinde verschiedene Mahnungen für ein christliches Leben und für den Gemeindeaufbau mit auf den Weg: Ermunterungen zu Freude, Gebet, Dank und Hoffnung auf Gottes Wirken. Freude als Charakteristikum eines glaubenden Christen meint keinen oberflächlichen Frohsinn, sondern die Freude über ein sinnvolles Leben, das ein Geschenk Gottes ist. Das ständige Gebet meint weniger ein Sprechen von Gebetsworten als ein Leben, das sich in Wort und Tat auf Gott ausrichtet und somit Gottes-

und Nächstenliebe miteinander verbindet. An verschiedenen Stellen seiner Briefe kommt Paulus auf die in der Gemeinde vorhandenen Gnadengaben zu sprechen (vgl. u.a. 1 Kor 14). Dies klingt hier bereits an, wenn er von den Geistes- und Prophetengaben in der Gemeinde spricht. Wenn sie gut sind (d.h. dem Aufbau der Gemeinde dienen), verdienen sie die Wertschätzung aller. Die Perikope endet mit einem »Fürbitt-Segen«, der zum Vertrauen auf Gott und sein verlässliches Handeln aufruft.

Joh 1,1.8.19-28: *Johannes – die Stimme eines Rufers in der Wüste.* Alle Evangelien verbinden den Anfang des Wirkens Jesu mit der Person Johannes des Täufers. Allerdings legen die synoptischen Evangelien den Schwerpunkt darauf, dass Johannes zum Bereitmachen für den Herrn aufruft und in diesem Sinn seine Umkehrtaufe vollzieht. Johannes betont dagegen in seinem Evangelium das Zeugnis des Johannes für Jesus: Dieser ist der Messias, jener nur der auf ihn hinweisende Prophet. Johannes ist der erste Zeuge für Jesus. Dadurch, dass sein Zeugnis am Anfang des Evangeliums und zugleich vor den offiziellen Vertretern des Judentums dargestellt wird, gewinnt es zusätzliche Bedeutung. In der Perikope dieses Sonntags ist die Aussage des Johannes noch verhüllt (»mitten unter euch steht einer, den ihr nicht kennt«). Erst im folgenden Textabschnitt (Joh 1,29-34) wird das Zeugnis des Johannes über Jesus konkret: »Er ist der Sohn Gottes.«

Schrifttext und Familien mit Kindern

Nur wenige Tage vor Weihnachten überwiegt bei den Gottesdienstbesuchern, besonders bei den Kindern, die Vorfreude auf das Fest – vermischt mit der Sehnsucht nach ein wenig Ruhe inmitten allem Vorbereitungsstress. Der Aufruf der Pauluslesung (»Freut euch zu jeder Zeit«) trifft deshalb die Erwartung vieler in der Gemeinde. Die weiteren Verse des Thessalonicherbriefes stellen in ihrer allgemeinen Aussage kaum Anstöße zur Besinnung dar. Ähnliches gilt für das Johannesevangelium, dessen Hintergrund (die jüdische Messiaserwartung) den Gemeindemitgliedern nicht bekannt ist. Da die Perikope nach der eher geheimnisvollen Andeutung abbricht und die positive Aussage (»Er ist der Sohn Gottes«) nicht mehr zum Text dieses Sonntags gehört, fehlt hier auch ein Stück Spannung.

Ansatzpunkte zur Verbindung von heutigem Leben und den Aussagen der Schrifttexte können in folgenden Stichworten liegen.

– *Suche nach dem »Messias«:* Im Evangelium werden Menschen vorgestellt, die sich auf die Suche nach dem Messias machen, die Fragen stellen, Antworten erhoffen. Diese Haltung finden wir bei vielen Menschen heute, die nach jemandem suchen, der ihnen auf ihre Fragen gültige und sinnvolle, das Leben bereichernde Antworten geben kann. Johannes verweist dabei von sich weg auf einen Größeren, auf Jesus. Sein Zeugnis kann auch für heutige Menschen wichtig sein: Dieser Jesus ist der, der das Ziel eurer Suche ist. Das Jesusbild stellt also ein mögliches Thema dar.

– *Befreiung und Heilung:* Die alttestamentliche Lesung verbindet das Warten der Menschen mit der Hoffnung auf Befreiung von Behinderung und einengender, fesselnder Not, im Heilen der gebrochenen, verletzten Herzen, also im Ende jeder Lebensbehinderung. Dies kann ein Anlass sein, Lebensbehinderungen heute zur Sprache zu bringen und die Sehnsucht der Menschen nach umfassendem Frieden zu artikulieren. Dies stellt für viele ja auch ein Stück ihrer weihnachtlichen Sehnsucht dar. Beispiele können dabei aufzeigen, wie Gott durch das Handeln von Menschen anfanghaft Befreiung und Heilung ermöglicht.

– *Licht, von Gott gesandt:* Das im Eingang des Evangeliums genannte Symbol Licht passt zu Advent und Weihnachten. Es kann in diesem Gottesdienst durch Texte, vor allem aber durch entsprechende Zeichenhandlungen (etwa Lichtertanz ...) deutlich werden.

– *Taufe und Firmung:* Im Evangelium klingt die Taufe an, in beiden Lesungen die Geistsendung, die einen Menschen von Gott her beauftragt, seine Gaben zum Wohl anderer einzusetzen. Dies kann auf den Auftrag hin konkretisiert werden, den Christen durch ihre

Taufe und Firmung erhalten haben. Tauferneuerung kann ein Stück Weihnachtsvorbereitung sein.
– *Löscht den Geist nicht aus:* Die Gaben des Geistes sind in der Gemeinde nach der Erfahrung des Paulus breit gestreut (liegen also nicht allein bei den Hauptamtlichen). Dies kann und sollte einer Gemeinde immer wieder bewusst gemacht werden. Allerdings ist der Advent dazu nur bedingt geeignet. Dennoch kann – etwa am Beispiel der Gestaltung der Christmette – aufgezeigt werden, wie viele Menschen ihre Gaben zum Wohl aller nutzen. Dies stellt zugleich eine Ermunterung an alle dar, sich in den Aufbau der Gemeinde einzubringen, als auch eine Form des Dankes an die vielen Mitarbeiter, die die Gemeinde mit tragen.

Gestaltungsideen für den Gottesdienst

Reihe A: Was Weihnachten bedeutet. Thema: Grund zu tiefer Freude.
Stichworte zur Verkündigung: Wenn man Menschen nach Haltungen befragt, die sie bei glaubenden Christen entdecken, gehört Freude wohl kaum zu den Antworten, die man erwarten darf. Da hilft alles Reden von Froher Botschaft nicht viel. Die Erfahrungen, die viele Menschen mit Glauben und Gottesdienst machen, sind nur selten von Freude geprägt. Es muss deshalb deutlicher werden, was christliche Freude bedeutet.

Einstieg kann eine Sammlung von Situationen sein, in denen Erwachsene wie Kinder sich freuen. Dabei können bereits Unterschiede in der Art der Freude und ihrer Intensität deutlich werden: Es ist etwas anderes, sich über ein geschenktes Eis zu freuen, das nach ein paar Augenblicken Vergangenheit ist, oder über die Zusage eines Ferienaufenthalts im Sommer am Meer. Von solchen Gedanken her kann die Freude des Christen in doppelter Ausrichtung gedeutet werden: Freude darüber, dass Gott uns nahe ist, und Vorfreude darauf, dass diese Nähe einmal vollendet und damit ein Ende aller Not erreicht wird. Advent (und in der kirchlichen Tradition besonders der dritte Advent) wird somit zu einer Zeit der Vorfreude nicht allein auf Weihnachten, sondern auf die Erfüllung der Verheißungen Gottes. Von hier aus kann vom Paulusbrief eine Brücke zur alttestamentlichen Lesung geschlagen werden. Vielleicht liest man nur den ersten Vers der 2. Lesung vor, erarbeitet daran die unterschiedlichen Aspekte menschlicher Freude und bringt schließlich die Verheißungen Jesajas mit ihrer Hoffnungsbotschaft ins Spiel.
Darstellung: Ein Bild könnte die Freude darstellen, die sich für Menschen aus dem Ende aller Lebensbehinderung und Not ergibt. Als Symbol ist dazu auch eine gesprengte Kette oder eine zerbrochene Krücke denkbar. Auch das Stichwort »zerbrochenes und heiles Herz« gibt von der alttestamentlichen Lesung eine mögliche Darstellungsform vor.

Reihe B: In Gott geborgen. Thema: Sich freuen an Gott.
Stichworte zur Verkündigung: Das Gottesbild vieler Menschen ist von Vorstellungen geprägt, die Gott als streng oder fern verstehen. Wenn dieses Gottesbild heute Kindern gegenüber weniger ausgedrückt wird, so sollte im Rahmen unserer Reihe zum Gottesbild der menschenfreundliche, befreiende, Leben fördernde Gott verkündet werden, ein Gott, der buntes, reiches Leben will – so wie es sich Kinder, aber auch Erwachsene erträumen. Dies lässt sich an Erfahrungen Glaubender festmachen (etwa Exodus Israels aus Ägypten oder Befreiung aus dem Exil), aber auch an der Deutung des Gottesdienstes als Fest des menschenfreundlichen Gottes mit uns. Die Gottesdienstgestaltung sollte an diesem Tag bewusst festliche Elemente integrieren. Dass die Verkündigung eines menschenfreundlichen Gottes auch eine entsprechende Sprache und ein entsprechendes Verhalten den Kindern und Erwachsenen gegenüber bedeutet, sollte selbstverständlich sein.
Darstellung: Als Symbol dieses Gottesdienstes ist vom Gedanken des Festes her sowohl der reich gedeckte Tisch mit einer Festmahlzeit als auch der entsprechende Tisch- oder Raumschmuck (Kerzen, Blumen, Fackeln ...) denkbar.

Reihe C: Die vier Adventskerzen. Die dritte Kerze heißt nach Vertrauen und Liebe nun Freude.

Stichworte zur Verkündigung: Neben den oben bereits angesprochenen Gedanken zur Freude kann der Zusammenhang der ersten drei Kerzen sichtbar werden: Aus Vertrauen und Liebe ergibt sich die Freude. Sie entsteht aus der Erfahrung, dass unser Leben von Gott gehalten ist (Vertrauen – Freude über Gott) und dass Menschen in Liebe füreinander Verantwortung tragen können (Freude über Menschen und erlebte Gemeinschaft).

Darstellung: Wie auch an den anderen Sonntagen dieser Reihe, werden die Kerzen am Adventskranz, aufmerksam und mit einer entsprechenden Deutung versehen, nacheinander von Kindern angezündet.

Einzelthemen:

– *Befreiung:* Das Thema der ersten Lesung kann durch ein pantomimisches Spiel eingeleitet werden: Ein mit einem deutlich sichtbaren Seil Gefesselter wird gelöst und kann sich nunmehr wieder frei bewegen (evtl. mit entsprechender Musik in einen Tanz übergehen lassen). Ferner ist eine Erarbeitung möglich, was Menschen fesselt und bindet. Stichworte dazu werden auf Schilder geschrieben, die durch ein Seil verbunden sind. Mit diesem »Schilderseil« wird nun ein Mensch gefesselt. Der Vorgang der Befreiung kann dann durch Scheren geschehen, die mit Aufschriften versehen sind, wodurch ein Mensch frei wird (Vergebung, Versöhnung, Liebe ...).

– *Gebrochenes und heiles Herz:* In ähnlicher Weise kann das Symbol des Herzens gedeutet werden. Das Herz stellt nach alter Sicht die Personenmitte des Menschen dar. An ihm kann symbolisch ausgedrückt werden, wie es jemandem ergeht: ob er frei und froh sein Leben gestalten kann, oder ob er verwundet, gebrochen ist. Entsprechende Plakate mit gebrochenem und heilem Herzen und entsprechenden Stichworten können das Thema ebenso anschaulich werden lassen wie Spiele, die in Aussagen münden wie: »Du hast mir das Herz gebrochen. Mein Herz springt vor Freude. Mir blutet das Herz. Mir lacht das Herz im Leibe ...«

– *Licht und Dunkelheit:* Ein anderes Symbol, das sich aus dem Anfangsvers des Evangeliums ergibt, ist das Licht. Die Symbolik von Dunkelheit und darin erstrahlendem Licht ist mit der Winterzeit, mit Advent und Weihnachten eng verknüpft. Dies kann in diesem Gottesdienst thematisiert werden: Licht als Symbol für die Sehnsucht des Menschen nach Heimat, Geborgenheit, Harmonie ...

– *Mantel der Gerechtigkeit:* Dieses alttestamentliche Bild kann durch Gespräch und Zeichenhandlung gefüllt werden. Beispiele für Gerechtigkeit werden genannt (oder gespielt) und dann entsprechene Stichworte oder Bilder auf einen weiten Mantel geheftet, den ein Kind trägt. Sich bereitmachen für Weihnachten, für Jesus, für Gott bedeutet: ein neues Kleid der Gerechtigkeit, der Liebe, der Versöhnung und des Friedens anziehen.

Weiterführung nach dem Gottesdienst

Von den unterschiedlichen Symbolen her, die wir als Gestaltungsideen genannt haben, ergeben sich Möglichkeiten, den Kindern (oder auch allen Gottesdienstbesuchern) nach dem Gottesdienst etwas mitzugeben: ein Stück Seil, ein Teelicht, ein gemaltes Herz, vielleicht mit der Aufschrift: »Ein Herz für andere« – »Advent – Herzen heil werden lassen« ...

Dieser Gedanke kann damit verknüpft werden, dass die Gottesdienstbesucher dazu ermuntert werden, die christliche Freude weiterzutragen, von der im Gottesdienst gesprochen wurde. So kann zum Beispiel das Teelicht oder ein grüner Zweig aus der Kirche heraus zu Menschen gebracht werden, die nicht kommen konnten, denen wir die Freude christlichen Advents aber nicht vorenthalten wollen.

Es ist vom Gedanken des Festes und der Freude her auch sinnvoll, nach dem Gottesdienst ein Zusammenkommen im Pfarrheim zu ermöglichen: ein Adventsfrühstück oder ein gemeinsames Singen von Adventsliedern ... Dies könnte auch der Ort sein, Lieder für die bevorstehende Christmette einzuüben und Kinder wie Erwachsene zu ermuntern, sich an der Gestaltung der Mette zu beteiligen.

(B 4) 4. Adventssonntag

Zu den Schrifttexten

***2 Sam 7,1-5.8-11.16:** Dein Haus wird vor mir Bestand haben.* Innerhalb des deuteronomistischen Geschichtswerks (im babylonischen Exil entstandenes Werk über die Richter- und Königszeit Israels) stellt die Perikope eine Besinnung dar, wie sich der Übergang von der Zeit der Richter zur Zeit der Könige vollzog. Die Gott in den Mund gelegte Geschichtsdeutung blickt von der Vergangenheit her zur Gestaltung der Gegenwart durch David und vor allem – als Hoffnungsbotschaft – darüber hinaus. Dabei lebt der Text von der Spannung der doppelten Bedeutung von Haus bauen: David will Gott ein Haus bauen; Gott will dem Haus Davids Bestand geben.

Der Wunsch Davids, Gott einen Tempel zu bauen, kann keineswegs nur als frommes Werk angesehen werden. Am Beginn seiner Regentschaft will David sein Reich festigen und von Jerusalem aus seine Herrschaft sichern. Dazu soll ihm der Tempelbau dienen: Er soll Gottes Gegenwart und damit seinen Schutz der Stadt Jerusalem bewirken. David will über Gott verfügen. Natan erkennt dies erst, als in der Nacht das Wort Gottes an ihn ergeht, das aufzeigt, wie Gottes Schutz David unabhängig von einem Tempelbau immer gegolten hat. Die Zusage, dass Davids Haus (sein Königsgeschlecht) Bestand haben wird, stellt eine Verheißung für die Zukunft dar.

Das macht sie auch für die Menschen im Exil so bedeutsam: In einer Zeit, wo das Königtum Israels, ja selbst Jerusalem, vernichtet waren, verweist dieser Text in die Zukunft: Gott wird einen aus dem Haus Davids zum neuen König machen – unabhängig vom Bau des Tempels. Diese »adventliche« Hoffnung Israels wird in der Perikope des Lukasevangeliums auf Jesus bezogen.

***Röm 16,25-27:** Das Geheimnis wurde offenbar, um alle Völker zum Glauben zu führen.* Der Schluss des Römerbriefes (wahrscheinlich nicht von Paulus, sondern von Späteren hinzugefügt) ist eine Doxologie (Lobpreis), die die Gesamtaussage des Briefes im Gotteslob zusammenfasst. Dabei geht es um die Offenbarung des Glaubensgeheimnisses, dass Gott in Jesus sichtbar wurde. Dahinter steht der Glaube, dass Gott die Geschichte lenkt und einem letzten Ziel zuführt. Dieser Prozess wird in drei Schritten benannt: Seit ewigen Zeiten (also auch während des Alten Bundes) besteht dieses Geheimnis (Gott in Jesus) zwar, ist aber verhüllt. Im Evangelium (der Verkündigung des Paulus und anderer) wird es enthüllt. Dies führt dazu, dass alle Völker, nicht allein Israel, zum Glauben an den wahren Gott in Jesus Christus kommen. Der Text ist geprägt vom Glauben, dass Gott die Geschichte lenkt, und stimmt in dieser Aussage mit der alttestamentlichen Lesung überein.

***Lk 1,26-38:** Verkündigung der Geburt Jesu.* Die Perikope von der Verkündigung der Geburt Jesu an Maria durch den Engel ist – entgegen mancher kirchlicher Tradition – kein Marientext, sondern ein Christustext, und es ist gut, dass er von Marienfesten weg am letzten Sonntag vor dem Christus-Hochfest Weihnachten gelesen wird. Die Fülle der Aussagen über Jesus (Sohn des Höchsten, Davidssohn, »König« über das Haus Jakob, Sohn Gottes) unterstreicht die christologische Ausrichtung dieses Textes und kennzeichnet ihn als den verheißenen Messias. Dieser Jesus (= »Gott rettet«) verdankt sich in seiner ganzen Existenz Gott selber, in ihm kommt Gott in unsere Welt. Er ist nicht ein »Erzeugnis« von Menschen, sondern ganz und gar Schöpfung des Geistes Gottes. Liest man den Text unter diesem Gesichtspunkt, so relativiert sich das Problem der Jungfrauengeburt: Es geht hier nicht um biologische Aussagen, sondern um theologisch-christologische; das Wie des Wirkens Gottes bleibt verborgen und ist auch zweitrangig gegenüber dem Dass. Marias Bedeutung liegt hier darin, dass sie ihr Ja zu Gottes Wirken spricht (anders als etwa Zacharias bei der Verheißung der Geburt des Johannes). So wird sie zum Modell des glaubenden, für Gott offenen Menschen.

Schrifttext und Familien mit Kindern

Wie auch an anderen Sonntagen haben heutige Hörer, Erwachsene wie Kinder, mit allen Schrifttexten Schwierigkeiten. Der alttestamentliche Text mit seinem geschichtlichen Hintergrund ist so weit von uns weg, dass er nicht mehr interessiert: Was soll uns die Überlegung Davids, einen Tempel zu bauen – heute gibt es in Jerusalem sowieso keinen Tempel mehr, und wenn, würde er uns nicht betreffen. Der Römerbrief ist – typisch Paulus – sprachlich so verschachtelt und inhaltlich so schwierig, dass er bestenfalls ein Schulterzucken hervorruft, bei Kindern aber das Urteil verstärkt, dass Gottesdienst unverständlich und deshalb langweilig ist. Zum Evangelium, das wie üblich bei Lukas ein schwieriges Thema in leicht eingängiger Weise erzählt, wird vielen nur das Problem der Jungfrauengeburt auffallen, an der eigentlichen, christologischen Aussage gehen sie vorbei.

Wie also mit diesen Texten am Sonntag vor Weihnachten umgehen?

– *Gott schenkt sich:* Der Blick der Gottesdienstbesucher, der Kinder wie der Erwachsenen, richtet sich in diesen Tagen auf Weihnachten. So ist es sinnvoll, Kerngedanken der Weihnachtsbotschaft aus den Schrifttexten zu erschließen und mit auf den Weg hin zu Weihnachten zu geben. Weihnachten heißt: Gott ist mit uns (Immanuel), wie er es mit David, mit Maria und mit den vielen andern großen Gestalten der Bibel und der Geschichte der Glaubenden war. Weihnachten heißt: Gott schenkt sich uns in Jesus. Jesus ist damit nicht irgendein Mensch, sondern Geschenk Gottes an uns. Weihnachten heißt: Gott rettet (Bedeutung des Namens Jesus), Not und Bedrängnis sind überwunden. Weihnachten heißt: Die Völker der Welt sind durch die Weihnachtsbotschaft in Freude vereint, jeder ist zur Gemeinschaft des Glaubens eingeladen (vgl. Römerbrief). Somit ist Weihnachten auch nicht in erster Linie ein Familienfest, sondern die dankende Feier der glaubenden Gemeinschaft, die die Führung Gottes in ihrem Leben spürt.

– *Gott auf meinem Lebensweg:* Daraus kann sich ein anderer Ansatz ergeben. Wir haben heute anders als die Menschen damals in Israel kaum ein Empfinden dafür, dass Gott die Geschichte des Einzelnen wie der menschlichen Gemeinschaft bestimmt. Jeder muss seine persönliche Geschichte gestalten, jeder ist zudem abhängig von vielen anderen gesellschaftlichen und kulturellen Faktoren. Gott aber kommt in der Regel als bestimmender Faktor unseres Lebensweges nicht vor. Die Erfahrung der glaubenden Menschen der Bibel (bei David ebenso abzulesen wie bei Maria und bei Paulus) sieht anders aus: Sie erkennen in den unterschiedlichsten Ereignissen ihres Lebens die führende Hand Gottes. Dies kann als Anlass zur Besinnung genommen werden, wo Gott in unserem Leben – auf vielleicht verborgene Weise, vgl. Römerbrief – am Werk ist, sowohl im privaten Leben wie in gesellschaftlichen Zusammenhängen.

Gestaltungsideen für den Gottesdienst

Reihe A: Was Weihnachten bedeutet. Thema: Die Weihnachtsfreude gilt allen Menschen, allen Völkern.

Stichworte zur Verkündigung: Der Text des Römerbriefes sollte in einer gegenüber der Einheitsübersetzung sprachlich einfacheren Form verlesen werden. Auf den Gedanken, dass alle Völker zum Glauben berufen sind, kann durch einen Hinweis vorab aufmerksam gemacht werden. Die Hoffnung Israels auf den Messias wird in Erinnerung gerufen – damals weithin verstanden als Hoffnung in erster Linie für dieses eine Volk Gottes. Dagegen wird die Aussage gemacht, dass Gott durch dieses eine und auserwählte Volk allen Völkern und Menschen Hoffnung gegeben hat. Allen Völkern soll die Botschaft vom in Jesus zu uns gekommenen Gott verkündet werden (eine gute Gelegenheit, auch das Hilfswerk Adveniat zur Sprache zu bringen).

Darstellung: Die jährlichen Adveniatplakate machen häufig den genannten Aspekt einer die Völker übergreifenden Gemeinschaft in Christus sichtbar. Wo dies nicht deutlich wird, kann auch ein gemaltes Bild die Aussage des Römerbriefes verstärken, etwa: Hände von Menschen verschiedener Hautfarbe fassen sich an ...

Reihe B: In Gott geborgen. Thema: Von Gott geschützt.
Stichworte zur Verkündigung: Am Beispiel Davids kann deutlich werden, wie Gott einen Menschen auf seinem Weg begleitet. Denkbar ist dabei ein Brief, den David an eine heutige Gemeinde schreibt und in dem er seine Erfahrung mit Gottes Führung schildert. Auch können verschiedene Spiele der Kinder die Davidsgeschichte wiedergeben.
Darstellung: Vielleicht kann die Davidgeschichte durch einige Bilder (Illustrationen aus Büchern auf Tageslichtfolien gebrannt oder von Kindern gemalt) anschaulich gemacht werden.

Reihe C: Die vier Adventskerzen. Die vierte Kerze heißt Geborgenheit:
Stichworte zur Verkündigung: Menschen finden bei Gott Geborgenheit. Er ist – um das Bildwort des Samuelbuches anders zu deuten – wie ein Haus, in dem wir uns bergen können und das uns Schutz gewährt (vgl. das Lied von Bäcker/Jöcker: Bist du ein Haus aus dikken Steinen).
Darstellung: Neben dem Anzünden der vierten Kerze am Adventskranz lässt sich auch eine Kerze in (oder vor) einem Haus darstellen. Vielleicht kann im Rahmen einer Adventskrippe auch der Stall der Weihnachtskrippe bereits dazu genutzt werden.

Einzelthemen:
– *Namen geben:* Maria soll ihrem Kind den Namen Jesus geben. Namen der Bibel haben meist eine besondere Bedeutung (Jesus = Gott rettet). Auch die anderen Namen, mit denen das angekündigte Kind vom Engel bezeichnet wird, machen inhaltliche Aussagen über die Bedeutung dieses Kindes: Sohn des Höchsten, Davidssohn ... Ebenso lassen sich auch andere Namen deuten, etwa: Gabriel = Gott ist stark; Johannes = Gott hat Gnade erwiesen ... Auch viele unserer heutigen Namen tragen oft versteckt Bedeutungen mit sich (Beispiele finden sich in Namenstagsbüchern). Wenn Eltern nicht allein vom Klang, sondern von der Bedeutung Namen aussuchen, geben sie ihrem Kind zugleich Wünsche und Hoffnungen mit auf den Weg.
– *Engel in meinem Leben:* Die Erwähnung des Engels ruft bei vielen Hörern Befremdung oder märchenhafte Vorstellungen hervor. Die Deutung eines Engels als »Bote Gottes« sollte sichtbar werden. Daraus kann dann leicht die Folgerung gezogen werden, dass auch Menschen heute Boten Gottes sein können. Vielleicht können entsprechende Spielszenen dazu gestaltet werden.
– *Maria als Vorbild im Glauben:* Wenn das Evangelium auch eine christologische und keine mariologische Zielrichtung hat, so ist Maria in diesem Text dennoch wichtig, weil sie ein Modell des glaubenden Menschen darstellt. Maria und ihr Ja zu Gottes Wort können deshalb Vorbild für Menschen heute sein.

Weiterführung nach dem Gottesdienst

Als Symbol, das den Kindern (und Erwachsenen) nach dem Gottesdienst übergeben werden kann, bietet sich zur Reihe A ein verkleinertes Bild der Hände an (s.o.). Die Kinder können die Hände dann mit verschiedenen Farben ausmalen. Für Familien und Gruppen kann als Gesprächsthema angeregt werden, die Vielfalt von Nationen am eigenen Ort zu bedenken: Welche Menschen aus welchen Völkern wohnen bei uns, welche davon gehören zu unserer Gemeinde? Welche anderen Religionen sind bei uns vertreten? Gibt es Kontaktpunkte zu den Fremden bei uns?

Zur Reihe B kann angeregt werden, mit den Kindern zu Hause die Davidsgeschichte in einer Kinderbibel zu lesen. So wird nicht allein ein wichtiger biblischer Text ins Gespräch gebracht, es wird zudem eine Hilfe gegeben, Jesus als »Davidssohn« einzuordnen: Die Verheißungen, die Gott dem David gab, sind in Jesus in Erfüllung gegangen.

Zur Reihe C kann ein Haus übergeben werden: auf einen Zettel kopiert, als Tontäfelchen, aus farbigem Papier ... Die Kinder können sich und ihre Familie hineinmalen und dieses Bild neben die häusliche Krippe stellen.

(B 5) Heiligabend

Zu den Schrifttexten
Schrifttext und Familien mit Kindern
(vgl. im Band zum Lesejahr C)

Gestaltungsideen für den Gottesdienst

In den drei Bänden dieser Reihe stellen wir jeweils drei Ideen für weihnachtliche Familiengottesdienste vor, die durch Symbole oder Spielanregungen zum Bekenntnis des Glaubens an Jesus führen sollen und die zugleich mit dem Leben heute zu tun haben.

A:
- Krippenspiel
- Ein Licht in der Dunkelheit
- Wenn Jesus heute käme

B:
- Ein gutes Wort
- Der Baum der Liebe
- Gott reicht uns die Hand

C:
- Was noch zur Krippe gehört
- Da hat der Himmel die Erde geküsst
- Der Jesus-Stern

Ein gutes Wort: Nicht allein im Johannesevangelium wird Jesus als das Wort bezeichnet. Auch der Hebräerbrief erinnert daran, wie Gott zu uns in Jesus spricht (vgl. die Lesung). Es ist deshalb berechtigt, Jesus als das gute Wort Gottes an uns zu bezeichnen. Gute Worte können Menschen aufleben lassen, können ihnen neue Hoffnung und Zuversicht, Lebensmut schenken. Dieser Gedanke soll im Gottesdienst anklingen und die Weihnachtsbotschaft mit dem Leben von Menschen heute verbinden.

Dazu könnte folgende Spielszene entwickelt werden:

– *Menschen warten auf ein gutes Wort:* Mehrere kleine Anspielszenen, wo Menschen heute auf ein gutes Wort warten, das ihrem Leben aufhilft. Dies sollten nicht allein Situationen aus dem Leben von Kindern sein, sondern ebenso aus dem Leben von Erwachsenen: Einsamkeit, Ausgestoßensein, Trauer, Mutlosigkeit und Angst, etwas nicht können oder sich nicht trauen, Enttäuschung und Verbitterung ...

– *Gott spricht zu uns sein gutes Wort:* Das Weihnachtsevangelium nach Lukas wird als Sprechspiel (eventuell von der Krippe aus) vorgetragen. Nach den Worten des Verkündigungsengels an die Hirten kommen die anderen »Engel« einer nach dem anderen aus dem Dunkeln heraus und sagen »gute Worte« zu den Menschen, die in den Sprechszenen des ersten Teils genannt wurden. Diese Sätze könnten den Seligpreisungen der Bergpredigt nachempfunden sein, etwa: »Freut euch, die ihr jetzt Angst habt, denn Gott spricht zu euch sein gutes Wort und will euch Mut schenken. Freut euch, die ihr jetzt von anderen ausgestoßen seid, denn Gott spricht zu euch sein gutes Wort und will euch in seine Gemeinschaft aufnehmen. Freut euch, die ihr jetzt darunter leidet, dass ihr etwas nicht gut könnt, denn Gott spricht zu euch sein gutes Wort und will euch befähigen, Gutes zu tun ...« So wird die Hoffnungsbotschaft der Weihnacht unmittelbar in unser heutiges Leben hinein gesprochen.

– Je nach dem Kreis der Gottesdienstbesucher (und ihrer Beweglichkeit) können sie in das Bemühen um gute Worte dadurch eingebunden werden, dass kleine Zettel und Stifte bereitliegen, auf die jeder gute Worte für einen anderen schreiben kann (kleine Kinder können entsprechend malen). Die Zettel werden dann im Gottesdienst oder danach im Eingangsbereich der Kirche mit anderen getauscht.

Der Baum der Liebe: Wenn der Christbaum von seiner Herkunft und dem heute mit ihm verbundenen Brauchtum (»O Tannenbaum«) in mancher Hinsicht fragwürdig bleibt, so stellt der Baum doch ein Grundsymbol des Lebens dar und kann deshalb mit dem lebenschaffenden Gott und mit Jesus verbunden werden, der sich als »*das* Leben« bezeichnet hat. Hinzu kommt eine Beziehung zwischen dem Baum und dem Kreuz als Lebensbaum, die in einigen Kunstdarstellungen Widerhall gefunden hat. So lassen sich Krippe und Kreuz auch vom Symbol Baum her aneinander binden.

Für den Familiengottesdienst zu Weihnachten findet man häufig den Vorschlag, einen Christbaum von den Kindern im Gottesdienst mit Kugeln, Sternen, Lichtern, Engeln, Lametta und anderem zu schmücken und dabei jeweils Deutungen dieses Schmucks zu sprechen, die vom Sinn der Weihnacht künden und die diese Dinge als »sinnfälliges Glaubensbekenntnis« zu Jesus verstehen. Wir möchten diesen Vorschlag durch einen weiteren Schritt erweitern:

Statt des üblichen Weihnachtsschmucks (oder auch zusätzlich) wird der in der zweiten Titusbrief-Lesung genannte Begriff der Menschenliebe Gottes, die uns in Jesus erschienen ist, ausgefächert. Wie zeigt sich die Menschenliebe Gottes – damals wie heute? Wie kann sie sich in Menschen heute auswirken? Einzelne Begriffe, mit denen wir die Liebe Gottes zu uns deuten können, werden benannt, mit wenigen Sätzen gedeutet und – auf kleinen Pappen geschrieben – an den »Menschenliebe-Gottes-Baum« gehängt: Vertrauen, Erbarmen, Güte, Versöhnung, Heilung, Schutz, Segen, Weggeleit, Lebenskraft, Hoffnung, Liebe ... Wenn gewünscht, können Spielszenen zeigen, wie sich diese »Geschenke Gottes an uns« im Leben der Menschen auswirken können und sie zu einem Leben des Erbarmens, der Güte ... befähigen.

Gott reicht uns die Hand: Bei diesem Vorschlag wird die Symbolik von Hand und – als Kontrast dazu – Faust gewählt, um die Botschaft der Weihnacht im Satz zusammenzufassen: In Jesus reicht uns Gott die Hand. Er hält und stützt uns. Er schafft Gemeinschaft mit uns. Er schenkt uns seinen Frieden. In Jesus ist Gott unser Freund. Dies kann in folgenden Schritten gestaltet werden:

– *Faustsituationen in heutigem Leben:* Die geballte Faust (eventuell als Dia oder Plakat visualisieren) steht für Gewalt, Bedrohung, egoistisches Sich-Durchsetzen-Wollen ..., also für den Lebensstil vieler und für eine Gefährdung, der jeder Mensch unterliegt. Kleine Spielszenen aus dem Leben von Kindern und Erwachsenen können dies deutlich werden lassen. Bei den Szenen sollte die geballte Faust überdeutlich gezeigt werden.

– *Die offene Hand Gottes:* In der Kunst ist das Thema der guten Hand Gottes, die den Menschen führt, häufiger behandelt worden. Denkbar ist auch eine Fotomontage (Hand und Mensch oder Erdkugel), um in diesen Schritt einzuleiten. Das Weihnachtsevangelium wird gelesen und sein Sinn darin gesucht, dass Gott dem Menschen begegnen will, ihm seine ausgestreckte Hand reichen will, damit neue Gemeinschaft schafft. Die offene, ausgestreckte Hand verbindet, ist Zeichen von Vergebung und Versöhnung, erneuert Gemeinschaft, schafft Frieden.

– *Die Hand Gottes und unsere Hände:* Diese Gedanken können in eine zweite Reihe von Spielen münden, die den Kontrast zu den Faustdarstellungen bilden. So kann verdeutlicht werden, was Weihnachten im Menschen bewirken kann: Weil Gott uns die Hand reicht, können wir uns die Hand reichen.

– *Friedensgruß:* Vielleicht kann der Friedensgruß als bewusstes Handreichen und Aufeinander-zu-Gehen nicht nur besonders hervorgehoben, sondern bereits an diese Stelle vorgezogen werden.

Weiterführung nach dem Gottesdienst

Als Zeichen, die den Gottesdienstbesuchern nach dem Gottesdienst mitgegeben werden können, schlagen wir vor:

– *Gute Worte:* Zettel mit »guten Worten« (s.o.), vielleicht eine Zusammenfassung der entsprechenden »Seligpreisungen«, wie oben benannt. Denkbar ist auch ein schöner Druck des Weihnachtsevangeliums, des guten Wortes Gottes an uns.

– *Baum der Liebe:* Ein Tannenzweig kann ebenso an dieses Thema erinnern wie ein Bild (Zeichnung, Foto) von einem schönen Baum. Denkbar ist auch, die Begriffe des Baumes der Liebe zu kopieren und den Besuchern für den Schmuck ihres Christbaums zu Hause mitzugeben.

– *Hand:* Zeichnung oder Foto einer guten Hand, dazu ein entsprechender Text.

(B 6) Fest der Heiligen Familie

Zu den Schrifttexten

Sir 3,2-6,12-14 und Kol 3,12-21
(vgl. im Band zum Lesejahr C)

Lk 2,22-40: *Ein Licht für die Heiden und Herrlichkeit für Israel.* Die inhaltliche Mitte von Simeons Lobpreis und damit auch der gesamten Perikope stellt diese doppelte Aussage über Jesus dar – eine Offenbarung des Wesens und der Aufgabe des Messias: Er ist die Erfüllung der Erwartungen Israels und zeigt dem Volk die Herrlichkeit Gottes. Zugleich aber geht seine Bedeutung über Israel hinaus: Er ist Licht für alle Völker.

Dieses doppelte Bekenntnis zu Jesus, dem Messias (= Christus) Gottes, fasst Lukas in eine Erzählung, die parallel zur Erzählung von Johannes dem Täufer (vgl. Lk 1,64-80) verläuft, die Aussagen über diesen aber überbietet: Wo Zacharias nach der Geburt seines Sohnes im Tempel Gott preist, geben nun zwei Menschen im Tempel Zeugnis von der Bedeutung des neugeborenen Kindes ab, prophetische, von Gottes Geist ergriffene und geistbegabte Menschen, aus denen somit Gott selbst wie sonst aus dem Mund von Engeln spricht.

Der Ausgangspunkt der Erzählung ist die doppelte Erfüllung des Gesetzes: Reinigung der Mutter nach vierzig Tagen und Darbringung des Erstgeborenen an den Herrn. Dass dies im Jerusalemer Tempel ausgeführt wird – und nicht, wie möglich, überall im Land vor einem Priester –, zeigt die Verwurzelung Jesu im jüdischen Glauben ebenso auf wie der dieser Perikope folgende Text vom zwölfjährigen Jesus im Tempel. Jesus ist ganz eingebunden in den Glauben und das Leben seines Volkes. Zugleich aber ist er darüber hinaus der Heiland aller Welt. Die Erzählung des Lukas stellt keinen historischen Bericht dar, wohl aber sein Glaubensbekenntnis zu diesem Jesus, das seine Hörer (damals wie heute) zu eigenem Bekenntnis ermuntert.

Schrifttext und Familien mit Kindern
(vgl. im Band zum Lesejahr C)

Gestaltungsideen für den Gottesdienst

In den Bänden zu den drei Lesejahren geben wir Anregungen zu folgenden Gottesdiensten:

A: – Nicht nur Brot – die Alten ehren
– Familie – wo man getragen wird

B: – Familie – Licht füreinander
– Jesus – Herrlichkeit und Licht

C: – Das Haus der Familie bauen
– Wer gehört zur Familie Jesu?

Familie – Licht füreinander: Das Symbol Licht wird mit der Advents- und Weihnachtszeit auf vielfältige Weise verbunden. Gleichsam abschließend kann dieses Symbol vom Evangelientext her noch einmal aufgegriffen werden: Jesus – Licht für alle Völker. Im Zusammenhang damit soll aufgezeigt werden, wie die Erfahrung Jesu als Licht des eigenen Lebens dazu ermuntert, nun selber zum Licht zu werden. Dies gilt in besonderer Weise für das Zusammenleben in der Familie, das an diesem Tag im Blick ist.

– *Weihnachten bedeutet: Jesus ist unser Licht:* Ausgehend von der Frage, was Weihnachten bedeutet, kann Jesus als das Licht Gottes bezeichnet werden: Vom Himmel, von Gott her, erstrahlt ein helles Licht für uns Menschen. Unsere Dunkelheit kann durch ihn hell werden. Der alte Simeon hat dies gespürt und verkündet: Vortrag des Evangeliums von der Darstellung Jesu im Tempel (eventuell gekürzt und sprachlich vereinfacht). Als Zeichen für Jesus, das Licht, wird an der Krippe eine Kerze angezündet – die Jesuskerze.

– *Weihnachten bedeutet: selber zum Licht werden:* Wer Jesus folgen will, muss selber bereit sein, zum Licht für andere zu werden. Dazu können Beispiele mit den Kindern überlegt werden. Als Zeichen dafür werden um die Jesuskerze weitere Kerzen gestellt – die Jüngerkerzen.

– *Licht in der Familie:* Das Licht-Sein füreinander wird nun in einem weiteren Schritt auf die Familie bezogen. Eventuell können Beispielszenen gespielt werden, wie Kinder und Erwachsene in ihren unterschiedlichen Familiensituationen einander Licht sein können. Als Zeichen gehen einige Kinder mit den Jüngerkerzen in die Gemeinde und zünden dort bereitstehende Teelichter an. Diese Teelichter werden dann zum Friedensgruß getauscht: Wir sind Licht füreinander.

Jesus – Herrlichkeit und Licht: Durch alle Zeiten und bereits bei den Menschen damals war die Frage wichtig: »Wer ist dieser?« Wir heute erweitern diese Frage: »Was bedeutet Jesus für uns?« Bekenntnisse zu Jesus und Namen, die ihm in den biblischen Traditionen und der Geschichte der Christen gegeben wurden, werden zusammengetragen, um so gleichsam ein Mosaik der Bedeutung von Jesus für Menschen zusammenzustellen. Dabei wird schnell deutlich, dass es *keine* Bezeichnung gibt, die ihn umfassend beschreiben kann. Erst im Zusammentreffen mehrerer Namen, Titel und Sprachbilder kann seine Bedeutung auch für uns deutlich werden.

Das Zusammentragen der Jesusnamen kann vom Evangelientext ausgehen: »Herrlichkeit für Israel und Licht für die Heiden«. Weitere Namen können im Gespräch benannt werden (vgl. dazu die Jesuslitanei, Gotteslob 765). Die Namen können mit vorbereiteten Kärtchen auf einem Plakat (Mosaik) zusammengesteckt werden. Ebenso kann damit aber auch der Stall der Krippe oder ein Baum geschmückt werden. Anstelle der Fürbitten kann ein Teil der Jesuslitanei gebetet werden.

Weiterführung nach dem Gottesdienst

Es ist in unseren Gemeinden ein sinnvoller Brauch, am Tag der Unschuldigen Kinder (28. Dezember) oder am Fest der Heiligen Familie (Sonntag nach Weihnachten) die Kinder der Gemeinde in besonderer Weise zu segnen (vgl. dazu einen Vorschlag im Band für das Lesejahr A). Ebenso sinnvoll ist es aber, dass Kinder in ihren Familien während des ganzen Jahres immer wieder Segen erfahren und von ihren Eltern gesegnet werden. Dies kann zum Beispiel abends im Zusammenhang mit dem Abendgebet geschehen oder morgens, wenn die Kinder das Haus verlassen, oder auch zu anderen Gelegenheiten. Anlässlich des Festes der Heiligen Familie kann dieser Brauch in Erinnerung gerufen und den Eltern empfohlen werden. Dabei ist es sinnvoll, wenn sie für ein solches Tun Hilfen erhalten. Dazu ein Vorschlag für eine kleine schriftliche Erläuterung zum Thema Segen:

Kinder segnen

Einen Menschen segnen bedeutet, das Vertrauen auf Gott konkret zum Ausdruck zu bringen, sich also miteinander vertrauensvoll in die Hände Gottes zu legen. Wenn Sie Ihr Kind morgens oder abends oder bei anderen wichtigen Stellen segnen, dann sprechen Sie ihm die Hilfe und den Schutz Gottes zu und drücken gleichzeitig Ihr gemeinsames Vertrauen auf Gott aus. Sie können Ihre Segensgeste dadurch »handgreiflich« werden lassen, dass Sie Ihrem Kind ein Kreuzzeichen auf die Stirn zeichnen oder ihm einfach die Hand auf den Kopf legen. Sprechen Sie dabei etwa:

– *Es segne und beschütze dich heute den ganzen Tag der gute Gott, der Vater, der Sohn und der Heilige Geist.*

– *Der gute und barmherzige Gott bleibe bei dir auf all deinen Wegen.*

– *Der Segen Gottes, des Vaters, sei mit dir, die Liebe Jesu, des Sohnes, sei mit dir, die Kraft des Heiligen Geistes sei mit dir.*

– *Wohin du auch gehst, was du auch tust, Gott trägt und hält dein Leben. Er beschütze und segne dich alle Zeit. Amen.*

(B 7) Neujahr

Zu den Schrifttexten
Schrifttext und Familien mit Kindern
(vgl. im Band zum Lesejahr C)

Gestaltungsideen für den Gottesdienst

In den Bänden zu den drei Lesejahren geben wir Anregungen zu folgenden Gottesdiensten:

A: – Das Geschenk auspacken
– Was wir uns wünschen

B: – Was uns die Uhr schlägt
– Jesus – Gott rettet

C: – Wie ein offenes Buch
– Segen – Gott schaut uns an

Was uns die Uhr schlägt: Der Wechsel von der Zeit eines Jahres in ein anderes hat mit dem Messen und Empfinden von Zeit zu tun. Die Uhr soll als Zeichen dafür dienen. Vielleicht kann im Altarraum eine große Standuhr aufgestellt werden, deren Ticken und Schlagen für alle wahrnehmbar ist (eventuell durch ein Mikrofon verstärken). Wo dies nicht geht, tut ein großer Wecker den gleichen Dienst.

– *Besinnung auf Zeit:* Ohne Unterbrechung verrinnt unser Leben, Tag für Tag, Stunde für Stunde. Das Leben eines achtzigjährigen Menschen besteht aus fast 30 000 Tagen oder aus über 700 000 Stunden. Wie viele davon werden bewusst gelebt? Welche bringen Glück und Erfüllung, welche Leid und Trauer? Was sind gute, was schlechte Tage im Leben eines Menschen?

– *Unsere Lebensuhr:* Auf einem Plakat ist ein großes Zifferblatt gemalt. Dazu werden Menschenbilder geklebt, die unterschiedliches Alter darstellen (zur 1 ein kleines Kind, zur 3 ein Jugendlicher ..., zur 11 ein alter Mensch): Unser Lebenslauf gleicht dem Tag mit Morgen, Mittag und Abend.

– *Was uns die Uhr schlägt:* Christen bekennen, dass Gott der Herr der Zeit ist, dass er unsere Lebenszeit in seinen Händen hält. Am Jahreswechsel machen wir uns das bewusst und bitten ihn um eine gute Zeit. Die Fürbitten werden entsprechend der Lebensuhr dann für die einzelnen Lebensalter gehalten.

Jesus – Gott rettet: Namen haben Bedeutungen. In früheren Zeiten wurden Namen für Kinder nach solchen Bedeutungen ausgesucht (etwa: Benedikt = der Gesegnete; Beate = die Glückliche ...), vgl. auch Indianernamen ...

– *Mein Name:* Vielleicht kann die Bedeutung des Namens einzelner Kinder aufgeschlüsselt werden. Ebenso ist der Hinweis auf die Namenspatrone der Kinder möglich (ebenfalls früher oft ein Auswahlkriterium für die Namenswahl – Namenspatron als Vorbild). Wer weiß von seinem Namenspatron? Beispiele vorstellen. Hinweis auf die Entstehung mancher Familiennamen: von Berufsgruppen her (Müller, Schneider ...), von Orten und Landschaften her (Berg ...), von Eigenschaften her (Kraft ...). Namen können erzählen. Welche Namen würden die Kinder ihren Kindern geben?

– *Man gab ihm den Namen Jesus:* Namensgebung war in Israel wichtig. Der Name Jesus stammt aus der Botschaft des Engels, kommt also von Gott selbst, der mit diesem Namen das Lebensprogramm dieses Kindes ausdrücken will: Jesus = Gott rettet, Gott hilft, Gott schenkt Schutz und Heilung.

Weiterführung nach dem Gottesdienst

Zum ersten Gottesdienstvorschlag kann den Gottesdienstbesuchern die Zeichnung einer Uhr mitgegeben werden. Sie erinnert daran, die Zeit eines Jahres, ja jeden Tages gut zu nutzen.

Zum zweiten Vorschlag können die Familien ermuntert werden, der Bedeutung ihrer Namen nachzuforschen, sowohl der Vornamen wie der Familiennamen. Vielleicht können die Eltern den Kindern auch von ihren

Überlegungen zur Namensauswahl erzählen: Warum haben sie gerade diesen Namen gewählt? Welche anderen Namen kamen in Frage? Was hat den Ausschlag gegeben?

Zum Jahresbeginn kann den Besuchern ein kleiner Text mit auf den Weg gegeben werden, eventuell schön auf einem farbigen Blatt gestaltet:

Ein neues Jahr beginnt

Ein Jahr beginnt,
was wird es bringen,
Gutes oder Schlechtes,
Freude oder Leid?

Ein Jahr beginnt,
wie wird es enden,
stehen wir am Ende da
mit vollen oder leeren Händen?

Ein Jahr beginnt,
was wird geschehen,
im Großen und im Kleinen,
in der Ferne, in der Nähe?

Ein Jahr beginnt,
wozu kann ich es nutzen,
wo werde ich gebraucht,
was ist mir aufgetragen?

Ein Jahr beginnt,
wie wird es verlaufen,
wie wird mein Weg mich führen
durch Tiefen und durch Höhen?

Ein Jahr beginnt,
worin muss ich mich bescheiden,
was kann ich nicht erreichen,
wovon nur leise träumen?

Ein Jahr beginnt,
worin liegt wohl sein Segen,
wer wird begleiten mich,
mir Schutz und Hilfe geben?

(B 8) 2. Sonntag nach Weihnachten

Zu den Schrifttexten
Schrifttext und Familien mit Kindern
(vgl. im Band zum Lesejahr C)

Gestaltungsideen für den Gottesdienst

In den Bänden zu den drei Lesejahren geben wir Anregungen zu folgenden Gottesdiensten:
A: – Die größte Weisheit
B: – Von Gott gesegnet ein Segen sein
C: – Worte, die Leben schenken

Von Gott gesegnet ein Segen sein: Ausgehend vom ersten Vers der Lesung aus dem Epheserbrief wird das Stichwort Segen aufgegriffen (vgl. auch C 7. Segen – Gott schaut uns an).

– *Gottes Segen an uns:* Von Gott gesegnet sein bedeutet, dass Gott uns mit einem gelingenden Leben beschenkt. Das bedeutet keineswegs Freiheit von Leid und Not, wohl aber, dass Gott uns neben dem Guten im Leben auch die Kraft schenkt, das Schwierige und Böse zu bestehen. Gott umgibt uns mit seinem guten Segen.

Dies kann für den Gottesdienst in Bildworte gefasst werden (vgl. etwa das Lied von Bäcker/Jöcker: »Gott, dein guter Segen ist ... wie ein großes Zelt über uns gespannt, ... wie ein helles Licht in der Finsternis, ... wie des Freundes Hand, die mich hält, ...wie der sanfte

Wind, ... wie ein Mantel, der wärmt in kalter Zeit, ... wie ein weiches Nest, in das ich mich bergen kann«. Weitere Bildworte können gesucht und vielleicht auch in einer Vorbereitungsgruppe durch gemalte Bilder dargestellt werden.

Im Gespräch wird zusammengetragen, was für uns heiles, gelingendes Leben und damit auch Segen Gottes bedeuten kann. Gesundheit, harmonische Beziehungen, Wohlstand ohne Sorge um das Lebensnotwendige, Harmonie von Natur und Mensch, Frieden und Gerechtigkeit ... Solche Begriffe können auf einem Plakat unter der Überschrift »Gottes Segen für uns« gesammelt werden.

– *Unser Segen für andere:* Aus der Erfahrung von Gottes Erbarmen und seinem Segen heraus werden wir ermuntert, selber zum Segen für andere zu werden (vgl. im Epheserbrief das Stichwort Liebe). Wie können wir zu einem »Zelt« werden, das anderen Geborgenheit schenkt, zu einem »Licht«, zur guten »Hand«, zum wärmenden »Mantel«, zum weichen »Nest«? Beispiele können im Gespräch erarbeitet oder bereits durch Spiele von Kindergruppen vorbereitet sein.

– *Die Bitte um Segen:* Den Abschluss des Verkündigungsteils kann ein ausführliches Segensgebet bilden, in dem die Gedanken zusammengefasst werden.

Weiterführung nach dem Gottesdienst

Als Erinnerung an den Gottesdienst kann der Text des Liedes »Gott, dein guter Segen« mitgegeben werden.

Die Kinder können dazu ermuntert werden, zu den einzelnen Strophen des Liedes Bilder zu malen und zum nächsten Gottesdienst mitzubringen. Dann werden diese Bilder zu Gottesdienstbeginn an eine geeignete Stelle in der Kirche gehängt und erinnern an das Thema Segen. Für das Gespräch in den Familien ist die Aufforderung denkbar, miteinander zu überlegen, was als Segen im Leben erfahren wurde, welche Menschen zum Segen wurden und schließlich wie man selber miteinander zum Segen für andere werden kann.

(B 9) Erscheinung des Herrn

Zu den Schrifttexten
Schrifttext und Familien mit Kindern

(vgl. im Band zum Lesejahr C)

Gestaltungsideen für den Gottesdienst

In den Bänden zu den drei Lesejahren geben wir Anregungen zu folgenden Gottesdiensten:

A: – Mut fassen
– Sternsingeraktion

B: – Die Wende zum Guten
– Alle finden Platz

C: – Stern auf meinem Weg
– Die Völker kommen zum Licht

Die Wende zum Guten: Es ist die Erfahrung vieler einzelner Personen der Bibel (etwa des alttestamentlichen Josef), aber auch des Volkes Israel gesamt (etwa Auszug aus Ägypten und entsprechend die Rückkehr aus dem Exil), dass Gott die Not und das Leid zum Guten wendet, dass Erfahrungen mit Heil und gelingendem Leben gemacht werden können. Solche Wenden im Leben stellen auch Erfahrungen von Menschen heute dar. Wenn sie in diesem Gottesdienst erinnert werden, soll damit den Besuchern Mut gemacht werden, auf Wenden zum Guten auch im eigenen Leben zu vertrauen.

Eine Darstellungsmöglichkeit ist das Verkehrsschild Sackgasse, das auf einem Plakat nachgezeichnet werden kann. Wer sich in eine Sackgasse verfährt, kann nicht weiterkommen, wenn er nicht umkehrt, sich umwendet und nach einem neuen Weg sucht. Christen vertrauen darauf, dass Gott uns in den Sackgassen unseres Lebens Auswege zeigt und die Möglichkeit eines neuen Anfangs schenkt.

Entsprechend können Spiele mit Alltagsszenen gestaltet werden, wo eine Wende zum Guten hin erlebt wird, etwa:
– Versöhnung nach Streit
– Begegnung nach langem Warten auf den anderen
– Gesundheit nach Krankheit
– Erfolg in Schule, Beruf oder anderen Lebensbereichen nach langen Bemühungen und vergeblichen Versuchen
– Hilfe nach Alleinsein und Einsamkeit
– Freundschaft nach Enttäuschung ...

Wichtig ist bei solchen Spielen die deutlich erlebbare Veränderung hin zum Guten, die nicht selbstverständlich ist, sondern wie ein Geschenk erscheint: »Alles wirklich Wichtige im Leben ist geschenkt.«

Die Spiele können mit Symbolen verknüpft werden, die auf ihre Weise die Wende aussagen, etwa: Dunkelheit – Licht, dürre Zweige – Blüten, verschlossene Tür – offene Tür ...

Eine andere Möglichkeit ist die Verknüpfung des Themas mit dem Symbol Weg: Ein Weg wird in der Kirche mit farbigen Bändern oder Ähnlichem dargestellt, eine Gruppe geht diesen Weg, erzählt von Hindernissen auf dem Lebensweg und wie solche Erschwernisse menschlichen Lebens gewendet werden können. Diese Wende wird dann von der Gruppe auch dargestellt.

Alle finden Platz: Der Gedanke, dass das Heil Gottes allen Menschen dient (vgl. alle drei Lesungen), kann auf verschiedene Weise dargestellt werden. (Vgl. im Band zum Lesejahr C den Gedanken, dass unterschiedliche Völker zum Licht Jesu finden.) Hier soll es jetzt um unterschiedliche Menschen mit unterschiedlichen Charakteren gehen.

Verschiedene, entsprechend kostümierte Kinder stellen unterschiedliche Menschen dar und charakterisieren in einigen kurzen Sätzen ihr Denken und Fühlen, etwa:
– *Alter Mann:* Rückblick auf langes, ereignisreiches Leben, jetzt Sorge um Gesundheit, Mühen des Alters, Freude an den Enkelkindern ...
– *Junges Mädchen:* Aufbruch ins Leben, etwas erleben wollen, laute Musik, viele Freunde, Frage nach beruflichem Ziel ...
– *Alleinerziehende Mutter:* aufgerieben von Beruf, Haushalt, Erziehung der Kinder, keine Zeit für sich selbst, deshalb oft nervös ...
– *Arbeitsloser:* voll Sorge um die Zukunft, mutlos, weil er sich überflüssig vorkommt ...
– *Kind mit Brille:* von anderen gehänselt, traurig, seine Fähigkeiten werden nicht erkannt ...

Solchen Personen wird dann ein Schriftvers zugerufen, entweder einige Sätze aus der alttestamentlichen Lesung: »Alle sammeln sich, kommen zum Licht Gottes ...« oder aus dem Epheserbrief: »Alle sind Miterben, gehören zu demselben Leib und haben an derselben Verheißung in Christus teil ...« Danach stellen sich alle Spieler für die Feier der Eucharistie rund um den Altar.

Weiterführung nach dem Gottesdienst

Als Gesprächsanregung können die Familien dazu ermuntert werden, wichtigen »Wenden« im Leben der Familie und einzelner Familienmitglieder nachzuforschen und zu bedenken, welche Auswirkungen dies auf die Familie hatte. Vielleicht kommt eine Familie auch zum Dank oder gar Dankgebet für bestimmte Ereignisse und Entscheidungen, die ihr Leben zum Guten gewendet haben.

Zum zweiten Vorschlag passen vielleicht auch die Erfahrungen, die viele Sternsingergruppen auf ihrem Weg machten: Sie kamen zu sehr unterschiedlichen Menschen. Ihnen allen gilt die Botschaft von Jesus, ihnen allen soll durch den Glauben Freude gebracht werden. Somit kann auch überlegt werden, dass sehr unterschiedliche Menschen zur Gemeinde gehören und miteinander Gottesdienst feiern. Dies kann von einer Gruppe durch eine Collage von Fotos und Bildern gestaltet werden, die etwa im Vorraum der Kirche Platz finden kann.

(B 10) Taufe des Herrn

Zu den Schrifttexten

(Zu Jes 42,1-4.6-7 und Apg 10.34-38 vgl. im Band zum Lesejahr C)

Mk 1,7-11: *Du bist mein geliebter Sohn, dich habe ich erwählt.* (Vgl. auch zu Lk 3,15-16.21-22 im Band zum Lesejahr C.) Steht die Taufe des Johannes mit Wasser für Umkehr, Bekehrung, aber auch für Offenheit, für Neues und Reformwille (die Gerechtigkeit Gottes und seinen Willen neu im Volk verankern), so steht die Taufe der Christen auf den Namen Jesu für den von ihm bewirkten Neuanfang im Verhältnis von Gott und Mensch.

Die Perikope ist in zwei Teile gegliedert: Johannes sieht sich als Zeuge für Jesus und als Verkünder seines Kommens. Dieser Jesus ist der Größere, und er hat ihm zu dienen. Dennoch ordnet sich Jesus dem Johannes unter und lässt sich von ihm taufen – Zeichen dafür, dass er sich einordnet in die von Johannes initiierte Umkehrbewegung. Jesus wird somit solidarisch mit den Menschen – nicht allein seiner Zeit, sondern mit allen, die aus der Neuorientierung auf Gott heraus einen neuen Anfang wagen.

Der zweite Teil stellt eine Deutung der Gestalt Jesu und eine Form des Christusbekenntnisses der ersten Gemeinden dar: Dieser mit den Menschen solidarische Jesus wird von Gott bestätigt. Er ist als »geliebter Sohn« das Ziel der messianischen Verheißungen. In ihm ist Gott den Menschen nahe. Für seinen Auftrag, Gott und die Menschen wieder neu zu verbinden, wird er mit dem Geist Gottes gesalbt und gestärkt. Die Taube ist – als Botin Gottes – das Symbol dieser Beziehung zwischen Himmel und Erde, zwischen Gott und den Menschen.

Schrifttext und Familien mit Kindern

(vgl. im Band zum Lesejahr C)

Gestaltungsideen für den Gottesdienst

In den Bänden zu den drei Lesejahren geben wir Anregungen zu folgenden Gottesdiensten:
A: – Jesus – Verbindung zu Gott
B: – Wir gehören zu Jesus
C: – Taufe

Wir gehören zu Jesus: Die drei Schrifttexte deuten auf unterschiedliche Weise das Geheimnis Jesu. Das führt zur Frage, wie wir heute zu Jesus stehen. Können wir ihn als dienenden Gottesknecht (Jesaja), als Herr aller und Gott-mit-uns (Apostelgeschichte) und als geliebten Sohn Gottes (Evangelien) bekennen? Dieser Frage kann in einem Gottesdienst nachgegangen werden.

– *Wer ist Jesus?* Im Gespräch werden den Kindern Wortpaare vorgestellt, aus denen sie die Worte suchen sollen, die zu Jesus passen, etwa: Diener – Herr, König – Sklave, Bruder – Meister, Freund – Lehrer ... Es wird deutlich werden, dass alle Worte jeweils nur einen Aspekt der Gestalt Jesu widerspiegeln, so dass nur ein Mosaik der verschiedenen Aussagen sich seiner Bedeutung annähert. Diese Begriffe können durch Zeichen wiedergegeben werden, etwa: Diener (Besen), König (Krone) ... Zusammen geben sie Erfahrungen wieder, die Menschen mit Jesus gemacht haben: Er diente den Menschen mit voller Hingabe, und zugleich war er der Herr aller ...

– *In Jesus erscheint Gottes Herrlichkeit:* Ein Glasbild (Fensterbild) wird vorgestellt. Ohne dahinterliegendes Licht wirkt es blass, stellt man eine Lampe dahinter, beginnt es zu leuchten. Ebenso ist es mit Jesus: Man erkennt zuerst den Menschen, doch wer glaubt und hinter ihm das Licht Gottes bekennt, für den beginnt Jesus in ganz anderer Weise zu leuchten. Das Licht Gottes fällt durch Jesus hindurch auf uns Menschen.

– *Wir bekennen uns zu Jesus:* Die ganze Geschichte der Christen hindurch haben Menschen immer wieder versucht, ihren Glauben in kurze, einprägsame und für alle geltende Sätze zu formen: Kurzformeln des Glaubens – Glaubensbekenntnisse. Einige haben besondere Bedeutung erlangt, etwa das Apostolische Glaubensbekenntnis (Gotteslob 2,5) oder das sogenannte Große Glaubensbekenntnis (Gotteslob 356). Diese beiden Texte können in die Mitte des Gottesdienstes gestellt werden. Sie können ergänzt werden durch Versuche, den Glauben an Jesus, den Christus Gottes, in heutiger Sprache auszusagen. Dies kann in Gemeindegruppen (etwa Kommunionkurs, Messdienergruppe ...) oder Familienkreisen vorbereitet sein. Es ist aber auch möglich, dass Kinder wie Erwachsene im Gottesdienst ihren Glauben an Jesus stegreif formulieren: Weshalb mir Jesus wichtig ist ... Solche persönlichen Bekenntnisse können dann durch ein gemeinsam gesprochenes Bekenntnis abgeschlossen werden.

Weiterführung nach dem Gottesdienst

Als Erinnerung an den Gottesdienst kann ein schönes Jesusbild der Kunst mitgegeben werden. Ebenfalls ist auch ein guter Text zu Jesus oder ein entsprechendes Gebet möglich. Nutzt man den letzten Gottesdienstvorschlag, so kann ein Glaubensbekenntnis unserer Zeit oder das in Gruppen vorbereitete Bekenntnis den Gottesdienstbesuchern mit auf den Weg gegeben werden. Zudem können die Familien dazu ermuntert werden, miteinander eine eigene Kurzformel des Glaubens zu schreiben. Solche Bekenntnisse können in die Gottesdienste der nächsten Zeit aufgenommen werden.

Ich glaube

Ich glaube, Gott,
dass du für mein Leben wichtig bist,
dass du der Grund und der Halt
meines Lebens bist,
dass du mir ein Ziel für mein Leben
vorgibst.

Ich glaube, Gott,
dass du der Schöpfer allen Lebens bist,
dass du alles Leben gut willst,
dass du dir Sorgen um jeden Einzelnen
machst.

Ich glaube, Gott,
dass du uns Jesus gesandt hast
als unseren Bruder,
dass er uns den Blick zu dir geöffnet hat
und unser Herz
für die anderen Menschen.

Ich glaube, Gott,
dass du uns nahe bist in deinem Geist,
verborgen in unserem Inneren,
das Geheimnis der Welt.

Ich glaube, Gott,
dass du die Menschen als Gemeinschaft
willst,
dass du die Christen zu einer Gemeinde
zusammenführst,
damit sie Zeugnis von dir geben
in unserer Welt.

Ich glaube, Gott,
dass du das Leben willst
und nicht den Tod,
dass du Herr bist über jede Not,
dass du alles zum Guten wendest.

Ich glaube, Gott,
dass du Gerechtigkeit und Frieden willst,
Liebe und Barmherzigkeit, Brot für alle,
und dass wir Menschen daran mitwirken
dürfen und sollen.

Ich glaube, Gott,
dass du mir ein guter Gott bist,
ein barmherziger Gott für alle Menschen.
Gott, ich glaube an dich.

(B 11) 2. Sonntag im Jahreskreis

Zu den Schrifttexten

1 Sam 3,3-10.19: *Samuel antwortete: Rede, dein Diener hört.* Der Prophet Samuel bildet den Übergang von der Zeit der Richter zur Zeit der Könige (zeitlich am Ende des elften Jahrhunderts vor Christus einzuordnen). Samuels Geburt geschieht bereits durch das unerwartete Eingreifen Gottes; sein ganzes Leben als Priester, Richter und Prophet ist von der Nähe Gottes durchzogen. Dies wird in der Berufungsgeschichte besonders deutlich. Als Gottgeweihter dient Samuel bereits als Kind und Jugendlicher im Tempel von Schilo, wo zu jener Zeit die Bundeslade, das Zeichen der Gegenwart Gottes im Volk Israel, untergebracht war. Dort erfährt Samuel den Ruf Gottes, Gott nennt ihn beim Namen und beginnt so eine besondere Beziehung zu dem Jungen. Samuel hat zwar einen besonderen Ruf Gottes bislang noch nicht vernommen, doch ist er in zweifacher Weise dafür bereit. Zum einen ist er am Heiligtum in einen Bereich des »Heiligen«, der besonderen Beziehung zu Gott, hineingenommen. Durch seine Bereitschaft zum Hören aber kommt eine persönliche Offenheit hinzu – beides erscheint nötig, damit der Ruf Gottes mitten im Leben gehört werden kann. Die eigentliche Botschaft an Samuel (Untergang des Hauses Eli und Gerichtsandrohung über Israel) ist in der heutigen Lesung nicht mehr enthalten, sie würde auch in allzu konkrete geschichtliche Situationen führen und den überzeitlichen Sinn dieses Textes eher verdecken.

1 Kor 6,13-15: *Der Leib ist für den Herrn da.* Paulus wendet sich im Korintherbrief praktischen Fragen seiner Gemeinde zu. Die Gestaltung der Sexualität wurde von Teilen der Gemeinde in zwei Richtungen beantwortet: Ein Teil lehnt geschlechtliche Betätigung selbst in der Ehe ab (vgl. das siebte Kapitel des Briefes). Andere argumentieren mit der christlichen Freiheit, die jede Form der Sexualität erlaubt. Gegen rigoristische wie libertinistische Strömungen verweist Paulus auf die Grundlage christlichen Glaubens, auf die Einheit mit Christus. Der ganze Mensch (Leib meint hier im hebräischen Sinn die ganze Person, nicht im griechischen die Unterteilung in Leib und Seele) ist Geschöpf Gottes und steht in besonderer Beziehung zu ihm. Dies bedeutet auf Seiten des Menschen Verantwortung für die eigene Person und ihr Handeln.

Joh 1,35-42: *Wir haben den Messias gefunden.* Nach dem Zeugnis des Johannes für Jesus folgt im ersten Kapitel des Johannesevangeliums ein dreiteiliger Text der Berufung der ersten Jünger: Johannesjünger werden vom Propheten auf Jesus verwiesen; Andreas führt seinen Bruder Simon (Petrus) zu Jesus; die Berufung von Philippus und Natanaël (im heutigen Evangelientext nicht mehr enthalten). Der Text setzt verschiedene Schwerpunkte: 1. Johannes nennt Jesus »Lamm Gottes«. Das verweist zurück auf das Paschalamm als Opfertier des Bundes Gottes mit seinem Volk Israel, zugleich auf den leidenden Gottesknecht (Jes 53-54), der geduldig ist wie ein Lamm, das zur Schlachtbank geführt wird. Es verweist aber ebenso nach vorn auf den Kreuzestod Jesu und stellt gleichsam an den Anfang des Evangeliums bereits eine grundsätzliche Deutung des Weges und der Person Jesu. 2. Die Jünger begegnen Jesus zuerst auf ganz alltägliche Weise: »Wo wohnst du?« Doch bald entdecken sie, dass Jesus nicht nur der Verkünder einer prophetischen Botschaft (wie Johannes) ist, sondern der Messias selbst. Somit entdecken sie das Heil ihres Lebens in Jesus. Das verändert ihren Lebensweg, sie folgen ihm, werden seine Jünger und damit zu Modellen für Menschen, die an ihn glauben (Gemeinde). 3. Simon erhält bereits bei seiner Berufung einen besonderen Auftrag von Jesus, er soll der Fels (der Petrus) sein; sein Glaube soll gleichsam das Fundament des Glaubens der Gemeinde (der Kirche) werden. Damit steht Petrus in einer besonderen Beziehung zu Jesus, aber auch zu den anderen Glaubenden. Seine Berufung korrespondiert mit der Berufung des Samuel (vgl. 1. Lesung).

Schrifttext und Familien mit Kindern

Die Schrifttexte bieten unterschiedliche Ansätze zur Gottesdienstgestaltung.

– Das Thema *Berufung* ergibt sich sowohl aus der alttestamentlichen Lesung wie dem Evangelium. Allerdings bedeutet das Sprechen davon, dass Gott (oder Jesus) Menschen ruft, heutigen Gottesdienstbesuchern und vor allem Kindern wenig: Wo machen wir denn heute die Erfahrung, dass wir die Stimme Gottes hören? Eine solche Erfahrung war aber früher ebenso wenig selbstverständlich, gerade die Samuel-Erzählung macht deutlich, dass auch der junge Samuel erst einmal lernen muss, den Ruf Gottes zu hören und richtig einzuordnen. Auch die Jünger, die Jesus folgen, lernen ihn als den Messias in der Alltäglichkeit des Lebens kennen (»Wo wohnst du?«). Gott (Jesus) ruft also im Alltag, in Menschen, die begegnen (wie Eli ...). Hieran kann ein behutsames Sich-Öffnen auch heutiger Menschen für Gottes Wort und die Nachfolge Jesu anknüpfen.

– Das Thema *Beim Namen rufen* ergibt sich ebenfalls aus beiden Texten: Gott ruft Samuel beim Namen und erkennt ihn somit als eigenständige Person an, mit der er einen Plan hat. Jesus gibt Simon sogar einen neuen Namen, der seine Aufgabe für die Zukunft kennzeichnet. Der Name bezeichnet seinen Träger und charakterisiert ihn. Dies kann ein Ansatzpunkt sein, die Taufe zu thematisieren: Gott ruft einen Menschen in der Taufe beim Namen, er beauftragt ihn zu einem eigenständigen und verantwortlichen Leben entsprechend seinem Willen.

– Ein drittes Thema ist das der *Begegnung*. Die Jünger begegnen Jesus in alltäglichen Situationen. Doch der Alltag kann für den, der mit offenen Augen (mit »offenem Herzen«) durch das Leben geht, ein Hinweis auf Tieferes, auf Unbedingtes, auf letztes Heil sein: Die Jünger erkennen in Jesus den Messias, den, auf den sich ihre tiefsten Hoffnungen als gläubige Juden richten. Durch den Menschen Jesus sehen sie Gott selbst. Im Menschen, der uns im Alltag begegnet, Gott (und Jesus) erkennen – dafür kann der Gottesdienst sensibilisieren.

– *Lamm Gottes:* Die Deutung des Johannes kann im Gottesdienst aufgegriffen werden, um mit diesem – uns heute fremden – Begriff die Bedeutung Jesu aufzuzeigen. Eine solche Erläuterung kann zum Gebet des »Lamm Gottes« hinführen, das in der Messe unmittelbar vor der Kommunion gebetet wird.

Der neutestamentliche Lesungstext ist kaum für einen Familiengottesdienst geeignet und sollte deshalb übergangen werden.

Gestaltungsideen für den Gottesdienst

– *Berufung:* In unterschiedlichsten Situationen werden Menschen gerufen. Meist jedoch ist der Ruf mit dem Anspruch eines anderen, mit einer Anforderung verbunden, irgendetwas zu tun, irgendeine Verantwortung zu übernehmen. Kleine Spielszenen mit alltäglichen Situationen des Gerufen-Werdens können das Thema einleiten. Dem Ruf müssen auf der Seite des Gerufenen das Hören und die Bereitschaft, dem Ruf Folge zu leisten, entsprechen. Auch dies kann durch Spiele deutlich werden, wo in einer Rufsituation verschiedene Reaktionen des Gerufenen vorgestellt werden. Ein dritter Gedanke sollte sich anschließen: Es gibt nicht nur Situationen des unmittelbar Angesprochen-, Gerufen-Seins, sondern auch ein indirektes Rufen, Ansprechen, Anfordern eines Menschen – gleichsam lautloses Rufen. Die Bitte um Hilfe, um Zeit, um Wegbegleitung ... kann nonverbal erfolgen, bedarf dann aber einer größeren Sensibilität, um sie wahrzunehmen. Von hier aus können dann Brücken zur alttestamentlichen Lesung geschlagen werden (die erst nach dieser Erarbeitung gelesen werden sollte). Gott ruft Samuel, aber der Junge muss erst lernen, ihn zu hören. Wie können wir heute lernen, Gott in unserem Leben zu hören? Wo hören wir ihn auf vermittelte Weise – in unserer Lebensgestaltung, in Menschen, mit denen wir zu tun haben, in Aufgaben und Verantwortungen?

Die Berufungsgeschichten der Schrifttexte können zudem besonders akzentuiert werden: Samuel ist ein Kind, das von Gott bereits mit einem besonderen Auftrag betraut wird. Das macht diesen Text für Familiengottesdienste besonders geeignet: Gott wählt den Kleinen (etwa auch David ...) und stärkt ihn. Eine andere Möglichkeit ist, die Gestalt des Petrus und seine Aufgabe für die Jüngergemeinschaft (die Kirche der Zukunft) zu erläutern: Sein Glaube soll so fest wie ein Fels sein, so dass er den Glauben der anderen tragen kann.

– *Beim Namen gerufen:* Jemanden mit Namen benennen (wie Samuel) oder gar ihm einen neuen Namen geben (wie Kephas) bedeutet eine intensive persönliche Beziehung zu diesem Menschen. Name und Persönlichkeit gehören zusammen, in vielen alten Namen bedeutet der Name auch eine Kennzeichnung seines Trägers. Das Gerufenwerden mit Namen kann im Gottesdienst konkret mit den Kindern ausgeübt werden: Sie können einzeln mit ihrem Namen benannt und nach vorn rund um den Altar gerufen werden: Gott ruft jeden Einzelnen von uns. In einem zweiten Schritt kann dann deutlich werden, dass jeder seine ganz bestimmte Aufgabe von Gott erhält, dass jeder zu seinem persönlichen Weg berufen ist. Bei Samuel war dies das Prophet-Sein, bei Petrus ist es die Festigkeit im Glauben (die aber auch Petrus erst lernen muss), bei Menschen heute können es ganz andere Dinge sein. Beispiele für den Auftrag von Christen heute können benannt werden, vielleicht kann den Kindern ein Zettel mit einer entsprechenden Ermunterung übergeben werden.

Eine Alternative zu diesem allgemeinen Gerufen-Werden kann das Thema Taufe sein: Gott ruft uns in der Taufe bei unserem Namen. Er beruft uns zu einem Leben als Christ.

– *Jesus im Menschen begegnen:* Wo finde ich Jesus heute? Ausgehend von der Berufung der ersten Jünger kann deutlich werden, dass auch damals Jesusbegegnung in alltäglichen Lebenssituationen stattfand: Man traf Jesus auf der Straße, in der Synagoge, dort, wo Menschen zusammenkamen. Mitten im alltäglichen Leben (und auch mit Beispielen daraus, vgl. die Gleichnisse) verkündete er seine Botschaft. Das kann man für heute wie folgt übertragen: Wir können Jesus im alltäglichen Leben, in anderen Menschen begegnen, besonders in den Armen und in denen, die Not leiden. Dies kann durch mehrere Spielszenen sichtbar werden: Jesus begegnen im Fremden, im ausgestoßenen Kind, im behinderten Menschen, im Menschen, der Geborgenheit und Zuwendung sucht ... Statt Spiele können auch Erzählungen und Berichte vorgestellt werden, wie Menschen im anderen ihren Nächsten und dann auch Jesus sehen.

– *Lamm Gottes:* Das Symbol »Lamm«, das von Johannes auf Jesus angewandt wird, ist uns zwar fremd, kann aber von der vielen Kindern bekannten Pascha-Erzählung her gedeutet werden: Das Lamm versinnbildlicht dort den Bund zwischen Gott und den Menschen – Jesus verbindet Gott und die Menschen. Das Lamm kann ferner in Beziehung zum leidenden Gottesknecht gestellt werden: Wie ein Lamm sich nicht gegen Leid wehrt (wehren kann), so nimmt der Gottesknecht das Leid des Volkes auf sich und schafft Versöhnung. Dies lässt sich auf Jesus als Hinweis auf seinen Tod am Kreuz deuten. In manchen Kirchen gibt es Bilder, Glasfenster oder Figuren mit einer Darstellung von Johannes, der auf Jesus zeigt. Solche Darstellungen oder entsprechende Kunstbilder lassen sich gut mit dem Thema verbinden.

Weiterführung nach dem Gottesdienst

Zum Thema Berufen-Werden passt die Zeichnung eines Ohrs – Gerufen-Werden setzt Hörbereitschaft voraus. Für Familien oder Gemeindegruppen können Stille- und Hörübungen angeregt werden – Aufmerksamkeit lässt sich lernen. Das Thema Taufe kann auf verschiedene Weise erinnert werden: Tauferinnerungen in der Familie (Stammbuch, Taufkerze, -kleid, Fotos ...) können miteinander angesehen werden. Zum Thema Jesus begegnen kann die Frage zur Überlegung in den Familien gestellt werden: Wo finden wir unseren Jesus heute – in unserer Nachbarschaft, im Bekanntenkreis, in unserer Gemeinde ...?

(B 12) 3. Sonntag im Jahreskreis

Zu den Schrifttexten

Jon 3,1-5.10: *Jona in Ninive.* Wenn ein Prophet Jona auch eine historische Gestalt des achten Jahrhunderts vor Christus ist, so erzählt das im fünften Jahrhundert entstandene Buch Jona nicht aus seinem Leben, sondern benutzt seinen Namen nur, um in Form einer novellenartigen Lehrerzählung das Bekenntnis zur Barmherzigkeit Gottes als Mitte des Glaubens auszudrücken. Wer dieser Barmherzigkeit Gottes vertraut, gewinnt die Möglichkeit der Umkehr, dessen Leben beginnt neu (vgl. im Evangelium: »Bekehrt euch und glaubt an das Evangelium«). Die Ausschmückungen der Jona-Erzählung (Walfisch, riesengroße Stadt ...) geben uns heute Anlass zu Fragen nach dem Wie und der Möglichkeit des Geschehens. Dies ist jedoch keineswegs die Aussageabsicht des Erzählers. Er will aufzeigen, dass Gottes Zuwendung jedem Menschen gilt, selbst denen in Ninive, dem Typus der gottlosen Stadt. Er will weiterhin ausdrücken, dass jeder zu Gott umkehren kann. Diese beiden Impulse gelten zeitlos für alle Glaubenden – für Juden wie für Christen.

1 Kor 7,29-31: *Die Gestalt dieser Welt vergeht.* Paulus geht an dieser und an anderen Stellen seiner Briefe von der Naherwartung der Wiederkunft Christi und damit des Endes der Welt aus (»Die Zeit ist kurz.«). Wer davon überzeugt ist, dass das Gericht und der neue Äon des Heils unmittelbar bevorstehen, für den relativiert sich alles andere, alle Werte dieser Welt. Damit meint Paulus keine Weltflucht, sondern er will – was seine Person angeht – unabhängig von Bindungen und frei sein für den Herrn und die Verkündigung. Die Glaubenden fordert er zu gleicher Freiheit auf. Was die Naherwartung anbetrifft, so hat Paulus sich geirrt. Christen heute werden sicher auch die Werte dieser Welt anders in ihr Leben einordnen als er – dies nicht allein als (durchaus berechtigtes) Genießen der Schöpfungsgaben, sondern auch aus der Verantwortung für Welt und Leben. So bleibt von diesem Lesungstext uns heute nur die Mahnung, dass eine Versklavung an einzelne Werte der Welt dem Christen nicht ansteht, weil das Entscheidende noch aussteht: die Vollendung in Gott.

Mk 1,14-20: *Bekehrt euch und glaubt an das Evangelium.* Nach Taufe und Versuchung schildert die Perikope den Beginn des öffentlichen Wirkens Jesu und die Berufung der ersten Jünger. Gleichsam in Art einer Überschrift wird die Verkündigung Jesu in vier Sätzen zusammengefasst. Die Zeit ist erfüllt – die Hoffnung auf die Herrschaft Gottes ist erfüllt. Allerdings bedeutet der Beginn des Reiches Gottes in der Verkündigung Jesu noch nicht die Vollendung – sie steht aus für das Ende der Zeiten. Somit muss sich der Glaubende auf diesen Prozess einstellen, er muss sich bekehren, eine Änderung seines Lebens vornehmen, sich auf Gottes Reich einstellen, es in seinem Leben wirksam werden lassen. Dabei darf er der Botschaft des Evangeliums vertrauen: Gott greift in die Geschichte der Menschen ein. Dies wird im zweiten Teil der Perikope beispielhaft mit der Berufung der ersten Jünger ausgesagt: Sie werden aus ihren alltäglichen Lebensbezügen herausgerufen, ihre gesamte Existenz wird verändert und auf Jesus ausgerichtet. So können sie aus dieser unbedingten Bindung an Jesus heraus fähig werden zu einer überzeugenden Verkündigung seines Evangeliums – sie können selber Menschen fischen.

Schrifttext und Familien mit Kindern

Die Jonaerzählung ist nach wie vor eine packende Erzählung, die für Familien mit Kindern dann geeignet ist, wenn ihre Textsorte (Lehrerzählung) klar ist, so dass zum Kern der Geschichte vorgedrungen und ein Hängenbleiben an Äußerlichkeiten vermieden werden kann. Allerdings reichen die wenigen Verse der heutigen Lesung kaum aus, um die

Jonageschichte ausreichend wiederzugeben. Diese Verse mit dem Kern der Erzählung müssen in das Gesamt der Jonaerzählung eingebettet sein, damit sie Plastizität und Bedeutung für heute gewinnen. Dann jedoch ist die Erzählung auch heute sinnvoll einzusetzen.

In der Jonaerzählung wird nämlich eine Aussage über Gott in erzählerisch schöner Weise gemacht, die viele Christen nur mit der Botschaft des Neuen, nicht des Alten (Ersten) Testaments verbinden: Gottes Barmherzigkeit und Liebe sind größer als alle Schuld der Menschen (vgl. etwa das Gleichnis Jesu vom barmherzigen Vater). Gott will das Leben des Menschen, nicht seinen Tod. Er beschränkt seine Barmherzigkeit auch nicht auf ein Volk, sondern grenzenlos umgreift seine Liebe alle Menschen und Völker – etwas, das der Prophet Jona erst mühsam lernen muss. Diese Liebe Gottes bewirkt im Menschen die Bereitschaft zu Umkehr und Bekehrung, die Menschen in Ninive glauben Gott, sie vertrauen auf ihn, und so beginnt ihr Leben neu.

Die Naherwartungsproblematik des ersten Korintherbriefes empfinden wir zu Recht als überholt. Die Stellung des Christen zur Welt und zu den Werten der Welt ist zwar auch heute ein aktuelles Thema, lässt sich aber nur schwer auf Kinder hin aussagen, so dass wir bei unseren Gottesdienstvorschlägen auf dieses Stichwort verzichten.

Wohl aber bietet das Evangelium verschiedene Ansätze für eine Verbindung von Glauben und Leben. Dies betrifft zum einen die Verbindung von Froher Botschaft, der man vertrauen kann, und der Umkehr des Lebens. Wer die Botschaft des Glaubens als sinnvoll und lebensfördernd erfahren hat, für den wird es selbstverständlich, daraus auch Konsequenzen für das eigene Leben zu ziehen. Was mir wertvoll ist, versuche ich zu leben.

Ein zweiter Gedanke schließt sich an. Was mir wertvoll ist, versuche ich an andere weiterzugeben. Von Jesus über seine Jünger bis zu Christen unserer Zeit ist eine Kette entstanden: Menschen haben immer wieder Jesus und seine Botschaft vom kommenden Reich Gottes als so wichtig erfahren, dass sie ihr Leben auf ihn und seine Botschaft ausrichteten, zu »Menschenfischern« für ihn wurden. Wenn die Art der Nachfolge auch in einer veränderten Kultur anders aussehen muss als zur Zeit Jesu, so ist das Evangelium dennoch ein Anstoß zur Besinnung, wie man heute ihm nachfolgen und seine Botschaft weitergeben kann. Dies betrifft besonders Eltern in ihrer Verantwortung für Leben und Glauben ihrer Kinder.

Gestaltungsideen für den Gottesdienst

– *Gottes großes Herz reicht für alle:* Die Kernaussage der Jonaerzählung wird auf heute bezogen und gestalterisch umgesetzt. Dazu ist es sinnvoll, dass die ganze Jonageschichte (in verkürzter Form) wiedergegeben wird. Manche Kinderbibeln bieten entsprechende Textmöglichkeiten, bei denen gekürzt wird, ohne dass der Sinnzusammenhang verloren geht. Im Gespräch mit den Kindern wird die Kernaussage erarbeitet: Gottes Barmherzigkeit gilt allen Menschen. Dies muss Jona lernen; nicht nur sein Volk, sondern auch das angeblich so gottlose Volk in Ninive wird von Gottes Liebe umgriffen. Gestalterisch kann diese Aussage dann wie folgt umgesetzt werden: Ein großes Herz (ganz aus Tonpapier oder nur in Umrissen gezeichnet) wird an einen geeigneten Ort geklebt. Darin wird dann in einem zweiten Schritt eine gezeichnete Weltkugel angebracht. Auf die Weltkugel können die Kinder dann Bilder verschiedener Menschen aus verschiedenen Völkern kleben (aus Illustrierten ausgeschnitten): Gottes Liebe umschließt alle Menschen. Denkbar ist auch (bei entsprechender Vorbereitung), dass die Kinder selbstgemalte Bilder oder Fotos von sich mitbringen und einkleben.

– *Glaubt an das Evangelium:* Den programmatischen Satz Jesu zu Beginn seines Wirkens haben die Gottesdienstbesucher vielleicht noch vom Aschermittwoch und der Austeilung des Aschenkreuzes in Erinnerung. Er fasst nicht allein die Verkündigung Jesu, sondern die Botschaft des ganzen Neuen Testamentes zusammen. Entsprechend kann ein Gespräch darüber geführt werden, was wohl

die innere Mitte des Neuen Testamentes ist, die wichtigste Aussage. Die Kinder nennen ihre Vorstellungen. Danach wird das Evangelium (evtl. nur der erste Teil) vorgetragen. Der Kernsatz Jesu wird genannt, vielleicht auf ein Plakat geschrieben. Mit diesem Satz lässt sich die ganze Botschaft Jesu zusammenfassen.
– *Menschenfischer sein:* Das Bildwort Jesu kann spielerisch umgesetzt werden: Jesus »fischt« mit einem Netz die ersten seiner Jünger und übergibt ihnen weitere Netze. Sie ziehen aus und fischen weitere Menschen (evtl. aus den Bänken der Kirche) für Jesus und führen sie nach vorn (zu einem Kreuz oder zum Altar als Symbole für Jesus). Im folgenden Gespräch wird das Spiel gedeutet: Christen tragen Verantwortung dafür, dass die Botschaft Jesu weitergegeben wird. Danach muss näher aufgezeigt werden, wie dieses Fischen für Jesus heute geschehen kann – vor allem durch eine überzeugende Gestaltung von Leben und Glauben.

Weiterführung nach dem Gottesdienst

– *Gott hat ein Herz für uns:* Das große Herz wird in der Vorhalle der Kirche befestigt. Kinder und Erwachsene werden aufgefordert, am nächsten Sonntag Bilder von sich und anderen Menschen, die ihnen wichtig sind, mitzubringen und in das Herz zu kleben. So wird der Kerngedanke der Jonageschichte vertieft und auf das eigene Leben bezogen.
– *Die Überschrift über Jesu Verkündigung:* In schön gestalteter Form werden Aufkleber gedruckt: »Das Reich Gottes ist nahe. Bekehrt euch und glaubt an das Evangelium!« Diese Aufkleber werden am Ende des Gottesdienstes verteilt mit der Aufforderung, sie auf die häusliche Bibel zu kleben. So wird diese »Überschrift« jeweils erinnert, wenn die Bibel zu Hause zur Hand genommen wird. Zudem wird durch diesen Aufkleber die Aufmerksamkeit der Familien auf ihre Bibel gelenkt bzw. ein Anstoß gegeben, sich eine Bibel für den Hausgebrauch zuzulegen.
– *Menschenfischen:* Mit dem Bildwort Jesu ist das Stichwort »Weitergabe des Glaubens« sowohl an die nachwachsende Generation wie auch an dem Glauben entfremdete Menschen gegeben. In unterschiedlichen Gemeindegruppen, vor allem aber im Gespräch von Familien und Familiengruppen sollte dieses Thema eine Rolle spielen. Vielleicht kann passend dazu in der Fastenzeit ein Gesprächsabend oder ein kleines Seminar in der Gemeinde angeboten werden.

(B 13) 4. Sonntag im Jahreskreis

Zu den Schrifttexten

Dtn 18,15-20: *Ich will meine Worte in seinen Mund legen.* Das Buch Deuteronomium gehört in den Zusammenhang der Reformen des Königs Joschija um das Jahr 622, mit denen eine Konzentration des Glaubens und des Kultes geschah. So ist verständlich, dass in der Mitte dieses Buches die Gestalt des Mose eine herausragende Bedeutung hat. Er ist der Mittler zwischen Gott und den Menschen, der das Gesetz Gottes zu den Menschen bringt und gleichsam den Mund Gottes darstellt. Damit wird der Begriff des Propheten richtig eingeordnet. Es geht dabei nicht um Wahrsagerei der Zukunft (so auch heute noch oft missverstanden), sondern darum, dass Menschen von Gott berufen werden, sein Wort und seine Weisung zu anderen zu bringen. Dies kann dann allerdings auch Weisungen für die Gestaltung der Zukunft beinhalten. Ein Prophet ist also – bildlich gesprochen – der »Mund Gottes«. Die Perikope weist über Mose hinaus auf einen Propheten wie Mose, der mitten aus dem Volk kommt. Christen (vgl. bereits Petrus in Apg 3,22ff, der auf diese Stelle Bezug nimmt) deuten diese Aussage auf Jesus – das gute Wort Gottes an uns.

1 Kor 7,32-35: *In rechter Weise dem Herrn dienen.* Angesichts der Naherwartung (vgl. dazu auch 1 Kor 7,29-31 in B 12) fragt die Gemeinde in Korinth nach Ehe und Unverheiratetsein. Paulus antwortet darauf – ohne eine generelle Ehelehre abzugeben und die Ehe abzuwerten – aus seiner Erfahrung. Er konnte seine Missionsreisen und seinen rastlosen Einsatz in der Verkündigung nur ohne Bindung an Frau und Familie leisten. Da für ihn im Blick auf die Naherwartung des Herrn alle – noch so wichtigen – Werte dieser Welt zweitrangig sind, hat das Unverheiratetsein für ihn Vorrang. Gegen die vergänglichen Dinge der Welt richtet er sich aus auf das Unvergängliche. Er kann sich zudem nur vorstellen, dass andere Christen in gleicher Weise wie er denken und leben. Dabei berücksichtigt Paulus nicht, dass etwa die Apostel verheiratet waren bzw. dass Ehepaare auch in seinen Gemeinden die Gemeindeleitung übernahmen ... Der Text dieser Perikope kann demnach für sich allein genommen nur zu Missverständnissen führen. Er muss durch andere Aussagen des Neuen und vor allem des Alten Testaments ergänzt werden (etwa Geschlechtlichkeit als Schöpfungsgabe ...).

Mk 1,21-28: *Einer, der Vollmacht hat.* Nach dem programmatischen Leitsatz der Verkündigung Jesu (vgl. B 12) folgt an diesem und am folgenden Sonntag ein Überblick über einen typischen Tagesablauf Jesu in Kafarnaum (in dieser Typisierung sicher kein historischer Bericht, sondern vom Evangelisten konstruiert). Jesus beginnt in der Synagoge und nutzt das Recht jedes erwachsenen Juden, zu den Synagogenbesuchern zu sprechen. Allerdings unterscheidet er sich von der Lehre der Schriftgelehrten dadurch, dass er sich bei seinen Aussagen nicht auf Tradition und Schriftbeweise stützt, sondern eine Lehre aus eigener Vollmacht verkündet. Dies wird in der folgenden Heilungsgeschichte nach den Worten durch eine Tat bewiesen. Jesus, der »Heilige Gottes«, befreit den Kranken von allem, was ihn versklavt, was sein Leben einengt. In der Antike wurden Behinderungen (vor allem geistige), aber auch andere Einengungen und Grenzen des Lebens durch Dämonen erklärt. Die Dämonenaustreibungen, von denen die Evangelien berichten, machen demnach deutlich, dass Jesus der von Gott gesandte Befreier ist, der die Mächte der Welt überwindet und in dem das Reich Gottes beginnt.

Schrifttext und Familien mit Kindern

Die alttestamentliche Lesung bietet mit dem Stichwort Prophet einen Ansatz zur Gestaltung eines Familiengottesdienstes. Wenn uns auch die Gestalt und die Botschaft der alttestamentlichen Propheten fern liegen und prophetische Gestalten in der Kirche heute eher selten und deshalb kaum erfahrbar sind, so kann der prophetische Dienst für die Menschen und besonders für die Gemeinschaft der Glaubenden als wichtig herausgearbeitet werden. Propheten verstehen wir dabei nicht als Wahrsager und Vorhersager von zukünftigem Geschehen, sondern als Sprachrohr und Mund Gottes. Durch Propheten werden Menschen auf Wort und Weisung Gottes aufmerksam gemacht. Ihr prophetisches Sprechen und Handeln unterbricht das alltägliche Geschehen und verweist auf Tieferes, auf Sinn und befreienden Glauben. Propheten geben dem Leben neue Dimensionen.

Von diesem Gedanken aus kann auch eine Brücke zum Evangelium geschlagen werden: Jesus zeigt sich an vielen Stellen als prophetische Gestalt, die durch Wort und Wirken neu auf Gott aufmerksam macht und zur Bindung an ihn aufruft. So ist er der »Heilige Gottes «, wie es in der Markusstelle ausgedrückt wird. Von beiden Texten her lässt sich demnach der Gedanke erarbeiten: Es gibt eine Linie von prophetischen Gestalten, von denen uns die Bibel berichtet. Jesus erscheint als der bedeutendste dieser Propheten – einer wie Mose oder sogar ihn noch übertreffend. Von da aus kann weitergefragt werden: Wo gibt es heute prophetische Gestalten, die uns wie »der Mund Gottes« sind?

Das Stichwort »Macht« im Evangelium kann ein weiterer Ansatz sein: Was ist Macht, wer hat Macht? Staatslenker und Politiker, Wirtschaftsgrößen und Bankchefs, Medienleute oder wer sonst? Wie ist das mit Macht in kleinen Bereichen unseres Lebens, in der Schule und am Arbeitsplatz, im Verhältnis von Eltern und Kindern, von Vermietern und Mietern, von Spielkameraden ...? Ordnungen von Macht und Machtausübung gehören zum Leben der Menschen. Was heißt es nun, wenn von Jesus gesagt wird, dass er die »volle Macht«, Vollmacht hat, also Macht über alles? Diese Aussage des Evangeliums wird in der nachfolgenden Heilungsgeschichte näher erläutert: Seine Macht ist die der befreienden und helfenden Zuwendung zum Menschen. Er sprengt die Ketten, die Menschen gefangen halten, er vertreibt die Dämonen, die das Leben einengen. Wer ihm vertraut, gewinnt befreites Leben. So lässt sich von Jesus aus ein Kriterium für »menschenfreundliche« Macht aussagen: Macht muss dem Menschen dienen, ihn zu größerer Freiheit führen, ihm Heil im umfassenden Sinn schaffen.

Die neutestamentliche Lesung bietet unseres Ermessens keinen Ansatzpunkt für einen Familiengottesdienst.

Gestaltungsideen für den Gottesdienst

– *Mund Gottes sein:* Das Stichwort Prophet kann auf unterschiedliche Weise angegangen werden. Zum einen kann die Gestalt des Mose als Typ eines Propheten gewählt werden: Er wurde von Gott gerufen (Dornbuschszene), er wird beauftragt, er wird zum Mittler zwischen Gott und dem Volk, er gibt dem Volk Gottes Weisung weiter (Sinai). Da die meisten dieser Szenen der Mosegeschichte auch Kindern bekannt sind, lässt sich so leicht eine Linie des Wirkens Mose aufzeigen. Vielleicht können diese Szenen in Art eines Filmstreifens mit gemalten Bildern oder ersatzweise mit Stichworten dargestellt werden. Am Ende der Beschreibung von Weg und Auftrag Mose kann dann die Weiterführung stehen: Immer wieder hat Gott Menschen berufen, sein Mund und Sprachrohr zu sein.

Ausgehend vom Stichwort »Mund« kann das Thema Prophet auch allgemeiner angegangen werden. Verschiedene Münder werden auf Plakaten in verschiedenen Farben gezeichnet. Aus ihnen quellen unterschiedliche Worte, etwa Fernsehwerbung, Sätze eines wissenschaftlichen Vortrags, Witz ... Worte umgeben unser Leben und prägen es. Dabei gibt es wichtige und weniger wichtige oder unwichtige Worte. Die Kinder unterscheiden zwischen der Bedeutung von Worten. Propheten werden dann als Menschen vorgestellt, die uns die wichtigsten Worte überhaupt zu sagen haben: das Wort, das Gott an uns richtet. Sie machen uns aufmerksam für Gott und seine Weisung. Entsprechend wird ein großer Mund mit einem Bibelvers angebracht. Dieser Gedankengang lässt sich auch durch Spiel von Kindern darstellen.

Eine dritte Möglichkeit schlägt eine Brücke zum Evangelium: Jesus wird als Prophet aufgezeigt, der durch sein befreiendes Wort und durch seine helfende Tat die Liebe Gottes sichtbar macht. Beispiele aus dem Leben Jesu können das aufzeigen. Auch hier kann die Zeichnung eines großen Mundes zur Veranschaulichung gewählt werden: Jesus ist der Mund Gottes (sein Wort). In diesen Mund können Stichworte zum Leben und Lehren Jesu geschrieben werden.

– *Ketten sprengen:* Das heilende und helfende Handeln Jesu, das in der Heilungsgeschichte beispielhaft anklingt, kann durch eine Zeichenhandlung und ein Spiel der Kinder verdeutlicht werden: Ein Kind ist mit Seilen oder Ketten gefesselt. Diese Ketten können Aufschriften tragen, was Menschen heute fesseln kann: Gier nach Konsum, Süchte, übertriebene Gewohnheiten ... Ein Jesusspieler kommt hinzu, nimmt die Ketten weg und führt den Gefesselten zu neuer Gemeinschaft und freiem Leben.

Weiterführung nach dem Gottesdienst

Zum Propheten Mose können die Gottesdienstbesucher aufgefordert werden, die Mosegeschichte zu Hause (miteinander) nachzulesen und dabei darauf zu achten, wo Mose das Sprachrohr Gottes ist. Eventuell kann auch ein Teil der Mosegeschichte (etwa der Bundesschluss am Sinai) am Eingang ausgegeben werden. Ebenso kann zu diesem Thema die Aufforderung stehen, in der kommenden Woche darauf zu achten, wo Menschen mitten im heutigen Leben Sprachrohr und Hinweis auf Gott und sein Wort sind. Welche Menschen machen uns auf Gott aufmerksam?

Zum Thema Jesus als Befreier kann nach dem Gottesdienst jedem Besucher ein Kettenglied oder ein kleines Stück Seil übergeben werden. Dies kann zusammen mit der Aufforderung geschehen zu bedenken, wo wir heute eingeengt sind, in Ketten leben, was uns heute gefangen hält. Das Gespräch in Familien und Gemeindegruppen kann dann nach Wegen zur Befreiung suchen.

(B 14) 5. Sonntag im Jahreskreis

Zu den Schrifttexten

Ijob 7,1-4.6-7: *Mein Leben ist nur ein Hauch.* Das Buch Ijob besteht aus einer älteren Rahmenerzählung, die das Unglück des Ijob und am Ende sein neues Glück beschreibt, und einem großen Redeteil, der zuerst Gespräche Ijobs mit seinen Freunden, dann das Reden Ijobs mit Gott selbst und seine Gotteserfahrung schildert. Aus einer Rede am Anfang des Buches stammt die Perikope. Sie zeigt die Vergänglichkeit menschlichen Lebens und seine Mühsal auf: Wie Frondienst und Knechtschaft sind seine Tage, wie ein Windhauch schwinden sie dahin. Diese Erfahrung der Mühsal und Vergänglichkeit wird für Ijob zur grundsätzlichen Frage nach dem Sinn des Lebens und damit nach Gott. Aus seiner eigenen Lebensgeschichte heraus kommt Ijob zur Klage, ja zur Anklage Gottes. Die vergebliche Diskussion mit seinen Freunden zeigt Ijob schnell, dass es auf die Frage nach dem Leid keine Antwort gibt: Das Leid kann in dieser Welt nicht weggeschafft werden, es gehört zum Leben. Dennoch kann die Erfahrung des geheimnisvollen Gottes den Menschen über das Leid hinaus führen: Hinter allem gibt es einen letzten Sinn.

1 Kor 9,16-19.22-23: *Allen bin ich alles geworden.* Im achten Kapitel nimmt Paulus zu einer konkreten Frage der Gemeinde Stellung: Die Starken in der Gemeinde sollen auf die Schwachen Rücksicht nehmen, diejenigen, die sich von überholten Vorschriften befreien, Rücksicht auf die, die religiös besorgt und ängstlich sind. Im zweiten Teil dieser Perikope verstärkt Paulus diese Argumentation durch den Hinweis auf sein eigenes Beispiel: So sehr er, wenn es um Grundfragen des Glaubens geht, sich kämpferisch einsetzen konnte, so sehr ist er zum Verzicht und zur Rücksichtnahme bereit, wenn es um zweitrangige Fragen geht. Damit gibt er ein Beispiel, wie die Gemeinde innere Konflikte lösen kann. Motiviert ist Paulus zu einer solchen Haltung durch seine Berufung durch Christus selbst, dem er bei seiner Bekehrung vor Damaskus begegnet ist. Dies hat sein Leben so verändert, dass er nun sein Leben vollständig in den Dienst der Verkündigung stellt. Dabei verzichtet er auch auf den ihm zustehenden Lohn für seine Arbeit – frei will er seinen Dienst tun.

Mk 1,29-39: *Alle suchen dich.* Nach der Heilung eines Besessenen in der Synagoge (vgl. B 13) beschreibt Markus den weiteren Tagesablauf Jesu in Kafarnaum. Es zeigt sich beispielhaft, wie Jesus zum Helfer der Menschen wird, sowohl im Kreis seiner Bekannten (Jünger) wie auch darüber hinaus. Er verkündet durch Wort und Tat den Anbruch der Gottesherrschaft und vertreibt das, was Menschen einengt. Jesus wird hier gekennzeichnet als Helfer und Befreier, der die Menschen offen werden lässt für neue Gemeinschaft (vgl. die Schwiegermutter des Petrus, die nach ihrer Heilung einen Dienst tun kann). Ein weiterer Akzent dieses Textes liegt darin, dass Jesus sich in seinem Wirken nicht auf den Ort

Kafarnaum beschränkt. Seine Botschaft vom Heil Gottes gilt allen Menschen. Es ist deshalb nur konsequent, dass er sein Wirken auch über Kafarnaum hinaus ausdehnt, in einem weiteren Schritt ist Galiläa sein Ziel, danach schließlich Jerusalem.

Schrifttext und Familien mit Kindern

Die Frage des Ijob nach dem Sinn des Leidens und der Mühsal des Lebens betrifft die Menschen zu jeder Zeit. Viele Erwachsene sind durch ihren Lebensweg zu ähnlichen Fragestellungen gekommen, die sie auch im Gespräch mit Kindern anklingen lassen. Die Frage nach dem Leid wird für viele dann eine Frage nach Gott, nach seinem Eingreifen in unsere Welt, nach seiner Macht bzw. Ohnmacht. Damit gehört die Frage unmittelbar in den Kontext einer gottesdienstlichen Feier: Zu welchem Gott bekennen wir uns, welchen Gott feiern wir in der Eucharistie?

Wer sich mit diesen Fragen auseinandersetzt, wird zu den gleichen Ergebnissen kommen wie Ijob. Alle menschliche Argumentation, welchen Sinn das Leid hat, führt letztlich immer in die Irre. Wir können das Leid nicht erklären, wir können ebenso wenig die Stellung Gottes zum Leid der Menschen erklären. Wohl aber können wir uns miteinander daran erinnern, dass Gott das Kreuz Jesu ebenfalls nicht verhindert hat, dass er ihm aber durch Leid und Tod hindurch nahe war und zu neuem Leben geführt hat. Das allein ist christliche Hoffnung. Ansatzweise kann ein Familiengottesdienst solche Fragen bedenken.

Das Thema der gegenseitigen Rücksichtnahme in einer christlichen Gemeinde betrifft heute andere Fragen als damals in der Gemeinde des Paulus. Dennoch kann dieses Thema aufgegriffen und mit aktuellen Beispielen gefüllt werden, etwa dem Verhältnis von Alt und Jung in der Gemeinde oder dem Verhältnis der Gemeinde zu Randgruppen ...

Das Evangelium schildert Jesus als Helfer und Befreier der Menschen. Zur Aussage »Alle suchen dich« wird man heute kaum noch kommen. Vielen sind Religion und christlicher Glaube irrelevant geworden. Dennoch stellen viele Menschen die Frage nach Jesus. Ebenso kann auch Kindern die Gestalt Jesu als faszinierend und für die eigene Lebensgestaltung als hilfreich vermittelt werden. Wenn Jesus damit als wichtig erscheint, ergibt als weitere Frage: Wo können wir ihn heute suchen, wo können wir ihm in unserer Welt begegnen?

Gestaltungsideen für den Gottesdienst

– *Über das Leid hinaus:* Vorab haben Gruppen (Kommunionkinder, Messdiener, Familiengruppen ...) auf Plakaten Collagen gestaltet, wie Menschen heute leiden (mit Fotos aus Illustrierten oder mit selbstgemalten Bildern). Diese Plakate werden im Gottesdienst aufgehängt und kurz kommentiert. Die Ausgangsfrage nach dem Leid und damit auch nach Gott wird nach Verlesung der Ijob-Stelle im Gespräch angesprochen. Wir können das Leid zwar an manchen Stellen verkleinern (das ein oder andere Plakat wird abgenommen), aber nie ganz verhindern (einige Plakate bleiben hängen). Wir vertrauen darauf, dass Gott uns durch das Leid hindurch zum Heil führt (über die Leidplakate wird ein Plakat mit einem hellen Licht geklebt).

– *Wir hängen zusammen:* Das Thema »Gegenseitige Rücksichtnahme in der Gemeinde« kann durch ein Mobile visualisiert werden: Die einzelnen Mobileteile stellen Gemeindegruppen bzw. wichtige Gemeindemitglieder dar (durch Fotos oder Namensschilder sichtbar machen). Alle Teile des Mobile hängen an einem Punkt: Christen hängen an Christus (Kreuz am Befestigungspunkt des Mobiles anbringen). Auch untereinander hängen die Mobileteile zusammen; schneidet man eines ab, so kommen alle aus dem Gleichgewicht. Auch in einer Gemeinde müssen sich alle aufeinander einstimmen und Rücksicht nehmen, damit es für alle gut wird.

– *Wie ein Orchester:* Die gleiche Aussage kann mit dem Bild eines Orchesters gemacht

werden: Wie in einem Orchester viele unterschiedliche Instrumente aufeinander gestimmt werden müssen, so ist es in einer Gemeinde: Viele unterschiedliche Menschen müssen sich aufeinander einstimmen, damit eine gute Gemeinschaft entstehen kann. Eventuell können einige Kinder bei diesem Thema Instrumente mitbringen und damit das Stimmen und Spielen deutlich machen.
– *Alle suchen dich:* Wo können Menschen heute Jesus finden? Der Gottesdienst gibt Suchanweisungen, ermuntert zur Suche im eigenen Umfeld: Wo sind Menschen, die mich mit Gott in Berührung bringen? Wo gibt es Menschen, die mich von Fesseln und Einengungen meines Lebens befreien? Wo gibt es Menschen, die mir Sinn und Hoffnung schenken? Wo sind umgekehrt Menschen, denen ich all das bringen kann? Wenn Christen bekennen, dass Gott im Menschen begegnet, dann kann man das Geheimnis der Inkarnation nicht allein auf Jesus beziehen: Jesus begegnet uns im Nächsten, in dem, der uns zur Seite steht, und in dem, dem wir zur Seite stehen können. Die Kinder können beide Aussagen durch Spiele wiedergeben.

Weiterführung nach dem Gottesdienst

Über den Gottesdienst hinaus können den Familien in zweifacher Weise Gesprächsanregungen gegeben werden: Zum einen kann das Thema Leid aufgegriffen werden: Wo erfahren wir in unserer Familie Leid? Was hilft uns, Leid zu wenden oder auszuhalten? Welche Hoffnung führt uns über das Leid hinaus?

Das Thema »Jesus suchen und in heutigem Umfeld finden« ist Anstoß zu einem weiteren Gespräch: Wo können wir Jesus in Menschen um uns finden, besonders in den Armen und Notleidenden?

Falls das zweite Gottesdienstthema gewählt wird, können die Familien aufgefordert werden, zu Hause ein eigenes Mobile zu basteln und seine Teile mit Namen von Personen zu beschriften, mit denen die Familie »zusammenhängt«.

(B 15) 6. Sonntag im Jahreskreis

Zu den Schrifttexten

Lev 13,1-2.45-46: *Wie mit Aussätzigen umgehen.* Der Text aus den Reinheitskapiteln des Buches Levitikus ist im Blick auf die im Evangelium berichtete Aussätzigenheilung ausgewählt. Dem Aussatz (darin eingeschlossen jede Art von Hautkrankheit und Hautveränderung) begegnete man in Israel aus Angst vor Ansteckung mit Isolation des Kranken, mit dem Ausschluss aus der Gemeinschaft. Dies galt vor allem für die innere Mitte der Gemeinschaft des Volkes, die liturgische Gemeinschaft. Hier gehörte der Kranke nicht mehr hin, er war für die anderen tot. So sind auch die Forderungen an ihn zu verstehen, es sind Elemente der Totenklage: Kleider zerreißen, Haare ungeordnet tragen, Bart verhüllen ... Der kultisch Unreine ist aus der Gemeinschaft ausgeschlossen.

1 Kor 10,31-11,1: *Nehmt Christus als Vorbild.* In den Kapiteln 8-10 antwortet Paulus auf eine konkrete Frage der korinthischen Gemeinde: Ist das Essen von Götzenopferfleisch erlaubt oder nicht? Diese Frage ist für uns heute überholt, dagegen sind es die Richtlinien nicht, die Paulus für die Behandlung solcher Konflikte aufstellt. Sie können auch zur Lösung heutiger Spannungen zwischen Menschen und in der Kirche genutzt werden. Für Paulus gibt es die grundlegende Freiheit, alles in der Schöpfung zu nutzen; ein Verbot dieses Fleisch zu essen, ist mit der Freiheit des Christen unvereinbar. Dennoch mahnt er zur Rücksichtnahme und zur Toleranz: aufeinander eingehen, den anderen auch mit seinen Schwächen akzeptieren, zum Dienst aneinander bereit sein – das ist christliches Leben nach dem

Vorbild des Herrn. Paulus hat versucht, das in sein eigenes Leben und Handeln umzusetzen.

Mk 1,40-45: *Heilung des Aussätzigen.* Der Wunderbericht im ersten Kapitel des Markusevangeliums lässt keinen unmittelbaren historischen Hintergrund erkennen (kein Name, Ort, Zeit ...). Vielmehr geht es Markus (und seiner Gemeinde) mit diesem Text darum, programmatische Aussagen über Jesus zu machen. Diese sind: 1. Jesus hat Vollmacht, er handelt mit der Macht Gottes. 2. Die Wunder sind Hinweiszeichen auf das Reich Gottes. Es geht also nicht um die Heilung eines Einzelnen, sondern um die grundsätzliche Wende zum Heil, die in Jesus gekommen ist. Die Wunder sind Zeichen der kommenden Herrschaft Gottes. 3. Diese Herrschaft Gottes schließt alle Menschen ein, auch die Aussätzigen, die Kranken und Behinderten. Ihnen wird im umfassenden Sinn Heil und Heilung, Frieden und Gemeinschaft zugesprochen. 4. Für Markus ist dieses Geschehen noch zweideutig: Die Menschen kommen zwar zu Jesus, aber sie erkennen ihn nicht als Sohn Gottes. Er selber bleibt Geheimnis. Das »Messiasgeheimnis« wird erst am Kreuz gelöst, wenn der Hauptmann sagt: »Wahrhaftig, dieser Mensch war Gottes Sohn.«

Bei den Wunderberichten des Neuen Testamentes geht es also nicht um naturwissenschaftliche und medizinische Berichte. Es geht um theologische Aussagen über Jesus, seine Vollmacht und sein Wirken. Es geht letztlich immer um den Glauben an den Herrn. So sind die Wunderberichte keine Beweise, sondern Aufforderungen, Ermunterungen zum Glauben – für die Gemeinden damals wie für Christen heute.

Schrifttext und Familien mit Kindern

Die Schrifttexte erscheinen sperrig und kaum mit dem Leben heutiger Familien in Verbindung zu bringen. Dennoch gibt es darin Themen, die auch heute – wenn auch unter veränderten Bedingungen – aktuell sind.

Dies betrifft zum einen den Umgang mit Kranken, Behinderten und auf andere Weise Leidenden. Auch in unserer Gesellschaft besteht die Tendenz, Leidende abzuschieben, damit man nicht mit dem Leid konfrontiert und durch Leidende in Anspruch genommen wird. Für die Bewältigung von Notsituationen wird immer mehr der professionelle Helfer eingesetzt. Nachbarschaftshilfe und Verantwortung füreinander werden nicht allein wegen veränderter gesellschaftlicher Rahmenbedingungen (Doppelberufstätigkeit, Doppelbelastung von immer mehr Alleinerziehenden ...) in geringerem Maß als früher wahrgenommen. Hier kann der Gottesdienst vielleicht den Blick schärfen, auch wenn dieses Thema mehr die Erwachsenen als die Kinder angeht.

Das zweite Thema ergibt sich aus dem Korintherbrief. Darin behandelt Paulus aufgrund einer konkreten – für uns heute nicht mehr aktuellen – Frage die Weise, wie Christen mit Konflikten umgehen sollen. Dies kann zum Anlass genommen werden, aus christlichem Geist nach Lösungswegen für Konflikte (in der Familie, der Gemeinde ...) zu suchen. Das Stichwort des Paulus »Rücksicht auf die Schwachen« kann Richtschnur auch heutigen Handelns sein.

Ein dritter Themenbereich behandelt den Sinn und die Bedeutung von Wunderberichten in der Bibel. Gegen alles wörtliche Verständnis und gegen naturwissenschaftliche Fragestellungen muss die Textsorte dieser Berichte deutlich werden. Es sind Glaubenstexte, die theologische Aussagen machen. Die Wunderberichte stellen Glaubensbekenntnisse dar und wollen zum Glauben ermuntern. Sie machen deutlich, wie das Reich Gottes beschaffen sein wird: ohne Krankheit und Behinderung, frei von allen Einengungen und Belastungen, Schalom im umfassenden Sinn als Heil für alle, Gemeinschaft auch für die bislang Ausgeschlossenen ... So können die biblischen Wunderberichte heute zu Hoffnungstexten werden, die auch heutigen Menschen Mut geben. Zugleich sind sie ein Anstoß, sich in diese Linie einzugliedern und nach Kräften zum Schalom beizutragen.

Gestaltungsideen für den Gottesdienst

– *Die Hand ausstrecken:* Jesus streckt seine Hand aus und berührt Aussätzige, Blinde, Lahme, Ausgestoßene, Menschen aus Randgruppen. Er schafft Heilung und neue Gemeinschaft. Diese Offenheit Jesu auf alle hin kann durch ein Evangelienspiel deutlich werden: Unterschiedliche Menschen (mit unterschiedlichen Problemen) kommen zu Jesus und werden von ihm »an die Hand« genommen und gehalten. Es kann dies aber auch durch eine Collage deutlich gemacht werden: Ein Jesusbild (etwa eine Ikone) in der Mitte. Von diesem Bild geht eine große Hand aus. An diese Hand kleben die Kinder nun Bilder von verschiedenen Menschen mit Krankheiten oder Behinderungen, aber ebenso Bilder anderer Menschen, eventuell auch Bilder von sich selber: Jesus schafft eine neue Gemeinschaft. Das Thema kann dann fortgeführt werden durch den Bezug zu unserer Zeit: Wem reichen wir die Hand, wen stützen wir und richten ihn auf? Hierzu können die Kinder entsprechende Beispiele spielen.

– *Das Netz, das uns verbindet:* Das bekannte Wollknäuelspiel kann genutzt werden, um das Thema Konflikt und Konfliktbewältigung zu bearbeiten. Einige Kinder stehen im Kreis. Sie werfen sich einen Knäuel Wolle zu und halten jeweils an der zugeworfenen Stelle fest. So entsteht ein »Netz von Beziehungen«. Allerdings ist es dazu nötig, dass alle das Netz gespannt halten, man muss sich auf den anderen einstellen, auf ihn Rücksicht nehmen. Ein Kind lässt nun den Faden fallen (oder zerschneidet ihn); das ganze Netz gerät durcheinander, weil die Spannung fehlt. Erst wenn durch gemeinsame Bemühung der Faden neu aufgenommen (geknüpft) wird, ist die Gemeinschaft wieder vollständig. An diese Zeichenhandlung kann sich ein Gespräch anschließen, das die Handlung auf Konfliktsituationen deutet und Wege zu ihrer Bewältigung aufzeigt.

– *Wie es einmal sein wird:* Wunder machen das Reich Gottes, die künftige Vollendung anfanghaft sichtbar, wir können den »Vorhang« ein wenig lüften: Dies wird durch eine Zeichenhandlung umgesetzt: Eine Kindergruppe hat Bilder gemalt, wie sie sich gutes und erfülltes Leben für alle vorstellt. Diese Bilder sind zu einer Collage zusammengestellt und hinter einem großen Tuch verborgen. Jeweils kleine Stücke dieser Bilder werden nun gezeigt, nie das ganze Bild: Jesus zeigt uns anfanghaft, wie es in Gottes Herrlichkeit sein wird.

Weiterführung nach dem Gottesdienst

Zum ersten Vorschlag kann den Kindern eine gemalte Hand gegeben werden. Sie können zu Hause mit ihrer Familie überlegen, wem sie in ihrem Lebensumfeld die Hand reichen können.

Zum zweiten Vorschlag kann jedem Gottesdienstbesucher ein Stück Wollfaden mit der Ermunterung mitgegeben werden, zu bedenken, zu welchen Menschen die Verbindung neu oder intensiver geknüpft werden muss.

Zum dritten Vorschlag ist eine »Fürbittwand« in der Eingangshalle geeignet, auf der die Gottesdienstbesucher an diesem und folgenden Sonntagen Wünsche notieren können: »Ich wünsche mir ...« Eventuell können dazu auch passende Bilder geklebt werden.

(B 16) 7. Sonntag im Jahreskreis

Zu den Schrifttexten

Jes 43,18-19.22.24-25: *Seht, ich schaffe Neues.* Die Verse gehören zu den zentralen Aussagen des Deuterojesaja (des zweiten Jesaja), der am Ende der Exilzeit in Babylon (etwa

546-539) seine Botschaft verkündete. Dem Volk in der Verbannung kündet der Prophet einen Neubeginn an, durch das Stichwort vom »Weg in der Wüste« wird dieses Neue als Befreiung und Rückkehr nach Jerusalem angedeutet. Israel braucht nicht länger auf die vergangenen Heilstaten Gottes zu blicken, etwa auf den Exodus aus Ägypten oder die Landnahme. Jetzt schafft Gott neues Heil und zeigt dadurch, dass er nach wie vor sein Volk erwählt und treu zu ihm steht. Dies geschieht aus ungeschuldeter Barmherzigkeit; der Kult, mit dem sich Israel an Gott zu binden glaubte, ist dazu nicht nötig. Die Perikope des Deuterojesaja ist eine Botschaft der Hoffnung, die in Situationen der Bedrängnis je neu sowohl von Einzelnen wie von glaubenden Gemeinschaften gelesen werden kann.

2 Kor 1,18-22: *Jesus ist das Ja Gottes.* Unabhängig von der konkreten Frage, die Paulus zur Abfassung dieses Briefes bewegte, finden wir in der Perikope eine theologische und anthropologische Grundaussage christlichen Glaubens: Jesus stellt das Ja Gottes zu den Menschen dar. In ihm nimmt Gott die Menschen an und führt sie zu den Möglichkeiten menschlichen Lebens, die seit der Schöpfung als Verheißung gegeben sind. Von Seiten des Menschen ist nun eine Antwort des Glaubens auf das Wort Gottes hin nötig, ein eigenes »Amen«, Ja zum Glauben. Paulus sieht seine Aufgabe darin, den Menschen das Wort Gottes zu überbringen und sie zu einem eigenen Ja zu ermuntern.

Mk 2,1-12: *Heilung des Gelähmten.* In einen Wunderbericht ist ein fiktives Streitgespräch mit den Gegnern Jesu zum Thema Sündenvergebung eingebettet. Dahinter steht die Auseinandersetzung der jungen Kirche mit dem Judentum um die Bedeutung Jesu. Somit werden in diesem Text verschiedene Aussagen verbunden: Jesus begegnet dem bedürftigen Menschen und schenkt ihm ganzheitliches Heil, Heilung von Körper, Seele und Geist. Er richtet den Menschen wieder auf und zeigt so die Liebe Gottes zu den Menschen (sein »Ja«, vgl. Lesung). Dass in diesem Jesus Gottes Zuwendung und Herrlichkeit aufscheint, ergibt sich auch aus dem Thema Sündenvergebung. Nach jüdischem Glauben steht die Vergebung von Schuld allein Gott zu. Wenn Jesus Vergebung zuspricht und dies auch zur Heilung des betreffenden Menschen führt, dann wird deutlich, dass in diesem Jesus Gott gegenwärtig ist. Er hat göttliche Vollmacht, er ist der verheißene »Menschensohn«.

Schrifttext und Familien mit Kindern

Der Evangelientext bietet sich mit seiner plastischen Erzählweise für einen Einsatz im Familiengottesdienst an. Dennoch gibt es auch bei den anderen Texten Verbindungen zwischen den Kerngedanken und heutigem Leben:

– *Jesaja:* Menschen stehen in der Spannung von Alt und Neu, von Tradition und Reform. Heutiges Leben hat seine Wurzeln in der Vergangenheit, greift aber aus auf künftiges Leben. Das muss deutlich werden gegen alle einseitige Gegenwartsorientierung, die durch Konsum und heutige Lebenswelt gefördert wird. Für Kinder ist der Blick auf die Zukunft, auf Neues, das entsteht, besonders wichtig. Hier gilt es, aus der Sicht des Glaubens deutlich zu machen, dass unsere Zukunft in den Händen Gottes liegt. Ein weiterer Ansatzpunkt der alttestamentlichen Lesung liegt im Stichwort »Wüste«. Wo gibt es Wüsten in unserem Leben, wo müssen wir uns einen Weg durch die Wüste suchen? Oder: Wo wird uns geholfen, aus der Wüste herauszukommen?

– *Korintherbrief:* Jesus ist das Ja Gottes zu uns. Wo wir von vielen Menschen immer wieder ein Nein erleben, Ablehnung und Missverständnisse, mangelnde Geborgenheit und Liebe, da erkennen wir in Jesus Gottes unbedingte und treue Liebe zu uns Menschen, sein unbedingtes Ja zu uns. Dieses Ja Gottes fordert uns zu einem Ja des Glaubens heraus.

– *Evangelium:* Neben dem Wunderbericht, der Jesu Zuwendung zu den Menschen aufzeigt, kann auch das Thema Schuld und Vergebung aufgegriffen werden: Jesus versöhnt uns mit Gott und den Menschen.

Gestaltungsideen für den Gottesdienst

– *Neues schaffen:* Neues bauen, die Zukunft gestalten. Kinder bauen aus Bausteinen oder anderen Materialien eine Stadt, in der sie leben möchten. Dies wird dann im Gespräch mit der Hoffnung der Israeliten in der Verbannung verbunden: Gott wird uns in die heilige Stadt Jerusalem zurückführen. Gott schafft das Neue, auf das hin wir leben dürfen. Ihm dürfen wir vertrauen.
– *Ein Weg durch die Wüste:* Eine steinige Wüste wird durch dunkle (Papier-)Brocken dargestellt. Sie werden im Gespräch oder durch Schriften als bedrückende Lebenssituationen für Menschen gedeutet: Einsamkeit, Krankheit, Trauer um einen Menschen, Konfliktsituationen ..., all das kann Wüste für Menschen ausmachen. In einem pantomimischen Spiel suchen nun Kinder vergeblich einen Weg durch diese Wüste. Resigniert geben sie auf, doch dann kommt ein anderer und schafft den Weg frei. Er führt sie an der Hand durch die Wüste in »ein neues Land«, zur Gemeinschaft rund um den Altar.
– *Jesus ist Gottes Ja zu uns:* Das Nein, das Menschen auf unterschiedliche Weise von anderen erfahren können, wird in einem Rollenspiel konzentriert auf ein Kind hin ausgesagt, etwa: »Du gehörst nicht dazu. Du bist zu dick. Du kannst das nicht. Dich wollen wir nicht dabei haben ...« Diese Situationen werden gewendet, als einer dazukommt (vgl. die Aufgabe des Paulus bei den Korinthern) und gegen das vielfältige Nein ausdrückt: Gott sagt Ja zu dir und nimmt dich an. An den Altar wird ein Schild geheftet: »Jesus ist Gottes Ja zu uns.«
– *Lahme können wieder gehen:* Situationen werden gezeigt, in denen Menschen wie gelähmt sind, in denen sie sich nicht entfalten können, in denen körperliche, geistige oder soziale Behinderungen sie an einem erfüllten Leben hindern. Das Evangelium wird gespielt. Dabei kann eventuell auf die Verse des Streitgespräches verzichtet und nur die eigentliche Wundererzählung wiedergegeben werden: Jesus befreit, er macht, dass Lahme wieder gehen können. Anschließend können kleine Spielszenen die Situationen von Lähmung heute, die am Anfang gezeigt wurden, umkehren.
– *Versöhnung schafft Gemeinschaft:* Im Blick auf das Evangelium wird der Akzent auf das Thema Vergebung gelegt: Jesus schenkt Versöhnung und schafft so Gemeinschaft mit Gott, aber auch der Menschen untereinander. Dies kann mit dem Symbol einer Brücke dargestellt werden. Ebenso kann auch ein Seil genutzt werden, um damit neue Verbindung zu schaffen: Zwischen Menschen ist ein Seil gespannt. Durch Streit geht die Verbindung verloren. Der Spieler, der Jesus darstellt, kommt und schafft eine neue Verbindung.

Weiterführung nach dem Gottesdienst

Zum ersten Thema kann als Gesprächsanregung gegeben werden: Was muss bei uns anders werden, worauf hoffen wir? Verbinden wir solche Hoffnungen mit dem Wirken Gottes?

Zum zweiten Thema kann den Kindern ein Blatt mit der Aufschrift gegeben werden: »Meine Wüste«. Darauf können sie malen, was in ihrem Leben Wüste ist, und ebenso, wie ihnen daraus geholfen wird.

Zum dritten Thema passt ein Jesusbild (Kunstdarstellung oder Zeichnung zum Ausmalen) mit der Unterschrift: »Jesus ist das Ja Gottes zu uns Menschen.«

Zum vierten Thema können die Kinder (mit ihren Familien) Bilder sammeln, wo Menschen heute Behinderungen und Lähmungen ihres Lebens erfahren. Dies kann auch im übertragenen Sinn gedeutet werden auf die vielfältigen Einschränkungen, die bereits Kinder erleben. Zugleich wird überlegt, wie dies überwunden werden kann.

Das Thema Versöhnung kann dadurch fortgeführt werden, dass jedem Gottesdienstbesucher ein Stück Faden oder Kordel gegeben wird: Bei welchen Menschen muss ich die Beziehung neu knüpfen, Versöhnung schaffen?

Einführung Fastenzeit und Ostern

Nach der Österlichen Bußzeit als Vorbereitung auf Ostern (vgl. den Band zum Lesejahr C) und der Heiligen Woche als Zentrum des Kirchenjahres (vgl. den Band zum Lesejahr A) folgt als dritter Teil des Osterfestkreises die Zeit von Ostern bis Pfingsten – sieben Wochen Ausbreitung des österlichen Festes und der Feier der Auferstehung. Neben den dem Ostersonntag folgenden sechs Sonntagen (2.-7. Sonntag der Osterzeit) sind in dieser Zeit das Fest Christi Himmelfahrt und als Abschluss das Pfingstfest wichtig. Für den Gottesdienst der Gemeinde sind zudem in der Regel die Feier der Erstkommunion und eventuell die Feier der Jubelkommunion (Gold- und Silberkommunion) wichtig.

Das Bekenntnis und die Feier der Auferstehung Jesu ist der Rote Faden der ganzen Osterzeit. Dieses Bekenntnis ist für Christen so entscheidend, dass es nicht allein in der Osternacht gefeiert werden kann. Immer wieder – und in der Osterzeit in besonderer Weise – wird es hervorgehoben. Dabei werden die unterschiedlichen Aspekte der Auferstehung Jesu auf verschiedene Festtage verteilt: Auferweckung = Ostern; Erhöhung zu Gott = Himmelfahrt; Geistsendung = Pfingsten. Letztlich aber gehören die Festgedanken aller drei Tage unlösbar zusammen, sie bekennen gemeinsam das Geheimnis der Auferstehung und laden die Glaubenden ein, diese Gedanken für das eigene Leben nutzbar zu machen: Die Bindung an Christus, den auferstandenen Herrn, gibt unserem Leben eine neue Perspektive.

Ostern wird in Deutschland an zwei Feiertagen gefeiert. Es erscheint sinnvoll, wenn zusätzlich zu der Feier der Osternacht am zweiten Feiertag ein gottesdienstliches Angebot für Kinder gemacht wird. Der Name Ostern lässt sich nicht sicher ableiten. Zum einen wird eine Frühlingsgöttin Ostara genannt, ferner Morgenröte oder auch Osten (Aufgang der Sonne). In den romanischen Sprachen wurde das hebräische Wort pesach (= Pascha) übernommen, das auf den Auszug der Israeliten aus Ägypten hinweist (vgl. die entsprechende Lesung in der Osternacht). Vielfältiges Osterbrauchtum wie Osterwasser, Osterei, Osterhase ... verweist auf das aufbrechende, neue Leben und stellt so Sinnbilder für die Auferstehung Jesu dar.

Der *Weiße Sonntag* hat ursprünglich nichts mit der Erstkommunion zu tun, sondern verweist auf die weißen Taufkleider, die die in der Osternacht Neugetauften eine Woche lang tragen durften, also an diesem Sonntag wieder ablegten. Viele Gemeinden führen an diesem Tag die Kinder zur Erstkommunion (manche nach dem Gründonnerstag zur »Feierlichen Kommunion«). Der Festgedanke der Eucharistie ist aber nicht allein für die Kommunionkinder, sondern für die ganze Gemeinde wichtig.

Das Fest *Christi Himmelfahrt* wird am vierzigsten Tag der Osterzeit gefeiert. Es ist im vierten Jahrhundert aufgrund der Angabe der Apostelgeschichte (vgl. Apg 1,3) entstanden. Heute verliert dieser Tag in den Gemeinden durch das verlängerte Wochenende und das Brauchtum des Vatertages immer mehr an Bedeutung.

Bereits der jüdische Festkalender kannte am fünfzigsten Tag nach Pesach ein Fest, bei dem man neben dem Dank für die Ernte vor allem des Bundesschlusses am Sinai gedachte. Für Christen ist dieses Fest das Fest des Heiligen Geistes und zugleich der kirchlichen Gemeinschaft (»Pfingsten als Geburtstag der Kirche«). Früher wurde Pfingsten eher als eigenständiges Fest ohne Bezug zu Ostern gesehen. Heute sollte dieser Bezug zu Ostern deutlicher werden und damit auch, dass mit Pfingsten die Osterzeit zu Ende geht. An einem der beiden Pfingsttage sollte jede Gemeinde ein Gottesdienstangebot für Familien mit Kindern machen.

Der Osterfestkreis stellt die Mitte des Kirchenjahres dar. Seine sehr unterschiedlichen Gottesdienste fassen in aufbauender Weise die zentralen Aussagen des ganzen Glaubens zusammen. Wo diese Zeit liturgisch gut gestaltet wird, ergibt sich somit eine gute Chance der Verkündigung und der Hinführung von Erwachsenen und Kindern an die zentralen Aussagen christlichen Glaubens.

(B 17) Aschermittwoch

Zu den Schrifttexten
Schrifttext und Familien mit Kindern
(vgl. im Band zum Lesejahr C)

Gestaltungsideen für den Gottesdienst

Am Aschermittwoch gibt es in vielen Gemeinden Schul- und Abendgottesdienste, nur selten einen eigenen Gottesdienst für Familien. Dennoch führen wir in diesem Band und in den Bänden der anderen Lesejahre Gottesdienstvorschläge auf, die sowohl in Gemeindegottesdienste am Aschermittwoch integriert werden wie auch in den Gottesdiensten am folgenden Wochenende Berücksichtigung finden können. Dabei schlagen wir folgende Themen vor:

– Lesejahr A: Leben statt Tod
– Lesejahr B: Neuorientierung
– Lesejahr C: Feuer reinigt

Neuorientierung: Aschermittwoch und Österliche Bußzeit können ein Anstoß sein, das eigene Leben und seine verschiedenen Bereiche zu überdenken und neu auf Gott und die Menschen hin auszurichten. Die Österliche Bußzeit wird so zu einer Chance der Neuorientierung und zu einem neuen Anfang im Guten.

Mögliche Gestaltungsweisen:

– Im Altarraum steht ein Wegweiser (aus einem Besenstiel und gelbem Tonpapier mit schwarzer Schrift gebastelt). Auf einer Seite des Schildes steht: »Du sollst Gott lieben«, auf der anderen: »Du sollst die Menschen lieben« (ein ergänzender Schrifttext wäre etwa das Doppelgebot Jesu der Gottes- und Nächstenliebe). Im Gespräch mit den Kindern werden dazu Beispiele überlegt, wie diese Wegweisung sich auf konkrete Lebenssituationen auswirken kann. Eventuell können einige dieser Beispiele ebenfalls als Wegweiser gestaltet werden. Als Spendeformel beim Aschenkreuz kann etwa gesprochen werden: »Höre auf die Botschaft des Evangeliums und befolge sie auf all deinen Wegen.«

– Statt eines Wegweisers kann auch eine Landkarte gewählt und daran das Thema Neuorientierung verdeutlicht werden.

– Das Bildwort vom Herzen (vgl. die alttestamentliche Lesung) wird aufgegriffen: Die Österliche Bußzeit ist uns eine Chance, ein »neues« Herz zu erhalten, das Herz von Schuld und Versagen zu »zerreißen« und von Gott ein neues Herz geschenkt zu bekommen (vgl. dazu etwa Jer 31,33: »Ich lege mein Gesetz in sie hinein und schreibe es auf ihr Herz.« und Ezechiel 36,26: »Ich schenke euch ein neues Herz.«). Entsprechend wird ein schwarzes Herz (Tonpapier) an den Altar geklebt), darüber dann ein rotes oder gelbes). Als Spendeformel beim Aschenkreuz kann etwa gesprochen werden: »Gott schenke dir ein neues und gutes Herz, damit du ein Herz hast für andere Menschen.«

Weiterführung nach dem Gottesdienst

Zum ersten Thema kann als Gesprächsanregung ein gezeichneter Wegweiser mitgegeben werden. Damit ist die Aufforderung verbunden: Was ist für mich als Ausrichtung auf Ostern und auf ein Leben entsprechend dem Evangelium wichtig? Denkbar ist, dass jeder dazu auf diesem Blatt Stichworte in die Wegweiser einträgt.

Ähnliches ist mit einer Lebenslandkarte möglich (vgl. dieses Thema in »Unser Firmkurs, Patmos, Düsseldorf 1995). In eine solche vorgegebene Karte kann jeder eigene Lebensziele und Lebenswege eintragen. Worauf kann ich mich in der kommenden Zeit besonders ausrichten?

Zum letzten Thema kann jedem Gottesdienstteilnehmer ein rotes oder gelbes Herz mitgegeben werden zusammen mit der Aufforderung zu bedenken, wo für ihn ein neues Herz nötig ist.

(B 18) 1. Fastensonntag

Zu den Schrifttexten

Gen 9,8-15: *Gott sprach zu Noach: Ich errichte meinen Bund.* Die Erzählungen der biblischen Urgeschichte gehen Grundfragen menschlichen Lebens nach, sie sind keine historischen Berichte, sondern theologische Aussagen über die Menschheit, ihr Leben, ihre Beziehung zu Gott und zueinander. Die Grundlage dieses Textes ist die Frage nach dem Bösen in der Welt: Warum gibt es so viel Böses in der Welt, warum vernichtet Gott es nicht? Der Tenor, mit dem die Noachgeschichte schließt, ist: Gott setzt gegen die Geschichte menschlicher Schuld seinen Bund, seine Verheißung des Heils, seiner Barmherzigkeit den Menschen und allen Lebewesen gegenüber. Die Katastrophe der großen Flut beendet deshalb nicht die Geschichte des Lebens auf der Erde, vielmehr setzt Gott einen neuen Anfang, er schafft gleichsam in Noach das Leben auf der Erde neu. Mit dem Regenbogen als Bundeszeichen setzt Gott eine Grenze zwischen dem Lebensraum des Menschen auf der Erde und dem »Himmelsozean« antiker Vorstellung, aus dessen Schleusen die Wasser der großen Flut hervorgebrochen waren. Der Regenbogen wird zum Hoffnungszeichen, dass die Verheißung Gottes durch alle Zeiten hindurch gilt.

1 Petr 3,18-22: *Die Taufe rettet euch jetzt.* Der Abschnitt des Petrusbriefes greift schwierige Fragen auf. Zu Beginn verweist er auf das Leiden und Sterben Jesu – er hat uns durch seinen unverschuldeten Tod die Versöhnung mit Gott gebracht. Dieses Heil gilt aber nicht allein den jetzt Lebenden, sondern allen Menschen. Dies wird deutlich in dem Gedanken, dass auch die Menschen vor Christus (Noachgeneration als Typus, Modell der ganzen Menschheit) von Christi Erlösungstat betroffen sind. Verbindendes Symbol zwischen den Menschen damals und den Menschen heute ist das Wasser, das damals den Untergang brachte und heute in der Taufe die Rettung. Allen Menschen also, gleich zu welcher Zeit der Geschichte, öffnet sich ein Weg zum Heil. Für uns heute ist dieser Weg die Taufe.

Mk 1,12-15: *Bekehrt euch und glaubt an das Evangelium.* Im Prolog (in der Einleitung) des Markusevangeliums folgt nach dem Bericht über die Taufe Jesu die vorliegende Perikope. Wüstenaufenthalt und Sieg über den Satan bilden den ersten Teil. Der Hinweis auf Johannes ist ein Blick auf das weitere Lebensschicksal Jesu, der ebenso Verfolgung und Tod erleiden muss. Schließlich folgt die programmatische Aussage über das Wirken Jesu. In ihm beginnt das Reich Gottes, er verkündet das Evangelium von Gott, der den Menschen nahe ist. So bleiben auf Seiten des Menschen Umkehr, Bekehrung und Glaube. Mit der Einleitung in sein Evangelium gibt Markus deutliche Hinweise, wie Jesus und die Botschaft von ihm zu verstehen sind: Jesus ist der Geisterfüllte, der die Schöpfung neu macht und zu paradiesischer Harmonie führt (leben bei wilden Tieren). Er überwindet die Macht des Bösen (dies wird sich in den folgenden Abschnitten durch Heilungen und Dämonenaustreibungen konkretisieren). Er verkündet die Botschaft vom Heil und ermuntert die Menschen zu unbedingtem Glauben, fordert sie auf zur Entscheidung.

Schrifttext und Familien mit Kindern

Die alttestamentliche Lesung mit dem Schluss der Noach-Erzählung bietet mit den Stichworten Bund und Regenbogen zwei Ansatzpunkte für eine Behandlung in Familiengottesdiensten. Beim Bund kann man von Erfahrungen ausgehen, die Menschen mit »bindenden« Beziehungen machen, mit Freundschaften, mit dem Ehebund, mit dem Band, das Familienangehörige, Geschwister ... verbindet. Von solchen Bindungen her kann bewusst gemacht werden, dass Verlässlichkeit, Treue, Vertrauen, Solidarität und Bereitschaft, sich für den anderen einzusetzen, zu einem menschlichen Bund gehören. Wenn Gott einen Bund mit Menschen schließt, gehören alle diese Bedeutungen zu seinem Bund dazu: Er ist der Freund und Partner, der unbedingt für den anderen da ist (Noach etwa braucht für den Bundesschluss keine Vorbedingungen zu erfüllen). Sein Bund ist reine Gnade, ist ein Geschenk der Liebe.

Das Symbol des Regenbogens ist in unserer Zeit zum Symbol des Umweltschutzes geworden. Es ist Zeichen für die Verantwortung des Menschen für das Leben und für unsere Welt. Von dieser Bedeutung werden viele Kinder den Regenbogen kennen (etwa als Umweltschutzzeichen auf verschiedenen Waren). Hieran kann durchaus angeknüpft werden, wenn von Gottes Bund her die Verantwortung des Menschen für die Welt aufgezeigt wird. Der Regenbogen ist eine Brücke zwischen Gott und den Menschen. Von Gott her ist er die Verpflichtung, die Welt im tiefsten Grund zu schützen, eine alles zerstörende Katastrophe nicht zuzulassen. Vom Menschen her kann er als Verpflichtung gesehen werden, sich in diese Ordnung Gottes mit unserer Welt einzugliedern.

Die neutestamentliche Lesung ist in ihrer Thematik und Sprachform ausgesprochen schwierig, so dass sie für eine Behandlung im Familiengottesdienst kaum in Frage kommt. Inhaltlich gibt es allerdings zwei Stichworte, die genutzt werden können. Das ist zum einen die Taufe als Beginn der Bindung eines Menschen an Christus, zum anderen die Aussage, dass das von Jesus gebrachte Heil allen Menschen gilt, allen in Raum und Zeit, also allen Völkern, aber auch allen Menschen zu anderen Zeiten der Geschichte. In Jesus ist die ganze Menschheit geeint – angesichts der Entwicklung heute eine wichtige Botschaft.

Das Evangelium nennt im Schlussvers die programmatische Überschrift über das Wirken Jesu: Er bringt, ja ist die Frohe Botschaft von Gott und seiner Herrschaft, die mit ihm beginnt und allen Heil verheißt. Von diesem Satz her kann im Gottesdienst aufgezeigt werden, was Evangelium für Christen bedeutet und wie die Botschaft der vier Evangelien das *eine* Evangelium ausdrückt.

Ebenso lässt sich der Ruf zur Umkehr zum Thema eines Gottesdienstes machen. So kann am Beginn der Österlichen Bußzeit ein deutlicher Akzent gesetzt werden, was die kommenden Wochen der Vorbereitung auf Ostern bedeuten: Neubeginn im Guten aus dem Glauben an Jesus heraus. Das Reich Gottes ist auch uns in Jesus nahe, wenn wir uns ihm öffnen.

Gestaltungsideen für den Gottesdienst

Die fünf Fastensonntage bieten die Chance, durch Themenreihen zusammenhängende und aufbauende Aussagen zu machen. Zudem ist die Aufmerksamkeit der Besucher in dieser Zeit größer als sonst. Wir geben deshalb in den Bänden zu den drei Lesejahren Anregungen für jeweils zwei Gottesdienstreihen, zusätzlich auch Anregungen zu einzelnen Gottesdiensten:

Lesejahr A:	– Gestalten der Bibel
	– Was uns Jesus bedeutet
Lesejahr B:	– Die Fastenleiter
	– Hungertuch
Lesejahr C:	– Türen öffnen
	– Der Weg der Buße

Selbstverständlich können auch einzelne Gottesdienste aus diesen Reihen ohne Zusammenhang mit den anderen ausgewählt werden.

Reihe A: Die Fastenleiter. Eine Leiter an der Altarwand (richtige Leiter oder aus Tonpapier geschnitten) macht das Voranschreiten auf Ostern hin sichtbar. An jedem Sonntag wird auf eine Sprosse ein Gegenstand gestellt oder ein Bild geklebt, so dass die Leiter zunehmend ausgefüllt erscheint.

1. Fastensonntag:	Taufgefäß mit Wasser
2. Fastensonntag:	Jesusbild
3. Fastensonntag:	Kompass
4. Fastensonntag:	Licht (Kerze)
5. Fastensonntag:	Weizenkorn/Ähre

Stichworte zur Verkündigung: Der erste Sonntag dieser Reihe greift von der zweiten Lesung her (aber ebenso von der Noacherzählung mit dem Symbol des Wassers) die Taufe auf. Vielleicht ist es möglich, dass in diesem Gottesdienst ein Kind getauft wird. In

jedem Fall aber kann eine Tauferneuerungsfeier gestaltet werden. Dazu sollte zu Beginn das Symbol Wasser aufgearbeitet werden: Wasser als doppeldeutiges Symbol für Zerstörung (»Große Flut«) und für Leben. Das Wasser der Taufe wird danach gedeutet als Hinweis auf den Spender allen Lebens, auf Gott, und auf das uns von ihm geschenkte Leben. Gott schenkt uns im Wasser der Taufe seinen Bund der Freundschaft.
Darstellung: Die Taufgefäße der Gemeinde werden gezeigt. Vielleicht gibt es dabei eine größere Schale, in die Wasser geschüttet werden kann. Alle kommen nach vorn und bekreuzigen sich mit diesem Wasser. Das Taufgefäß wird dann in die Fastenleiter gestellt (oder ein entsprechendes Bild eingeklebt).

Reihe B: Hungertuch. Der von Misereor in unseren Gemeinden wieder verwurzelte Brauch, während der Österlichen Bußzeit ein Hungertuch aufzuhängen und zu besprechen, kann durch ein eigenes Hungertuch aufgegriffen werden. Dabei ist es möglich, dass eine Gruppe der Gemeinde (etwa eine Kommunionkursgruppe) das ganze Tuch bereits vor dem ersten Fastensonntag gestaltet, es wird dann Stück für Stück besprochen. Ebenso kann man für jeden Sonntag einen Teil des Tuches erstellen lassen, die Teile werden dann Stück für Stück zusammengeklebt. Bei sehr kleinen Gottesdienstgruppen und ausreichend Zeit kann der passende Teil des Hungertuches auch im Gottesdienst gemalt werden. Als Material eignen sich ein weißes Betttuch und (wegen der Leuchtkraft) Abtön- oder Fingerfarben. Folgende Bilder sind für dieses Tuch, ausgehend von den Schrifttexten, möglich:

1. Fastensonntag:	Regenbogen
2. Fastensonntag:	Verklärung (Jesus im Licht)
3. Fastensonntag:	Berg Sinai und Mose mit Gesetzestafeln
4. Fastensonntag:	Kreuz und Licht
5. Fastensonntag:	Weizenkorn/Ähre

Stichworte zur Verkündigung: Das in der ersten Lesung enthaltene Bundeszeichen wird angesprochen: Der Regenbogen ist wie eine Brücke zwischen Gott und den Menschen, er verbindet Himmel und Erde. Dies gilt für die Menschen aller Zeiten, auch für uns gilt diese Brücke – Gott bindet sich in Freundschaft an uns.
Darstellung: Das Bild kann nicht allein den Regenbogen zeigen, sondern auch Menschen an den beiden unteren Enden des Bogens. Über dem Bogen können Licht oder ein Gottessymbol (etwa eine Sonne) auf Gott verweisen, der mit uns verbunden ist.

Einzelthemen:
– *Bund der Freundschaft:* Das Thema Bundesschluss kann von alltäglichen Erfahrungen ausgehend erarbeitet werden. Menschen binden sich aneinander in Freundschaft und Liebe. Der Bund ehelicher Partnerschaft etwa zeigt sich symbolhaft in den Ringen. Kinder und Jugendliche kennen auch den Brauch der Freundschaftsbänder, die um das Handgelenk getragen werden. Band und Bund gehören zusammen, Menschen verbinden sich, damit ihr Leben miteinander besser gelingt. Diese Erfahrungen können auf das Verhältnis Gott–Mensch übertragen werden: Gott verbindet sich mit uns, damit unser Leben besser gelingt. Als Zeichen dafür können kleine Freundschaftsbänder ausgegeben werden (bunte Wollfäden, vielleicht auch mehrere in Regenbogenfarben zusammengeflochten).
– *Eine Brücke zu Gott:* Vom Zeichen des Regenbogens aus kann eine Brücke dargestellt und gedeutet werden. Gott baut Brücken zu uns Menschen. Wir sind eingeladen, auf diesen Brücken zu ihm zu kommen. Solche Brücken können etwa sein: Taufe, Kommunion, Gebet, Einsatz für Arme ... An einer Wand der Kirche kann ein Bild einer Brücke angebracht sein. Ebenso kann eine Brücke auch aus Kartons (etwa Umzugskartons) gebaut werden. Die Kinder können Bilder von sich auf diese Brücke kleben und so darstellen, dass sie mit Gott verbunden sein wollen.
– *Die Botschaft des Evangeliums:* Der Begriff des Evangeliums wird erarbeitet. Er meint zum einen die vier neutestamentlichen Schriften, zum anderen den Kern der Frohen Botschaft Jesu: Gott liebt uns, er kommt in Jesus auf uns zu. An uns ist es, uns zu ihm zu wenden, zu ihm umzukehren. Diese Frohe Botschaft kann groß auf eine Schriftrolle geschrieben, vorgelesen und dann am Lesepult angebracht werden.

Weiterführung nach dem Gottesdienst

Das Thema Taufe kann wie folgt fortgeführt werden: Die Kinder werden zu einer Tauffeier eingeladen. Dabei können sie sich mit Liedern und Fürbitttexten beteiligen und Kerzen an der Osterkerze anzünden. Ebenso kann in den Familien das Gespräch auf Taufe kommen. Tauferinnerungen (Bilder ...) können miteinander besprochen werden. Die eigene Taufkerze kann während der kommenden Wochen aufgestellt und jeden Sonntag kurz angezündet werden.

Der Brauch des Hungertuchs kann in unterschiedlichen Gemeindegruppen aufgegriffen werden. Dabei sind die bisherigen Hungertücher von Misereor eine gute Hilfe. Ebenso aber können Gruppen (auch im Miteinander von Kindern und Erwachsenen) eigene Hungertücher gestalten. Das Gespräch über die Themen der Darstellung führt meist zu Grundfragen des Glaubens und stellt somit auch eine Vorbereitung auf Ostern dar.

Wenn nicht schon während des Gottesdienstes, so können zum Thema Bund kleine Freundschaftbänder am Ende des Gottesdienstes ausgegeben werden. Oder es wird dazu aufgefordert, solche Bänder zu Hause oder mit Freunden selber zu erstellen.

Zum Thema Brücke kann die Zeichnung einer Brücke mitgegeben und zur Überlegung aufgefordert werden, welche Brücken zu Gott wichtig sind.

Zum Thema Evangelium kann dazu ermuntert werden, während der Österlichen Bußzeit in der Familie ein Evangelium (etwa das Markusevangelium dieses Lesejahres) zu lesen. Über sieben Wochen verteilt bedeutet dies nur einen Abschnitt pro Tag (etwa zwei Kapitel pro Woche).

(B 19) 2. Fastensonntag

Zu den Schrifttexten

Gen 22,1-2.9-13.15-18: *Gott stellt Abraham auf die Probe.* Der Lesungstext ist sehr verkürzt und dadurch in seiner erzählerischen Kraft verstümmelt. Wenn möglich, sollte der ganze Text (Gen 22,1-18) gelesen werden. Hinter dem biblischen Text steht eine alte, vorisraelitische Legende, die erklären will, warum an diesem Ort im Süden des Landes Tier- und nicht – wie damals in Kanaan üblich – Kinderopfer dargebracht wurden. Diese Erzählung wird mit der Abrahamsgeschichte und ihren Verheißungen verknüpft und gewinnt dadurch eine andere Aussagerichtung. Hier geht es weniger um die Frage nach Kinderopfern (für Israel sowieso kein Thema), sondern um den Glauben des Abraham, der von Gott auf die Probe gestellt wird. Diese Bewährung des Abraham im Glauben an einen ihm unbegreiflichen Gott wird in einer dramatischen Erzählung dargestellt. Doch Abraham lässt sich nicht beirren und gewinnt so die erneute Verheißung und Zusage Gottes auf reiche Nachkommenschaft und Segen. In diesem Text – ebenso wie in der ganzen Abrahamsgeschichte geht es also um das Verhältnis Gott-Mensch: Ein Gott, der vom Menschen viel fordert, der ihn dann aber auch reich belohnt. Der Mensch hat sich selbst als Gabe vor Gott zu bringen, dann findet er sein Heil.

Röm 8,31-34: *Christus Jesus tritt für uns ein.* Im wichtigen achten Kapitel des Römerbriefes schreibt Paulus eine Kurzformel christlichen Glaubens: »Gott ist für uns.« In diesem Satz konzentriert sich die ganze christliche Botschaft. Gott verdammt den schuldigen Menschen nicht, sondern er setzt alles ein, um ihm das Heil zu bringen, sogar seinen Sohn. So wird in Christus, dem »Gott-mit-uns«, die Liebe Gottes konkret erfahrbar. Er tritt für uns ein, in ihm werden wir gerecht, wird der Bund zwischen Gott und den Menschen wiederhergestellt. So kann der Christ aus dem Vertrauen und der Hoffnung auf Gott heraus leben.

Mk 9,2-10: *Die Verklärung Jesu.* Die Erzählung von der Verklärung Jesu ist kein historischer Bericht, sondern eine theologische Deutung der Gestalt Jesu, die in Art einer Zusammenfassung von Ostern her zurückblickt auf die Erfahrungen, die die Jünger mit Jesus gemacht haben. Dies geschieht hier im Zusammenhang mit der Linie des Markusevangeliums, die Person Jesu Stück für Stück zu offenbaren. So wird an dieser Stelle bereits etwas von der Herrlichkeit des Auferstandenen sichtbar. Dies gipfelt in dem deutenden Satz: »Dies ist mein geliebter Sohn.« Durch Berg, Wolke, Leuchten der Kleider, himmlische Gestalten (Mose und Elija), Stimme aus dem Himmel ... wird deutlich, dass dieser Jesus ganz zu Gott gehört. Durch die Jünger, das Hinabsteigen vom Berg und den Hinweis auf die erst in Zukunft erfolgende Auferstehung wird Jesus ganz in den Bereich der Menschen hineingenommen. Die Erzählung von der Verklärung Jesu zeichnet Jesus also als Brücke zwischen Gott und den Menschen. Der Berg macht dies symbolisch ebenso deutlich, wie er von vielen Stellen des Alten Testamentes her ein Hinweis auf Gottesoffenbarung und Begegnung mit Gott ist (in ähnlicher Weise die Wolke).

Schrifttext und Familien mit Kindern

Wenn uns auch die Abrahamsgeschichte bekannt ist, mit der Lesung dieses Sonntags haben viele wegen des Kinderopfers Schwierigkeiten. Wie kann Gott eine solche Forderung stellen? Der Text wird zur Frage nach dem Gottesbild und damit nach dem unbegreiflichen und uns fremden Gott. Der in diesem Text gezeigte Gott ist ein Gott, der viel vom Menschen verlangt, der von ihm erwartet, dass er sich ganz zur Verfügung stellt. Eine solche Haltung und ein solches Gottesbild sind heutigen Menschen fremd.

Somit hat die Verkündigung die Aufgabe, zwischen der Aussage der zweiten Lesung (»Gott ist für uns«) und diesem Gottesbild zu vermitteln. Gott bleibt der Unbegreifliche, der uns einerseits nahe ist, in Liebe in seinem Sohn zugewandt, zum anderen aber ist er rätselhaft – besonders in Situationen von Leid und Bedrängnis. Prüft Gott wirklich den Menschen durch Leid? Neutestamentlich ist darauf zu antworten, dass Gott keineswegs durch Leid den Menschen prüft oder gar bestraft, vielmehr im Leid an seiner Seite ist, mit ihm so durch das Leid hindurchgeht, wie er Jesus durch den Tod zu neuem Leben führte.

Für Kinder sind diese Gedanken zu schwierig. Ihnen kann an dieser Stelle nur vorgestellt werden, dass Menschen Gott nicht immer als den »Gott-für-uns« erfahren haben, sondern oft als rätselhaft und unbegreiflich. Dem Gottesbild vom guten Vater müssen deshalb andere Gottesbilder an die Seite gestellt werden. Die Abrahamsgeschichte kann dazu einen Beitrag leisten.

Der Gedankengang des Paulus über die Rechtfertigung des Menschen ist ebenfalls schwer verständlich – dies gilt nicht allein für Kinder. Dennoch können zwei Schlüsselsätze der zweiten Lesung zum Ausgangspunkt eines Gottesdienstes gemacht werden: »Gott ist für uns. Jesus tritt für uns ein.«Der alttestamentliche Gottesname »Jahwe – Ich bin da (für euch)« wird neutestamentlich ausgesagt und auf Jesus bezogen. Dies kann vom Leben Jesu und seines Einsatzes für die Menschen her ebenso konkretisiert werden wie von der Bedeutung, die Jesus für uns heute hat.

Diesen Gedanken kann man auch mit dem Evangelium verbinden: Jesus ist der Gott-mit-uns bedeutet, dass er wie eine Brücke zwischen Gott und den Menschen ist. Er ist Gottes Sohn, und er ist Mensch wie wir. Die Verklärung zielt damit nicht allein auf die Herrlichkeit der Auferstehung Jesu an Ostern. Sie macht ebenso unseren eigenen Weg deutlich: Jesus nimmt uns mit auf den Weg zum Vater, er bringt das Heil. Dieser Gedanke muss in Gottesdiensten deutlicher werden. Die Frage heutiger Menschen, was damals historisch geschehen ist, ist dagegen bedeutungslos – die Erzählung von der Verklärung ist ein theologischer, kein historischer Text. Dies gilt, obwohl er natürlich eine Aussage über historische Erfahrungen der Jünger mit Jesus macht.

Gestaltungsideen für den Gottesdienst

Reihe A: Die Fastenleiter. Jesusbild
Stichworte zur Verkündigung: Sowohl in der zweiten Lesung wie im Evangelium wird die Gestalt Jesu in ihrer Bedeutung für uns thematisiert. So erscheint es angebracht, auf Jesus und seine Bedeutung für uns zu sprechen zu kommen. Dabei kann vom Namen ausgegangen werden: 1. Namen haben oft eine Bedeutung. Vor allem gilt dies für Namen, die jemandem zusätzlich zu seinem Geburtsnamen gegeben wurden. Titel, Spitznamen und Namensergänzungen spiegeln oft die Erfahrungen, die Menschen mit dem Namensträger machten. 2. Der Name »Jesus« bedeutet »Gott hilft, Gott rettet«. Hier wird bereits der alttestamentliche Gottesname mit Jesus in Verbindung gebracht. 3. Zum Namen Jesus kommen als Benennung für ihn weitere Titel, die von Erfahrungen künden, die die Jünger und die Christen der ersten Gemeinden mit ihm machten: Sohn Gottes, Rabbi (vgl. Evangelium), Licht und Leben, Brot ... Diese Namen künden zusammengenommen von der Bedeutung Jesu für uns. Er bringt uns Heil und Heilung unseres Lebens.
Darstellung: Der Name Jesus und seine Bedeutung werden unter ein Jesusbild geschrieben. Auch weitere Titel und Bezeichnungen für Jesus kommen hinzu. Somit wird die Bedeutung Jesu für uns sichtbar. Das Jesusbild kann am Schluss des Gottesdienstes in die Fastenleiter gestellt (geklebt) werden.

Reihe B: Hungertuch. Verklärung (Jesus im Licht). Das zweite Hungertuchbild kann Jesus in strahlendem Licht darstellen. (Fällt das Malen von Jesus zu schwer, reicht das Licht als Symbol für Jesus aus.) Eventuell kann dieses Symbol auch mit einer Brücke verbunden werden (vgl. dazu auch B 18).
Stichworte zur Verkündigung: Jesus ist wie ein strahlendes Licht. In ihm scheint das Licht Gottes auf. Wer auf Jesus sieht, kann in ihm Gott erkennen. Bei der Verklärung wird dies an einem Punkt im Leben Jesu deutlich.

Einzelthemen:
– *Gottesbilder:* Wir können Gott mit einem guten Vater, einer liebenden Mutter, einem treuen Freund vergleichen. Zugleich aber müssen wir betonen, dass uns Gott unzugänglich bleibt, dass wir ihn nie ganz erkennen können. Er bleibt für uns wie ein Fragezeichen, wie eine dunkle Wolke, er bleibt Geheimnis. Verschiedene Bilder werden nebeneinander gestellt: das Bild eines Vaters, eines Freundes, einer Mutter, eines Hirten ... Zwischen diese Bilder wird in die Mitte ein großes Fragezeichen geklebt. Gott bleibt uns Geheimnis. Abraham hat dies erfahren und Menschen immer wieder durch alle Zeiten hindurch.
– *Der Berg:* Das Motiv des Berges wird im christlichen Bereich weniger genutzt als im jüdisch-alttestamentlichen und im asiatischen (Weltenberg). Vom Berg der Verklärung ausgehend (ebenso vom »Berg« Golgota) kann der Berg als Symbol für die Verbindung von Gott und Menschen dienen. Dazu kann ein Berg dargestellt werden, der hoch aufragt und mit dem Kreuz gezeichnet ist: Jesus ist die Verbindung zu Gott.

Weiterführung nach dem Gottesdienst

Zum Namen Jesu kann auf die Jesus-Litanei verwiesen werden (Gotteslob 765). Eventuell werden die Teile der Litanei, die Namen Jesu beinhalten, kopiert und aus dem Gottesdienst heraus mitgegeben. Die Kinder können auch dazu ermuntert werden, zu einzelnen Namen Jesu Bilder zu malen und zum nächsten Gottesdienst mitzubringen.

Zum Hungertuch vgl. die Anmerkungen in B 18.

Auch zu den Gotteserfahrungen können die Kinder Bilder malen. Zum nächsten Familiengottesdienst werden diese Bilder dann zu einer Collage zusammengestellt. Ebenso kann ein Gespräch in den Familien angeregt werden, wie man sich Gott vorstellen kann.

Zum Symbol des Berges kann ein Bild eines imposanten Berges kopiert werden. Die Kinder malen zu Hause Menschen an den Fuß des Berges, über ihn die Sonne.

(B 20) 3. Fastensonntag

Zu den Schrifttexten

Ex 20,1-17: *Die Zehn Gebote.* Die Zehn Gebote (Dekalog) sind von einer Grundfassung kurzer Sätze ausgehend durch längere Zeit erweitert und in dieser Fassung erst in nachexilischer Zeit zusammengestellt worden. So gibt der Dekalog das Ethos der Anfangszeit Israels ebenso wieder, wie er den Veränderungsprozess deutlich macht, der durch eine sich wandelnde Zeit entsteht. Entscheidend für die zehn Einzelgebote ist die Einleitung, die Überschrift über alles Folgende: das Bekenntnis zu dem Gott, der aus Ägypten befreit hat. Aus der Erfahrung der Befreiung kann Israel bereit werden, nun selber zur Befreiung der Menschen von Unterdrückung und zum Schutz des Lebens beizutragen. Aus der Erfahrung eines menschenfreundlichen Gottes kann Israel selber ein menschenfreundliches Leben gestalten. Die Einzelgebote (ein wenig anders als in Dtn 5 zusammengestellt) lassen sich in zwei Reihen zusammenfassen: das Verhalten des Menschen zu Gott und zu den Mitmenschen. Die Zählung der Gebote wird dabei unterschiedlich vorgenommen, die Zehnzahl ergibt sich als Vollkommenheitszahl. Die einzelnen Gebote können hier nicht im Einzelnen angesprochen werden. Sie sind in der Regel zu verstehen aus der kulturellen Situation Israels damals und müssen deshalb neu auf die Situation unserer Zeit hin angewandt werden.

1 Kor 1,22-25: *Wir verkündigen Christus als Gekreuzigten.* Das Streben des Menschen nach Erlösung wird für Paulus auf unterschiedliche Weise verwirklicht: Die Juden erwarten den Messias, der mit machtvollen Zeichen und Wundern seine Kraft beweist und die Welt verwandelt. Die Griechen dagegen erwarten die Erkenntnis Gottes aus eigener Einsicht und Verstandestätigkeit. Beiden Erwartungen stellt Paulus die christliche Hoffnung gegenüber: Nicht der machtvoll auftretende Messias, nicht der Mensch aus eigener Kraft und Weisheit bringt die Erlösung, sondern der ohnmächtig und gottverlassen erscheinende Herr am Kreuz. Das Kreuz ist somit der Schlüsselpunkt, die zentrale Aussage der christlichen Botschaft, das Kreuz ist die Mitte der Verkündigung. Dies stellt für Menschen aller Zeiten und Denkrichtungen eine anstößige Botschaft dar, denn das Kreuz ist Zeichen des Todes, der Gottferne, des Scheiterns, der Schwäche. Für Christen ist diese Botschaft nur deshalb erträglich, weil das Kreuz hinüberführt in die Botschaft der Auferstehung. Auf Paulus hin gedeutet bedeutet dies: Weil er den Auferstandenen persönlich erfahren und als lebendig erlebt hat, kann er die Botschaft vom Kreuz zur Grundlage seiner Verkündigung machen.

Joh 2,13-25: *Die Tempelreinigung.* Die synoptischen Evangelien setzen die Erzählung von der Tempelreinigung – historisch wahrscheinlicher – unmittelbar vor Festnahme und Kreuzigung Jesu. Johannes dagegen setzt diese Erzählung an den Anfang seines Evangeliums. So soll bereits von Beginn an die Auseinandersetzung mit den »Juden« deutlich werden, die später zu seinem Tod führt. Die Entscheidung zwischen dem Festhalten an hergebrachten Bräuchen und dem Glauben an Jesus als den Messias wird in dieser Szene deutlich. Von da aus ergeben sich verschiedene inhaltliche Schwerpunkte: 1. Jesus selber, der auferstandene Herr, ist der neue Tempel für die Glaubenden, er ersetzt den bisherigen Tempel, in ihm ist Gott erfahrbar. 2. Der bisherige Tempel mit seinem Kult und seinen Opfern ist durch Tod und Auferstehung Jesu überflüssig geworden. Das rituell-äußere Tun muss durch die innere Bindung an Christus ersetzt werden. 3. Die Menschen werden somit zur Entscheidung aufgerufen, ob sie sich an den »alten« Tempel oder an Christus binden wollen. Die Juden und die Jünger stehen repräsentativ für die beiden Möglichkeiten, es geht um Glauben oder Unglauben. Über die Zeit Jesu hinaus zielt diese Aussage in die Zeit der ersten Gemeinden – der Glaube der Christen an den Christus ist gefordert.

Schrifttext und Familien mit Kindern

Menschen unserer Zeit, selbst der Kirche und dem Glauben Fernstehende, achten den Text der Zehn Gebote als wichtigen Schlüsseltext menschlichen Ethos. Dies gilt besonders für die zweite Hälfte der Gebote, die das menschliche Zusammenleben regeln. Mit den ersten Geboten können viele nicht sehr viel anfangen (etwa »beim Namen Gottes nicht falsch schwören ...«). Die Hochschätzung der Zehn Gebote als Grundlage nicht nur jüdischen, sondern auch christlichen Lebens liegt an der Jahrhunderte alten Tradition der Glaubensvermittlung, die vor allem in den Katechismen vom Vaterunser, vom Glaubensbekenntnis und eben von den Zehn Geboten ausging.

Trotz dieser grundsätzlichen Bedeutung gibt es für die Aufnahme des Dekalogs bei heutigen Menschen Schwierigkeiten. Das liegt nicht allein an einzelnen Geboten (etwa Ehebruch oder Falschaussage), sondern vor allem an einem grundlegenden Misstrauen heutiger Menschen gegen alle Arten von Geboten und Gesetzen, die als Einschränkung des Lebens verstanden werden. Eine Behandlung der Gebote im Gottesdienst muss deshalb deutlich machen, dass sowohl der Ausgangspunkt des Dekalogs wie auch seine Einzelforderungen in eine andere Richtung gehen: Der Ausgangspunkt ist die Befreiungstat Gottes an Israel, es geht also nicht um einen Gott, der das Leben der Menschen einengt, sondern der es zu wirklichem Leben befreit und Unterdrückung beendet. Ebenso geht es bei den Einzelgeboten nicht um Einschränkung von Lebensmöglichkeiten, sondern um die Garantie, dass die durch Gott geschenkte Freiheit des Menschen für alle gilt und nicht durch andere beeinträchtigt wird. Die Gebote sind damit, richtig verstanden, Wegweiser zu gelingendem Leben, Hilfen zur Befreiung des Menschen. Diese positive Ausrichtung der Gebote muss deutlich werden.

In der neutestamentlichen Lesung steht die Botschaft vom Kreuz und vom Gekreuzigten im Vordergrund. Christen bekennen sich zu Christus als Gekreuzigtem und Auferstandenem. Sie machen das Zeichen des Kreuzes über sich, um so ihre Verbundenheit mit Jesus, dem gekreuzigten Herrn, zu bekunden. Sie hängen Kreuze in Kirchen und Wohnungen, bauen Wegkreuze und tragen Schmuckkreuze um den Hals. Die Korintherbrief-Lesung kann zum Anlass genommen werden, den unreflektierten Gebrauch von Kreuzen zu hinterfragen und die Bedeutung des Kreuzes neu bewusst zu machen.

Das Evangelium von der Tempelreinigung ist uns sehr fremd. Zum Tempel und seinem Kult haben wir keinen Zugang mehr, erst recht können sich Kinder darunter nichts mehr vorstellen. Dennoch bleibt die grundsätzliche Kritik Jesu an äußerem religiösen Tun auch für Christen heute aktuell. Kirchengebäude, Gottesdienste und Riten sind Hilfen für den Glauben der Gemeinschaft und des Einzelnen, sie sind aber kein Selbstzweck. Deshalb müssen sie auch immer wieder hinterfragt und erneuert werden. Die Bindung an Christus, den »neuen Tempel«, ist für jeden Glaubenden ausschlaggebend. Er ist der Wohnort Gottes, in ihm ist Gott erfahrbar. Entscheidend für den Glauben ist also die innere Bindung an ihn, nicht äußeres Tun, die Gemeinschaft mit ihm, nicht Riten und Bräuche.

Gestaltungsideen für den Gottesdienst

Reihe A: Die Fastenleiter. Kompass (oder auch Wegweiser)
Stichworte zur Verkündigung: Als Ausgangspunkt des Gottesdienstes wird die alttestamentliche Lesung gewählt. Die Zehn Gebote werden als Hilfen zu einem gelingenden Leben gedeutet, als Orientierungshilfe für den glaubenden Menschen. Dies kann in folgenden Schritten geschehen: 1. Inmitten eines bunten und vielfältigen Lebens, das sich oft als »Urwald« von Ereignissen, Beziehungen, Konflikten und Problemen darstellt, brauchen wir Orientierung und Wegweisung. 2. Gott lässt uns in solchen Situationen nicht allein, er gibt uns Hilfe und Wegweisung. 3. Viele solcher Wegweisungen finden wir in den

Schriften der Bibel. 4. Eine für Menschen aller Zeiten herausragende Wegweisung stellen die Zehn Weisungen dar. Sie gelten seit alter Zeit als grundlegender Text jüdisch-christlichen Glaubens.
Darstellung: Ein möglichst großer Kompass wird gezeigt und erläutert, wozu er dient. Danach wird die Bibel dem Kompass gegenübergestellt: Die Bibel ist wie ein von Gott geschenkter Kompass für unser Leben. Statt des Kompasses kann auch ein Wegweiser gewählt werden. Vielleicht nimmt man einen Stab (Besenstil) und befestigt daran ein gelbes Schild (aus Tonpapier), auf dem auf der einen Seite steht »Du sollst Gott lieben«, auf der anderen »Du sollst deinen Nächsten lieben«. Im Gespräch kann deutlich werden, dass dieses von Jesus betonte Doppelgebot sich aus den Weisungen des Alten Testamentes ergibt. Ebenso können aber auch die einzelnen Gebote auf zehn Schilder geschrieben werden, die an einem großen Stab befestigt sind.

Reihe B: Hungertuch. Berg Sinai (und Mose mit Gesetzestafeln). Das dritte Hungertuchbild kann die Situation der Gesetzgebung am Sinai aufzeigen. Gott erscheint dem Mose auf dem Berg und übergibt ihm – in welcher konkreten Form auch immer (in der alttestamentlichen Erzählung sind es Steintafeln) – die Gebote, die die Beziehung des Volkes zu Gott und untereinander regeln sollen. Als Bild kann ein Berg und Mose darauf (vielleicht mit ausgestreckten Armen und offenen Händen als Haltung des Empfangens), unten am Berg das Volk mit Zelten ..., gezeichnet werden.

Einzelthemen:

– *Das Kreuz als Zeichen Jesu und der Christen:* Das Bekenntnis des Paulus zum Gekreuzigten ist auch unser Bekenntnis: Wir gehören zum Herrn und drücken dies durch unsere Kreuze und durch das Kreuzzeichen aus. Die Bedeutung des Kreuzes kann im Gottesdienst aufgeschlüsselt werden. Verschiedene Kreuze können gezeigt, ihre jeweiligen Besonderheiten erläutert werden. Das Kreuzzeichen wird als kleines Glaubensbekenntnis mit Wort und Handlung vorgestellt.

– *Jesus als Wohnort Gottes:* Wo wohnt Gott? In der Kirche – oder damals im Tempel? Oder wie viele es heute sagen, im Wald oder in der Natur? Oder wo sonst? Im Evangelium wird deutlich, dass Jesus Gottes Tempel ist, dass wir auf Jesus schauen müssen, wenn wir etwas von Gott erfahren wollen.

Weiterführung nach dem Gottesdienst

Zu den Zehn Geboten kann ein Wegweiser gedruckt werden, in den die Gebote eingetragen sind. Ebenso ist die Zeichnung eines Kompasses möglich. Die Kompassnadel richtet sich auf den Satz des Doppelgebotes aus: »Du sollst Gott und den Nächsten lieben.«In Familien und Gemeindegruppen kann ein Gespräch über die Zehn Gebote in unserer Zeit angeregt werden.

Zu dieser Weiterführung passt auch das dritte Hungertuchbild.

Zum Thema Kreuz kann angeregt werden, aus einfachen Materialien ein Kreuz zu gestalten. Ebenso kann man bei einem Sonntagsspaziergang erkunden, wo im Wohnort überall Kreuze sind und welche Bedeutung und Geschichte sie haben.

Wie der Tempel damals sind Kirchen heute nicht einfach Wohnort Gottes, sondern in ihnen treffen sich die Glaubenden und helfen sich durch Gottesdienste und Riten gegenseitig, Gott in Jesus zu erkennen.

(B 21) 4. Fastensonntag

Zu den Schrifttexten

2 Chr 36,14-16.19-23: *Gott lässt sich in Jerusalem ein Haus bauen.* Die Bücher der Chronik schreiben in der Spätzeit des Volkes die Geschichte Israels neu. Neben vielen Zitaten aus anderen alttestamentlichen Büchern ist die Gesamtsicht der Chronik wichtig. Es geht weniger um genaue historische Daten (wie der Name des Buches vermuten lässt), sondern um eine theologische Sicht, die aus einer erneuten Lektüre der alten Texte auf dem Hintergrund neuer Geschichtserfahrungen erwächst. So zeichnet der Verfasser (oder: die Verfasser) die Geschichte des Volkes als eine Abfolge von Bund Gottes, von Treuebruch, von Strafe, die sich daraus ergibt, vor allem aber von Gottes Bereitschaft zu einem Neubeginn, von seiner unverbrüchlichen Treue zu Israel. Dies wird im vorliegenden Text auf die Exilszeit und den nachfolgenden Neubeginn in Jerusalem ausgesagt. Die Untreue Israels bewirkt den Untergang Jerusalems, des Tempels, ja des Volkes in seinem innersten Kern. Doch Gott schafft einen neuen Anfang, er wirkt in der Geschichte der Völker. So kann der Rest des Volkes nach Jerusalem zurückkehren und den Tempel neu bauen.

Eph 2,4-10: *In der Gnade Gottes gute Werke tun.* Der von einem Schüler des Paulus geschriebene Epheserbrief richtet sich an Heidenchristen der kleinasiatischen Stadt Ephesus. In der Perikope dieses Sonntags klingt die Wende an, die diese Menschen durch die Taufe vollzogen haben: Aus dem Heidentum (»die wir durch unsere Sünden tot waren«) kommen sie zum Heil, sie werden in eine neue Wirklichkeit eingegliedert (»einen Platz im Himmel gegeben«). Diese Wende geschieht allein durch das Handeln Gottes, durch seine Gnade, durch seine barmherzige Zuwendung zum Menschen. Allerdings soll der Mensch auf dieses Entgegenkommen Gottes eine angemessene Antwort geben: gläubiges Vertrauen auf den Herrn und ein Leben voll guter Werke. Gottes vorausgehende Gnade und der Glaube der Menschen bewirken zusammen das Heil.

Joh 3,14-21: *Das Licht kam in die Welt.* Noch ziemlich am Anfang des Johannesevangeliums steht innerhalb des Gespräches Jesu mit Nikodemus der Abschnitt unserer Perikope, der gleichsam eine Zusammenfassung der Frohen Botschaft darstellt: Gott liebt die Menschen so sehr, dass er alles für sie zu tun bereit ist. Aus liebender Zuwendung sendet er sogar seinen Sohn. Der «Menschensohn« stellt somit eine Brücke zwischen Gott und den Menschen dar, er erniedrigt sich aus der Herrlichkeit Gottes, um die Menschen zu retten. Doch Gott erhöht seinen Christus (alttestamentlicher Typus für Erhöhung: die an einem Stab erhöhte eherne Schlange, vgl. Num 21,8f). Dieses Geschehen fordert die Menschen zur Entscheidung auf, ihre Antwort auf Gottes Zuwendung sollte der Glaube und damit die Hineinnahme in das Licht Gottes sein. Doch – für Johannes unverständlicherweise – gibt es in der Welt Unglauben, Menschen verharren in der Finsternis, verweigern sich der ihnen entgegenkommenden Liebe Gottes. Dieser Kontrast zwischen Glaube und Unglaube, zwischen Licht und Dunkelheit, zwischen Heil und Unheil durchzieht das ganze Johannesevangelium (vgl. dazu auch den Prolog am Anfang des Evangeliums).

Schrifttext und Familien mit Kindern

Für den Einsatz in heutigen Gottesdiensten – und dies gilt nicht allein für Familiengottesdienste – bringen die drei Perikopen erhebliche Schwierigkeiten mit sich. Die Geschichtsdeutung der Chronik ist uns mehr als fremd, der Tun-Ergehenszusammenhang von Abfall des Volkes, Strafe und Neubeginn stößt bei uns auf Widerstand. Mit den erzählten geschichtlichen Daten von Exil und Rückkehr verbinden wir zudem wenig, was also soll dieser Text in heutiger Zeit?

Sowohl die neutestamentliche Lesung wie auch der Evangelientext sind so mit theologischen Begriffen und Zusammenhängen gefüllt, dass wir durch diese Überfrachtung kaum die für uns wichtigen Kerngedanken heraushören können. Ein einmaliges Hören solcher Texte im Gottesdienst kann nicht zu einem ausreichenden Verständnis führen. Für die Auslegung in Predigt oder Katechese ergibt sich so eine schwierige Aufgabe. Wo also sind Ansatzpunkte dazu?

Alle drei Texte durchzieht ein gemeinsamer Gedanke, die Liebe Gottes, sein den Menschen zugewandtes Erbarmen, das ihn bewegt, immer wieder in die Geschichte einzugreifen und einen neuen Anfang des Heils zu bewirken. Gott also lässt den Menschen nicht allein, er bemüht sich immer wieder neu um ihn, ja, er setzt in Jesus alles zur Rettung des Menschen ein. Diese Zuwendung Gottes ist das Erste, sein Wort an uns. Diesem Wort soll dann eine angemessene Antwort des Menschen entsprechen, nicht die Selbstrettung aus eigener Kraft, sondern das gläubige Vertrauen auf Gott, das Sich-Öffnen auf Gott und seinen Christus hin. Die Folge Wort-Antwort, Gnade-Glaube, Heilsangebot-Rettung stellt eine Bewegung dar, die die Texte miteinander verbindet und die auch für Gottesdienste fruchtbar gemacht werden kann.

Zudem lassen sich vom Evangelium her zwei Einzelthemen zuordnen, die in Zusammenhang mit diesem Grundgedanken stehen, aber auch einzeln erarbeitet werden können. Zum einen ist dies das Kreuz, das nicht allein als Erniedrigung Jesu, sondern ebenso aus der Erfahrung seiner Auferstehung als Erhöhung gedeutet wird. Zum anderen ist dies der in vielen Perikopen und häufig auch im Kirchenjahr dargestellte Gegensatz Dunkelheit – Licht.

Gestaltungsideen für den Gottesdienst

Reihe A: Die Fastenleiter. Licht
Stichworte zur Verkündigung: Aus den vielen und teilweise für Kinder zu schwierigen theologischen Begriffen des Evangeliums wird der Kontrast Dunkelheit – Licht ausgewählt und gestalterisch umgesetzt. Auch wenn dieses Symbol häufig eingesetzt wird, so scheint es uns aus dem Zusammenhang der Gedanken günstig, um die Grundlinie der drei Schrifttexte zu betonen. Gott will uns durch Jesus, seinen Sohn, aus der Dunkelheit zum Licht führen. Beide Begriffe können von den Kindern im Gespräch gedeutet werden: Dunkelheit steht für Angst, Leid, Streit, Tod ..., Licht dagegen für Freude, Glück, Hoffnung und Leben.
Darstellung: Entsprechend diesen Deutungen können kleine Spiele den Kontrast von Dunkelheit und Licht aufzeigen. Ebenso möglich ist ein pantomimisches Spiel, bei dem einigen Spielern in Dunkelheit (vielleicht unter einer als Höhle gestalteten Decke) von einem anderen Licht gebracht wird. Dies kann dann auf Jesus hin gedeutet werden: Jesus kommt von Gott zu uns, um uns Licht zu bringen. Auf die Fastenleiter wird eine Kerze gestellt beziehungsweise als Lichtsymbol eine aus Tonpapier geschnittene Kerze geklebt.

Reihe B: Hungertuch. Kreuz und Licht
Stichworte zur Verkündigung: Aus dem Johannestext wird das Motiv von der Erhöhung (am Kreuz) mit dem Symbol des Lichtes verbunden. So wird theologisch darauf verwiesen, dass im Kreuz das Heil zu uns gekommen ist. Kreuz und Erlösung (dargestellt als Licht) gehören zusammen.
Darstellung: Als Bild des Hungertuches kann ein Kreuz gemalt werden, das von einem Lichtkranz umgeben ist. Eine andere Möglichkeit ist, auf dunklem Hintergrund ein helles, strahlendes Kreuz zu malen. Eine solche Darstellung steht gegen unsere Sehtradition, das Kreuz schwarz oder dunkel zu gestalten, und macht deshalb auf seine Bedeutung neu aufmerksam.

Einzelthemen:
– *Erniedrigung und Erhöhung:* Jesus kommt aus Gottes Herrlichkeit zu uns, um uns zu Gott zu erhöhen. Dieser Weg der Rettung kann auf einer Bildfolge (verschiedene Bilder nebeneinandergeklebt oder auf Tageslichtfolie entwickeln) dargestellt werden. 1. Bild: Gott (symbolisch als Licht, Hand ...) dargestellt und Menschen getrennt. 2. Bild: Gott wendet sich den Menschen zu: Licht fällt auf die Menschen, Hand streckt sich den Menschen entgegen ... 3. Bild: Das Kreuz verbindet Gott und die Menschen.
– *Licht in dunkler Nacht:* Das Symbol des Lichtes wird genutzt, um Elemente der Osternachtsfeier zu deuten und den Kindern nahe zu bringen. Feuer und Kerze spenden uns Leben, Wärme, Geborgenheit, Freude und Hoffnung.

Weiterführung nach dem Gottesdienst

Um das Thema Licht mit dem Alltag der Kinder in Verbindung zu bringen, kann man ihnen am Ende des Gottesdienstes ein kleines Teelicht geben mit der Bitte, dieses zu einem anderen Menschen zu bringen, der »Licht in der Dunkelheit seines Lebens« braucht. So können wir das Licht Jesu weitertragen zu Menschen in unserer Umgebung.

Passend zum vierten Hungertuchbild können die Kinder zu Hause eigene Bilder mit Kreuz und Licht gestalten. Vielleicht können diese Bilder in die Gestaltung der Karwoche einfließen oder im Pfarrheim oder einem anderen passenden Ort ausgestellt werden.

Ebenso können die Kinder ermuntert werden, kleine Kreuze aus verschiedenen Materialien zu gestalten (Ton oder andere Modelliermasse, Holz, Pappe ...). Diese Kreuze können zu einem Gottesdienst der Karwoche mitgebracht werden.

(B 22) 5. Fastensonntag

Zu den Schrifttexten

Jer 31,31-34: *Ich schließe mit dem Haus Israel einen neuen Bund.* Der Prophet Jeremia spricht seinem Volk Trost und Hoffnung zu. Auch in der bedrängnisvollen Situation der Vertreibung und des Exils braucht Israel die Hoffnung nicht aufzugeben, weil es auf Gottes Treue und Barmherzigkeit vertrauen darf. Diese Zuwendung Gottes manifestiert sich in einem »neuen Bund«, den Gott mit seinem Volk schließen will. Es ist nicht ein Bundesschluss zwischen gleichberechtigten Partnern. Vielmehr beruht dieser Bund auf Gottes Gnade und Liebe. Dieser neue Bund bewirkt zweierlei: Zum einen ist er »in das Herz der Menschen eingeschrieben«, sie können den Bund nun aus ihrem innersten Wesen heraus erfüllen. Gott verändert sie also und ermöglicht so eine Lebensordnung, die seinem Willen entspricht. Zum anderen bindet dieser Bund jeden Einzelnen im Gesamt des Volkes unmittelbar an Gott, Mittler wie Lehrer, Propheten und Priester sind dann nicht mehr nötig. Der Mensch gewinnt eine unmittelbare Beziehung zu Gott. Der neue Bund bewirkt also eine neue Lebenswirklichkeit für Gottes Volk. Christen lesen diesen Text im Blick auf Jesus und bekennen, dass in ihm die Verheißung des Propheten in Erfüllung geht.

Hebr 5,7-9: *Christus ist Urheber des ewigen Heils geworden.* Der Verfasser des Hebräerbriefes versucht seiner Gemeinde in einer Zeit der Anfechtung und des Glaubenszweifels zu helfen. Der neu aufbrechende Glaube des Anfangs hat Zweifeln Platz gemacht, das Vertrauen auf eine rasche Veränderung der Welt, auf deutlich erfahrbare Erlösung und Heilung des Menschen ist gebrochen. Wo bleibt die Rettung, wie lange ist noch zu warten? In dieser Situation macht der Hebräerbrief darauf aufmerksam, dass auch Jesus durch Leiden, Not und Zweifel hindurchgehen musste, bevor er zur Erhöhung durch Gott gelangte. Weil Jesus trotzdem in glaubendem Gehorsam seinen Weg ging, deshalb wurde er gerettet. So wird Jesus zum Modell des Glaubenden: Wer sich in vergleichbarem Glaubensgehorsam an ihn bindet, der gewinnt das Leben, für den gehen die Verheißungen des Heils in Erfüllung.

Joh 12,20-33: *Wenn das Weizenkorn nicht in die Erde fällt.* Mit dieser Perikope endet das öffentliche Wirken Jesu in der Darstellung des Johannes und damit der erste Hauptteil dieses Evangeliums. So ist es verständlich, dass Johannes hier die Kernaussage seines Evangeliums ausdrückt: Dieser Jesus ist der von Gott gesandte Retter, der am Kreuz von Gott erhöht wird. Kreuz und Verherrlichung, Tod und Leben, Ende und Neubeginn gehören zusammen, das Bildwort vom Weizenkorn lässt dies erkennen. Der Text ist aus verschiedenen Stücken zusammengesetzt. Im einleitenden Teil geht es um die Frage des Zugangs zu Jesus. Für die Heiden (Griechen) gibt es einen Zugang zu Jesus nur über die Apostel – hier spiegelt sich die Situation der urchristlichen Gemeinden wieder. Diese Aussage wird von Johannes weiter vertieft: Der Zugang zu Jesus erfolgt tiefer noch in der Kreuzesnachfolge. Allein der Weg Jesu zum Kreuz führt auch zur Verherrlichung, zur Erhöhung, zur Auferstehung. Wer sein Heil erlangen will, kann es nur dadurch erreichen, dass er den gleichen Weg geht. Der letzte Abschnitt der Perikope verknüpft den ersten Hauptteil des Evangeliums mit der folgenden Leidensgeschichte: Am und im Kreuz offenbart sich die Herrlichkeit Gottes.

Schrifttext und Familien mit Kindern

Der alttestamentliche Schrifttext benutzt zwei Bildworte, die in Familiengottesdiensten einen Einstieg in ein Thema bilden können: der »neue Bund« und »ins Herz geschrieben«. Mit einem anderen Menschen verbunden sein in Freundschaft und Liebe zählt zur Sehnsucht eines jeden Menschen. Je intensiver und treuer ein solches Band menschlicher Verbundenheit ist, um so mehr schätzen wir es. Von diesem Ansatz her kann dann der Bund Gottes mit den Menschen gedeutet werden: Gott wendet sich dem Menschen in Treue und Liebe zu, er schließt einen unbedingten Bund der Freundschaft. Am Menschen liegt es nun, diesem Bund zuzustimmen.

Das Herz des Menschen wird im übertragenen Sinn gedeutet als die Personmitte. Dies galt für Israel damals, dies gilt auch für unser Sprechen heute. Das Herz meint also das Innerste und Tiefste im Menschen. Wenn man sein Herz verschenkt, dann verschenkt man sich selber ganz und gar. Wenn Gott nach dem Prophetenspruch des Jeremia sein Gesetz (besser: seine Lebensordnung und -weisung) dem Menschen ins Herz schreibt, dann erfüllt er den Menschen von innen heraus, er bindet sich zutiefst an den Menschen und macht es dem Menschen umgekehrt möglich, sich auch an Gott zu binden.

In der Perikope des Hebräerbriefes sehen wir keinen Ansatzpunkt für eine Behandlung im Familiengottesdienst – Thema und Sprachgestalt sind zu schwierig.

Dagegen bietet das Evangelium mehrere Ansätze: Zum einen ist es das Stichwort »Jesus sehen«. Ein weiterer Punkt ist das Bildwort vom Weizenkorn, an dem die zentrale Botschaft der Evangelien (Tod und Auferstehung Jesu) festgemacht und damit bereits auf die bevorstehende Feier der Heiligen Woche geblickt werden kann. Mit diesem Punkt hängt ein dritter zusammen: Jesus wird von der Erde erhöht. Dies ist zum einen eine Anspielung auf die Kreuzigung, darüber hinaus aber ein Bekenntnis zur Verherrlichung, die Gott seinem Christus in der Auferweckung schenkt.

Gestaltungsideen für den Gottesdienst

Reihe A: Die Fastenleiter. Weizenkorn/Ähre
Stichworte zur Verkündigung: Das Bild des Weizenkorns, das sterben muss, damit neues, vielfältiges Leben entstehen kann, wird zur Deutung des Lebensweges Jesu in doppelter Weise genutzt. Jesus gab am Kreuz sein Leben, damit die Menschen neu mit Gott verbunden sind. Zugleich deutet das Bildwort Tod und Auferstehung, Sterben und Leben Jesu.
Darstellung: Das Bildwort eignet sich gut für ein pantomimisches Spiel: Ein oder auch mehrere Kinder werden von einem Bauern auf die »Erde geworfen«. Sie machen sich ganz klein, vielleicht wird sogar eine dunkle Decke über sie gelegt. Danach richten sie sich langsam auf, erblühen zu neuem Leben. Eine passende leise Musik dabei ist hilfreich. Eventuell kann sich ein Tanz der Weizenähren im lebendigen Wind anschließen, zu dem dann auch andere Kinder geladen werden. So wird das Fruchtbringen und sich Vermehren sichtbar. Auf die Fastenleiter werden Kornähren gelegt oder ein entsprechendes Bild geklebt.

Reihe B: Hungertuch. Weizenkorn/Ähre
Stichworte zur Verkündigung: Vgl. die Anregungen zur Reihe A
Darstellung: Es kann eine einzelne Ähre gemalt werden oder auch ein Bündel oder ein ganzes Feld. Auch ist es möglich, mehrere Bilder zu einem Bild zusammenzufassen: Weizenkörner – Aussaat – Wachsen – Reifen – Ernte ...

Einzelthemen:

– *Ein neuer Bund:* (Vgl. auch B 18.) Möglich ist ein Tanz mit bunten Tüchern. Zu Beginn tanzen alle einzeln. Danach kommen sich die Tänzer näher, fassen die Tücher der anderen und werden so aneinander »gebunden«. Es ist sinnvoll, wenn sich so ein Kreis um den Altar ergibt. Wo kein Tanz möglich ist, können die Tücher auch an die Gottesdienstbesucher in den Bänken ausgegeben werden. Zu einer passenden Musik verknoten (vernetzen) alle ihre Tücher, ein größeres Tuch stellt eine Verbindung zum Altar her: Durch den Bund Gottes sind wir auch untereinander verbunden.

– *Ins Herz geschrieben:* In ein großes rotes Herz wird das »Gesetz Gottes« geschrieben. Dies kann ein wichtiger Satz der Bibel sein, etwa das Doppelgebot der Gottes- und Nächstenliebe.

– *Von der Erde erhöht:* (Vgl. B 21.) Ebenso ist es möglich, ein besonderes Kreuz in der Kirche zu betrachten und dieses Kreuz mit Blumen und Grün zu schmücken. Damit kann man vor allem dort den Palmsonntagsritus vorwegnehmen, wo am Palmsonntag kein eigener Familiengottesdienst stattfinden kann.

Weiterführung nach dem Gottesdienst

Zu beiden Reihen können Ähren ausgegeben werden. Wo keine Ähren über einen Bauern besorgt werden können, können jedem Gottesdienstbesucher einige Körner (Bezug über Reformhaus) ausgegeben werden. Eventuell können es Saatkörner sein, die die Kinder zu Hause einpflanzen können. So wird ihnen das Wachsen und Reifen konkret sichtbar.

Zum Thema Bund können kleine Freundschaftsbänder oder auch Wollfäden ausgegeben werden. Die Kinder können in ihren Familien bedenken, mit wem sie so eng verbunden sind, dass sie ihm ein Band der Freundschaft schenken können.

Zum Thema Herz können aus rotem Tonpapier geschnittene Herzen ausgegeben werden. Die Kinder sollen zusammen mit ihren Familien selber darauf schreiben, was ihnen in ihrem »Herzen« wichtig ist.

Es ist auch möglich, dass auf dem roten Herz bereits ein Kreuz eingezeichnet ist: Jesus soll dir ins Herz geschrieben sein.

Segenswunsch am Misereor-Sonntag

Nicht dass dir jedes Leid erspart bleibt,
jede schwere Stunde,
jede Mühsal und Sorge,
wünsch ich dir.

Nicht dass dir alles in den Schoß fällt,
ohne Anstrengung,
ohne Bangen und Hoffen,
wünsch ich dir.

Vielmehr wünsch ich dir,
dass du offen bleibst
für Menschen um dich herum,
für ihr Glück und ihr Leid.

Vielmehr wünsch ich dir,
dass du frei bleibst
für neue Menschen,
für ihre Freude und ihre Sorge.

Vielmehr wünsch ich dir,
dass du gütig bleibst
für die Armen überall,
dein Brot mit ihnen teilen kannst.

Ich wünsche dir,
dass du so Segen erfährst
vom guten Gott
und selber Segen bist für andere.

(B 23) Palmsonntag

Zu den Schrifttexten

Mk 11,1-10: *Gepriesen sei das Reich unseres Vaters David.* (Vgl. auch im Band zum Lesejahr C.) In der Darstellung des Markus zeigt sich erst am Kreuz die Herrlichkeit Jesu, des Sohnes Gottes. Dennoch wird bereits zeichenhaft beim Einzug in Jerusalem auf die Messianität Jesu hingewiesen. Das Reittier ist ein Eselsfohlen, das – entsprechend dem Propheten Sacharja – der messianische Friedenskönig für den Einzug in seine Stadt nutzt und das damit den Beginn der Endzeit symbolisiert. Dieser symbolträchtige Einzug provoziert die Reaktionen der Menschen am Weg. Sie erkennen Jesus als den Messias und preisen ihn als den Gottgesandten, der das messianische Reich (»Reich unseres Vaters David«) errichten wird. Trotz dieser Begrüßung ist der Einzug in Jerusalem kein Triumphzug, sondern Weg zum Kreuz.

Jes 50,4-7 und ***Phil 2,6-11:*** Vgl. im Band zum Lesejahr C.

Mk 14,1-15,47: *Das Leiden unseres Herrn Jesus Christus.* Markus zeichnet Jesus in der Leidensgeschichte als den unschuldig Verfolgten, als den Gerechten, der freiwillig das Kreuz auf sich nimmt, um sich ganz für die Menschen hinzugeben (vgl. die vier Gottesknechtlieder des Jesaja). Dabei erscheint das Kreuz als Paradox. Auf der einen Seite stellt es einen Anstoß dar, seine Brutalität wird nicht verringert (vgl. dagegen bei Johannes, C 25). Auf der anderen Seite zeigt sich erst am Kreuz die Herrlichkeit und Messianität Jesu in voller Weise. Dies mündet ein in das Bekenntnis des römischen Hauptmanns: »Wahrhaftig, dieser Mensch war Gottes Sohn.«

Schrifttext und Familien mit Kindern

(vgl. im Band zum Lesejahr C)

Gestaltungsideen für den Gottesdienst

In vielen Gemeinden findet kein eigener Gottesdienst für Familien mit Kindern am Palmsonntag statt. Dennoch kann man versuchen, in den Gemeindegottesdienst einige Elemente zu integrieren, die Kinder aktiv beteiligen (etwa Prozession, Fürbitten, Gabenbereitung ...). Auch sollte bei der Auswahl der Lieder und Texte auf Kinder Rücksicht genommen werden. Wenn viele Kinder anwesend sind, ist es ratsam, die Kurzfassung oder eine eigene Auswahl aus der Langfassung zu lesen.

Manche Gemeinden gestalten die Gottesdienste der Heiligen Woche mit einem Symbol (vgl. dazu Hermann-Josef Frisch, Deine Auferstehung preisen wir. Heilige Woche mit Symbolen feiern, Mainz 1995). Für jedes Lesejahr verweisen wir in dieser Reihe auf eines dieser Symbole:

Lesejahr A: Licht
Lesejahr B: Stein
Lesejahr C: Kreuz

Reihe Stein: Nach der Palmweihe, die ein wenig von der Kirche entfernt stattfindet, folgt die Prozession zur Kirche. Auf dem Prozessionsweg sind an mehreren Stellen Steine »in den Weg gelegt«. Dies wird mit einer Besinnung verbunden, was heute Steine auf dem Weg unseres Lebens sind und wie diese beiseite geräumt werden können. Die Kinder räumen die Steine weg, der Weg geht weiter. Danach kann jeder einen kleinen Stein (Kieselstein ...) erhalten mit der Bitte zu überlegen, was in seinem Leben »versteinert« ist.

Königskrone – Dornenkrone: Als Symbol für den Einzug Jesu in Jerusalem wird eine Königskrone (aus auf Pappe aufgeklebtem Goldpapier) gewählt: Menschen jubeln Jesus als König und Retter zu. Dem wird eine aus Dornenzweigen geflochtene Krone gegenübergestellt und damit auf das Leiden und Sterben Jesu verwiesen. Beides gehört in der Heiligen Woche zusammen.

Weiterführung nach dem Gottesdienst

Der Brauch, aus dem Palmsonntagsgottesdienst geweihte Palm- (Buchsbaum-) zweige mit nach Hause zu nehmen und dort hinter die Kreuze zu stecken, muss den Kindern erläutert werden. Dieser Brauch stellt ein Zeichen der Verehrung von Christus dar, ihn bekennen wir damit nicht allein als gekreuzigten, sondern als lebenden Herrn.

Für den weiteren Ablauf der Gestaltung der Heiligen Woche mit dem Symbol des Steins können allen Besuchern kleine Steine mitgegeben werden, die dann am Karfreitag wieder mit zur Kirche gebracht werden: Wir besinnen uns darauf, was in unserem Leben wie ein Stein ist. Zum Thema Krone kann ein Dornzweig mitgegeben werden.

(B 24) Gründonnerstag

Zu den Schrifttexten
Schrifttext und Familien mit Kindern
(vgl. im Band zum Lesejahr C)

Gestaltungsideen für den Gottesdienst

In der Regel halten wir es für sinnvoll, am Gründonnerstag nur *eine* Eucharistie der Gemeinde zu feiern, an der alle Altersgruppen teilnehmen und so die Einheit der Gemeinde betonen. Allerdings muss diese Feier dann so ausgerichtet sein, dass sich alle Altersgruppen, also auch Kinder, darin wiederfinden und entsprechend ihren Fähigkeiten mittun können.

Reihe Stein: Ausgehend vom Stichwort Gemeinschaft und dem Bild des ersten Petrusbriefes (1 Petr 2,3-10) wird als Thema formuliert: »Lasst euch als lebendige Steine zu einem geistigen Haus aufbauen.« Die von Jesus gewirkte Gemeinschaft soll in der Gemeinde sichtbar werden. Dazu liegt ein größerer Stein (etwa Kalksandstein) bereit, auf den ein Christuszeichen (Kreuz, Chi-Rho ...) gemalt ist. Dieser Stein, Christus, ist der Grundstein. Weitere Steine sind mit den Namen der Kinder oder mit Namen von Gemeindegruppen und Diensten in der Gemeinde bezeichnet. Diese Steine werden nun durch die Kinder über den Christusstein zu einem Bauwerk aufgebaut. Jeder, der zur Gemeinschaft der Christen gehört, ist ein lebendiger Stein, der zum Bau der Kirche beiträgt. Dies gilt für die Erwachsenen, aber ebenso bereits für die Kinder. Auch sie können am Bau der Gemeinde mitwirken. Dazu sollten Beispiele genannt werden, wo Kinder in der Gemeinde mittun können und wo sie mit ihrer Lebensart wichtig sind.

Gemeinsam um einen Tisch: Die Eucharistiefeier stellt eine Tischgemeinschaft dar: Menschen versammeln sich um einen Tisch, teilen miteinander Brot und Wein und finden so zur Gemeinschaft mit dem »Hausherrn« Jesus und untereinander. Was Jesus damals mit seinen Jüngern feierte, das feiern wir heute. Der Altartisch steht in diesem Gottesdienst im Mittelpunkt, seine Bedeutung wird erschlossen. Dies kann durch Verweise sowohl auf die alttestamentliche Lesung (Paschamahl) wie auf die Einsetzungsberichte (neutestamentliche Lesung oder ein Einsetzungsbericht eines synoptischen Evangeliums) geschehen. Danach ist es sinnvoll, dass die Kinder den Altartisch festlich decken (nicht nur die Gaben bringen, sondern ebenso Altartuch, Blumen, Kerzen ...) und sich danach rund um den Altar stellen.

Weiterführung nach dem Gottesdienst
(vgl. im Band zum Lesejahr C)

(B 25) Karfreitag

Zu den Schrifttexten
Schrifttext und Familien mit Kindern
(vgl. im Band zum Lesejahr C)

Gestaltungsideen für den Gottesdienst

Reihe Stein: Steine können als positives Symbol genutzt werden zum Aufbau eines Hauses ... (vgl. Gründonnerstag und Osternacht). Steine können aber auch negativ gesehen werden: Steine, die uns in den Weg gelegt werden, Steine, mit denen geworfen wird, Steine, über die wir stolpern, Steine des Anstoßes ... In diesem Sinn wird das Symbol Stein im Karfreitagsgottesdienst verwendet. Alle Besucher haben bereits am Palmsonntag (oder jetzt am Eingang) einen kleinen Stein (etwa Kieselstein) erhalten mit der Bitte zu überlegen, was Steine auf ihrem Lebensweg sind, was in ihrem Leben versteinert ist. Zudem liegen für die verschiedenen Stationen der Leidensgeschichte noch große Steine (etwa Pflastersteine) bereit. Nach jedem Teil der Leidensgeschichte folgt eine Besinnung darauf, was in heutigem Leben versteinert ist, wo wir andere mit den »Steinen« unseres Vorurteils, unserer Missachtung, unserer Härte ... belasten. Danach bringen Kinder oder Messdiener jeweils ein oder zwei der großen Steine und legen sie auf den Altar. Zur Kreuzverehrung kommen alle mit ihren Steinen nach vorn und legen sie neben das Kreuz. Wir können unsere Last, unsere Schuld und Not beim Kreuz Jesu abladen, er trägt unser Leid und unsere Schuld.

Karfreitag – Leben erstirbt: Am Eingang der Kirche erhalten alle als Symbol für Sterben und Tod einen vertrockneten Zweig oder eine vertrocknete Blume: Leben geht zu Ende, überall gibt es Tod. Mitten in unserem Leben erleben wir die vielen kleinen »Tode« von Abschied, Enttäuschung, Not und Elend ... Zur Kreuzverehrung werden diese trockenen Zweige rund um das Kreuz Jesu gelegt. Hieran kann dann die Gestaltung einer Osternachtsfeier anknüpfen: Die trockenen Zweige werden im Osterfeuer verbrannt, danach werden Osterkerze und Kreuz mit frischen Blumen geschmückt – Zeichen für das neue Leben, das Jesus uns bringt.

Weiterführung nach dem Gottesdienst
(vgl. im Band zum Lesejahr C)

Heilige Woche – Herzstück unseres Glaubens
Fall bis zur tiefsten Tiefe
vom Jubel des Palmsonntags bis zum Kreuz des Karfreitags
doch auch Aufstieg aus der Dunkelheit des Todes
zum strahlenden Licht des Ostermorgens
Wendepunkt im Leben Jesu
und Wendepunkt unseres eigenen Lebens
auch wir gehen den Weg unseres Lebens
bis zur tiefsten Stelle, bis zum Tod
auch wir fallen ins Unermessliche
doch auch auf uns wartet ein Aufstieg
aus der Dunkelheit des Todes
zum strahlenden Licht des Ostermorgens
Heilige Woche – Feier der Hoffnung für alle

(B 26) Osternacht

Zu den Schrifttexten

In den Bänden zu den drei Lesejahren sind die Anmerkungen zu den Schriftstellen wie folgt aufgeteilt:

Lesejahr A:	2. Lesung (Gen 22,1-18)
	7. Lesung (Ez 36,16-28)
	Evangelium (Mt 28,1-10)
Lesejahr B:	3. Lesung (Ex 14,15-15,1)
	8. Lesung (Röm 6,3-11)
	Evangelium (Mk 16,1-8)
Lesejahr C:	1. Lesung (Gen 1,1-2,2)
	4. Lesung (Jes 54,5-14)
	Evangelium (Lk 24,1-12)

Ex 14,15-15,1: *Der Durchzug durch das Meer.* Der Bericht vom Durchzug durch das Meer und der Befreiung aus der Hand der Ägypter stellt die Ursprungsurkunde des Volkes Israel und damit gleichsam den Beginn seiner Geschichte dar. Dieser Bericht ist *das* Bekenntnis Israels zum rettenden Gott, der seinen Weg von Anfang an begleitet und der ihm auch Hoffnung für die Zukunft gibt (in der Exilssituation etwa die Hoffnung auf Rettung aus dem Exil und Rückführung nach Jerusalem). Israel hat seinen Gott am Anfang als den erfahren, der ihm helfend zur Seite stand und es vor den Feinden beschützte. Aus dieser Erfahrung erwachsen der Glaube Israels und sein Vertrauen auf Gott. Die Perikope selbst ist aus verschiedenen Quellen zusammengesetzt. Daraus ergeben sich verschiedene Wiederholungen im Text und auch gegensätzliche Deutungen der Gründe für die Rettung (Verwirrung der Ägypter – Bedecken mit den Wassern des Meeres ...). Dennoch wird die Grundaussage klar: Der Herr rettet – die Israeliten glauben an den Herrn.

Röm 6,3-11: *Wir sind auf seinen Tod getauft.* Die Taufe schafft eine intensive Beziehung zu Jesus, Christen werden in der Taufe gleichsam in das Schicksal Jesu hineingenommen. In seinem Brief an die Römer macht Paulus das im Bild vom Begraben und Auferstehen deutlich. Dahinter steht der alte Taufritus des Untertauchens und wieder aus dem Wasser Aufsteigens. Das Untertauchen gleicht dem Begrabenwerden, das Alte im Menschen stirbt. Das Auftauchen bedeutet dann Neuschöpfung, Neubeginn, Auferstehung. So wird der Christ Jesus »angeglichen«: Was von Jesus bekannt ist, dass er gestorben, begraben und auferstanden ist, das gilt auch für den Christen. Gott schafft auch für ihn einen neuen Anfang, ändert sein Leben von Grund auf, schenkt ihm eine neue Lebenswirklichkeit. Dies hat auch eine Konsequenz für die Lebensgestaltung des Getauften. Er soll nun der Sünde tot, gestorben sein, er soll Gott ganz in sich leben lassen. Wer getauft ist, gliedert sich in die Wirklichkeit Gottes und Jesu ein, der alten Welt ist er gestorben.

Mk 16,1-8: *Er wurde auferweckt; er ist nicht hier.* Der Schluss des Markusevangeliums (die folgenden Verse wurden später angehängt) gliedert sich in zwei Teile: Die drei Frauen gehen zum Grab, gerade als nach der Dunkelheit der Nacht die Sonne aufging. Dort erhalten sie eine Botschaft des Engels. Die Frauen wollen Jesus salben, wie es beim jüdischen Begräbnis Brauch war; dies konnte aber nicht am Sabbat geschehen (Berühren eines Leichnams = Verunreinigung). So kommen die drei am nächsten, dem dritten Tag, zum Grab und finden es leer. Das allein für sich genommen könnte verschiedene Gründe haben. Das leere Grab allein macht den Frauen noch nichts deutlich. Erst die deutenden Worte des Engels (des Boten Gottes) geben dem Geschehen eine neue Perspektive: Jesus, der Gekreuzigte, lebt. Er wurde von Gott auferweckt und wird den Jüngern erscheinen. Diese Erscheinung bindet Markus zurück an das Wirken des irdischen Jesus in Galiläa: Dort auch werden sie ihn als Auferstandenen erfahren. Die Reaktion der Frauen ist keineswegs Freude, sondern Angst und Entsetzen: Die Auferstehung Jesu sprengt alle menschliche Vorstellungskraft und lässt den Menschen vor dem Wirken Gottes erzittern. Hier ist etwas geschehen, das alles verändert, auch das Leben der drei Frauen und aller Glaubenden nach ihnen.

Gestaltungsideen für den Gottesdienst

Die Osternacht als der wichtigste Gottesdienst im Jahreskreis bedarf der Einbindung der ganzen Gemeinde. Alle Gruppen und Altersstufen sollten sich in diesem Gottesdienst wiederfinden können und entsprechend ihren Möglichkeiten an Vorbereitung und Gestaltung mittun. So ist es etwa sinnvoll, dass nicht nur der Kirchenchor an der musikalischen Gestaltung beteiligt ist, sondern auch ein Kinderchor. So sollten nicht nur die Lektoren Texte vortragen, sondern auch Jugendliche. So können Eltern und ihre Kinder etwa durch Frage-Antwort-Texte (vgl. den jüdischen Brauch zum Paschafest) Einführungen in die verschiedenen Perikopen und damit in den Sinn dieser Feier geben. Durch Zeichenhandlungen (wie etwa einen Bekenntnisgang innerhalb der Tauferneuerung ...) kann die ganze Gemeinde aktiv mittun. Je nach den örtlichen Möglichkeiten (etwa auch: Einbindung eines Behindertenheims, gemeindlicher Jugendgruppen oder Familienkreise ...) sollte bedacht werden, wie eine aktive Teilnahme aller zu verwirklichen ist.

Reihe Stein: Vom Karfreitag her liegen noch das Kreuz und die kleinen Steine, die die Gottesdienstbesucher zur Kreuzverehrung dazu gebracht haben, vor dem Altar. Zusätzlich liegen der Christusstein (vgl. B 24 Gründonnerstag) und etwa 30 weitere Kalksandsteine bereit, dazu ein stabiler Tisch, ein flacher Kerzenständer für die Osterkerze und Blumen und Grün zum Schmuck der Kerze. Im Gottesdienst werden zwei biblische Städte symbolisch gegenübergestellt: Babel als Stadt des Unheils und Jerusalem als Stadt des Heils. Zu verschiedenen Lesungen gibt es dann unterschiedliche Zeichenhandlungen mit den großen Steinen (durchzuführen etwa von Kommunionkindern): 1. Schöpfungsbericht (Gen 1) – die Kinder bauen eine Wand. 2. Turmbau zu Babel (Gen 11) – die Mauer wird eingerissen, die Steine bleiben ungeordnet auf dem Boden liegen. 3. Wasser aus dem Felsen (Num 20) – die Kinder räumen die Steine auf. 4. Christus, der Fels (1 Kor 10) – die Kinder stellen den Christusstein mitten auf den Tisch als Grundlage für das Weitere. 5. Während die Gemeinde zur Lichtfeier am Osterfeuer ist, bauen einige Kinder (oder Messdiener) aus allen großen Steinen einen runden Turm. In diesen Turm wird die große Osterkerze gestellt. 6. Das neue Jerusalem (Offb 21) – die Kinder schmücken den Turm und die Kerze mit Blumen und Grün.

Neues Leben wächst: Alle Gottesdienstbesucher erhalten am Eingang eine Blumenzwiebel. Daran wird im Verlauf des Gottesdienstes immer wieder angeknüpft, um die Botschaft der Auferstehung deutlich zu machen: Wie eine Blumenzwiebel in die Erde gesenkt werden und damit gleichsam sterben muss (ähnlich ein Weizenkorn), so ist es mit dem Tod der Menschen. Doch Gott schenkt neues Leben. Aus der Blumenzwiebel wächst eine schöne Pflanze – aus dem Tod kommt das Leben. Die Blumenzwiebel nehmen nach dem Gottesdienst alle mit nach Haus und können damit selber die Erfahrung neuen Lebens durch Einpflanzen und Pflegen machen.

Weiterführung nach dem Gottesdienst

In den meisten Gemeinden werden neben der großen Osterkerze kleine Kerzen mit österlichen Symbolen darauf an die Gläubigen ausgegeben und während des Gottesdienstes angezündet (manchmal bereits draußen am Osterfeuer). Diese Kerzen sollten auch den Kindern gegeben werden. Wenn Erwachsene ein wenig aufpassen, ist dies sogar bei kleinen Kindern möglich. Diese kleinen Osterkerzen werden nach dem Gottesdienst mitgenommen. Denkbar ist es, dass zusätzliche Kerzen ausgegeben werden, die von den Familien oder von einzelnen Kindern zu anderen Gemeindemitgliedern gebracht werden, die nicht am Gottesdienst teilnehmen konnten. Es geht darum, die Botschaft der Auferstehung weiterzutragen, das Licht der Auferstehung mit anderen zu teilen.

(B 27) Ostersonntag

Zu den Schrifttexten
Schrifttext und Familien mit Kindern
(vgl. im Band zum Lesejahr C)

Gestaltungsideen für den Gottesdienst

In den Bänden zu den drei Lesejahren geben wir jeweils drei Anregungen zur Gottesdienstgestaltung am Ostersonntagmorgen. Zudem verweisen wir auf die Anregungen zur Osternacht (vgl. A-C 26), die teilweise auch übernommen werden können.

– *Petrus und die Apostel – Menschen, denen wir vertrauen:* Ausgehend von der ersten Lesung werden die Erfahrungen der Jünger mit dem Auferstandenen und das daraus erwachsene Bekenntnis angesprochen. Dies kann in einem kleinen Sprechspiel geschehen, in dessen erster Szene sich die Jünger über die für sie unfassbare Erfahrung verständigen, dass Jesus nicht tot ist, sondern ihnen begegnet. Sie beschließen, diese Botschaft weiterzusagen, damit auch andere zum Glauben an Jesus finden. In einer zweiten Szene predigt Petrus, unterstützt von anderen Jüngern, dann in einer vergleichbaren Weise, wie es in der Perikope der Apostelgeschichte geschildert ist. Im Anschluss daran kann der Lebensweg des Petrus nachgezeichnet werden: Berufung durch Jesus, Teilnahme am Jüngerkreis, Angst (Seesturm) und Versagen (Verleugnung), aber auch Neubeginn und Auftrag Jesu, in besonderer Weise Verantwortung für die junge Kirche zu übernehmen. Dies geschieht in seinen Predigten (etwa am Pfingstfest oder in der heutigen Perikope). Petrus also ist in der Darstellung des Neuen Testaments ein Mensch mit Fehlern und Schwächen, der dennoch dem Ruf Jesu in besonderer Weise folgen kann. Ihm und seiner Botschaft, seinem Zeugnis können wir auch in einer anderen Zeit vertrauen.

– *Das Kreuz vergeht im Licht:* Ein schwarzes Kreuz aus Pappe ... ist auf einer weißen Fläche angebracht. Es wird als Zeichen für Leid und Tod, für Not und Elend der Menschen gedeutet. Dabei wird auf die Leidensgeschichte Jesu und den Karfreitag verwiesen. Danach wird das Auferstehungsevangelium verlesen. Im Anschluss daran wird das Kreuz von einer strahlenden Sonne verdeckt: Das Licht Gottes überwindet die Finsternis unseres Lebens. Die Botschaft der Auferstehung schenkt uns Hoffnung, dass auch die Dunkelheiten in unserem Leben überwunden werden.

– *Osterwasser – Zeichen des Lebens:* In manchen Gegenden besteht der Brauch, am frühen Ostermorgen aus einer Quelle oder einem Brunnen frisches Osterwasser zu schöpfen, es nach Hause zu bringen und zu trinken. Wo die Möglichkeit besteht, kann dieser Brauch als erste Station eines Wortgottesdienstes genutzt werden: Alle treffen sich an einer Quelle, einem Brunnen ... Dort wird nach einem Morgengebet das Auferstehungsevangelium verlesen. Das Wasser der Quelle wird als Symbol neuen Lebens gedeutet. Danach schöpft man von dem Wasser und nimmt es mit zur Kirche. Dort wird es in den Taufbrunnen gegossen, gesegnet, und alle machen mit diesem Wasser das Kreuzzeichen: Wir bekennen uns zu Christus, dem Auferstandenen, der auch uns neues Leben gibt.

Weiterführung nach dem Gottesdienst

Aus dem Ostergottesdienst sollten die Familien etwas mit nach Hause nehmen. Dies kann die kleine Osterkerze sein. Es kann aber auch – bei entsprechender vorheriger Aufforderung, ein Gefäß mitzubringen – etwas vom neuen Tauf-/Osterwasser sein. Manche Gemeinden verteilen auch Osterbrote oder kleine, gebackene Osterlämmer. Oft gibt es auch einen schriftlichen Osterwunsch der Gemeinde, der auch Nachbarn mitgenommen werden kann.

(B 28) 2. Sonntag der Osterzeit (Weißer Sonntag)

Zu den Schrifttexten

Apg 4,32-35: *Die Gemeinde war ein Herz und eine Seele.* Die Lesung ist einer der Sammelberichte, mit denen Lukas am Anfang der Apostelgeschichte in idealisierter Form Leben und Gestalt der jungen christlichen Gemeinde beschreibt. Dies bedeutet für Lukas allerdings keineswegs einen Blick zurück, um Geschichte zu beschreiben, sondern vielmehr einen Aufruf an die Gemeinden seiner Zeit, sich in vergleichbarer Weise um ihr Gemeindeleben zu bemühen. Dabei setzt er in diesem Text mehrere Akzente: Grundlegend ist die Gemeinschaft der Christen. Durch die Anbindung an Christus wird eine Verbundenheit untereinander geschaffen, die zur Grundlage der folgenden Aussagen wird. Sie lassen sich unter der Überschrift »Christ sein in Wort und Tat« zusammenfassen. Zuerst geht es um die Verkündigung der Auferstehung Jesu (des Zentrums christlicher Botschaft). Ferner geht es um einen Ausgleich zwischen Arm und Reich. Keiner darf in dieser Gemeinschaft Not leiden, alle sind füreinander verantwortlich. Die Gemeinde lebt also nicht eine grundlegende Güter- und Produktionsgemeinschaft (im Sinne eines Urkommunismus), sondern verwirklicht das Liebesgebot durch soziales Engagement in vorbildlicher Weise.

1 Joh 5,1-6: *Jeder, der glaubt, stammt von Gott.* Das Thema des Johannesbriefes ist, dass sich der Glaube an Christus in der Welt durch die Liebe bewähren muss, wenn er wirklich echt sein will. Dieser Gedanke kommt auch in der vorliegenden Perikope deutlich zum Ausdruck. Der Glaube an Christus als den Sohn Gottes bindet einen Menschen an Gott, nimmt ihn in die Liebesgemeinschaft Gottes mit Jesus hinein. Dies führt dazu, dass diese Liebe zu Gott zur Liebe zu den Menschen werden soll. Denn wer Gott als Vater in Liebe anerkennt, muss auch die, die von ihm als Kinder abstammen, in Liebe anerkennen. Mögliche Zweifel, ob denn das Halten des Liebesgebotes für den Menschen nicht zu schwer sei, zerstreut der Verfasser dadurch, dass er auf die Kraft des Glaubens verweist. Es ist ja der Glaube nicht an irgendetwas, sondern an den in Jesus menschgewordenen Gott. Diese Menschwerdung zeigt sich besonders in der Taufe Jesu (Wasser) und am Kreuz (Blut) – so gewinnt der Mensch Heil und Rettung.

Joh 20,19-31: *Der Auferstandene erscheint den Jüngern und Thomas.* Vgl. C 28.

Schrifttext und Familien mit Kindern

Am Weißen Sonntag ist in vielen Gemeinden die Feierliche Kommunion, so dass an diesem Tag in der Regel kein eigener Familiengottesdienst stattfinden kann. Der Erstkommuniongottesdienst hat meist eine eigene, mit dem Kommunionkurs erarbeitete Gestalt mit gesondert ausgewählten Schrifttexten, Symbolen und Themen. Die Schrifttexte dieses Sonntags lassen sich mit einer solchen Feier kaum sinnvoll verbinden, mit Ausnahme vielleicht einiger Gedanken der ersten Lesung zum Thema Gemeinde.

Wo ein eigener Familiengottesdienst stattfinden kann, bietet sich besonders die erste Lesung an, die die Gestalt der Gemeinde reflektiert (vgl. auch die Behandlung des anderen Sammelberichts über die Gemeinde in Apg 2,42-47 – A 28). Die Gemeinschaft der Christen einer Gemeinde muss konkrete Auswirkungen haben auf die Gestalt des Zusammenlebens. Dabei geht es zum einen um die Annahme des anderen, um das Bemühen, »ein Herz und eine Seele« zu werden. Zum anderen geht es um einen Ausgleich zwischen den Gemeindegliedern, damit keiner Not leiden muss. Dies bietet für diesen Sonntag die Gelegenheit, caritative Dienste der Gemeinde herauszustellen: Wie schaffen Christen heute einen Ausgleich zwischen Arm und Reich, wie leisten sie konkrete Hilfe?

Die zweite Lesung beinhaltet ein wichtiges Thema des Glaubens, das zudem zur ersten Lesung passt, ist aber in ihrer meditativen Sprache nur schwer verständlich. Sie ist deshalb kaum in einen Familiengottesdienst einzubauen.

Zum Evangelium vgl. die entsprechenden Abschnitte und Vorschläge in A 28.

Gestaltungsideen für den Gottesdienst

– *Ein Herz und eine Seele:* Die angestrebte und vom Glauben her notwendige Gemeinschaft der Christen einer Gemeinde wird mit dem Symbol des Herzens verdeutlicht. Dazu ist ein großes Herz aus Papier oder Stoff angebracht oder auf eine freie Fläche in Umrissen gezeichnet. Die Kinder bringen nun aus Zeitschriften ausgeschnittene Menschen (oder nur Köpfe) und kleben sie in dieses große Herz: Unterschiedliche Menschen bilden eine Gemeinde. Wo ausreichend Zeit ist, können die Kinder sich auch vorab selber malen und dann ihre eigenen Bilder in das Herz kleben. Alternativ ist möglich, statt einzelner Menschen verschiedene Gemeindegruppen und Gemeindedienste (besonders im caritativen Bereich) in das Herz einzubringen. Auch so kann die Gemeinschaft der Gemeinde in ihrem Dienst am Menschen dargestellt werden.

– *Das Leben teilen:* Das Teilen der Apostelgeschichte bezieht sich in erster Linie auf materielle Güter, damit »keiner Not leidet«. Christen geht es darüber hinaus aber auch um das »Teilen des Lebens« – nur so ist eine gute Gemeinschaft möglich, nur so können Menschen »ein Herz und eine Seele« werden. Dies kann wiederum durch eine Zeichenhandlung verdeutlicht werden, die das Herz als Symbol für den Menschen und sein Leben wählt: Verschiedene Kinder haben Herzen aus Tonpapier oder einem anderen Material in unterschiedlichen Farben. Die Kinder teilen diese Herzen und tauschen sie miteinander. Jeder gibt, jeder empfängt. So erhalten alle ein Stück vom »Leben« des anderen. Im Gespräch kann dieser Gedanke dann weitergeführt werden: Wie können wir das Leben miteinander teilen, unsere Freude, unser Leid, unsere unterschiedlichen Erfahrungen ...?

– *Ein Vater, viele Geschwister:* Ein Gedanke der zweiten Lesung kann in einem Familiengottesdienst aufgegriffen werden: Wenn Christen sich zu einem Vater bekennen, dann bedeutet dies, dass sie untereinander Geschwister sind und entsprechend Verantwortung füreinander haben und einander in Liebe begegnen sollen. Gottes- und Nächstenliebe gehören aus dieser Sicht zusammen. Diese Bindung an Gott, die zur Bindung an Menschen führt, kann durch eine Zeichenhandlung verdeutlicht werden: Ein Gottessymbol (große Kerze, Sonne, Hand ...) ist auf dem Altar oder an ihm angebracht. Mehrere Kinder stellen sich darum und spannen bunte Wollfäden zum Altar (zur Kerze ...). Durch diese Fäden wird ihre Verbindung zu Gott aufgezeigt. Zugleich aber entsteht ein Netz, das auch die Zusammengehörigkeit untereinander ausdrückt. Das Gebet des Vater*unser* schließt sich an und wird besonders auf den Gedanken des Gottesdienstes hin eingeleitet. Alternativ ist auch ein Bild möglich, bei dem in ein großes, Gott symbolisierendes Herz viele Menschen eingeklebt werden, die durch ihren Kreis Gemeinschaft miteinander und Verantwortung füreinander ausdrücken.

Weiterführung nach dem Gottesdienst

In mehreren Gottesdienstvorschlägen ist das Herz als Symbol gewählt. So bietet es sich an, den Kindern als Erinnerung an diesen Gottesdienst ein aus Tonpapier geschnittenes Herz mitzugeben. Als Gesprächsanregung für die Familien kann das Thema durch den Gedanken fortgeführt werden, wie wir in den Familien, aber auch in Nachbarschaft, Freundeskreis, Schule bzw. Beruf ... das Leben miteinander teilen bzw. besser teilen können.

Auf das Gebet des Vaterunser kann besonders hingewiesen werden. Es drückt in seinen unterschiedlichen Bitten die Gemeinschaft mit Gott und den Menschen aus.

(B 29) 3. Sonntag der Osterzeit

Zu den Schrifttexten

Apg 3,13-15.17-19: *Gott hat ihn von den Toten erweckt.* Nach der Heilung des Gelähmten hält Petrus auf dem Tempelplatz eine Missionspredigt, in der er zum einen das Bekenntnis zu Christus, dem Gekreuzigten und Auferstandenen, in prägnanter Form ausspricht und zum anderen seine Hörer zur Umkehr und zur Bindung an Christus (Taufe) auffordert. In seinem Christusbekenntnis stellt Petrus den Kontrast zwischen dem todbringenden Verhalten der Juden heraus (die Römer werden hier wie auch im Lukasevangelium entlastet) und dem heil- und lebenschaffenden Wirken Gottes. Durch das Eingreifen Gottes wird Jesus zum Anführer des neuen Lebens, zum Ersten, dem nachzufolgen sich lohnt. Das stellt das Ziel der Missionspredigt dar: Die Hörer sollen zu Christus, dem Knecht Gottes, umkehren.

1 Joh 2,1-5: *Wer sein Wort hält, hat die Gottesliebe in sich.* Ebenso wie das Johannesevangelium sind die Johannesbriefe geprägt von Kontrastbegriffen wie Licht – Dunkelheit, Wahrheit – Lüge, Liebe – Hass ... Durch solche Begrifflichkeit werden die Adressaten zur Entscheidung aufgerufen: Sie sollen zur inneren Gemeinschaft mit Gott und Jesus gelangen und aus dieser Gottesliebe heraus zur Liebe des Nächsten befähigt werden. Wo Menschen sich darum bemühen, dürfen sie darauf vertrauen, dass Christus als Fürsprecher für sie eintritt. Selbst dann, wenn sie trotz guten Bemühens sündigen, darf ihre Hoffnung auf die Barmherzigkeit Gottes größer sein als die Furcht. Wer sich an Gott orientiert (»seine Gebote hält«), der erhält Zugang zum Reich der Wahrheit und ist aus dem Bereich der Lüge, der trügerischen Welt herausgenommen. Die Liebe Gottes ergreift Besitz von ihm und leitet ihn zu einem entsprechenden Leben an.

Lk 24,35-48: *Ihr seid die Zeugen dafür.* Nach der Erscheinung Jesu vor den Frauen am Grab und der Emmausgeschichte findet sich im Abschlusskapitel des Lukasevangeliums eine weitere Erscheinung Jesu vor den Jüngern. Sie mündet in den Zielsatz: »Ihr seid Zeugen dafür.« Diese Zeugenschaft ist in zweifacher Richtung zu deuten: Die Jünger sind Augenzeugen des Auferstandenen, sie erfahren ihn leibhaft und werden so trotz ihrer Zweifel und ihres Sträubens zum Glauben an den Auferstandenen geführt. Zum anderen sollen sie aufgrund dieses neugewonnenen Glaubens zu Zeugen der Auferstehung für alle Welt werden – sie werden zu allen Völkern gesandt, Mission beginnt. Neben dieser Ausrichtung des Textes auf die Zeugenschaft der Jünger gibt es zwei weitere Akzente. Zum einen wird gegen eine Vorstellung von Jesus als Geist argumentiert. Jesus begegnet den Jüngern in ganzheitlicher Weise, er ist, wenn auch Auferweckter, so dennoch identisch mit dem irdischen Jesus. Zum anderen macht Lukas deutlich, dass dieses Geschehen in der Linie der Heiligen Schrift liegt: Was hier verheißen wurde, findet in Jesus seine Erfüllung und Vollendung – er ist der verheißene Messias.

Schrifttext und Familien mit Kindern

Obwohl die drei Schrifttexte reich an theologisch bedeutsamen Gedanken sind, fällt die Umsetzung dieser Gedanken in einem Familiengottesdienst schwer. Dies liegt zum einen an der Sprache, zum anderen – etwa bei der ersten Lesung – daran, dass wir mit der beschriebenen Situation nur wenig anfangen können. So können aus den Texten nur einzelne Gedanken entnommen und durch Zeichen umgesetzt werden.

Für die erste Lesung ist dies der Kontrast zwischen dem Handeln der Menschen und dem Handeln Gottes. Das Handeln der Menschen führt zum Kreuz, zu Tod und Vernichtung, das Handeln Gottes schenkt Leben und Neubeginn. Hier müssen über den biblischen

Text hinaus Erfahrungen aus heutigem Leben eingebracht werden: Auch heute prägen – im Großen wie im Kleinen – Gewalt und Tod auf vielfältige Weise menschliches Leben. Umgekehrt aber gibt es auch überraschende Ansätze neuen Lebens. Christen bekennen von ihrem Glauben her, dass Gott immer wieder in die Geschichte der Menschen eingreift und dem Menschen neue Lebensmöglichkeiten eröffnet.

Dieser Gedanke wird in der zweiten Lesung mit dem Stichwort Liebe verbunden. Gottes Liebe ergreift Menschen, nimmt sie in seinen Lebensbereich hinein und bestärkt sie in ihrem Bemühen um Gottes- und Nächstenliebe, um eine Antwort also auf die Erfahrung der Nähe und Zuwendung Gottes. Der im Text angesprochene Sühnegedanke ist für Kinder nicht nachvollziehbar. Wenn diese Lesung gewählt wird, sollte man nur von den Schlussworten ausgehen: »Wer sich an Gott (sein Wort) hält, hat die Gottesliebe vollkommen in sich.«

Der Evangelientext läuft auf den für Kirche und Christen programmatischen Satz hinaus, als Zeugen in die Welt gesandt zu sein. Dieser Auftrag galt damals den Erstzeugen, er gilt, wenn auch auf veränderte Weise, uns heute. Das Stichwort »Zeuge sein« ist ein Ansatz für einen Familiengottesdienst. Ein anderer denkbarer Ansatz ist die Deutung der Heiligen Schrift (hier des Alten Testaments) auf die Erfüllung in Jesus.

Ein drittes Stichwort ist schließlich der Gruß Jesu an die Jünger mit der Bitte um Frieden. Frieden (Schalom) meint im Hebräischen mehr, als das Wort im Deutschen ausdrückt. Es zielt auf eine ganzheitliche Harmonie zwischen Welt, Mensch und Gott, in der der Mensch den Sinn seines Lebens findet, sein Heil und Glück. Der Friedensgruß meint deshalb mehr als ein nur »oberflächliches« Friedenschließen, so nötig und sinnvoll auch das ist. Ein im biblischen Sinne verstandener Frieden meint die Erfüllung der Sehnsucht der Menschen.

Gestaltungsideen für den Gottesdienst

– *Kreuz und Auferweckung:* Menschliches Handeln führt immer wieder zum Kreuz, zum Leid und zur Not von Menschen. Dies wird durch einzelne Beispiele (evtl. durch Spiele) erläutert: Streit, Einsamkeit, Enttäuschung, Lüge und Vertrauensverlust, Gewalt ..., all dies kann Menschen ans »Kreuz schlagen«. Entsprechend werden für jedes Beispiel kleine schwarze Kreuze aus Tonpapier oder anderen Materialien am Altar angebracht. Menschlichem Handeln steht das Handeln Gottes gegenüber. An Jesus sehen wir, dass das Kreuz nicht das Letzte ist, sondern dass Gott das Kreuz in neues Leben wandelt. So folgen nun Kontrastszenen und -begriffe, wie das Kreuz gewandelt werden kann: Wo Menschen sich um Versöhnung bemühen, da wirkt der Geist Gottes. Wo Menschen sich um Gemeinschaft bemühen, da wirkt der Geist Gottes ... Entsprechend wird über jedes kleine Kreuz eine bunte Blume geklebt.

– *Zeuge sein:* Den Begriff des Zeugen verbinden wir meist mit einem Gerichtsverfahren und assoziieren dabei Wahrhaftigkeit und genaue Aussage. Diese erste Deutung des Begriffs lässt sich durchaus auf die Erstzeugen Jesu, auf die Jünger, anwenden: Die Jünger sagen uns die »Wahrheit über Jesus«; ihr Zeugnis ist in den Schriften des Neuen Testaments wiedergegeben. Die zweite Bedeutung von Zeuge geht in Richtung von aktiv bezeugen, verkünden, eine Botschaft weitersagen. In diesem Sinn waren die Jünger damals Zeugen und sollen auch wir Zeugen sein: Es gilt, die Botschaft Jesu weiterzusagen. Beide Bedeutungen von Zeugenschaft können spielerisch umgesetzt werden. 1. Gerichtsverfahren – Zeugen werden aufgerufen, die Wahrheit zu sagen. Entsprechend: Die Jünger werden von Menschen gedrängt, die Wahrheit über Jesus zu sagen, ihre Erfahrungen mit ihm wiederzugeben. 2. Kinder spielen Jünger und sagen die Botschaft von Jesus weiter (etwa: »Jesus ist auferstanden!«). Ihre Hörer werden nun selber zu Boten und sagen die Botschaft wieder anderen und so fort. Dieser Vorgang kann durch eine Zeichenhandlung mit Licht verdeutlicht werden, bei der das Licht von Ker-

zen von den Kindern anderen weitergegeben wird.
– *Der Friede sei mit euch:* Der übliche Gruß in den Ländern des Orients ist »Schalom« (= Hebräisch) bzw. »Saalam« (= Arabisch) – Friede. Dieser Gruß stellt einen Segenswunsch dar, der dem anderen Heil in jeder Weise wünscht. So ist auch der Friedensgruß im Gottesdienst der Christen zu verstehen (nicht allein in der Messe vor der Kommunion, sondern sinnvoll auch in Wortgottesdiensten). Der Friedensgruß sollte in diesem Gottesdienst deshalb besonders herausgehoben werden. Vielleicht kann dies dadurch geschehen, dass die Kinder einzeln nach vorn gerufen werden, den Friedengruß empfangen und sich danach in eine Gemeinschaft rund um den Altar stellen. Jesus schenkt uns Frieden und führt uns dadurch in seine Gemeinschaft.

Weiterführung nach dem Gottesdienst

Zum ersten Gottesdienstvorschlag kann den Kindern eine Blume mitgegeben werden. Sie können sie zu Hause an ein Wandkreuz stecken und dadurch daran erinnert werden, dass das Kreuz Jesu durch Gottes Liebe überwunden wurde. Zugleich erinnert es daran, dass auch wir dazu berufen sind, die Kreuze in unserer Welt zu wandeln.

Zum zweiten Vorschlag können die Familien dazu ermuntert werden, Themen des Glaubens immer wieder aufzugreifen und so einander zu Zeugen des Glaubens zu werden durch Gespräch und gemeinsames Gebet.

In ähnlicher Weise kann auch das Thema Schalom in Familien aufgegriffen werden. Es geht dabei nicht allein um Versöhnung nach Streit, sondern um das Wohlergehen eines jeden in der Familie. Wir wünschen einander Schalom, wir wünschen einander, dass es uns in jeder Weise gut geht.

(B 30) 4. Sonntag der Osterzeit

Zu den Schrifttexten

Apg 4,8-12: *Er ist zum Eckstein geworden.* Nach der Heilung eines Gelähmten erleben die Apostel eine unterschiedliche Reaktion im Volk: Während eine große Menge zum Glauben findet, sehen sich die Verantwortlichen des Volkes bedroht und lassen die Apostel verhaften. Die Perikope stellt einen Ausschnitt aus dem folgenden Verhör dar. Sie ist zugleich Glaubensbekenntnis des Petrus wie auch eine unüberhörbare Aufforderung an alle, selber zum Glauben an Jesus zu kommen. Das Geschehen der Heilung vollzieht sich im Namen Jesu; seine bleibende Gegenwart verwandelt Not in Freude, Krankheit in Heilung, Bedrängnis in neuen Aufbruch. So ist nur in ihm Heil zu finden. Die Menschen müssen sich entscheiden, ob sie sich an ihn, den Heilbringer, binden, oder an diejenigen, die Unheil, Verfolgung und Tod bedeuten. Dies wird in dem Bildwort vom Stein ausgedrückt, das aus Psalm 118,22 entnommen ist. Die Rede des Petrus stellt eine Missionspredigt dar, die zu Umkehr und zum Glauben an Christus auffordert. Sie gewinnt von diesen Gedanken auch über die damalige Situation hinaus Bedeutung.

1 Joh 3,1-2: *Wir sind Kinder Gottes.* Innerhalb der Taufkatechese des ersten Johannesbriefes machen die beiden Verse dieser Perikope entscheidende Aussagen: 1. Das Verhältnis des Getauften zu Gott wird mit dem Verhältnis des Kindes zum Vater wiedergegeben. Dahinter stehen Begriffe wie Geborgenheit, Fürsorge, Treue und unbedingte Liebe. Mit dem Wort von der Kindschaft geht es nicht um Unmündigkeit, sondern um die Einbindung des Menschen in die Liebe Gottes. 2. Diese unbegreifliche Liebe Gottes ist unverdient, ist unerwartetes Geschenk, das der

Mensch nur dankbar annehmen kann. 3. Bereits jetzt können Menschen diese Liebe Gottes in ihrem Leben spüren. Dennoch steht die Vollendung der Liebesgemeinschaft mit Gott noch aus. Christen leben in der Spannung zwischen dem Jetzt und dem Noch-Nicht, zwischen der erlösenden Tat Jesu und der Vollendung im Reich Gottes.

Joh 10,11-18: *Ich bin der gute Hirt.* Die christliche Kunstgeschichte kennt viele, teilweise sehr alte Darstellungen des guten Hirten, der das verlorene Schaf auf seinen Schultern trägt. Diese Darstellungen gehen auf das lukanische Gleichnis vom verlorenen Schaf zurück (vgl. Lk 15,4-7). Die johanneische Selbstaussage Jesu vom guten Hirten macht eine erheblich tiefere Aussage: In ihr geht es auch, aber nicht ausschließlich um die Fürsorge und Verlässlichkeit des guten Hirten. Vielmehr wird der gute Hirt dem Tagelöhner gegenübergestellt, dem nichts an den ihm Anvertrauten liegt. Der gute Hirt dagegen setzt sich bis zur Hingabe seines Lebens ein – ein Hinweis auf den Kreuzestod Jesu für die Menschen. Entsprechend der johanneischen Zeichnung Jesu geschieht dies völlig aus seiner freien Entscheidung, er gibt sein Leben aus freiem Willen. Dieser Einsatz des guten Hirten für die Seinen schafft eine besondere Verbindung zwischen ihnen, eine innere Einheit. Über den jetzigen Jüngerkreis hinaus wendet Jesus zudem den Blick auf »Schafe aus anderen Höfen«, also auf Menschen aus anderen Völkern – die Weltmission kommt hier verschlüsselt in den Blick.

Schrifttext und Familien mit Kindern

Die Schrifttexte dieses Sonntags bieten nicht allein von ihren Sprachbildern, sondern auch von ihren theologischen Aussagen her eine Reihe guter Ansatzpunkte für eine Umsetzung in Familiengottesdiensten. In plastischen Bildern und klaren Aussagen werden hier Grundzüge christlichen Lebens aufgezeigt: Verbindung mit Christus, Vertrauen auf Gott, Gemeinschaft der Glaubenden ...

Die Lesung der Apostelgeschichte stellt nicht allein eine Antwort des Petrus auf die Vorwürfe der Führer des Volkes dar. Vielmehr ist dieser Text ein Glaubensbekenntnis, das die Bedeutung Jesu, des Christus Gottes, für die Menschen herausstellt. Sein Leidensweg zum Kreuz ist von Gott in die Herrlichkeit der Auferstehung gewandelt worden: Der Stein, der weggeworfen wurde, ist nun der Eckstein des ganzen Bauwerks, das Fundament für Leben und Rettung der Menschen. Dieses Christusbekenntnis des Petrus stellt heutige Christen vor die Frage, welche Bedeutung Jesus für sie und für ihr Leben hat. Ist Christus auch der Eckstein meines Lebens, und wie zeigt sich das in alltäglichen Lebenssituationen?

Die erste Lesung greift die Beziehung des Glaubenden zu Christus auf, die zweite Lesung geht – noch grundsätzlicher – auf die Frage nach dem Verhältnis des Menschen zu Gott ein. Es wird hier mit dem Bildwort »Vater – Kinder« gekennzeichnet, ein Bild, das das Sprechen Jesu von Gott als dem Vater aufgreift, dann aber weiter ausführt. Wenn die Menschen als Kinder Gottes bezeichnet werden, dann sagt dies etwas über ihre Würde und ihren Wert aus, die zu achten und zu schützen sind – dies gilt für jeden Menschen. Zugleich aber wird hervorgehoben, dass die richtige Einstellung des Menschen zu Gott die des Vertrauens und der Liebe ist. Gott sorgt für die Menschen in unbedingter Treue und fürsorglicher Liebe. Der Mensch kann sich deshalb an ihn binden, sich vertrauensvoll in »seine Hände legen«. Dieser Gedanke ist für Kinder wie für Erwachsene wichtig. Der Abschluss der Lesung mit dem Blick auf künftige Vollendung dagegen ist Kindern schwerer zu vermitteln, er sollte deshalb gegenüber anderen Ansatzpunkten der Schrifttexte zurückstehen.

Der vierte Ostersonntag wird als »Sonntag des guten Hirten« bezeichnet. Von Christus, dem guten Hirten des Evangeliums, her wird dabei durch den »Welttag der geistlichen Berufe« eine Brücke geschlagen zu den »Hirten« heute, zu Menschen also, die in der Nachfolge Jesu für die Glaubenden sorgen und sich für sie einsetzen. Dennoch sollte dieser Gedanke erst in zweiter Linie aufgegriffen werden, vorrangig ist die Selbstaussage Jesu und damit die Deutung seines Weges als guter Hirt, der am Kreuz sein Leben für die Seinen gibt. Dabei klingt bereits an, dass diese Hingabe Jesu für die Menschen alle einschließt, also über die Grenzen Israels hinaus auch Menschen aller Völker. Die Herde, für die Jesus sorgt, wird dadurch zum Bildwort für die nach seinem Tod entstehende Kirche. Auch für sie sorgt der Herr als guter Hirte. Die Dienste in der Kirche können sich seine Lebenseinstellung der unbedingten Sorge für andere als Vorbild und Richtschnur nehmen, vorab aber stehen auch sie unter der Hirtensorge des Auferstandenen: Es gibt nur einen Herrn und einen Hirten. Dies bedeutet zugleich eine Aufforderung zur Einheit der Herde (der Christen) und setzt damit einen ökumenischen Akzent. Je nach Gemeindesituation kann dies im Gottesdienst aufgegriffen werden.

Gestaltungsideen für den Gottesdienst

– *Der Eckstein unseres Glaubens:* Das Bildwort der ersten Lesung vom Eckstein kann auf verschiedene Weise aufgegriffen werden: 1. Ein größerer Stein ist mit einem Christuszeichen (Kreuz, Chi-Rho, Fisch ...) gekennzeichnet. Er wird als Eck- und Grundstein vor den Altar gebaut. Die Kinder bringen weitere Bausteine hinzu, auf denen sie mit Fettschreibern ihren Namen geschrieben haben, und bauen sie über dem Eckstein auf: Wir können unser Leben und unseren Glauben auf Christus aufbauen. Die Kirche ist die Gemeinschaft derer, die auf Christus bauen. 2. Vom Zeichen her vergleichbar, inhaltlich aber anders ausgeprägt ist eine weitere Möglichkeit. Wieder wird ein Christusstein als Eckstein / Grundstein aufgestellt. Darüber werden Steine aufgebaut, deren Beschriftung auf mögliche Verbindungen eines Christen mit Jesus hinweisen, etwa: Gebet, Hilfe für den Nächsten, Gottesdienst, Bibellesung, Versöhnung ... Diese Begriffe können auch durch kleine Spiele oder kurze Gespräche gedeutet werden, bevor der betreffende Stein aufgebaut wird.

– *Durch keinen anderen kommt die Rettung:* Bilder verschiedener »Größen« unserer Welt werden nacheinander aufgehängt und dann dargestellt, warum diese Menschen für viele heute bedeutsam sind: Musiker, Politiker, Sportler ... In die Mitte dieser Bilder wird schließlich ein Jesusbild gehängt und im Gespräch mit den Kindern bedacht, was seine Bedeutung für Menschen heute ausmacht. Dabei kann das Wort der Lesung von der Rettung zum Anlass genommen werden darzustellen, dass Jesus die Verbindung (biblisch »der Weg«) zum Vater ist. Wer den Weg zum Vater gehen will, muss Jesus folgen. Dies kann auch durch eine Zeichenhandlung verdeutlicht werden, bei der ein Licht als Gottessymbol gewählt wird und einige Spieler, einem Kreuzträger folgend, zu diesem Licht gehen.

– *Wie ein guter Vater, wie eine liebe Mutter:* Es gibt viele, sehr unterschiedliche Erfahrungen, die Menschen mit Gott gemacht haben und die in Bildworte gefasst sind: Hirte, König, Herr, Wolke, Feuer, Licht ... Jesus bevorzugt das Bildwort Vater, das in unserer gesellschaftlichen Situation durch das alttestamentliche Bildwort von Gott als Mutter (vgl. etwa Jes 66,13) ergänzt werden sollte. Mit den Kindern werden Begriffe gesammelt, was die besten Eltern auszeichnen sollte: Fürsorge, Liebe, Treue, Humor, Geduld, Versöhnungsbereitschaft ... Diese Begriffe werden auf kleine Kartons geschrieben und um ein Plakat geklebt mit der Aufschrift: »Gott ist wie ein guter Vater, wie eine liebe Mutter.«

– *Das beste Geschenk:* Immer wieder wird uns etwas geschenkt – Beispiele können durch kleine Spiele, aber auch durch Bilder dargestellt werden. Das sind zum einen materielle Dinge, wichtiger aber sind die immateriellen Geschenke, die uns durch vertraute Menschen zuteil werden: Zeit, Verständnis, Freundschaft, Liebe ... Auf diesem Hintergrund kann die Liebe Gottes zu uns Menschen als das größte Geschenk bezeichnet werden, das wir unverdient erhalten: Diese Liebe Gottes zu uns ist in Jesus sichtbar geworden.

– *Der gute Hirt:* (Vgl. auch C 30 und A 30.) Gegen das heute verbreitete idyllische Bild

vom Hirten und seinem geruhsamen Leben wird die Aufgabe eines Hirten zur Zeit Jesu dargestellt. Sie ist geprägt von hoher Anforderung, von Einsatzbereitschaft und Mut, von treuer Sorge und der Bereitschaft, zu jeder Zeit und mit aller Kraft für die Anvertrauten dazusein. Dies kennzeichnet das Wirken Jesu. So lässt sich vom Bild des Hirten ein Bild Jesu und seines Einsatzes für uns aufzeigen.
– *Ein Hirt und eine Herde:* Ein anderer Aspekt dieses Bildes ist die Herde, die unter einem Hirten vereint ist. Dies kann zum einen auf die Gemeinschaft der Kirche bezogen werden, die konkret in der jeweiligen Gemeinde erfahrbar ist. Zum anderen kann es an diesem Sonntag auch ökumenisch gedeutet werden: Christen haben die Aufgabe, alle Trennung zu überwinden und sich wieder gemeinsam unter den einen Hirten Jesus zu stellen. Vielleicht ist zu diesem Thema ein ökumenischer Gottesdienst möglich, der sowohl in der katholischen als auch in der evangelischen Kirche stattfinden und gemeinsam vorbereitet werden kann.

Weiterführung nach dem Gottesdienst

Zum Thema Eckstein kann den Kindern als Erinnerung an diesen Gottesdienst ein kleiner Stein mit einem aufgemalten Kreuz mitgegeben werden. Sie können ihn in ihrem Zimmer an einen guten Platz legen, vielleicht dazu ein weiterer Stein als Symbol für die eigene Person. Zum zweiten Vorschlag passt ein Jesusbild (Kunstkarte ...), das nach dem Gottesdienst ausgeteilt wird.

Zum Stichwort Gottesbild können die Kinder malen, wie sie sich Gott vorstellen. Daran kann sich ein Familiengespräch über Gottesvorstellungen anschließen. Auch das vierte Thema eignet sich für ein weiterführendes Familiengespräch: Was uns alles geschenkt wird ...

Zum Thema Hirte passt ein Besuch bei einem Hirten oder einem Bauern mit Schafen. In dieser Jahreszeit gibt es wahrscheinlich auch Lämmer – für Kinder ein besonderes Erlebnis.

Ein Besuch in der evangelischen Kirche ist – passend zum Thema Ökumene – auch dann angebracht, wenn kein ökumenischer Gottesdienst gefeiert werden kann. Die Kinder sollen bereits früh Kontakte auch zu anderen Christen aufnehmen, damit Verständnis füreinander und Toleranz wachsen können.

(B 31) 5. Sonntag der Osterzeit

Zu den Schrifttexten

Apg 9,26-31: *Die Kirche wuchs durch die Hilfe des Heiligen Geistes.* Der Lesungstext besteht aus dem Abschluss der Bekehrungsgeschichte des Paulus und einem Summarium, in dem Lukas die Entwicklung der jungen Kirche zusammenfassend beschreibt. Der Bekehrungsbericht der Apostelgeschichte ist weniger von historisch exaktem Erzählen geprägt (im Galaterbrief beschreibt Paulus selber einen anderen Ablauf) als von theologischen Aussagen, die Lukas auch sonst prägen: 1. Er will die Ausbreitung des Evangeliums von Jerusalem aus bis an die Grenzen der Erde (das ist für ihn bis nach Rom) schildern. So muss Paulus zu Beginn seiner Verkündigung auch nach Jerusalem kommen, damit so seine Verbindung zum Ursprung bezeugt wird. 2. Diese Verbindung besteht nicht allein durch die Botschaft vom Gekreuzigten und Auferstandenen, die er künftig künden wird, sondern vor allem in der personalen Beziehung zur Gemeinschaft der Glaubenden; er geht bei der Jerusalemer Gemeinde aus und ein. 3. Für Paulus, aber von Lukas ebenso als Postulat für jeden Christen gesehen, gehören Christwerden und Verkündigen zusammen. Wer die Botschaft von Christus annimmt, wird sie auch weitertragen. 4. Der Schlussvers der

Lesung gibt eine theologische Deutung des ganzen ersten Teils der Apostelgeschichte: Alles, was berichtet wurde, ist nicht nur menschliches Tun, sondern wird vom Geist Gottes gewirkt, der Lebenskraft der jungen Kirche.

1 Joh 3,18-24: *Lieben nicht mit Wort, sondern in Tat.* Im ersten Johannesbrief geht es wesentlich um die Frage, wie Glauben und Leben des Christen zusammengehören. Dazu macht der vorliegende Text wichtige Aussagen: Die Liebe, die das Kennzeichen des Christen sein soll, muss sich in der konkreten Tat beweisen, sie darf nicht nur ein Wort, sondern sie muss »Tat«sache sein, im konkreten Leben bewiesen werden. Wer so lebt, der braucht auch angesichts menschlicher Schwäche und Versagen nicht unruhig zu werden – Gott ist immer größer als unsere Schuld. Vertrauen auf Gott (»Zuversicht zu Gott«) ist deshalb die Grundhaltung des Christen. Aus dieser Zuversicht erwachsen Glauben und ein Leben der Liebe. Glauben und Liebe sind wie zwei Seiten einer Münze; wenn sie echt sind, können sie nicht getrennt voneinander gelebt werden. Der Schlussvers schließlich verweist darauf, dass die Verbindung mit Gott durch seinen Geist gewirkt wird.

Joh 15,1-8: *Ich bin der Weinstock, ihr seid die Rebzweige.* In den Abschiedsreden des Johannesevangeliums (Kapitel 14-17) wird von verschiedenen Seiten aus die Gemeinschaft mit Christus als lebendige und lebenschaffene Kraft gekennzeichnet, aus der der Christ sein Leben gestalten kann und soll. Das Sprechen vom Weinstock und den Rebzweigen ist hierbei ein besonders prägnantes Bild, das auf alttestamentlichem Hintergrund gezeichnet ist. Dort wird allerdings nicht Gott als Weinstock benannt (wie etwa beim Bild des Hirten, vgl. A – C 30), sondern das Volk Israel. Das Verhältnis Jesu zu seinen Jüngern betreffend drückt dieses Bild eine lebendige Gemeinschaft aus, die die Grundlage des Glaubens und der Glaubensgemeinschaft (der Kirche) darstellt. Die bleibende Verbindung mit Christus und das Bemühen, diese Verbindung lebendig zu halten, ist für den Christen unverzichtbar. Nur so kann er auch gute Frucht bringen, das heißt, sein Leben aus dem Glauben gestalten und zur Liebe finden (vgl. die zweite Lesung). Im Text finden sich zusätzlich zu diesen Gedanken Gerichtsbilder (»abschneiden, ins Feuer werfen«). Sie machen wie an anderen Stellen des Evangeliums auf die Dringlichkeit einer Glaubensentscheidung aufmerksam.

Schrifttext und Familien mit Kindern

Die Lesung aus der Apostelgeschichte erscheint für Predigt und Katechese sperrig, zumal sie »nur« den Abschluss der Bekehrungsgeschichte des Paulus bildet. Hier ist zu fragen, ob nicht die ganze Bekehrung des Paulus vorgetragen werden sollte, die in der Lesungsordnung unverständlicherweise überhaupt nicht vorkommt (Apg 9,1-30). Aus diesem ungekürzten Text ergeben sich vielfältige Ansätze zu einer Behandlung im Gottesdienst. Aus den vorliegenden Versen lässt sich dies durch den Ausdruck »auf dem Weg den Herrn gesehen« erschließen. Dies stellt auch einen Ansatzpunkt zum Leben heutiger Christen dar: Wo sehen wir auf unserem Lebensweg den Herrn? Sicher geschieht dies nicht in spektakulären Vorfällen wie bei Paulus, nur selten auch in einer so entscheidenden Lebenswende wie bei ihm. Dennoch gibt es auch im Leben heutiger Menschen Begegnungsfelder, wo er mit Jesus in Berührung kommt, wo der Herr sein Leben verändern kann. Dem kann im Gottesdienst nachgegangen werden.

Ein weiterer, im Text nur kurz erwähnter Gedanke kann für den Gottesdienst aufgriffen werden: Die Kirche wächst durch die Hilfe des Heiligen Geistes. Wie ist das heute mit Geist und Kirche? Ist Kirche nicht oft genug von allen guten Geistern verlassen, wo erfahren wir sein Wirken in der Kirche auch heute, wo finden wir Aufbruch, Neubeginn, Menschenfreundlichkeit und Hoffnung? Dieses Thema richtet sich allerdings eher an Erwachsene, für Kinder ist es schwerer umzusetzen.

Die zweite Lesung ist in ihrer theologisch gefüllten Sprache trotz klarer Aussagen nicht leicht aufzunehmen. Zu groß ist die Gefahr, die wesentlichen Aussagen einfach zu überhören. Als Ansatzpunkte für Familiengottesdienste bieten sich folgende Gedanken an: Zum Glauben des Christen gehört, dass er seinen Glauben in die Tat umsetzt, in ein Leben, das von der Liebe zu anderen geprägt ist. Glauben und Lieben gehören entsprechend der Botschaft Jesu unlösbar zusammen wie die beiden Schalen einer Waage. Liebe ist für den Christen nicht allein ein Gefühl, sondern wird erst in »Tatsachen« konkret. Dabei kann der Mensch zur Liebe bereit werden, weil er auf die Liebe Gottes vertrauen darf, ihm in Zuversicht begegnen darf. Die Liebe Gottes ist immer größer als das menschliche Herz mit all seinen Unvollkommenheiten.

Das Bild vom Weinstock und den Rebzweigen ist eines der großen theologischen Bildworte der Bibel, die von der Gemeinschaft zwischen Jesus und den Glaubenden künden. Es stammt zwar aus einer Welt, die den heutigen Menschen nur ansatzhaft bekannt ist (das genaue Wirken des Winzers kennen nur wenige, in den Weinbaugebieten lebende Menschen – dies entspricht etwa der Fremdheit des Hirtenberufs, vgl. B 30). Dennoch lässt dieses Bildwort auch ohne Einzelkenntnis zwei Kerngedanken erkennen: Gemeinschaft und Frucht bringen. Beides kann zum Ausgangspunkt für eine Gottesdienstgestaltung gewählt werden. Das Bild vom Weinstock hat zudem eine besondere Beziehung zur Feier der Eucharistie.

Gestaltungsideen für den Gottesdienst

– *Auf dem Weg den Herrn sehen:* Paulus erfährt auf dem Weg die entscheidende Lebenswende, er findet zu Christus. So wird er zum Modell eines Menschen, der unterwegs ist und mitten im Leben entscheidende Glaubenserfahrungen machen kann. Dieses Thema kann im Gottesdienst mit unterschiedlichen Akzenten ausgesagt werden: Zum einen können der Weg des Paulus und seine Wende vom Verfolger zum Verkünder durch den vollständigen Text von Apg 9 dargelegt werden. Dies sollte vor allem dann Thema sein, wenn man immer wieder einmal Teile aus Paulusbriefen vorträgt – Paulus ist einer der Großen der Kirchengeschichte; bereits Kinder sollten ihn und sein Wirken anfanghaft kennen lernen. Darüber hinaus lässt sich von ihm her der eigene Lebensweg betrachten: Wo gibt es Stellen, wo ich in besonderer Weise mit Jesus in Verbindung komme? Der Weg eines Menschen kann dabei in der Kirche nachgestellt werden: Die Sakramente, besonders die Taufe und die Eucharistie, bilden dabei besonders wichtige, aber nicht die einzigen Begegnungspunkte zwischen Christus und den Christen.

– *Was mir wichtig ist, davon spreche ich:* Dieser Satz gilt bereits in alltäglichen Situationen. Umso mehr gilt er für die Werte, die ein Mensch sich setzt und nach denen er sein Leben gestaltet. Dies kann in verschiedenen Rollenspielen dargestellt werden. Danach kann man den Zusammenhang von Christsein und Verkündigung aufzeigen: Wenn mir der Glaube der Christen so wichtig ist, dass er mein Leben prägen soll, dann werde ich dies durch Wort und Tat auch gegenüber anderen Menschen ausdrücken. Gelebter Glaube und Weitergabe des Glaubens gehören zusammen. Dies kann durch eine Zeichenhandlung verdeutlicht werden: Ein Spieler erhält von einem anderen ein »Licht des Glaubens« (Kerze, Teelicht ...). Dieses Licht gibt er nun selber an andere weiter und diese wiederum an andere Mitspieler.

– *In Wort und Tat:* Der Eingangssatz der zweiten Lesung kann durch die Zeichen Zunge und Hand (aus Tonpapier geschnitten) wiedergegeben werden. Liebe ereignet sich nicht in Worten, sondern in konkreten Taten. Der Kontrast zwischen den beiden Zeichen kann durch ein Spiel der Kinder verdeutlicht werden: In einer ersten Szene verspricht einer wortreich Hilfe, geht aber dann weg, ohne etwas zu tun. In einer zweiten Szene hilft jemand, ohne große Worte zu machen.

– *Glauben und lieben:* Der Glaube an Gott und an Jesus und die Liebe zu den Menschen gehören untrennbar zusammen, sind wie zwei Seiten einer Münze. Entsprechend ist eine große Münze aus Tonpapier gearbeitet, auf der einen Seite steht »Glaube an Gott!«, auf der anderen »Liebe die Menschen!«. Auf vergleichbare Weise kann dieser Gedanke auch durch ein anderes Zeichen dargestellt werden, durch eine Waage mit zwei Schalen, die in einem ausgewogenen Verhältnis stehen und mit den Worten »Glaube« und »Liebe« bezeichnet sind.

– *Weinstock und Rebzweige:* Zur Verdeutlichung des Evangeliums wäre es gut, den Kindern einen Weinstock mit Rebzweigen vorzustellen. Dies wird jedoch nur in wenigen Fällen und kaum zu dieser Jahreszeit möglich sein. Allerdings lässt sich das Bildwort durchaus auch durch andere Pflanzen aufzeigen. So kann man zum Beispiel einen blühenden und einen vertrockneten Zweig mitbringen und daran die lebenschaffende Verbindung zwischen Stamm und Zweig erläutern. Vielleicht findet sich ein kleines blühendes Bäumchen, das in die Kirche mitgebracht werden kann. Wo man ein Bonsaibäumchen mit Früchten hat, kann damit das Thema »Frucht bringen« anklingen.

Weiterführung nach dem Gottesdienst

Der Lebensweg des Paulus mit wichtigen Stationen dabei kann vielleicht in einer Zeichnung zusammengefasst und den Gottesdienstbesuchern mitgegeben werden. Damit kann die Aufforderung verbunden werden, den eigenen Lebensweg mit wichtigen Stationen selber in eine Zeichnung zu bringen: Was hat meinen Weg geprägt, wo gab es Veränderungen, wo gab es auch wichtige Ereignisse, die meinen Glauben prägten?

Zur zweiten Lesung kann den Kindern eine aus Tonpapier ausgeschnittene Hand (oder – einfacher zu schneiden – ein Herz) mitgegeben werden, die an den Kerngedanken dieses Gottesdienstes erinnert. Ähnliches ist mit der Münze oder der Waage möglich. Um das Stichwort Liebe in der Gemeinde konkret werden zu lassen, könnte sich an diesen Gottesdienst auch eine konkrete Aktion anschließen, bei der Menschen in der Gemeinde geholfen wird.

Zum letzten Thema kann den Kindern ein blühender Zweig mitgegeben werden. Zu diesem Zweig können sie zu Hause ein Jesusbild malen und zu diesem Zweig legen – Zeichen ihrer Verbundenheit mit Christus.

(B 32) 6. Sonntag der Osterzeit

Zu den Schrifttexten

Apg 10,25-26.34-35.44-48: *Gott sieht nicht auf die Person – die Taufe des Kornelius.* Das zehnte Kapitel der Apostelgeschichte mit der Erzählung von der Taufe des Heiden Kornelius steht im Gesamt der lukanischen Theologie an entscheidender Stelle. In diesem Text wird breit ausgeführt, wie der Weg des Evangeliums über die Juden hinaus zu den Heiden führt. So wird das Wirken des Paulus vorbereitet und theologisch begründet Es ist schade, dass dieser entscheidende und schön erzählte Text nur in einer sehr gekürzten Form als Perikope ausgewählt wurde. Die erzählerische Kraft des Lukas geht dadurch ebenso verloren wie die überzeugende Wirkung der inhaltlichen Aussage. Durch das mehrfache, direkte Eingreifen Gottes (Engel, Vision, Zusammenführung von Kornelius und Petrus, vorzeitige Geistsendung) wird dem bislang streng in jüdischer Tradition stehenden Petrus ein Weg geöffnet, wie er auch den Heiden als von Gott geliebt und durch Jesus gerettet verstehen kann. Der Vers »Gott sieht nicht auf die Person ...« ist von da aus die zentrale Aussage des Textes; sie bildet künftig die Grundlage für die Entscheidung des Apostelkonzils (Apg 15) und somit *das* kirchliche Programm zur Ausbreitung des Evangeliums in den Ländern des Mittelmeeres. Ein Nebengedanke klingt am Ende des Textes an: Die Taufe bedeutet Verbindung mit Christus (paulinisch: Zugehörigkeit zum Leib Christi), zugleich aber Geistempfang und Geisterfülltheit: Gottes Geist wirkt in Menschen und in der Kirche.

1 Joh 4,7-10: *Gott ist Liebe.* Die zweite Lesung ist mit dem Evangelium durch das Stichwort Liebe verknüpft. Im Johannesbrief wird dabei in eher meditativer Sprache das Wesen der Liebe bedacht und auf Gott zurückgeführt: Er ist die Liebe, von der sich alle menschliche Liebe ableitet. Ja, weil er Liebe ist, bedeutet der Glaube an ihn eine deutliche Aufforderung, nun selber zur Liebe bereit zu werden (»wir wollen einander lieben«). Wesentlich bei diesem Text ist, dass Gott als Erster die Initiative ergreift, seine Liebe kommt allem menschlichen Tun zuvor. Liebe ist Gottes Weg zu uns – dies zeigt sich in unübertrefflicher Weise in Jesus, der nicht nur für die Menschen der Weg zu Gott ist (vgl. Joh 14,6), sondern zuerst der Weg Gottes zu uns, der Weg der Liebe Gottes zu den Menschen. Von da aus kann gesagt werden, dass der Mensch, der liebt, Gott wesensähnlich ist: In jeder echten menschlichen Liebe wird Gott sichtbar. So kann und soll die Liebe das Kennzeichen der Christen werden, ein Zeugnis in der Welt für den Glauben an Gott und seinen Christus.

Joh 15,9-17: *Liebt einander, wie ich euch geliebt habe.* Der Evangelientext setzt die Gedanken der zweiten Lesung fort und schließt zugleich an das Bildwort vom Weinstock (vgl. B 31) an. Die dort genannte Gemeinschaft der Jünger mit Jesus (der Rebzweige mit dem Weinstock) wird hier weiter gedeutet und auf ihren ursprünglichen Grund zurückgeführt: Die Einheit der Jünger (der Glaubenden) mit Jesus gründet in der Einheit Jesu mit dem Vater. Kennzeichen dieser Einheit ist die Liebe als personales Geschehen. Die Liebe Gottes ist also nicht ein abstrakter Begriff, sondern äußert sich im Verhältnis des Vaters zum Sohn. Dieses Verhältnis sollen die mit Jesus Verbundenen in ihrem Leben widerspiegeln – die Nächstenliebe ist *die* Antwort der Menschen auf die durch Jesus erfahrene Liebe Gottes. Die Liebe Gottes und die Liebe der Menschen stellen somit gleichsam das Grundgesetz und Fundament christlichen Glaubens dar. Wo diese Liebe im konkreten Tun (»Halten der Gebote«, vgl. auch Fußwaschung in Joh 13) verwirklicht wird, da entstehen Freundschaft und Freude, da wird Gott im Leben der Menschen sichtbar.

Schrifttext und Familien mit Kindern

Die Vermittlung der ersten Lesung leidet wiederum (vgl. B 31: Bekehrung des Paulus) darunter, dass der Text der Apostelgeschichte für diese Perikope in unverständlicher Weise gekürzt wurde und dadurch an erzählerischer Spannkraft verliert. So kommt die Folgerung des Petrus (»Jetzt begreife ich ...«) völlig unvermutet und, bedingt durch die Kürzung, unbegründet. Sollte dieser Text für den Gottesdienst gewählt werden, so sollte man das zehnte Kapitel der Apostelgeschichte in einer höchstens leicht vereinfachten Version vortragen.

Das angesprochene Thema (Mission der Heiden) erscheint uns auf den ersten Blick als fern, leben wir doch in einer Zeit, in der die Weltmission selbstverständlicher Bestandteil der Kirche ist und auch in unserem Land von vielen Menschen aktiv unterstützt wird. Dennoch lässt sich das Thema auf die Formulierung erweitern: »Gott schenkt jedem Menschen Zugang zum Glauben und zum Heil.«

Dies lässt sich in unserer Zeit zum einen auf Menschen anderer Religionen deuten, zum anderen aber auch auf unterschiedliche Gruppen und Glaubensweisen in unserer Gesellschaft. Gott geht zu allen Menschen, seine Liebe (vgl. 2. Lesung und Evangelium) erreicht alle. Dass dies Konsequenzen für das Verhalten der Christen gegenüber Menschen mit anderen Auffassungen und Religionsformen hat, ist unabdingbar. Hier geht es also bereits bei den Kindern im Familiengottesdienst darum, sie für die Vielfalt menschlicher Lebensformen, für Respekt und Toleranz, für gemeinsames Suchen nach Sinn und ein

Miteinander-Gehen auf dem Weg des Glaubens zu öffnen. Der Gottesdienst kann hierzu Impulse setzen.

Ein weiterer Anknüpfungspunkt betrifft das Stichwort Taufe und das damit verbundene Geschenk des Geistes Gottes. Vielleicht lässt sich in diesen Gottesdienst eine Taufspendung integrieren. Sonst aber kann man einige Riten der Tauffeier aufgreifen und deuten: Gottes Kraft, sein lebenschaffender Geist ergreift in der Taufe Besitz von einem Menschen.

Sowohl die Lesung aus dem Johannesbrief wie auch das Evangelium leiden darunter, dass die verwendeten Worte zwar bedeutungsschwer sind, aber aufgrund der vielfältigen Verwendung in der christlichen Tradition abgegriffen und eher blass und inhaltsleer erscheinen. Dass sich im unbedingten Zuspruch der Liebe Gottes und in der daraus sich ergebenden Konsequenz der Nächstenliebe sowohl theologisch wie im Blick auf den Lebensvollzug der Christen Sprengstoff ergibt, wird bei den oft gehörten Worten zu leicht übersehen. Dennoch stellt sowohl die Aussage »Gott ist Liebe« wie das Hauptgebot »Liebt einander« eine Kurzformel christlichen Glaubens und ein Grundgesetz christlichen Handelns dar. Hier berühren wir unmittelbar den Kern christlichen Glaubens – nicht umsonst findet sich der Evangelientext in der Abschiedsrede Jesu, in seinem Testament für die Jünger, also für die Menschen, die sich im Glauben an ihn binden.

Dies kann im Familiengottesdienst in zwei Richtungen behandelt werden: Zum einen ist es unerlässlich, auf Gottes Liebe zu uns zu verweisen, die sein Handeln mit Menschen kennzeichnet und all unserem Tun zuvorkommt und es übertrifft (vgl. B 31, zweite Lesung: »Gott ist größer als unser Herz). Ähnlich der Aussage der ersten Lesung lässt sich dieser Gedanke zusammenfassen: Gott macht sich auf den Weg zu allen Menschen.

Zum anderen muss die sich daraus ergebende Konsequenz sichtbar werden: Wer sich durch Christus an diesen liebenden Gott binden will, muss selber zur Liebe bereit werden, das bedeutet konkrete Taten der Nächstenliebe und des Einsatzes für andere (Fußwaschung). In der gelebten Liebe der Menschen werden Gott und seine Liebe in unserer Welt sichtbar. Alles andere im Glauben und in der Tradition der Kirche ist dagegen zweitrangig.

Gestaltungsideen für den Gottesdienst

– *Gott geht zu allen Menschen:* Das Thema der ersten Lesung kann durch ein Spiel aufgegriffen werden: Unterschiedliche Menschen aus unterschiedlichen Völkern (Alte und Junge, Reiche und Arme, Menschen verschiedener Hautfarbe und mit verschiedener Lebensart) sitzen verstreut im Altarraum und in der Kirche. Ein Spieler bringt jeder dieser Personen ein Herz aus rotem Tonpapier (oder ein Teelicht, eine aus Tonpapier geschnittene Sonne, ein Kreuz als Zeichen der in Jesus erschienenen Liebe Gottes ...) und sagt dabei: »Gott kommt auch zu dir.« Danach kommen diese Personen alle rund um den Altar zusammen und können miteinander das Vaterunser beten – Gottes Liebe erreicht alle Menschen und eint sie. Am Ende des Gottesdienstes kann jedes Kind einzeln (dabei Handauflegung) mit dem Satz gesegnet werden: »Gott liebt dich.« So wird das Thema »spürbar« vermittelt.

– *Mission – Gottes Liebe zu allen Menschen bringen:* Was im ersten Vorschlag allgemein ausgesagt wurde, kann auch deutlicher auf die Mission von Menschen bezogen werden, die noch nicht an Christus glauben. Ihnen wird die Botschaft von Jesus und der durch ihn zu den Menschen gekommenen Liebe Gottes gebracht. Mögliche Zeichenhandlung dafür: Bibeln werden verschiedenen Personen gebracht, die mit Kostümen unterschiedlicher Völker bekleidet sind. Auch diese Personen kommen dann zu einer Gemeinschaft zusammen und bilden »Weltkirche«.

– *Gottes Weg zu uns:* Weil Gott uns liebt, hat er seinen Sohn zu uns gesandt. Diese Aussage der zweiten Lesung wie des Evangeliums kann durch das Zeichen der Fußspur verdeutlicht werden: »Jesus ist die Fußspur Gottes in unserem Leben.« Die Kinder legen dazu vom Altar ausgehend aus Tonpapier geschnittene

»Fußspuren« hin zu den Bänken der Kirche, zu den versammelten Menschen. Diese Spuren tragen als Aufschrift »Jesus« oder sind mit einem aufgemalten Kreuz bezeichnet.

– *In der Liebe wird Gott sichtbar:* Menschen in allen Völkern suchen Gott, wo aber lässt er sich finden? In jeder echten menschlichen Liebe – gleich welcher Art– wird Gott und seine Liebe sichtbar, weil er der Ursprung der Liebe ist. Diese Kernaussage des Johannesbriefes kann durch ein Spiel verdeutlicht werden. Ein Spieler macht sich auf die Suche nach Gott, kann ihn aber nirgendwo finden. Schließlich erlebt er Szenen, wie Menschen einander lieben (etwa Eltern-Kinder-Liebe, Partnerliebe, Freundschaft, Liebe als Hilfe für die Armen ...). Jede dieser Szenen endet mit dem Satz: »*Hier* siehst du Gott.«

– *Das Testament Jesu:* Mit den Kindern wird der Begriff des Testaments aufgearbeitet: letzte Verfügung eines Menschen, in der es oft nicht allein um die Verteilung materieller Dinge geht, sondern ebenso um Anweisungen, was Menschen nach dem Tod des Testamentsaufstellers machen sollen. Im Testament kann sich so das widerspiegeln, was einem Menschen ganz besonders wichtig ist. Die (von Johannes konstruierte) Abschiedsrede Jesu stellt unmittelbar vor der Leidensgeschichte das heraus, was Jesus seinen Jüngern als ganz wichtig und für das Leben des Glaubenden unerlässlich hervorheben will: die aus der Liebe Gottes hervorkommende Liebe der Menschen. Das Liebesgebot ist gleichsam der testamentarische Auftrag Jesu an seine Jünger. Dieses Stichwort kann wie folgt umgesetzt werden: Zuerst wird ein fiktives Testament vorgelesen und daran der Begriff letzte Verfügung erarbeitet. Danach folgt der Vortrag des Evangeliums (eventuell ein wenig gekürzt). Die Kinder nennen das, was Jesus besonders wichtig ist. Das Stichwort »Liebe« wird anschließend groß auf ein Plakat geschrieben und an den Altar gehängt.

– *Das Grundgesetz der Christen:* In vergleichbarer Weise kann man mit dem Stichwort Grundgesetz vorgehen: Der Ansatzpunkt ist dabei nicht das, was Jesus auf seine Jünger hin sagt, sondern das Lebens- und Handlungsprinzip der Christen. Inhaltlich bedeutet dies aber das Gleiche: die sich aus der Liebe Gottes ergebende Liebe der Menschen.

– *Fußwaschung:* Wo es sinnvoll erscheint, kann das Thema mit der Zeichenhandlung der Fußwaschung (vgl. Joh13, C 24) verknüpft werden.

Weiterführung nach dem Gottesdienst

Das Thema Mission kann und sollte (auch unabhängig vom Weltmissionssonntag im Oktober) im Leben einer Gemeinde eine Rolle spielen (Informationen und Material dazu von Missio, Aachen). Manche Gemeinden haben auch eigene Missionsprojekte (Partnerschaften), auf die während oder nach dem Gottesdienst aufmerksam gemacht werden kann.

Zum Thema »Gott kommt zu uns« können die ausgelegten »Fußspuren« im Anschluss an den Gottesdienst an die Kinder ausgeteilt werden.

Passend zum Evangelium kann den Kindern sowohl ein »Testament« wie ein »Grundgesetz« übergeben werden, in dem das Hauptgebot Jesu aufgeführt ist.

(B 33) Christi Himmelfahrt

Zu den Schrifttexten

Apg 1,1-11** und **Eph 1,17-23: vgl. C 33.

***Mk 16,15-20:** Verkündet der gesamten Schöpfung das Evangelium.* Der sogenannte »lange Markusschluss« (16,9-20) ist wahrscheinlich im zweiten Jahrhundert an das Markusevangelium angehängt worden und greift auf die Berichte anderer Evangelien und der Apostelgeschichte zurück. Dabei besteht die Perikope aus mehreren, ursprünglich wahrscheinlich unabhängigen Traditionen: 1. Der Sendungsauftrag (vgl. Mt 28,20). In das Heilswirken Jesu ist die ganze Schöpfung eingeschlossen – allen gilt das Evangelium und damit die Rettung. 2. Durch das Evangelium werden die Menschen zur Entscheidung aufgerufen: Glaube oder Unglaube, Heil oder Unheil. Dieser Aufruf spricht in die Situation missionierender Gemeinden der ersten Jahrhunderte hinein: Es gilt, sich für Christus, den auferstandenen und zu Gott erhöhten Herrn, zu entscheiden. 3. Ausdruck des Glaubens können Zeichen sein, die wie Dämonenaustreibungen und Krankenheilungen in der Nachfolge des heilenden Jesus stehen, die Grenzen überwinden (Sprachen reden, vgl. Apg 2 Pfingsterzählung) und Unheil beseitigen (Schlangen und Gift schaden nicht). 4. Jesus geht nach diesen Sendungsworten in die Herrlichkeit Gottes über, er wird in den Herrschaftsbereich Gottes aufgenommen und hat an seiner Macht Anteil (= »zur Rechten sitzen«). 5. Dennoch ist er seinen Jüngern nicht fern, sondern stärkt und führt sie durch seine bleibende Gegenwart: Die Jünger dürfen auf den Herrn vertrauen.

Schrifttext und Familien mit Kindern

(Vgl. auch C 33 und A 33.) Während die plastische Erzählweise des Lukas in seinen beiden Himmelfahrtsberichten (vgl. C 33) das räumliche Missverständnis (»wie ein Fahrstuhl nach oben, zum Himmel fahren«) provoziert und während Matthäus die Himmelfahrt überhaupt nicht erzählt, wird in dieser Perikope die Aufnahme (nicht »Fahrt«) Jesu in den Himmel (verstanden als Herrschaftsbereich Gottes) neben anderen Kerngedanken eher beiläufig erzählt. Dies hilft zu einem Verständnis aus der Sicht des Glaubens.

Ebenfalls nennt Markus nicht eine Zeitspanne von vierzig Tagen nach Ostern. Nach den Erscheinungen des Auferstandenen kommen die Jünger zum Glauben und werden selber zu Boten bestellt. Damit erst ist das irdische Werk Jesu abgeschlossen, nunmehr verkünden die von ihm bestellten Boten sein Evangelium. Er selber ist ihnen bleibend mit seiner Kraft nahe (»er bekräftigte ihr Wort«), obwohl er in den Herrschaftsbereich Gottes aufgenommen wird.

Aus diesem Text können deshalb verschiedene Gedanken für die Gestaltung eines Gottesdienstes aufgegriffen werden: 1. Die Botschaft weitersagen – die Jünger sind berufen, Jesu Zeugen zu sein in der ganzen Welt. 2. Was der Himmel bedeutet – eingehen in die Herrlichkeit Gottes. 3. Jesus ruft uns zur Entscheidung auf – wir können mit ihm verbunden sein und durch seinen Geist gestärkt werden.

Wo solche Gedanken in den Vordergrund gestellt werden, braucht man sich nicht lange mit dem »Wunder« der Himmelfahrt oder den wunderbaren Zeichen zu beschäftigen. Es geht in diesem Text nicht um für uns unverständliche, äußere Dinge, sondern um Kerngedanken unseres Glaubens.

Gestaltungsideen für den Gottesdienst

– *Die Botschaft weitersagen:* Das Spiel »Stille Post« ist den meisten Kindern bekannt und bildet eine Traditionskette mit verfälschten, deshalb oft lustigen Ergebnissen ab. Beim Weitersagen des Evangeliums Jesu geht es um unverfälschte Weitergabe dessen, was Jesus seinen Jüngern aufgetragen hat. Dies kann in einem Spiel verdeutlicht werden, bei dem ein Evangelientext (oder eine Bibel) vom Altar (oder einem Kreuz) ausgehend an immer neue Menschen weitergegeben wird und diese mit diesem Text zum Altar kommen und dort eine immer größer werdende Gemeinschaft bilden.

– *Weißt du, wie der Himmel ist:* Die Kinder sammeln Bildworte, wie sie sich den Himmel als vollständiges Glück vorstellen können, etwa: Himmel ist wie ... ewige Ferien, ... ein Haus aus Edelsteinen, ... ein Rieseneis, das nie zu Ende geht, ... eine Maus in der Käsestube, ... ein unendliches Fest. Solche

Metaphern können auch in gemalten Bildern wiedergegeben werden, entweder durch einzelne Familien oder Gemeindegruppen vorbereitet oder spontan im Gottesdienst gemalt. Im Gespräch sollte sich als Quintessenz ergeben: Himmel bedeutet, dass das Glück des Menschen vollständig ist. Dies wird auf der Erde nie in vollkommener Weise möglich sein – Himmel ist deshalb die Vollendung in Gott und die Teilhabe an seinem Reich.

– *Zur Entscheidung gerufen:* Jeden Tag müssen wir uns an vielen Stellen und in vielen Situationen entscheiden (Szenen spielen lassen, etwa Weg, Kauf von Dingen, Umgang mit Zeit ...). In der Regel entscheiden wir danach, ob uns etwas Nutzen bringt oder nicht, ob es zu unserem »Heil« oder »Unheil« ist. Diese Kriterien gelten für die Grundentscheidung zum Glauben oder Unglauben in noch höherem Maß. So stellt die Zusage Jesu der Rettung durch Glauben und Taufe für uns ein Motiv dar, uns immer wieder um den Glauben zu bemühen. In einer letzten Szene wählen Kinder deshalb zwischen einer brennenden und einer ausgelöschten Kerze als Symbole für Heil und Unheil (ebenso möglich zwischen einer blühenden und einer vertrockneten Pflanze ...).

Weiterführung nach dem Gottesdienst

Wenn im Spiel ein Evangelientext auf einem eigenen Blatt verwendet wurde, kann den Kindern dieses Blatt nach Hause mitgegeben werden. Neben dem Evangelientext kann auf dem Blatt auch eine Zeichnung (etwa Gemeinschaft Jesu mit den Jüngern) sein, die die Kinder zu Hause ausmalen können.

Die Kinder können passend zum zweiten Vorschlag aufgefordert werden, ihre Vorstellungen vom Himmel zu malen und diese Bilder zum nächsten Gottesdienst mitzubringen. Solche Bilder können für die ganze Gemeinde einen Denkanstoß bilden, zu einem besseren Verständnis des Festgedankens zu kommen.

Im Familiengespräch kann bedacht werden, wie man sich gegenseitig in der Entscheidung zum Glauben stützen kann, wie alle einander helfen können, im Glauben zu wachsen und ihn besser zu verstehen.

(B 34) 7. Sonntag der Osterzeit

Zu den Schrifttexten

Apg 1,15-17.20-26: *Die Wahl des Apostels Matthias.* Zwischen Himmelfahrtserzählung und Pfingsterzählung greift Lukas im ersten Kapitel der Apostelgeschichte das Thema »Apostel« auf. Für ihn sind die Apostel in mehrfacher Weise wichtig. Sie bilden das Kontinuum, das beständige Bindeglied zwischen der Jesuszeit und der nun anbrechenden Zeit der Kirche. Zudem sind sie ein Abbild der zwölf Stämme Israels, stellen also das neue Volk Israel dar und verweisen somit auf die Erfüllung der Verheißungen Gottes. Ihre Aufgabe lässt sich dreifach charakterisieren: Sie sind Brücke zwischen Jesus und seinem Jüngerkreis und zwischen der jungen Kirche. Diese Brückenfunktion nehmen sie wahr durch Zeugenschaft (ein Apostel muss Zeuge des Lebens Jesu und zweitens seiner Auferstehung sein). Ihre Zeugenschaft stellt einen Dienst an der Gemeinschaft der Glaubenden dar. Unmittelbar vor der heutigen Perikope führt Lukas eine Apostelliste mit elf Namen an (Judas ist nicht mehr dabei); diese erfüllen die Kriterien. Damit die theologisch wichtige Zahl Zwölf wieder erreicht wird, ergibt sich nun eine Ergänzungswahl, die allerdings nur in ihrem ersten Schritt (Auswahl der beiden Kandidaten) eine Wahl der Gemeinde ist. Im zweiten, entscheidenden Schritt wählt Gott selber. Er ist derjenige, der einen Menschen in den besonderen Dienst beruft, er stärkt ihn auch durch seinen Geist für diese Aufgabe.

1 Joh 4,11-16: *Wenn wir einander lieben, bleibt Gott in uns.* Die Perikope schließt an die vorausgegangenen Verse an und bildet damit eine inhaltliche Einheit (vgl. B 32); der durch die Leseordnung erfolgte Einschnitt ist wenig sinnvoll. Somit ergeben sich auch aus diesem Text die bereits genannten Grundgedanken, die die Mitte des ersten Johannesbriefes bilden. 1. Gottes Liebe kommt aller menschlichen Liebe zuvor, ja begründet und trägt sie. 2. Gottes Liebe zu uns ist uns in Jesus, seinem Christus, sichtbar geworden, deshalb ist er der »Retter der Welt«. 3. Die Liebe Gottes zu uns bewirkt in uns, dass auch wir bereit werden zur Liebe. Tätige Nächstenliebe ist das Kennzeichen des Christen und steht im Einklang mit dem Glauben an Gott und dem Bekenntnis zu Jesus.

Joh 17,11-19: *Damit sie eins sind wie wir.* Der Evangelientext ist ein Ausschnitt aus dem »Hohenpriesterlichen Gebet« Jesu (Joh 17), das eine eindrucksvolle, wenn auch sprachlich schwierige Zusammenfassung johanneischer Theologie darstellt. Dabei sind drei Schlüsselbegriffe wichtig: 1. *Einheit.* Bereits mehrfach klingt in den Abschiedsreden Jesu dieses Thema an (vgl. B 31 Bildwort vom Weinstock und den Rebzweigen; B 32 Bleiben in der Liebe). Einheit ist hier zu sehen als lebendige Gemeinschaft mit Gott und mit Jesus und dadurch auch untereinander. Weil Gott in sich eins ist und weil Christen an ihm Anteil haben sollen, sind sie auch untereinander zu einer inneren Einheit aufgerufen. 2. *Bewahren.* Die Gemeinschaft der Christen ist ständig von innen und außen angefochten. So brauchen sie die Stärkung und den Schutz Gottes, damit sie diesen Anfechtungen widerstehen können. 3. *Heiligen zum Zeugnis.* Nach dem Beispiel Jesu sollen sich die Christen voll und ganz Gott anvertrauen (= »heiligen«). Nur so werden sie bereit, von ihrem Glauben Zeugnis abzulegen vor der Welt, die Wahrheit des Evangeliums weiterzutragen zu den Menschen.

Schrifttext und Familien mit Kindern

Alle drei Schrifttexte lassen sich nur mit Mühe als Grundlage eines Familiengottesdienstes verwenden. Der Text der Apostelgeschichte ist zwar konkret und auch für Kinder verständlich erzählt, wir sind aber doch recht weit weg vom damaligen Geschehen. Hier kommt es bei einer Umsetzung darauf an, dass Bezüge zu heutigem Gemeindeleben aufgezeigt werden. Es geht also weniger um einen »historischen Rückblick« (der sowieso nicht möglich ist, da der Text des Lukas Theologie, keine Historie darstellt) als um das Anwenden der Prinzipien des Anfangs auf heutige Kirchen- und Gemeindestrukturen. Damit aber wird der Bericht von der Apostelwahl zu einem kirchenpolitisch »heißen Eisen«.

Nur für Erwachsene ist es sinnvoll, die Frage nach der Wahl zu kirchlichen Ämtern wie Pfarrer und Bischof durch die Gemeinschaft der Glaubenden zu thematisieren. Für Kinder und damit für Familiengottesdienste sollte man sich auf die Konkretionen beschränken, die zur Zeit möglich sind und die Kinder auch vor Ort erleben können. Damit sind besonders die gewählten Leitungsgremien unserer Gemeinden gemeint, Pfarrgemeinderat und – je nach Struktur – Kirchenvorstand.

Sowohl die zweite Lesung wie das Evangelium lassen sich (wie auch am vorangegangenen Sonntag, vgl. B 32) von ihrer theologisch gefüllten, aber eher abstrakten Sprache nur mit Mühe für Predigt und Katechese verwenden. Die Sprache johanneischer Theologie ist – anders als etwa die des Lukas, vgl. unseren Band »Vom Leben erzählen« – mehr meditativ, umkreist in immer neuen Gedankengängen die ständig gleichen Begriffe, wie Liebe, Heil, Rettung, Sendung, Zeugnis ...

Somit ergeben sich als Stichworte, die dann im Gottesdienst umgesetzt werden müssen, für die zweite Lesung: in Jesus bleiben (Gemeinschaft), Liebe, Zeugnis geben; für das Evangelium: Einheit, Bewahren, die Wahrheit bezeugen. Trotz der mühsamen Aufgabe sollte man versuchen, zumindest einige Ansätze der johanneischen Theologie zu vermitteln, die zentrale Aussagen zu christlichem Glauben macht.

Gestaltungsideen für den Gottesdienst

– *Zeugen Jesu – die zwölf Apostel:* Die Kirche nennt sich – neben anderen Bezeichnungen – *apostolische* Kirche, versteht sich also als Glaubensgemeinschaft, die auf das Zeugnis der Apostel zurückgeht. Die Erfahrungen, die sie mit dem lebenden und dem auferstandenen Jesus gemacht haben, bewirkten bei ihnen eine Lebenswende und sind zugleich die Grundlage für die entstehende junge Kirche. Dies kann im Gottesdienst durch verschiedene Szenen dargestellt werden. 1. Szene: Jesus beruft die Zwölf und nennt sie mit Namen. 2. Szene: Nachdem Jesus und Judas abgegangen sind, »wählen« die Apostel einen Nachfolger. 3. Szene: Die Zwölf rufen nun andere in ihre Gemeinschaft – Kirche entsteht. In diesem Zusammenhang kann den Kindern erläutert werden, was mit dem Ausdruck »apostolische« Kirche gemeint ist.

– *Pfarrgemeinderat und Kirchenvorstand:* Die Strukturen der Kirche ändern sich ständig und müssen sich veränderten Zeitsituationen anpassen. Dazu gehört auch, dass das Volk Gottes miteinander Verantwortung für sein Leben trägt und darüber Entscheidungen fällt. Die gewählten Leitungsgremien einer Gemeinde sind dabei wichtige Elemente. Im Zusammenhang mit der Lesung aus der Apostelgeschichte können beide Gremien sich und ihre Arbeit vorstellen. Dabei ist es gut, wenn jeweils ein oder mehrere Vertreter der Gremien diese Aufgabe übernehmen. Auf die Wahl durch die Gemeinde sollte dabei besonders eingegangen werden.

– *Verbunden bleiben:* In der Liebe bleibt Gott in uns und wir in ihm. Dieser Satz der zweiten Lesung lässt sich wie folgt anschaulich machen. Von einem Gottessymbol aus (Altar, Kerze, große gemalte Hand ...) werden bunte Wollfäden zu Menschen in der Kirche gespannt, so dass sich auch untereinander Verbindungen ergeben, ein großes Netz. An diese Fäden sind in gewissen Abständen kleine Herzen aus rotem Tonpapier gebunden – die Liebe verbindet Gott und die Menschen und auch die Menschen untereinander.

– *Ineinander bleiben:* Diese Verbundenheit kann auch durch ein anderes Zeichen deutlich werden: Auf einem ersten Plakat ist ein Mensch gemalt, dessen Brust (Herz) als leuchtendes Licht dargestellt ist. Dazu passt der Satz: »Gott ist in jedem Menschen, in uns, in dir.« Auf einem zweiten Plakat ist die Darstellung genau umgekehrt. In einen großen Lichtkreis sind Menschen gemalt: Gott umgibt uns, wir sind in Gott geborgen.

– *Gott die Hand reichen:* Wie kann Gott vom Menschen erreicht werden? Nach dem Zeugnis des Johannesbriefes geschieht dies durch die Liebe zueinander. Wo ich einem Menschen meine Hand liebend und helfend reiche, da reiche ich letztlich Gott die Hand. Aus Tonpapier sind verschiedenfarbige »kleine Hände« ausgeschnitten. Jeweils zwei werden zusammengeklebt und dabei angesprochen, welche konkreten Taten der Nächstenliebe möglich sind. Danach werden diese Hand-Paare auf eine große gelbe Hand (Gottessymbol) geklebt. In der Liebe zum Nächsten zeigen wir unsere Liebe zu Gott.

– *Einheit untereinander durch Gott:* Menschen werden durch den Geist Gottes zu einer Gemeinschaft zusammengeführt. Dies kann spielerisch dadurch verdeutlicht werden, dass sich einige Spieler in einen Kreis stellen, aber einander noch nicht berühren. Dann wird ein Band zwischen ihnen geknüpft, so dass sich ein großer Kreis ergibt – Gemeinschaft entsteht.

– *Ökumene als Auftrag Jesu:* Für Christen gilt es, die von Jesus gewollte Einheit zu bewahren, die aber durch die Schuld von Menschen immer gefährdete Einheit ist. So kann an diesem Sonntag vor Pfingsten das Thema Ökumene aufgegriffen, vielleicht auch ein ökumenischer Gottesdienst gefeiert werden.

Weiterführung nach dem Gottesdienst

Damit die Arbeit der Gemeindegremien besser bekannt wird, können Pfarrgemeinderat und Kirchenvorstand etwa im Vorraum der Kirche eine kleine Ausstellung organisieren, die über ihre Arbeit und die Schwerpunkte ihrer Aktivitäten informiert. Dabei ist es denkbar, dass Mitglieder der Gremien bei dieser Ausstellung auch zum Gespräch bereitstehen und weiterführende Fragen beantworten können. Eine solche Information im Anschluss an die Gottesdienste (nicht nur nach dem Familiengottesdienst) erscheint oft sinnvoller als eine (jährlich vorgeschriebene) Pfarrversammlung, zu der nur sehr wenige Gemeindemitglieder kommen. Bei dieser Ausstellung können auch die Wünsche und Erwartungen der Gemeindemitglieder (auch der Kinder!) abgefragt werden.

Zum Thema Ökumene passt nicht allein ein ökumenischer Gottesdienst, sondern auch ein Besuch in der evangelischen Gemeinde, vielleicht ein Treffen mit Kinder- oder Familiengruppen dieser Gemeinde und ein gemeinsames Programm.

(B 35) Pfingsten

Zu den Schrifttexten
Schrifttext und Familien mit Kindern
(vgl. im Band zum Lesejahr C)

Gestaltungsideen für den Gottesdienst

– *Wie ein Feuer vom Himmel:* Das in der Pfingsterzählung verwandte Bildwort vom Feuer kann den Kindern aufgeschlossen werden. Feuer ist ein ambivalentes Grundsymbol, das in allen Kulturen eine Rolle spielt und mit dem Symbol Licht verknüpft ist. Feuer kann wärmen und erhellen, es kann aber auch zerstören und etwas zu Asche werden lassen. Die verändernde Kraft von Feuer wird beim Schmelzen und Reinigen von Metallen deutlich. In der Liturgie der Kirche wird Feuer nur an zwei Stellen gebraucht: jährlich in der Osternacht das Osterfeuer und – sehr selten – Feuer auf dem Altar bei der Altarweihe. Vom Osterfeuer kann im Gottesdienst ausgegangen werden. An ihm wird die Osterkerze angezündet, die auch im Pfingstgottesdienst noch im Vordergrund steht; sie ist Zeichen der Auferstehung. Auch das Feuer weist also auf den auferstandenen Herrn hin. Wenn der Geist Gottes *wie* Feuer auf die Gemeinschaft der Jünger herabkommt, verweist dies zum einen auf Christus, zum anderen auf Gott, der in alttestamentlichen Erzählungen den Menschen im Feuer begegnet (vgl. brennender Dornbusch ...). Passend zu diesem Symbol ist es, in der Kirche in einer Metallschale ein Feuer anzuzünden. Die Wirkung des Geistes Gottes kann dann durch eine Pantomime dargestellt werden: Verschiedene Spieler bewegen sich langsam, wie im Schlaf, mit Mühe. Je näher sie zum Feuer kommen, umso lebendiger werden sie, bis alles in einen gemeinsamen Tanz um das Feuer mündet: Der Geist bewegt Menschen, bringt »Feuer« in ihr Leben, lässt sie lebendig werden.

– *Frieden empfangen und weitergeben:* In der Mitte des Evangeliums steht der Friedensgruß Jesu und die Sendung der Jünger, den Frieden weiterzugeben. Auch Christen haben den Auftrag, Frieden und Versöhnung weiterzugeben. In diesem Gottesdienst sollte deshalb der Friedensgruß besonders gestaltet werden. Vielleicht kann er unmittelbar nach einem Evangelienspiel, bei dem die Jünger von Jesus den Friedensgruß erhalten haben, von den Spielern in die Gemeinde getragen werden.

– *Die sieben Gaben des Geistes:* Die sieben Gaben des Geistes in der kirchlichen Tradition gehen auf Jesaja zurück (Jes 11,1-5): Weisheit, Einsicht, Rat, Erkenntnis, Stärke, Frömmigkeit, Gottesfurcht. Die Siebenzahl ist als Zahl der Vollkommenheit gemeint, es geht um die Fülle des Geistes und seiner guten Gaben, die in einen Menschen gelegt werden. Die traditionellen Begriffe können deshalb selbstverständlich durch Begriffe ergänzt oder ersetzt werden, die unserer Lebenswelt mehr entsprechen, etwa: Solidarität, Gerechtigkeit, Hoffnung, Einsatzbereitschaft ... Solche Begriffe – möglichst sieben – können im Gottesdienst durch kleine Spiele verdeutlicht werden. Jedesmal wird dabei eine Kerze auf dem Altar angezündet und eine Fürbitte dazu gesprochen.

Weiterführung nach dem Gottesdienst

Vielleicht kann ein Pfingstwunsch der Gemeinde mit den Gedanken gestaltet werden, die zu den sieben Gaben des Geistes bedacht wurden, etwa: »Wünschen wir uns die Kraft des Heiligen Geistes, damit ...«

Passend zum Pfingstfest und zum Thema Heiliger Geist kann eine Verbindung zu einem Firmkurs geschlagen werden. Dazu können die Firmlinge in den Familiengottesdienst eingeladen werden und dabei vielleicht Aufgaben übernehmen (etwa die Pantomime mit dem Feuer). Sie können aber auch nach dem Gottesdienst einen kleinen Pfingstempfang ausrichten und von ihrem Kurs erzählen ...

(B 36) Dreifaltigkeitssonntag

Zu den Schrifttexten

Dtn 4,32-34.39-40: *Er ist der Gott oben im Himmel und unten auf der Erde.* Die Endfassung des Deuteronomiums ist in der Zeit des babylonischen Exils entstanden (6. Jh. v. Chr.). In der Zeit großer Bedrängnis wollen die Verfasser das Volk dadurch aufmuntern, dass sie seine Erwählung und Führung durch Gott in Erinnerung rufen. Dies geschieht in einer fiktiven Abschiedsrede des Mose, die einen Rückblick auf die Heilsgeschichte darstellt und dabei besonders drei Gedanken betont: 1. Gott ist den Menschen nicht fern, vielmehr offenbart er sich seinem auserwählten Volk – Stichwort Sinai. 2. Gott handelt mit seinem Volk und rettet es immer wieder aus aller Not – Stichwort Befreiung aus Ägypten. 3. Um seinem Volk beständig Leben und Heil zu schenken, gibt Gott ihm eine Lebensordnung, Gesetze und Vorschriften – Stichwort Bundesschluss am Sinai. Wo sich das Volk auf das von Gott geschenkte Leben und seine Ordnung einlässt, da erlangt es Heil und kann auch in der Not auf Rettung vertrauen. Für das Volk im Exil, aber ebenso zu späteren Zeiten und letztlich für jeden Glaubenden ist dies eine Botschaft der Hoffnung.

Röm 8,14-17: *Ihr habt den Geist empfangen, der euch zu Söhnen macht.* Vereinfacht gesagt, gibt es für Paulus zwei einander völlig entgegengesetzte Lebensweisen: Das »Leben aus dem Fleisch«, das heißt entsprechend den Maßstäben unserer Welt, und das »Leben aus dem Geist«, das heißt, entsprechend den Maßstäben Gottes. Durch den Glauben wird ein Mensch aus der Welt in den Wirkungsbereich des Geistes hineingeführt, der Geist soll deshalb auch weiterhin sein Leben und sein Verhalten bestimmen. Dies hat Konsequenzen: Durch den Geist entsteht ein neues Verhältnis des Menschen zu Gott: Er kann nunmehr im Vertrauen zu ihm »abba – Vater« sagen. Ferner bewirkt der Geist und seine Führung ein Ende aller Knechtschaft unter weltliche Mächte, der Glaubende ist durch den Geist befreit zu einem neuen Leben. Beide Konsequenzen einer Führung durch den Geist bewirken auch ein neues Verhältnis zu Jesus. Der Glaubende hat an der Kindschaft und Erbenschaft Christi teil und ist somit durch die vom Geist gewirkte Beziehung zu Gott auch intensiv mit Christus verbunden. Dies ist eine Botschaft der Hoffnung, die einen Ausblick gibt auf die verheißene Vollendung und Herrlichkeit im Reich Gottes.

Mt 28,16-20: *Geht zu allen Völkern und tauft sie auf den Namen des Vaters ...* Vgl. A 33.

Schrifttext und Familien mit Kindern

Das Themenfest Dreifaltigkeit ist nicht allein von seiner theologischen Aussage her schwer zu vermitteln. Es hat auch im Leben der meisten Christen keinen »Sitz im Leben« und wirkt – wie andere Themenfeste auch – eher aufgesetzt und blutleer. Hinzu kommt in diesem Lesejahr, dass die beiden Lesungstexte für Kinder recht schwer verständlich sind. Das Evangelium bietet zwar mit der Taufformel eine trinitarische Formel, hat aber eigentlich ein anderes Thema als den dreifaltigen Gott, so dass man hier eher von einer Stichwortassoziation ausgehend zum Thema des Tages finden muss.

Dennoch gibt es einige, wenn auch schwierige Ansatzpunkte, die sich aber eher auf die erwachsenen Gottesdienstteilnehmer hin erschließen lassen. In der alttestamentlichen Lesung geht es wesentlich darum, dass Gott seinem Volk begegnet, er offenbart sich, er kommt auf sein Volk zu, und dies geschieht in unbegreiflicher, treuer Liebe. Dieser Gedanke ist auch die Grundlage jeder Theologie der Dreifaltigkeit (vgl. A 36): Gott ist in sich so sehr Liebe, dass wir ihn nur als Liebe wahrnehmen können, dass er uns als unendliche Liebe begegnet. Diese Erfahrung hat Israel durch seine ganze Geschichte immer wieder gemacht, so wird seine Geschichte trotz aller Widerwärtigkeiten zu einer »Heilsgeschichte« Gottes mit den Menschen.

Dies klingt auch in der neutestamentlichen Lesung an: Hier zeigt sich die Liebe Gottes darin, dass die Menschen zu seinen Kindern werden, die vertrauensvoll zu ihm Vater sagen dürfen. So werden sie durch den Geist Gottes aus der Knechtschaft befreit und gewinnen neues Leben. Die Freiheit der Kinder Gottes ist *das* Thema der paulinischen Theologie, einer Freiheit, die durch Jesus am Kreuz gewirkt und die durch den Geist bestätigt wird.

Hier kommt nun auch der Ansatz christlicher Taufe zum Tragen: Die Taufe auf den dreifaltigen Gott stellt die grundlegende Befreiung des Menschen dar. Aus der Verstrickung der Welt wird er in den Herrschaftsbereich Gottes hineingenommen.

Für einen Familiengottesdienst erscheinen folgende Gedanken der Schrifttexte wichtig: Gott zeigt sich dem Menschen (Offenbarung); die Menschen dürfen zu Gott vertrauensvoll Vater sagen (Glaube als Antwort); die Taufe ist Beginn dieser wechselseitigen Beziehung der Liebe zwischen Gott und Mensch.

Gestaltungsideen für den Gottesdienst

– *Das Zeichen für den dreifaltigen Gott:* Das Kreuzzeichen ist für (katholische) Christen ein wichtiger Ritus, es ist zugleich Bekenntnis zu Jesus (Kreuz) und zum dreifaltigen Gott. Da dieses Zeichen häufig vollzogen wird, besteht die Gefahr, es oberflächlich zu machen. So kann es am Dreifaltigkeitstag zum Thema und in verschiedene Richtungen gedeutet werden: Die beiden Balken des Kreuzes und damit die beiden Richtungen des Kreuzzeichens zeigen die Verbindung eines Menschen mit Gott und mit den anderen Glaubenden auf. Der senkrechte Balken steht für die Verbindung zu Gott, der waagerechte für die Verbindung zu den Menschen. Ebenso kann man das Kreuzzeichen nicht nur von seiner Formel her trinitarisch deuten: Die erste Handbewegung geht nach oben: Gott ist über uns. Die zweite geht nach unten: Jesus ist mitten unter uns, ist Mensch geworden. Die dritte umfasst den ganzen Körper: Der Geist umfasst unser ganzes Leben und umgibt uns.

– *Eine Kerze mit drei Dochten:* Um sich dem Geheimnis der Dreifaltigkeit zu nähern, kann man eine dicke Kerze gießen, die statt eines Dochtes drei besitzt. Wenn man diese Kerze anzündet, brennen alle drei Dochte und ergeben zusammen eine Flamme. Übertragen lässt sich dies auf Gott deuten: Die drei Personen Gottes brennen in einer Liebe zum Menschen, der eine Gott (Kerze) offenbart sich uns in drei Personen (Dochte).

– *Gott kommt in Liebe auf uns zu:* Für Juden (alttestamentliche Lesung) und Christen ist Gott den Menschen nicht fern, sondern er begegnet ihnen immer wieder in der Geschichte und zeigt sich als barmherzig und den Menschen zugewandt. Gott lässt sich erfahren. Dies lässt sich am Verhältnis zweier Freunde aufarbeiten: Je mehr sie miteinander erleben, je mehr sie eine gemeinsame Geschichte haben, umso mehr kennen sie einander und werden vertraut miteinander. Gottes Geschichte mit den Menschen ist die Grundlage des Vertrauens zu ihm (alttestamentlich: Auszug aus Ägypten als Grundlage des Vertrauens zum rettenden Gott, vgl. die erste Lesung).

– *Vater sagen:* Verschiedene Spielszenen zeigen auf, wie sich ein guter Vater gegenüber seinen Kindern verhält. Entsprechend werden passende Begriffe dazu gesammelt. Im anschließenden Gespräch werden diese »Vatererfahrungen« auf Gott bezogen. Entsprechend der Weisung Jesu können wir zu Gott »abba – Vater« sagen.

– *Getauft auf den Namen des dreifaltigen Gottes:* Vom Taufauftrag des Evangeliums ausgehend können einzelne Elemente des Taufritus bedacht werden. Gut wäre es, wenn in diesem Gottesdienst auch eine Taufe stattfindet. Der inhaltliche Schwerpunkt einer Katechese sollte bei der Tauformel und ihrem Bekenntnis zum dreifaltigen Gott liegen: In der Taufe wird ein Mensch mit Vater, Sohn und Geist verbunden.

Weiterführung nach dem Gottesdienst

Die Familien können im Anschluss an den ersten Gottesdienstvorschlag dazu ermuntert werden, das Kreuzzeichen immer wieder im Raum der Familie aufmerksam zu machen (etwa vor Tisch- oder Abendgebet oder als Segenszeichen, bevor die Kinder morgens das Haus verlassen ...).

Zum zweiten Vorschlag können die Familien, aber auch Kindergruppen in der Gemeinde entsprechende Kerzen mit drei Dochten selber gießen und sie mit bunten Wachsplättchen verzieren (Symbole der Dreifaltigkeit, etwa Hand, Kreuz und Taube ...).

Zum Thema Taufe kann den Familien eine Information über den Taufritus mitgegeben werden. Zugleich sollte zu den Taufgottesdiensten eingeladen werden, die keine Familien-, sondern Gemeindefeiern sind.

(B 37) Fronleichnam

Zu den Schrifttexten

Ex 24,3-8: *Der Bund, den der Herr mit euch geschlossen hat.* Die Perikope setzt unvermittelt ein, so dass man den Hörern zum besseren Verständnis vorab den Ausgangspunkt des geschilderten Geschehens berichten muss: Mose kommt vom Sinai herab und verkündet dem Vok den Dekalog und die im Bundesbuch (Ex 21-23) zusammengefassten Rechtsnormen Israels. In diesem Text nun geht es zum einen um die Reaktion des Volkes darauf, zum anderen – und wichtiger – um den Bundesschluss, der in einer rituellen Weise vollzogen wird und der vielfältige Symbole in sich birgt. Das Volk hat die Erfahrung der Befreiung aus Ägypten gemacht und erlebt deshalb die Gesetzgebung am Sinai nicht als Einengung, sondern als Befreiung zu einem Leben, das allen Raum zur Entfaltung bietet. So »antwortet« das Volk auf das ihm verkündete Wort Gottes mit seiner Bereitschaft zum Bund. Der Bundesschluss wird als Tieropfer vollzogen. Blut – Zeichen des Lebens, das Gott gehört – wird zum einen auf den Altar (Symbol für Gott), zum anderen auf die Menschen gesprengt: Sie sind nun miteinander verbunden. In den zwölf Steinmalen klingen die Stämme Israels an, das ganze Volk ist in diesen Bund eingebunden. Durch die erneute Verlesung der Bundesurkunde und die Bereitschaftserklärung des Volkes wird der Bund nicht nur mit dem Zeichen (Blutopfer), sondern auch mit Worten geschlossen.

Hebr 9,11-15: *Er ist der Mittler eines neuen Bundes.* Der Hebräerbrief möchte Christen der zweiten Generation deutlich machen, wie Christus durch seine Erniedrigung und Selbsthingabe den Weg in die Herrlichkeit Gottes beschritten hat. So sollen die Christen die Kraft gewinnen, selber durch Zeiten der Mühe und der Erniedrigung hindurch am Glauben festzuhalten, um so Erlösung und Heil zu gewinnen. Um dies aufzuzeigen, setzt der Hebräerbrief deutlich den in Christus beginnenden Neuen Bund vom Alten Bund ab. Die Perikope greift dabei auf den Opferkult des Versöhnungstages zurück, bei dem ein Kalb und ein Ziegenbock geopfert und mit ihrem Blut Priester und Volk besprengt werden. Solcher Ritus – so der Hebräerbrief kultkritisch – kann die endgültige Versöhnung mit Gott nicht erreichen. Vielmehr geschieht dies nur durch die Selbsthingabe Jesu, durch sein Blut, das am Kreuz die endgültige Versöhnung erlangt hat. Seine Ganzhingabe ist die Grundlage des Neuen Bundes, durch ihn wird der Weg ins wahre Heiligtum möglich, in die Vollendung und Herrlichkeit Gottes.

Mk 14,12-16.22-26: *Abendmahl – das Blut des Bundes.* In der Perikope sind die Vorbereitungen zum Abendmahl Jesu (verstanden als Paschafest) berichtet und das Mahl selber. Die Vorbereitung zeigt sich in Form einer Legende, in der Jesus als der vorauswissende Lehrer gezeichnet wird, der seinen Weg entschieden geht. Dies entspricht der theologischen Linie des Markus. Im Abendmahlsbericht selber vermischt sich – für uns nicht mehr genau zu trennen – ein Rückblick auf historisches Geschehen (das letzte Mahl Jesu mit seinen Jüngern) mit liturgischen Formen des urchristlichen Gemeindegottesdienstes. Entsprechend der Darstellung der Synoptiker (Mk, Mt und Lk, anders Johannes) wird dieses Mahl als Paschamahl verstanden, obwohl wesentliche Elemente des Pascha (etwa das Essen des Lamms) nicht berichtet werden. Die Worte Jesu über Brot und Wein spielen auf seine Selbsthingabe für die Menschen an. So entsteht ein neuer Bund (vgl. die beiden Lesungen), der den bisherigen übertrifft und vollendet. Dieser Bund zielt auf den Anbruch der Herrschaft Gottes in der Welt.

Schrifttext und Familien mit Kindern

Der Evangelientext ist für Kinder leicht aufzunehmen, weil sie im Abendmahlsbericht die Einsetzungsworte der Eucharistiefeier erkennen und so einen Bezug zwischen Evangelium und Tagesgedanken finden. Allerdings sollte man überlegen, ob man die (wunderbare) Vorbereitungsgeschichte vorträgt, oder erst mit Vers 16 beginnt.

Schwieriger einzusetzen sind die beiden Lesungstexte. Der Hebräerbrief übersteigt von seinen theologischen Gedanken, aber auch von seinem religionsgeschichtlichen Hintergrund (Liturgie des Versöhnungstages) das Verständnis nicht allein der Kinder, sondern auch der meisten Erwachsenen. Selbst der Zielsatz (»Mittler des neuen Bundes«) ist schwierig, hier scheint uns aber der einzige sinnvolle Ansatzpunkt für eine Verwendung dieser Lesung im Familiengottesdienst zu sein.

Auch die alttestamentliche Lesung bereitet Schwierigkeiten, die für Kinder vor allem in der Beschreibung des Opferritus bestehen. Zudem dürfte jüngeren Kindern der Hintergrund der Mosetradition und der Gesetzgebung am Sinai unbekannt sein. Auch hier scheint als einziger Ansatzpunkt der Bundesschluss zwischen Gott und seinem Volk möglich zu sein.

In der Regel kann an Fronleichnam kaum eine Gestaltung des Gottesdienstes ausschließlich im Blick auf Kinder stattfinden – die genannten Themen lassen sich aber ebenso auf Erwachsene hin aussagen.

Gestaltungsideen für den Gottesdienst

– *Gott und Mensch – aneinander gebunden:* Das Stichwort Bund taucht in allen Schrifttexten auf, so dass sich eine Behandlung dieses Themas anbietet. Der Bund wird von Gott dem Menschen angeboten, dieser hat sein Ja dazu zu sprechen. So bedeutet der Bund ein wechselseitiges Geschehen der Bejahung und Zuwendung zueinander. Dies kann im Spiel dadurch ausgedrückt werden, dass Spieler (etwa in einer Pantomime) mit Seilstücken von zwei Seiten Schritt für Schritt aufeinander zugehen und die Seilstücke verknoten – sich aneinander binden. Auch das Symbol der beiden Ringe (Ehe»bund«) ist denkbar – das Bild von Gott als Bräutigam und Mensch (Volk Israel) als Braut ist biblisch. Im Gespräch sollte dann weiter erarbeitet werden, worin sich der Bund zwischen Gott und Mensch konkret zeigt und beweist.

– *Einen Weg gehen:* Prozessionen gibt es in allen Religionen. Sie machen deutlich, dass der Mensch auf dem Weg ist und auf diesem Weg unter dem Schutz der Gottheit steht. Christen bekennen mit der eucharistischen Prozession, dass Jesus im Brot mitten unter ihnen ist und ihnen dadurch Gottes Schutz und Segen zugesprochen wird. Zugleich machen sie durch das gemeinsame Gehen deutlich, dass sie miteinander das Volk Gottes auf dem Weg sind. Beide Gedanken können im Gottesdienst angesprochen werden: Wir sind unterwegs, und Gott geht mit uns. Wir sind miteinander unterwegs – wir gehören zusammen; wir sind das Volk Gottes. Gottes Schutz für die Menschen kann durch den Prozessionshimmel gedeutet werden: Gott umgibt uns wie ein großes Zelt, er gibt uns Brot vom Himmel herab in unsere Hände.

Weiterführung nach dem Gottesdienst

Zur Erinnerung an das Thema Bund kann den Kindern ein kleines Stück Seil oder ein Ring mitgegeben werden. Vielleicht lässt sich das Stichwort »Gott und Mensch aneinander gebunden« auch bei der Prozession darstellen, etwa: an einem Altar binden sich die Kinder mit einem Seil rund um den Altar zu einer Gemeinschaft zusammen.

Zum Thema Weg kann den Kindern ein selbstformuliertes »Weggebet« mitgegeben werden, etwa: »Gott geht mit dir und begleitet dich. Er schützt dich auf allen Wegen ...«

(B 38) 8. Sonntag im Jahreskreis

Zu den Schrifttexten

Hos 2,16-17.21-22: *Ich traue dich mir an auf ewig.* Hosea wirkte als erster der großen Propheten Israels etwa um 750 bis 720, und er wirkte als einziger im Nordreich, das unter dem Ansturm Assyriens 722 unterging. In den Wirren, die dieser Katastrophe vorausgingen, verkündete Hosea eine Gerichtspredigt und mahnte zur Umkehr. Eine zweite Aussage seiner Botschaft ist die des Neuen Bundes, den Gott mit seinem Volk schließen wird, wenn es zur Umkehr bereit ist. Diese doppelte Aussage von Gerichtsrede und Verheißung spiegelt sich auch in den Versen der Lesung, die aus zwei unterschiedlichen Stücken zusammengesetzt ist (vgl. die unterschiedliche Anrede Israels in der dritten und in der zweiten Person). Die Wüste, von der im ersten Teil die Rede ist, stellt den Ort der Prüfung, der Reinigung, der Besinnung auf das Wesentliche dar, und das ist für Israel der unbedingte Glaube an den Herrn, der durch die Wüste führt und aus der Not befreit. Ihm allein soll Israel trauen. Wenn dies geschieht, so die folgende Verheißungsbotschaft, ergibt sich eine neue, unübertreffliche Gemeinschaft zwischen Gott und seinem Volk. Diese Verbindung gibt der Prophet mit dem gewagten Bild einer Eheschließungsformel wieder: »Ich traue dich mir an ...« Dabei ist Gott der gnädig Schenkende, der seine Gaben zum Wohl des Menschen ausschüttet: Heil = erfülltes, gelingendes Leben; Recht = von Gott geschenkte Lebensordnung; Huld = Liebe als Wesen Gottes; Erbarmen = Vergebung der Schuld; Treue = dauerhafter Bestand dieser Bindung; Gotteserkenntnis = Bereitwerden des Menschen für die Liebe Gottes.

2 Kor 3,1-6: *Ihr seid ein Brief Christi.* Das Thema des Dienstes in der Kirche und das Verhältnis der »Amtsträger« zur Gemeinde hat Paulus immer wieder beschäftigt. In dem Schreiben an die Gemeinde in Korinth, die ihm ans Herz gewachsen ist, spielt dieses Thema eine wichtige Rolle. In der vorliegenden Perikope wird dies in zwei Richtungen bildhaft konkretisiert: Das Bild von der Gemeinde als Brief Christi, an dem auch der Apostel – und jeder im kirchlichen Dienst – mitschreibt, ist eine ungewöhnliche, aber dennoch einprägsame Aussage. Jeder Mensch ist »beschrieben« von unterschiedlichen Einflüssen, Erfahrungen und Lebenswegen. Für den Christen und die Gemeinde gilt, dass sie von Christus und den von ihm Beauftragten (hier Paulus) beschrieben wurden. Diese »Schrift« ist letztlich Schrift des Heiligen Geistes und soll die Mitglieder der Gemeinde zu einem Leben aus christlichem Geist befähigen. Das zweite Thema greift plakativ und in starker Schwarz-Weiß-Malerei den Unterschied zwischen Altem und Neuem Bund auf: Der Alte Bund war geprägt vom Vertrauen auf das – am Sinai in Stein gemeißelte – Gesetz, also vom Vertrauen des Menschen, das Gebot Gottes durch eigene Kraft einzuhalten. Der Neue Bund dagegen, als dessen Diener sich Paulus versteht, ist geprägt vom lebenspendenden Geist Gottes, also von einem Gnadengeschenk Gottes, das der Mensch unverdient erhält: Rettung nicht durch eigene Werke, sondern allein durch die Gnade Gottes.

Mk 2,18-22: *Der Bräutigam ist bei ihnen.* In verschiedenen Stücken am Anfang seines Evangeliums versucht Markus das mit Jesus gekommene »Neue« aufzuzeigen und so die Bedeutung seiner Botschaft und seiner Person zu verdeutlichen. Die Perikope gehört in diesen Themenbereich, sie setzt Jesus und seine Jünger in einem konkreten Punkt von Johannes und seinem Jüngerkreis ab. Dabei ist der Text nicht einheitlich. Die ursprüngliche Aussage (»der Bräutigam ist bei ihnen«) ist in den ersten Gemeinden durch den versteckten Hinweis auf den Tod Jesu und die Hoffnung auf seine Wiederkunft ergänzt worden. Die beiden Bildworte vom Kleid und Wein sind ursprünglich selbstständig. Fasten bedeutet im Judentum und besonders bei Johannes Zeichen der Trauer, der Buße, der Umkehr, des Versuchs des Menschen, Gott umzustimmen. Gegen dieses Zeichen der Trauer setzt Jesus die »eschatologische« Freude: Gott schenkt in Jesus Heil und Rettung – das ist Grund zur Freude und zum Fest. Mit ihm hat etwas wirklich Neues begonnen. Durch die beiden Bildworte vom Kleid und vom Wein wird diese Aussage verallgemeinert: Es geht nicht länger um den Brauch des Fastens und seine Bedeutung, sondern um das Ganze des Wirkens und der Botschaft Jesu: Das in ihm aufscheinende Reich Gottes übersteigt alles bisher Dagewesene. Alles Alte ist überwunden, mit Jesus hat etwas Neues begonnen.

Schrifttext und Familien mit Kindern

Die drei voneinander unabhängigen und auf verschiedene Themen ausgerichteten Schrifttexte führen dennoch zu zwei großen Themenkreisen, die durchlaufende Linien biblischer Botschaft darstellen: Wie gestaltet sich die Verbindung von Gott und Mensch? Und: Mit Jesus beginnt etwas Neues, das alles Bisherige übertrifft. Diese Fragen sind auch für Christen unserer Zeit wichtig.

Der kurze alttestamentliche Text bietet für den Einsatz im Blick auf Familien und Kinder einige Bildworte, an denen eine Gestaltung ansetzen kann. Dies ist zuerst die Wüste, die als Symbol aufgearbeitet werden kann – als Zeichen nicht allein für Mangel und Gefahr, sondern ebenso als Zeichen für Bewährung, Besinnung, für das Finden des Eigentlichen. Alles Unwichtige und Äußerliche spielt in der Wüste keine Rolle, hier kommt es nur auf grundlegende Erfahrungen an. Dies muss dadurch veranschaulicht werden, dass auf Wüstenerfahrungen heute verwiesen wird, auf erzwungene (Einsamkeit als Not) oder selbstgewählte (Alleinsein als Chance).

Das Bildwort »Ich umwerbe sein Herz« kann ebenfalls betrachtet werden. Hier wird – wie bei vielen Redeweisen (»sein Herz verschenken« ...) das Herz als Mitte der Person angesehen. Gott wendet sich voll und ganz an den Menschen, er spricht ihn in der Mitte seiner Person an.

Dies führt weiter zum eigentlichen Bild des Textes, zum Bild der Vermählung, des Ehebundes zwischen Gott und den Menschen. Es ist hier als einseitige Handlung beschrieben: Gott traut den Menschen sich an. Dennoch bedeutet dieses »Trauen« das doppelte Vertrauen nicht nur Gottes in den Menschen, sondern auch umgekehrt: Der Mensch darf Gott ganz und gar vertrauen. Gott verheißt ihm die Fülle seiner Gnadengaben: Heil und Recht und Erbarmen ...

Die Verbindung von Gott und Mensch klingt auch im Bild des Paulus an, wenn er die Gemeinde als Brief beschreibt, der von Christus geschrieben wurde. Hier muss in der Folge dieses Bildes konkreter aufgezeigt werden, was denn von Christus in uns eingeschrieben sein kann, was der Geist Gottes also in uns bewirkt. Die Gnadengaben des Geistes, die Paulus an anderen Stellen seiner Briefe aufführt (vgl. etwa zum neuen Menschen Kol 3,1-17, zur »Frucht des Geistes« Gal 5,22), müssen auf die Lebensweisen unserer Zeit bezogen werden.

Im zweiten Teil der neutestamentlichen Lesung wie im Evangelium geht es darum, dass mit Jesus etwas ganz Neues begonnen hat, das das Leben der an ihn Glaubenden entscheidend prägt und von der Lebensweise anderer Menschen unterscheidet (Beispiel: Johannesjünger). Diese Aussage steht eher im Gegensatz zur Erfahrung heutiger Menschen, für die der Glaube an Jesus nicht etwas Neues, sondern etwas Altes, Althergebrachtes, Überholtes und Verbrauchtes steht. Die im Menschen tief enthaltene Sehnsucht nach Neuem, das besser ist als das Alte, wird heute kaum durch die Botschaft christlichen Glaubens befriedigt und in fruchtbare Bahnen gelenkt.

Um das Neue Jesu und seiner Botschaft vom Reich Gottes aufzuzeigen, kann man heute auch nicht plakativ den Alten Bund (und damit verbunden meist das Alte, Erste Testament) herabsetzen, so als ob es nur für Gesetzesfrömmigkeit und Überheblichkeit des Menschen stehen würde. Von einer solchen Einschätzung des Alten Bundes ist es nicht sehr weit bis zum Antisemitismus. Zudem wird man dem Gesamt der Bibel ebenso wenig gerecht wie der Hebräischen Bibel (AT) als der Bibel Jesu. Somit muss man eher Altes und Neues im Verhalten von Menschen heute aufzeigen: Das Verhaftetsein in alten, buchstabengetreuen und gesetzeskonformen Verhaltensweisen, die dem Menschen nicht gerecht werden, auf der einen Seite und einem ständigen Aufbruch der Liebe und der Versöhnung, die das Wohl jedes Einzelnen und der Gesellschaft in den Blick nimmt, auf der anderen. Die Grundfrage für einen Gottesdienst ist also weniger, was damals Jesus den Jüngern Neues gebracht hat (wo sie sich etwa von den Johannesjüngern unterschieden), als vielmehr: Was kann Jesus in meinem Leben Neues bringen? Was kann seine Botschaft bei mir neu machen? Wohin kann ich mich aufgrund seiner Botschaft vom Reich Gottes ausrichten und worauf mein Leben bauen?

Gestaltungsideen für den Gottesdienst

– *In der Wüste Gott begegnen:* (Zum Thema »Wüste als lebensfeindlicher Ort« vgl. A 3.) Die Wüste wird in der alttestamentlichen Lesung wie an vielen Stellen der Bibel als Ort der Einsamkeit, damit als Ort der Besinnung, des Suchens der Mitte und der Gottesbegegnung verstanden. Sie wird damit zur Chiffre dafür, dass man vieles Unwesentliche und Äußerliche zurücklassen muss, um das Eigentliche und Wesentliche zu finden. Im Gespräch mit den Kindern kann auf Zeiten der Stille und der Ruhe verwiesen werden, die zur Besinnung führen können. Besser als ein Gespräch sind aber Stilleübungen und kleine Meditationsformen, die die »Wüstenerfahrung« in den Gottesdienst integrieren. Es gibt auch Meditationsmusik, die zur Ruhe führen kann. Kinder mögen solche Zeiten der Ruhe und Besinnung durchaus. Sie können auch als eine Art wiederkehrendes Element in Familiengottesdiensten integriert werden.

– *Die Menschen, Gott anvertraut:* Das Bild der Trauung, das Hosea nutzt, wird erarbeitet: Was bedeutete es, wenn sich zwei Partner in der Eheschließung aneinander binden? Eine solche unbedingte Anbindung an einen anderen kann nur aus der Haltung des gegenseitigen Vertrauens und einer unbedingten Liebe heraus gelingen. Dies kann durch die Haltung des Einander-Haltens dargestellt werden (etwa in pantomimisch dargestellten Szenen). Dadurch wird die Aussage vorbereitet, dass Gott den Menschen in unbedingter Weise halten und stützen will. Der Mensch aber muss sich Gott gegenüber öffnen, durch den abschließenden Hinweis auf die Gotteserkenntnis wird dies ausgedrückt.

– *Ein Brief Christi sein:* Das ungewöhnliche Bild vom Brief verspricht Aufmerksamkeit. In einem – persönlich geschriebenen – Brief teilen wir etwas von uns mit, wir teilen uns in schriftlicher Form selber mit. Wenn eine christliche Gemeinde als Brief Christi bezeichnet wird, heißt das, dass in ihr das Wesentliche der Botschaft Jesu lebt und nach außen hin sichtbar wird. So kann im Gottesdienst der Frage nachgegangen werden, was die Botschaft Jesu im einzelnen Menschen wie in der christlichen Gemeinde (damals wie heute) bewirkt, was sie in Menschen einschreibt. Dies kann anschaulich durch einen großen Briefumschlag und einen großen Briefbogen deutlich werden, auf dem die Ergebnisse des Gespräches in Stichworten und in kleinen illustrativen Elementen wiedergegeben werden. Was also bewirkt der Geist Gottes in uns? Wo kann er unser Leben so verändern, dass andere Menschen in unserem Leben etwas von christlichem Glauben lesen können?

– *Das Neue in Jesus Christus:* Es lohnt kaum, das im Evangelium angesprochene Fasten zum Thema des Gottesdienstes zu machen. Eher ist es gut, auf das in Jesus begonnene und alles Bisherige übertreffende Neue hinzuweisen: der Anbruch des Reiches Gottes und damit umfassendes Heil für alle. In einer Zeichenhandlung kann dies für die Kinder umgesetzt werden: Einzelne Stoffstücke werden mit Beispielen aus der Botschaft Jesu beschrieben und anschließend zu einem »neuen Kleid« zusammengesteckt (oder es werden auf ein fertiges Kleid entsprechend beschriftete Stoffstücke oder Zettel geheftet).

Weiterführung nach dem Gottesdienst

Die Kinder und ihre Familien können dazu ermuntert werden, regelmäßig Formen der Besinnung und der Stille in ihrem Leben zu pflegen. Dies kann zu bestimmten Zeitpunkten in den Tagesablauf integriert werden, es können aber auch besondere Impulse zu bestimmten Zeiten erfolgen (etwa in einer geprägten Zeit wie der Fastenzeit / Österlichen Bußzeit ...). Für solche Impulse sollte man weitere Anregungen geben. Inzwischen gibt es eine Fülle von Büchern mit Stilleübungen und auch CDs mit entsprechender Musik. Beides kann in der Pfarrbücherei eingestellt werden.

Zum zweiten Thema kann den Kindern das Bild oder die Zeichnung von zwei ineinander verschlungenen Ringen (Eheringen) gegeben werden. In den einen Ring ist »Gott« eingeschrieben, in den andern können sie ihren eigenen Namen eintragen und so ihre Bindung an Gott erinnern.

Zum Thema Brief kann ihnen ein gedruckter Brief übergeben werden, in dem in einigen Sätzen der Kern der Botschaft Jesu zusammengefasst wird. Zugleich werden darin Haltungen aufgeführt, die einen Christen und seine Lebensgestaltung kennzeichnen sollen, damit er zu einem »Brief Christi« an die Menschen werden kann.

Zum letzten Thema können den Kindern als Erinnerung kleine Stoffstücke übergeben werden, auf die mit Textilstiften das Wort »Jesus« geschrieben wurde.

(B 39) 9. Sonntag im Jahreskreis

Zu den Schrifttexten

Dtn 5,12-15: *Beobachte den Sabbat: Halte ihn heilig.* Die Lesung ist ein Teil der Fassung des Dekalogs (Zehn Gebote) im Buch Deutoronomium (vgl. die andere Fasssung in Exodus 20). Diese Fassung gibt mit dem Stichwort des Sklavens und des Sklavendienstes einen anderen Akzent und eine andere Begründung des Sabbats als die Exodusfassung vor. Der Text lässt sich in drei Teile einteilen. An erster Stelle steht das Sabbatgebot, das in mehreren Sätzen wiedergegeben und gedeutet wird. Beim Sabbat geht es nicht allein um arbeitsfreie Zeit, sondern es geht darum, diesen so gewonnenen Freiraum in der richtigen Weise dadurch zu füllen, dass man ihn auf Gott bezieht, ihn »heiligt«: Der Sabbat ist Feier für den Herrn. Von diesem Gedanken her hat der Sabbat in Israel und im Judentum die Stellung erhalten, die bis heute wirksam ist: Der Sabbat stellt ein Bekenntnis zu Gott dar, seine auf Gott bezogene Feier unterscheidet den glaubenden Menschen von anderen. Ein zweiter Gedanke ist, dass der Sabbat allen gilt, auch den Sklaven, den Fremden und dem Vieh, er hat universale Geltung. Vom Stichwort Sklave her ergibt sich die Begründung des Sabbat, die hier (anders als der Hinweis auf die Schöpfungsordnung in Exodus) von der Befreiung aus Ägypten heraus gesehen wird. Der Sabbat ist der Tag der Freiheit, einer Freiheit, die allen gilt, und für deren Gestaltung der Glaubende verantwortlich ist.

2 Kor 4,6-11: *Diesen Schatz tragen wir in irdenen Gefäßen.* Im zweiten Korintherbrief behandelt Paulus die Frage nach dem Dienst in der Kirche und seiner grundlegenden Voraussetzung, dem unbedingten Glauben an Jesus Christus, der durch den Tod hindurch zum Leben führt. Dieser Gedanke steht auch hinter dem Lesungstext. Er greift am Beginn in weite Zusammenhänge aus: Im Werk der Schöpfung hat Gott Licht in die Welt gebracht, dieses Lichtspenden Gottes geschieht weiterhin in jedem Menschen, der sich auf Jesus Christus orientiert und in ihm die Herrlichkeit Gottes erkennt (»göttlicher Glanz auf dem

Gesicht Christi«). So wirkt im Glaubenden Gott selber – dies ist ein unermesslicher Schatz. Mit dem Wirken Gottes im Menschen ist aber nicht einfach das Irdische aufgelöst, ist die Kontingenz des Menschen und der Welt nicht vorbei, vielmehr bleibt es dabei, dass das Wirken Gottes eingebunden bleibt in das schwache und sterbliche menschliche Wesen: »ein Schatz in irdenen Gefäßen«. Diese Gebundenheit an das Irdische wird dem Apostel in seiner Lebensweise immer dann besonders bewusst, wenn er Verfolgungen und Not erleben muss. Doch weil Gott ihm in Jesus Christus aufgeleuchtet ist, kann er auch in solchen Situationen darauf vertrauen, dass letztlich alles Leid und aller Tod gewendet wird in das Licht des Lebens bei Gott, das uns durch Tod und Auferstehung Jesu gewirkt ist.

Mk 2,33-3,6: *Jesus und das Sabbatgebot.* Ausgehend vom Sabbatgebot, das innerhalb des jüdischen Gesetzes eine Schlüsselrolle einnahm, wird in dieser Perikope über die Frage des Sabbats hinaus vor allem zur Deutung Jesu und seiner Vollmacht Stellung genommen. Die beiden Teile des Textes sind also eine christologische Aussage, und das Lehren und Handeln Jesu ruft damals wie heute zur Glaubensentscheidung auf. Hierin liegt der eigentliche Tenor des Textes. Jesus konfrontiert die Menschen (besonders die sich damals für den Glauben verantwortlich fühlenden Pharisäer) mit einer neuen Lehre und einem neuen Handeln (vgl. B 8) und fordert sie so zur Glaubensentscheidung heraus. Dabei beruft er sich auf seine Vollmacht: Er ist der Menschensohn, der Herr, der Messias, in dessen Reden und Handeln Gott selber sichtbar wird. Was den einen, den Jüngern, Anlass zum Glauben wird, ist den anderen, den Pharisäern, Anlass zur Verhärtung und zur Verfolgung. Das Sabbatgebot selber steht angesichts dieser grundsätzlichen Auseinandersetzung eher am Rande des Textes. Mit dem Abreißen der Ähren taten die Jünger etwas Erlaubtes und durchaus Gewohntes – nur, solch »landwirtschaftliche« Arbeit, solches Handeln war am Sabbat nicht erlaubt. Jesus dagegen geht es um den Menschen und sein Leben. Die Förderung des Lebens allein muss das Handeln prägen, gegenüber Geboten, die das Leben einengen und hindern, ist der Mensch frei. Hier taucht in anderer Weise das Thema der Freiheit des Menschen auf, das in der alttestamentlichen Lesung bereits angesprochen wurde.

Schrifttext und Familien mit Kindern

Von der alttestamentlichen Lesung und dem Evangelium her ergibt sich als erstes, noch vordergründiges Thema das Sabbatgebot, das Christen auf die Gestaltung des Sonntags beziehen. In der Gestaltung christlichen Lebens durch die Jahrhunderte hindurch hat sich der Sonntag als Herrentag (Tag der Auferstehung Jesu) in zwei Richtungen ausgeprägt: zum einen durch die sonntägliche Feier der Eucharistie, die als Verpflichtung (»Sonntagspflicht«) angesehen wurde und teilweise wird, zum anderen durch die Arbeitsruhe, von der es nur wenige Ausnahmen (etwa im bäuerlichen Bereich) gab (»Sonntagsruhe«). Beide Richtungen sollten unabhängig voneinander betrachtet werden. Eine dem Sabbatgebot des Dekalogs entsprechende Sonntagsgestaltung bedarf keineswegs notwendigerweise einer entsprechenden Form der Liturgie, entsprechende Forderungen von Kirchengeboten ähneln selbst eher den sich um den Sabbat rankenden jüdischen Vorschriften, von denen sich Jesus um des Menschen willen distanziert. Es geht beim Sonntag wie beim Sabbat darum, dass der Mensch aus Arbeit und Zwängen frei wird für andere, tiefere Werte und so zum Glauben und zur Verehrung Gottes gelangen kann. Diese unbedingte Freiheit des Menschen hat universale Geltung und stellt einen hohen Wert dar, für den sich der Mensch einzusetzen hat. Die Frage, wie der Sonntag in diesem Sinn als ein Tag der Freiheit und Würde des Menschen zu gestalten ist, muss von veränderten Lebensgewohnheiten der Menschen je neu beantwortet werden.

Auf einer anderen Ebene liegt der sonntägliche Gottesdienst. Er liegt natürlich auf der für den Sonntag geforderten Linie des Gotteslobs und der Gottesverehrung. Die christliche Eucharistie jedoch begründet sich vor allem von einem anderen Gedanken her: der Bindung an Christus und der in der Kommunion erfahrenen Gemeinschaft mit ihm und der Gemeinschaft der Christen. Hier gewinnt der Sonntag einen zusätzlichen und über die beiden biblischen Texte hinausgehenden Sinn. Er wird zur Feier der Auferstehung Jesu und zum Bekenntnis, dass diese Auferstehung auch unser Leben prägt (vgl. die neutestamentliche Lesung).

Für die Behandlung im Familiengottesdienst sollte man deshalb zu einer grundsätzlichen Entscheidung kommen: Entweder behandelt man das Sonntagsgebot, dann geht es um eine gute Gestaltung des Sonntags als Tag der Freiheit, der von Gott geschenkten Schöpfungsfreude und der Gemeinschaft der von ihm zur Freiheit Berufenen. Oder man entscheidet sich für eine Behandlung der sonntäglichen Eucharistie (und anderer liturgischer Formen, auch sonntäglicher Wortgottesdienste ...), dann muss man von der Bindung an Christus her argumentieren.

Neben der Frage der Sonntagsgestaltung bringt das Evangelium vor allem die Frage nach Jesus und seiner Vollmacht ein und provoziert damals wie heute zur Frage: »Was haltet ihr von mir?« Es geht also um Reaktionen von Menschen auf Lehren und Wirken Jesu, es geht um Glauben und Unglauben, um Bindung an Jesus oder Ablehnung seiner Lehre und Person, es geht um Öffnung oder Verhärtung des Herzens. Dies ist keineswegs eine überholte Konfrontation, sondern eine Entscheidung, die auch heute für jeden aktuell ist. Kinder erleben ständig Entscheidungen zum Glauben oder Unglauben in ihrem Umfeld und werden so schon früh zu eigener Stellungnahme provoziert. Dies kann als Thema aufgegriffen werden mit dem Ziel, die Kinder zu einer verantwortlichen und ihrem Leben aufhelfenden Entscheidung zu führen. Christen sehen diese Entscheidung im Glauben und in der Bindung an Jesus.

Dieses Thema klingt im Paulusbrief an: Wer sich im Glauben an Christus bindet, der kann Gott neu entdecken (»göttlicher Glanz auf dem Antlitz Christi«), für den wird das Leben neu, weil es nun nicht in der Tiefe des Todes endet, sondern durch Christus in die Höhe des Lebens bei Gott emporgeführt wird. Damit werden auch die unterschiedlichen Not-Erfahrungen menschlichen Lebens nicht aus dem Weg geräumt, aber einem anderen Ziel untergeordnet. Paulus hat aus diesem Glauben heraus seinen Weg gehen können, Christen damals wie heute können aus dem gleichen Vertrauen ihren Weg gehen: Die Hoffnung auf das Ziel der Erlösung gibt Kraft und Ausdauer.

Gestaltungsideen für den Gottesdienst

– *In der Gestaltung des Sonntags Mensch werden:* Wo der Mensch in der Gestaltung des Sonntags zur Freiheit und Würde gelangt, unterscheidet er sich von den Tieren. Es gibt eine Legende, in der die Tiere erzählen, was für sie den Sonntag ausmacht. Der Löwe braucht ein besonders gutes Stück Fleisch, das Pferd einen weiten Auslauf, der Pfau einen Satz neuer Federn, um sich zu schmücken ... Entsprechende Parallelen zu menschlichem Handeln lassen sich schnell finden. Doch all das reicht nicht. Schließlich ergibt sich aus dem Gespräch der Tiere, dass nur die besondere Beziehung des Menschen zu Gott den Sonntag ausmacht. Diese Legende kann mit einfachen Mitteln gespielt werden. Im Gespräch werden danach Möglichkeiten erarbeitet, wie der Sonntag konkret gestaltet werden kann. Dabei ergibt sich je nach Lebensumständen eine Fülle von Möglichkeiten, zwischen denen Menschen wählen können: Freiheit, Würde, Menschlichkeit und Gemeinschaft sollten Kriterien ihrer Wahl sein.

– *Jeden Sonntag feiern wir Gottesdienst:* Die sonntägliche Feier des Gottesdienstes leitet sich für Christen vom Bekenntnis zur Auferstehung Jesu ab, die den Kern ihres Glaubens und ihrer Hoffnung für das eigene Leben darstellt. Dies kann den Kindern in einem Rückblick auf die Entstehung der ersten christlichen Gottesdienste aufgezeigt werden. Neben dem Besuch der jüdischen Synagoge am Beginn des Sabbat (Freitagabend) kamen die Christen zur Feier des Herrentages zusammen und brachen dabei im Gedächtnis Jesu das Brot miteinander. Die in der Eucharistie erfahrene Gemeinschaft bildet den Kern christlicher Gemeinde. Zuerst geschah dies in Privatwohnungen, dann, als die Gemeinden größer wurden, in Kirchen. Von hier aus kann thematisch eine Brücke zum Thema Kirchengebäude und Kircheneinrichtung (besonders Altar) geschlagen werden. Auch können – je nach den örtlichen Gegebenheiten – verschiedene Gottesdienstformen, besonders die Feier der Eucharistie, angesprochen werden. Besonders aber sollte auf den Wert hingewiesen werden, den die Feier des Gottesdienstes für Christen darstellt.

– *Finsternis und Licht:* Das Bild der neutestamentlichen Lesung kann wie folgt aufgearbeitet werden: Die Kinder stellen durch Gespräch oder besser durch Bilder zusammen, was Finsternis im Leben eines Menschen ausmachen kann: Einsamkeit, Streit, Angst, Not ... Dem wird die Aussage des Glaubens gegenübergestellt, dass Gott dem Menschen Licht schenken will, dass er letztlich alle Finsternis im Licht der Auferstehung überwindet. Zu diesem Thema können gut Gruppenbilder (oder ein Großgruppenbild) gestaltet werden, die den Kontrast von Dunkelheit und Licht aufzeigen.

– *Gottes Glanz im Antlitz Christi:* Das Gesicht Jesu ist entsprechend der abendländischen Kunsttradition (junger Mann mit Bart und langem Haar, vgl. die Kunstgeschichte von Rembrandt bis Rouault) in einigen Strichen gezeichnet. In dieses Gesicht werden nun mit leuchtenden Markerstiften Begriffe eingetragen, die sich aus dem Verhältnis Gottes zu den Menschen ergeben: Erbarmen, Liebe, Verständnis, Menschenfreundlichkeit, Treue, Annahme ...

– *Ein Schatz in irdenen Gefäßen:* Als Zeichenhandlung kann ein kostbarer Stein (etwa Amethyst ...) in ein einfaches tönernes Gefäß gelegt werden. Dies wird dann so gedeutet, dass Gott in uns Menschen ist und uns von innen her erleuchtet und begleitet. Er ist das kostbare Geheimnis in der Mitte unseres Lebens. Zugleich aber umgibt er uns ganz und gar. Das Gefäß wird vor eine helle Lichtquelle gestellt: Gott ist in uns und um uns. Er ist nah und fern. Er ist uns zugewandt und dennoch unbegreiflich.

Weiterführung nach dem Gottesdienst

Das Thema Sonntagsgestaltung kann über den Gottesdienst hinaus dadurch fortgeführt werden, dass die Gemeinde Angebote zur Sonntagsgestaltung macht. Für Familien kann dies an einem »Familiensonntag« etwa mit einem Picknick im Pfarrheim und gemeinsamen Spielen verbunden sein. Ebenfalls können gemeinsame Ausflüge und Wanderungen Familien zu gemeinsamem Tun am Sonntag zusammenführen. Ein Familienkreis kann die Gestaltung solcher Familiensonntage übernehmen.

Zum Thema Sonntagsgottesdienst ist es sinnvoll, dass möglichst viele Gemeindemitglieder an der Gestaltung der Gottesdienste beteiligt werden. Sie müssen allerdings auf diese Aufgabe vorbereitet und dabei begleitet werden. Auch die Kinder können bereits in vielfältiger Weise beim Gottesdienst mithelfen und ihn so zu ihrer eigenen Sache machen.

Zum Thema Licht kann den Kindern ein kleines Teelicht mitgegeben werden, das sie abends in der Dunkelheit anzünden können.

Ebenfalls können sie eine Strichzeichnung des Gesichtes Jesu (Umrisszeichnung) erhalten, die sie zu Hause mit passenden Farben oder Begriffen füllen.

(B 40) 10. Sonntag im Jahreskreis

Zu den Schrifttexten

Gen 3,9-15: *Gott rief nach dem Menschen: Wo bist du?* Die Perikope ist ein Ausschnitt der Sündenfallerzählung des Jahwisten, entstanden etwa in der Zeit der großen Könige David und Salomo. Mit der Ur»geschichte« behandelt der Jahwist die Grundfragen menschlichen Lebens nach dem Woher und dem Wohin. In der Schöpfungserzählung gibt er eine theologische, aber von Bildern und mythologischen Erzählungen geprägte Antwort. Vergleichbar geht er im 3. Kapitel von Genesis der Frage nach: Was ist mit dem Bösen in der Welt? Wiederum erweist sich der Jahwist als guter Erzähler, bei dessen Antwortversuch man aber zwischen dem theologischen Kern und der erzählerischen, bildhaften Ausschmückung unterscheiden muss. Die Herkunft des Bösen wird in diesem Text nicht erklärt, nur durch das Symbol der Schlange wiedergegeben, wohl aber wird ausgesagt, dass das Böse keine zweite göttliche Kraft neben dem Schöpfergott ist (im Sinne eines Dualismus, der in den orientalischen Religionen durchaus vorhanden war). Vielmehr hat Gott Macht, das Böse »in den Staub« zu drücken. Der Mensch ist in der Sündenfallerzählung geprägt von Angst: von der Angst, nicht alles haben zu können, von der Angst, sich vor Gott behaupten zu müssen, von der Angst, vor Gott sein ganzes Wesen offenlegen zu müssen (»nackt zu sein«), von der Angst in den zwischenmenschlichen Beziehungen, die zum Verschieben der Schuld führt. So ist das Ergebnis eine Katastrophe: Der Mensch ist in seinen Beziehungen dreifach gestört: zu Gott, zu den Menschen und zur Umwelt. Für den Jahwisten steht hinter diesem Text als Ziel nicht, seinen Hörern eine Information über den geschichtlichen Anfang von Welt und Mensch zu geben. Vielmehr will er ihnen eine Lebenshilfe für richtiges, gutes Verhalten geben, das vom Glauben an Gott geprägt ist: Wenn Israel auf das Wort (das Gebot, die Thora) Gottes hört, dann erhält es Leben. Wenn dies aber nicht geschieht, dann sind die Beziehungen des Menschen dauerhaft gestört.

2 Kor 4,13-5,1: *Wir haben eine Wohnung von Gott.* Im zweiten Korintherbrief verteidigt Paulus seinen Dienst und sein Wirken gegen Angriffe aus dieser Gemeinde. Für die Verkündigung des Glaubens setzt er sich ganz ein und ist bereit, vielfältige Verfolgung und Bedrängnis auf sich zu nehmen. All diese Belastung kann Paulus nur auf sich nehmen, weil er aus dem Glauben heraus lebt, weil der Glaube an Jesus Christus sein inneres Lebensprinzip darstellt. Die äußere Belastung vermag nichts gegenüber der von innen erwachsenden Kraft des Glaubens. Dieser lebenspendende Glaube konzentriert sich im Bekenntnis zur Auferstehung Jesu. An ihr wird deutlich, dass Leid und Tod grundsätzlich überwunden sind, aus ihr ergibt sich auch die Hoffnung des Apostels, dass die Vollendung bei Gott verheißen ist. Diese Hoffnung kleidet Paulus am Ende des Textes in das Bild vom jederzeit abzubrechenden Zelt und von der beständigen und dauerhaften Wohnung: irdisches Leben mit seiner Mühsal und Begrenzung gegen Vollendung ohne Grenze bei Gott.

Mk 3,20-35: *Wer den Willen Gottes tut ...* Der Text besteht aus drei verschiedenen Stücken. Die Angehörigen, die Jesus gegen seinen Willen zurückholen (und wohl in seinem Heimatort isolieren wollen), wenden sich nicht allein gegen Jesus. Ihnen fehlt jedes Verständnis für seine Berufung und seinen Auftrag, sie verschließen sich damit gegenüber dem Willen Gottes. Der zweite, größere Abschnitt schildert die Vorwürfe der Pharisäer, Jesus handle als Besessener im Auftrag des Satans. Trotz seiner machtvollen Taten sei deshalb sein Handeln und damit er selbst als böse und verwerflich einzuordnen. Jesus antwortet darauf mit verschiedenen – ursprünglich wohl selbständigen – Worten. Die Bildrede vom Reich und der Familie verweist auf einen logischen Widerspruch in der Argumentation der Pharisäer. Im Gleichniswort vom Stärkeren macht Jesus deutlich, dass er sich dem Satan und dem Bösen überlegen weiß, ja, dass er aus seiner von Gott geschenkten Vollmacht heraus gegen das Böse angeht. Das Wort von der Lästerung geht davon aus, dass alle Schuld des Menschen von Gott vergeben wird, wenn der Mensch zu einer Haltung der Umkehr und der Buße bereit ist. Die Lästerung gegen den heiligen Geist dagegen bedeutet die Verstockung des Menschen, seine Haltung des Widerspruchs gegen Gott (vgl. Genesis 3 – Sündenfallerzählung, die wegen dieses Gedankens als Lesung ausgewählt wurde) macht jede Versöhnung unmöglich. Eine solche Haltung der Verstockung erkennt Jesus in seinen Gegnern. Der letzte Abschnitt des Textes verweist darauf, dass Jesus sich von seiner Ursprungsfamilie um seiner Sendung willen gelöst hat. Er hat im Jüngerkreis eine neue Familie gegründet, gegen die durch irdische Bindungen zusammengefügte Familie setzt er die geistgewirkten Bindungen seiner Familie, der Menschen, die mit ihm den Willen Gottes erfüllen.

Schrifttext und Familien mit Kindern

Alle drei Texte erweisen sich für die Verwendung in Familiengottesdiensten als sperrig und schwer umzusetzen. Bei dem alttestamentlichen Text liegt das sowohl am Thema wie auch an der Textsorte, die von heutigen Menschen nicht richtig eingeordnet und entweder als historischer Text missverstanden oder als Märchen fehlgedeutet wird. Hinzu kommt, dass die Perikope eigenartig geschnitten wurde. Weder wird der Sündenfall selbst geschildert, noch das Ergebnis für den Menschen – mit der Verfluchung der Schlange endet die Lesung. Was aber fängt man mit einem so unvollständigen Text heute an? Er kommt zudem völlig unvermutet, so dass eine Lesung ohne entsprechende Einführung nur Kopfschütteln hervorrufen kann. Dennoch werden in diesem Text Grundfragen menschlichen Lebens aufgeworfen, die auch heute relevant sind: die Frage nach dem Bösen etwa oder die Frage nach dem Verhältnis des Menschen zu Gott. Hier kann die Verkündigung ansetzen und den Text auf die Situation heutiger Menschen beziehen.

Die Pauluslesung hat mit anderen Schwierigkeiten zu kämpfen. Gewiss lässt sich ihre Kernaussage leicht erarbeiten: das Bekenntnis zur Auferstehung Jesu, das Christen zur Grundlage ihrer Hoffnung wird. Dennoch klingt die schon oft gehörte Aussage uns heute eher fremd, den Glaubensenthusiasmus des Paulus können wir heute kaum teilen. Allein das abschließende Bild vom Zelt und Haus erscheint sinnvoll und gut einsetzbar.

Die verschiedenen, vom Evangelisten zusammengefügten Stücke des Evangeliums über die Reaktionen, die Jesus bei den Menschen seiner Zeit hervorrief, scheinen auf den ersten Blick nichts mit unserer Lebenswirklichkeit zu tun zu haben. Dämonen und Beelzebul verstehen wir als Irrglauben einer vorwissenschaftlichen Zeit. Die Gleichnisworte Jesu bleiben uns fremd.

Allein mit dem abschließenden Stück des Textes können wir mehr anfangen: Die Differenz zwischen Ursprungsfamilie und selbstgewählten Bindungen erleben Menschen in unterschiedlicher Weise auch heute. Wenn dies von Jesus auf die von ihm gegründete neue Familie seines Jüngerkreises bezogen wird, dann gibt uns sein Wort einen Hinweis für die Gestalt des Jüngerkreises, für die Gestalt der Kirche heute also. Wenn man das Evangelium als Text für den Familiengottesdienst auswählt, erscheint es deshalb sinnvoll, nur die Verse 31-35 zu lesen.

Gestaltungsideen für den Gottesdienst

– *Wo bist du, Mensch?:* Gott sucht den Menschen und ruft nach ihm. Das Gottesbild des Jahwisten zeigt einen Gott, der dem Menschen nahe ist, der sich nicht zurückzieht, sondern voll Sorge nach ihm sieht. Die Frage Gottes im Text der Sündenfallgeschichte kann sowohl zur Behandlung des Gottesbildes genutzt werden (welches Gottesbild vermitteln uns die biblischen Texte?) wie auch zur Betrachtung des Menschen (welche Werte, welche Beziehungen ... sucht der Mensch, was prägt sein Leben?). Gott erscheint in diesem und vielen anderen Texten in menschenähnlicher (anthropomorpher) Erscheinung, er spricht die Menschen unmittelbar an, scheint ihnen gleichsam wie eine Person mit einem Körper zu begegnen. Dies ist erzählerische Eigenart des Jahwisten, dahinter aber verbirgt sich sein Gottesbild, das Gott als den zeichnet, der sich trotz des Ungehorsams des Menschen immer wieder um den Menschen bemüht. Als visueller Impuls kann den Kindern die Hand Gottes (vgl. unterschiedliche Kunstdarstellungen vom Mittelalter bis zur Neuzeit) vorgestellt werden: Gott bemüht sich um den Menschen mit guter Hand.

– *Das Böse in der Welt:* Die Herkunft des Bösen wird weder hier noch an anderer Stelle der Bibel erklärt. Die erzählerische Einbringung der Schlange (oder des Satans / Beelzebul, der Dämonen im Evangelium) verschiebt das Problem nur. Wohl aber wird in der Bibel das Böse in seinen unterschiedlichen Auswirkungen ausführlich beschrieben: die Entfremdung des Menschen von sich selbst, von anderen Menschen und von Gott. Und es wird aufgezeigt, dass nur durch Umkehr und durch das Hören auf Gottes Wort (vgl. Bundesschluss am Sinai mit der Gesetzgebung an Israel) das Böse überwunden und neues Leben gewonnen werden kann. Die Auswirkungen des Bösen in der Welt können durch unterschiedliche Beispiele im Gottesdienst zusammengetragen werden (durch Wort und Bild). Danach wird die Ausrichtung auf Gottes Wort als Weg dargestellt, wie man aus der Verkettung des Bösen herauskommen kann.

– *Irdisches Zelt und ewiges Haus:* Die Bildrede des Paulus kann am besten durch Gegenstände verdeutlicht werden: Ein kleines Zelt wird aufgeschlagen. Daneben liegen einige Steine, die noch nicht zu einem Haus zusammengefügt sind, aber die Festigkeit und Beständigkeit des künftigen Gebäudes erkennen lassen. So ist die Situation der Menschen heute: Wir leben gleichsam im Übergang, in der ständigen Veränderung, ohne Sicherheit wie in einem Zelt. Doch Gott wird uns ein Haus bauen, das uns zu einer ewigen und beständigen Wohnung wird, zu einem sicheren Dach über dem Kopf. (In diesen Zusammenhang lässt sich auch das biblische Bild von der Goldenen Stadt, dem Himmlischen Jerusalem einbringen, vgl. Offb 21.)

– *Die neue Familie Jesu:* Jeder Mensch wird in eine Familie hineingeboren. Dies kann durch einen Stammbaum, durch Fotos einer Familie, durch Gespräch erarbeitet werden. Der Mensch sucht sich aber im Laufe seines Lebens auch andere Beziehungsfelder aus, er gründet eine eigene Familie, er sucht aber ebenso Gruppen von Menschen, die ihm wie eine Familie sein können. Auch dazu können Beispiele durch Fotos oder Gespräch aufgeführt werden. Jesus hat in ähnlicher Weise Menschen zusammengeführt. Sein Kriterium der Gemeinschaft hebt sich von üblichen Verhaltensweisen ab: Es geht ihm um den Willen Gottes, um das zu verwirklichende Reich Gottes. Wer mit ihm daran arbeiten will, sich daraufhin orientieren will, der gehört zu seiner Familie, zur »Familie der Christen«. Fotos christlicher Gemeinschaft oder eine Zeichnung, in der die Kinder sich um ein Kreuz malen, können dies sichtbar machen.

Weiterführung nach dem Gottesdienst

Den Familien kann empfohlen werden, die Urgeschichte im Zusammenhang zu lesen (etwa in einer Kinderbibel). So kann der kurze erste Lesungstext besser eingeordnet werden.

Das Thema Böses in der Welt kann im Familiengespräch weiter bearbeitet werden: Wo können wir durch unser Verhalten das Böse überwinden?

Zum dritten Vorschlag kann den Kindern ein kleiner Stein (echter Stein oder auch Legostein ...) als Erinnerung an den Gottesdienst mitgegeben werden.

Gruppen der Gemeinde (etwa Kommunionkursgruppen) können Collagen zum Thema »Die Familie Jesu« anfertigen, die in der Kirche oder im Pfarrheim aufgehängt werden können.

(B 41) 11. Sonntag im Jahreskreis

Zu den Schrifttexten

Ez 17,22-24: *Ich pflanze ihn auf einen hohen Berg.* Vor dem Untergang Judas und der Zerstörung Jerusalems im Jahr 586 war Ezechiel der Gerichtsprophet, der immer wieder mahnend und warnend auf die bevorstehende Katastrophe hinwies und darauf bestand, allein Gott und nicht fremden Mächten (Ägypten) zu trauen. In diesem Zusammenhang steht am Anfang des 17. Kapitels ein Bildwort: Ein Adler (Babylon) reißt einen rankenden Weinstock (Israel) aus und lässt ihn verdorren. Nach der Eroberung Israels wird Ezechiel zum Trost- und Hoffnungspropheten, der das Volk dazu ermuntert, voller Hoffnung in die Zukunft zu blicken: Gott wird seinen Verheißungen an Israel nicht untreu werden, sondern er wird seinem Volk einen neuen Anfang schenken. In diesen Zusammenhang ist das vorliegende messianische Bild einzuordnen: Gott selber, nicht der babylonische König, ist jetzt der Handelnde, und wenn er handelt, gibt es nicht Untergang, sondern Neubeginn, neues Heil. Hinter dem Bild vom Zweig steht das alte Motiv vom Lebensbaum, der Frucht bringt und Zeichen für das vom Menschen erhoffte dauerhafte Heil ist. Der ragende Berg ist naturgemäß Zion, also der zentrale Ort Israels. Zion wird zum Weltenberg, zu dem die Völker (»alle Bäume des Feldes«) aufschauen. Mitten in Israel wird Gott also das Heil für alle schaffen – so die messianische Verheißung des Ezechiel.

2 Kor 5,6-10: *Glaubend gehen wir unseren Weg, nicht schauend.* Der im Neuen Testament vorliegende »Zweite« Korintherbrief ist wahrscheinlich aus Stücken von vier unterschiedlichen Briefen zusammengesetzt, in denen Paulus in einen Dialog mit der korinthischen Gemeinde eingetreten war. Dabei ging es vor allem um seine Legitimation als Apostel und seine Autorität, aber ebenso um die Frage, ob die Erlösung bereits jetzt vollständig erfahrbar sei – wie einige Gegner des Paulus behaupteten – oder sich erst zukünftig erfüllen werde. Auf diesem Hintergrund sind die Verse der Lesung zu verstehen. Dabei ist es bedauerlich, dass Vers 5,1 nicht in der Lesung enthalten ist, denn hier wird das Bild vorgestellt, auf das sich Paulus in Vers 6 bezieht: »Wenn unser irdisches Zelt abgebrochen wird, haben wir eine Wohnung von Gott ...«. Dieser Vers sollte in einem Familiengottesdienst in jedem Fall der Lesung hinzugefügt werden. Der Lesungstext macht dann folgende Kernaussagen: 1. Die Grundhaltung des Christen muss von Vertrauen auf Gott und deshalb auch im Blick auf das Ende von Hoffnung und Zuversicht bestimmt sein. 2. Aus dieser Hoffnung der Christen ergibt sich aber auch die Verantwortung für ein Christus gemäßes Leben. 3. Aus der jüdischen Apokalyptik übernimmt Paulus die Vorstellung vom Gericht entsprechend der Werke des Menschen.

Mk 4,26-34: *Die Gleichnisse vom Wachsen der Saat und vom Senfkorn.* Zusammen mit dem voranstehenden Gleichnis vom Sämann gehören die beiden Gleichnisse zu den Texten, die vom Wachstum in der Natur ausgehend Aussagen über die anbrechende Gottesherrschaft machen. Die »Pointe« des ersten Gleichnisses zielt auf die Spannung zwischen dem jetzt Erfahrenen und dem für die Zukunft Verheißenen: Was jetzt noch in der Erde verborgen keimt und langsam, noch ganz klein, aufwächst, wird bei der Zeit der Ernte groß und überreich sein. Der Mensch kann die Gottesherrschaft nicht herbeizwingen, sie ist allein Sache des »Herrn der Ernte«, Sache Gottes. Die Gottesherrschaft wird allein von Gott herbeigeführt – dies erinnert an die Aussage der alttestamentlichen Lesung. Das Gleichnis vom Senfkorn verweist weiterführend auf den Unterschied von kleinem Beginn und großem Ende: Was jetzt noch verborgen ist, wird zu etwas Großem. Dabei klingt das Motiv des Lebensbaumes wiederum an. So ergibt sich aus beiden Gleichnissen für den Hörer eine Ermunterung zum Vertrauen auf Gott und die von ihm gewirkte Zukunft.

Schrifttext und Familien mit Kindern

Die alttestamentliche Lesung und das Evangelium bieten mit ihren Bildworten und Gleichnissen eine Sprache, die auch Kindern zu vermitteln ist, zumal die Thematik des Pflanzens und Wachsens ihnen meist vertraut ist. Die Pauluslesung ist naturgemäßig schwieriger formuliert, bietet aber mit den Bildern vom Zelt und Haus (Vers 1!) und von der Heimat durchaus einen kindgemäßen Ansatzpunkt.

Dies ist zuerst einmal von außen, von der Sprache und der Bildthematik gesehen. Von den Kernaussagen der drei Texte jedoch wird es schwieriger. Hier werden nämlich auf je unterschiedliche Weise eschatologische Themen angesprochen, die heute nur bedingt zum »Sprach- und Bekenntnisrepertoire« von erwachsenen Christen und erst recht nicht von Kindern gehören: Gottesherrschaft, Erfüllung am Ende der Zeiten, Leben über den Tod hinaus, Heimat bei Gott, Ernte als Gerichtsbild ... – all das spielt im Leben der Christen heute nur eine geringe Rolle. Die Problematik einer sowohl den Texten wie auch heutigen Christen angemessenen Verkündigung wird sichtbar.

Der Ansatzpunkt muss sich deshalb weniger von den traditionellen Vorstellungen von Jenseits, Gericht, Himmel, Reich Gottes ... ergeben, sondern aus den Erwartungen, Hoffnungen und Sehnsüchten der Menschen. An dieser Stelle können die alten Bilder durchaus aufgegriffen werden: das Bild vom Lebensbaum, das Bild vom Haus, in dem man Heimat findet, das Bild von der reichen Ernte, die ein Übermaß an Gütern schenkt, das Bild vom so kleinen Senfkorn, das trotzdem zu etwas Großem heranwächst.

Für Kinder kann gerade das letzte Bild ein Bild ihrer eigenen Hoffnung sein: Auch sie erleben ihre Situation als klein, unbedeutend, sie werden übersehen und zurückgedrängt. Ihr Traum ist es, groß und mächtig zu sein, so dass alle (»die Vögel des Himmels«) zu ihnen aufsehen und zu ihnen kommen, um ihre Nähe zu erfahren.

Ähnlich stark ist Kindern das Bild vom Lebensbaum, der sich mächtig und kraftvoll erhebt und Himmel und Erde verbindet. An einen solchen Baum kann man sich klammern, er gibt Trost, seine Früchte neue Kraft. Wenn man einen Baum pflanzt, dann ist dies nicht nur äußeres Geschehen, sondern zugleich Ausdruck einer inneren Haltung: der Hoffnung auf Wachsen und Gedeihen, auf Reifen und Frucht bringen, des Vertrauens in die Kraft des Lebens gegen alle Widerfahrnisse.

Das Bild von der reichen Ernte ist uns heute im städtischen Raum eher fremd geworden. Zu selbstverständlich ist es, alles zum Leben Nötige und noch viel mehr zu erhalten. Dass die Ernte Anlass zu aufrichtigem Dank sein sollte und Anlass einer vertrauensvollen Zuwendung zum Gebenden, ist trotz aller Erntedankthematik nur wenig im Bewusstsein der Menschen geblieben. Mit dem Gleichnis vom Wachsen der Saat kann dies wieder in Erinnerung gerufen werden.

Das Bildwort vom Haus und der Heimat (und umgekehrt vom Zelt, mit dem man unterwegs ist) kann breit ausgefächert werden und spricht Kinder mit ihrem Bedürfnis nach Aufbruch und Erfahrung von Neuem (Zelt) auf der einen Seite und ihrem Wunsch nach Sicherheit und Geborgenheit (Haus) auf der anderen Seite spontan an. Hier gilt es dann, einen Überstieg zu schaffen zur Botschaft des Glaubens, dass uns nach all den vielen, oft ungewissen Wegen in unserem Leben ein sicheres Haus bei Gott erwartet.

Die Texte bieten also von ihren Bildern, aber bei tieferem Bedenken auch von ihren Themen her gute Ansatzpunkte für eine Behandlung im Familiengottesdienst.

Gestaltungsideen für den Gottesdienst

– *Das kleine Korn – der große Strauch:* In unserer Kultur kennen Kinder vielleicht von verschiedenen Speisen her Senfkörner, kaum aber den dazugehörenden Strauch. So muss in einem ersten Schritt auf die notwendige Anschauung der Sachhälfte Wert gelegt werden. Dies kann durch ein Dia geschehen, das einen solchen Strauch zeigt; die Projektion sollte so erfolgen, dass der Strauch in Originalgröße sichtbar wird. Jedem Kind kann man ein Senfkorn geben, so dass der Unterschied zwischen dem Korn (Ø 1 mm oder weniger) und dem Strauch (bis ca. 3 m) sichtbar wird. Wo keine Projektion möglich ist, lässt sich ein Senfstrauch auch in Originalgröße durch Tonpapier wiedergeben. Ein zweiter Schritt greift Erfahrungen der Kinder auf, wie aus kleinsten Anfängen etwas groß werden kann. Dabei sind vor allem ihre Erfahrungen mit der eigenen Person gefragt. Kinder wachsen heran, sammeln Fähigkeiten und Kenntnisse, tragen Erfahrungen zusammen, die ihrem Leben einen reicheren Hintergrund geben. In einem dritten Schritt wird diese Entwicklung von Kleinem zum Großen auf das von Jesus im Gleichnis vorgegebene Stichwort vom Reich Gottes angewandt: Gott beginnt mit Menschen sein Reich. Es scheint oft unscheinbar und schwach, vieles andere in der Welt (»viele andere Sträucher«) sind zuerst einmal größer. Dennoch dürfen Christen das Vertrauen haben, dass Gottes Reich heranwächst und groß wird, es schenkt Leben für den, der sich ihm anvertraut (»die Vögel wohnen in seinem Schatten«).

– *Der Lebensbaum:* Der Baum ist ein Ursymbol der Menschen und aller Religionen. Er ist Zeichen der Lebenskraft, des Wachsens, Reifens und Fruchtbringens. Er ist Symbol des Schutzes, an ihn kann man sich klammern, unter seinem Dach Schutz finden. Er verbindet Erde und Himmel, unten und oben. Der Baum kann damit auch zum Zeichen für das Streben des Menschen nach Gott werden. Im Christentum hat der Baum überdies eine direkte Beziehung zum Kreuz, dem »Holz des Lebens«. Aus diesen vielen Aspekten sollte man für den Familiengottesdienst auswählen, um das Eine oder Andere in den Vordergrund zu stellen. Sowohl von der alttestamentlichen Lesung wie vom Senfkorngleichnis bietet sich dabei vor allem die Beziehung Gott – Mensch an: Der Baum verweist uns auf Gott und seinen Schutz. Im Gottesdienst kann dazu eine Geschichte zum Baum verlesen werden. Das Wachsen eines Baumes nach oben kann von Kindern durch eine Pantomime wiedergegeben werden. Der Schutzcharakter des Baumes (Baumdaches) kann ebenfalls durch ein Spiel visualisiert werden. Auf einen durch Papier oder andere Materialien dargestellten Baum wird mit andersfarbigem Papier ein Kreuz aufgelegt, das die Linie von Stamm und Ästen aufgreift. Dieses Kreuz kann auf die Beziehung von Menschen zu Gott und auf die Beziehung von Menschen untereinander gedeutet werden. Zum Thema Baum gibt es im neuen religiösen Liedgut auch eine Reihe ansprechender Lieder.

– *Gott schenkt eine reiche Ernte:* (Vgl. C 68: Erntedank.) »Von selbst bringt die Erde ihre Frucht.« Der Mensch kann das Wachsen von Pflanzen (und Tieren) zwar beeinflussen, fördern (oder auch stören), aber letztlich ist er nicht Herr über das Leben in seinen vielfältigen Formen, auch wenn seine Macht einzugreifen größer wird und deshalb verantwortlicher ausgeübt werden muss. Der Blick auf die Ernte (gleich welcher Produkte) sollte deshalb immer zu Dankbarkeit und Lob führen. Gott sorgt für uns und schenkt uns die Welt, in der wir leben können. Im Gottesdienst tragen die Kinder durch Worte, Bilder oder Collagen Beispiele zusammen, wie wir Menschen beschenkt werden. Aus diesen Beispielen kann dann ein Dankgebet geformt werden.

– *Gott bereitet uns eine Wohnung:* Dieses Thema kann vom vorangegangenen ausgehen: Gottes Sorge für uns erstreckt sich nicht allein auf dieses Leben und auf die Erde mit ihren Gaben, die er uns zur Verfügung stellt. Seine Liebe endet nicht mit dem Tod, vielmehr führt er uns durch den Tod hindurch zu einer »ewigen Heimat«, er führt uns »nach Hause«. Dies kann durch die Wegsymbolik aufgearbeitet werden: Die Kinder gestalten einen Weg mit beispielhaften Stationen, die ein Mensch unseres Kulturkreises in seinem Lebenslauf erreichen kann. An solchen Stationen wird jeweils ein Zelt dargestellt (aufgebaut ...). Der Weg des »Beispielmenschen« wird über den Tod hinaus verlängert, an das »jenseitige« Ende des Weges wird ein festes Haus gestellt (gemalt): ewige Heimat bei Gott, bei Gott zu Hause sein ...

Weiterführung nach dem Gottesdienst

Zum Senfkorngleichnis können den Kindern als Erinnerung Senfkörner mitgegeben werden. Wenn es auf Wachsen und Reifen ankommt, sollten Samen anderer Pflanzen gewählt und den Kindern mitgegeben werden, die sie zu Hause einsäen können und an denen sie das Wachsen und Reifen beobachten können: Von selbst bringt die Erde ihre Frucht. Dazu können die Kinder ermuntert werden, eine Reihe von Bildern zu malen (etwa alle zwei bis drei Tage ein Bild), die die Folge von Wachsen und Großwerden zeigen.

Vielleicht kann nach dem Gottesdienst als Erinnerung an das Thema Lebensbaum auf dem Gelände der Gemeinde ein kleiner Baum von den Kindern gepflanzt werden. Oder man feiert unter einem großen und hochgewachsenen Baum auf dem Kirchengelände ein »Baumfest« mit gemeinsamem Frühstück, mit Liedern und Spielen ...

Zum Thema Ernte und Dankbarkeit können den Kindern vervielfältigte Dank- oder Tischgebete mitgegeben werden.

Die Kinder können dazu ermuntert werden, für einen eigenen Lebensweg eine zum Gottesdienstthema Wohnung passende Gestalt zu finden: Wo sind »Zeltstationen« meines bisherigen Weges? Die Kinder deuten dann auch an, dass ihr Weg weitergeht (auch weitere Zeltstationen) und malen am Ende – eher schemenhaft – ein festes Haus: Gott bereitet uns bei sich eine Wohnung.

(B 42) 12. Sonntag im Jahreskreis

Zu den Schrifttexten

Ijob 38,1.8-11: *Gottes Rede an Ijob.* Das Buch Ijob fragt auf dem Hintergrund eines leidvollen Einzelschicksals nach dem Sinn des Leidens in einer gerechten und von Gott geordneten Weltordnung. Da die Erklärungsversuche seiner Freunde für Ijob nicht ausreichen, richtet er eine leidenschaftliche Anfrage und Anklage an Gott selbst. Gott antwortet ihm schließlich mit einer langen Rede, die allerdings auf die Fragen des Ijob nicht eingeht, sondern ihn selber mit Fragen überhäuft. Dabei geht es Gott um die Stellung Ijobs (= des Menschen) Gott gegenüber. Der Mensch wird überheblich, wenn er von Gott Rechenschaft fordert, ja schon bereits, wenn er glaubt, Einsicht in die Ordnung Gottes nehmen zu können. Innerhalb dieser Gedankengänge stehen die kurzen Verse der alttestamentlichen Lesung, die für diesen Sonntag wegen ihrer Beziehung zur Seesturmperikope des Evangeliums ausgewählt wurden. In mythologischer Bildersprache wird die »Geburt« des großen und gefährlichen Meeres aus der Erde beschrieben. Doch an diesem gewaltigen Vorgang und an der Grenzziehung, die Gott für das Meer vornimmt (»bis hierher und nicht weiter«), wird deutlich, wie die Macht Gottes beschaffen ist: Selbst das (für den Orientalen besonders) unheimliche Meer unterliegt der Gewalt Gottes. An diesem und vielen anderen Beispielen, die in der Rede Gottes folgen, soll Ijob erkennen, dass er Gott nicht erkennen, sondern nur anerkennen kann. Er kann nicht mit Gott um Leid und dessen Bewältigung rechnen, sondern nur vertrauensvoll auf Gott zählen, sich in seine Hände legen und so im alttestamentlichen Sinn »glauben und gerecht sein«. Dies ist die Antwort des Ijobbuches – ob sie dem modernen Mensch reicht?

2 Kor 5,14-17: *Wenn jemand in Christus ist, ist er eine Neuschöpfung.* Neben dem Thema seiner apostolischen Autorität behandelt Paulus im zweiten (aus wahrscheinlich vier Briefen zusammengesetzten, vgl. B 11) Brief an die Gemeinde in Korinth das Thema der Versöhnung, die durch Christus erfolgt. Die von Gott geschenkte Versöhnung konzentriert sich für den Apostel in der Person Jesu Christi, mit der etwas völlig Neues begonnen hat. Nicht länger der »alte Adam«, der dem Tod verfallen ist, ist das Leitbild, auf das hin sich Menschen ausrichten sollen. Vielmehr stellt Christus den »neuen Adam« dar, der mehr ist als nur der irdische Mensch: Weil er durch den Tod hindurch neues Leben gewann, gibt er den Menschen, die sich an ihn binden (»die in Christus sind«) eine neue Perspektive. Christus wird somit stellvertretend, aber auch repräsentierend zum »neuen Menschen« und damit zum Grund der Hoffnung. Dies ist für Paulus der Kern seiner Christologie, die auf seiner eigenen Glaubenserfahrung beruht, seiner Bekehrung, seines Neuwerdens in Christus, seiner Lebenswende und Neuorientierung im Denken und in der Lebensgestaltung. Ebenso wie bei ihm sollte auch bei jedem Christen die Bindung an Christus zu einer solchen Neuorientierung des Lebens führen.

Mk 4,35-41: *Der Sturm auf dem See.* Die Seesturmperikope lässt sich leicht in einen ursprünglichen Wunderbericht (Von »plötzlich erhob sich ein Sturm« bis »es trat Stille ein«) und einen Rahmen des Evangelisten gliedern. Die Zielrichtung beim Wunderbericht und beim Rahmen des Evangelisten ist dabei unterschiedlich, so dass zwei Aussagerichtungen erarbeitet werden können: Der ursprüngliche Wunderbericht behandelt die Frage der Macht und Vollmacht Jesu, die auf alttestamentlichem Hintergrund beantwortet wird. Jesus handelt hier wie Gott selbst, der von der Schöpfung an Macht über die dämonische Gewalt des Meeres hat, der die Wasser der Urflut gebändigt hat (vgl. Genesis, aber auch die erste Lesung mit den Versen aus Ijob), der den Menschen aus der Not der Wasser rettet (vgl. Noach-Geschichte, aber auch Ps 107). Durch diesen Wunderbericht wird also eine christologische Aussage gemacht: Jesus handelt aus der Vollmacht Gottes heraus. Deshalb ist seine Lehre auch eine Lehre mit Macht, und es ist gut, sich an ihn zu binden. Jede naturwissenschaftliche oder historische Fragestellung (Was ist da passiert? Hat Jesus wirklich ein solches Naturwunder gewirkt?) verbietet sich von dieser Grundaussage des Textes. Aus diesem Wunderbericht macht Markus nun vor allem durch die abschließenden Verse, aber auch durch seine redaktionelle Einleitung eine Jünger- und damit Glaubensgeschichte. Ihm geht es um die Frage nach Glaube und Unglaube und um die Bestärkung der Jünger (= seiner Gemeinde) im Glauben. Damit gewinnt die Perikope einen neuen Akzent: Sie will zum Glauben ermuntern, sie will darin bestärken, auch in Not, Angst und Verfolgungssituation (den dämonischen Mächten, die die christlichen Gemeinden bedrohten) am Glauben festzuhalten: Denn dieser Jesus ist nicht irgendein Mensch, sondern der in der Macht Gottes Handelnde, der, dem man sich vertrauensvoll zuwenden kann.

Schrifttext und Familien mit Kindern

Im Zentrum des Familiengottesdienstes an diesem Sonntag wird das Evangelium stehen. Von verschiedenen Aspekten aus kann man diesen Text in den Gottesdienst einordnen. Die alttestamentliche Lesung ist dagegen sowohl von der schwierigen Thematik des Ijob-Buches wie auch von dem allzu kurzen Ausschnitt aus dem Gesamttext eher ungeeignet. Von diesem Text können bestenfalls Aspekte aufgegriffen werden, die das Symbol des Sturms als Zeichen für die Nähe und dennoch Unerreichbarkeit Gottes (vgl. dazu auch das Evangelium) und das Thema der Grenzen des Menschen aufgreifen.

Auch die neutestamentliche Lesung bietet für eine Behandlung im Familiengottesdienst erhebliche Schwierigkeiten. Dies liegt nicht allein an der üblicherweise schwierigen Sprache des Paulus, die selbst heutigen Erwachsenen von ihrer Begrifflichkeit, oft aber auch von ihrem Satzbau her fremd ist. Kindern sind in den Paulusbriefen nur wenige Stellen zugänglich, kaum aber der vorliegende Text. Aus ihm lässt sich nur ein Gedanke herausschälen, der – anders gewendet – im Gottesdienst mit Kindern aufgegriffen werden kann: Die Bindung an Christus bedeutet eine Neuschöpfung und Neuorientierung.

Das Evangelium dagegen bietet von verschiedenen Aspekten her Ansatzpunkte. Der Sturm kann lebensgeschichtlich gedeutet und auf unterschiedliche bedrohliche Lebenssituationen hin verstanden werden. Daraus ergibt sich als ein erster Themenkomplex die Frage nach Angst und Angstbewältigung. Dies führt weiter zum Thema Vertrauen und damit zu Glaube/Unglaube: Kann der Mensch diesem Jesus vertrauen, den er als »schlafend« erfährt, der nahe (»im gleichen Boot«) und dennoch anders, fern, unbe»greif«lich ist? Hiermit kommt man also der Zielrichtung des Evangelisten nahe, der diesen Text als Jüngertext und Glaubenstext ausgerichtet hat.

Ein anderes, weit auszufächerndes Thema ist das des Schiffes, in dem eine Gemeinschaft von Menschen unterwegs ist. Das Schiff ist in der Geschichte der Kirche (auch der christlichen Kunst) häufig als Symbol für die Kirche verstanden worden: Die Kirche ist inmitten der bedrohlichen Mächte dieser Welt (Sturm und Wellen) unterwegs, sie kann nur überleben aus ihrem Glauben an den Herrn heraus und in der Gemeinschaft mit ihm. Wiederum verbindet sich auch bei diesem Thema das Bekenntnis zu Jesus (Glaubensgeschichte) mit der Gemeinschaft der Glaubenden (Jüngergeschichte).

Ein weiterer Gedanke ist der Kontrast von Unruhe, Bewegung und Gefahr mit Ruhe, Stille und Rettung. Menschen sehnen sich nach Sicherheit und Geborgenheit, nach Schutz unter einem Dach, nach dem »in den Hafen kommen«. All dies wird in der Perikope mit Jesus verbunden: Souverän beherrscht er das, was uns unruhig macht: Das Wilde, Dämonische wird still, er schenkt den Menschen im Boot Sicherheit und Geborgenheit. Diese im Wunderbericht widergespiegelte Grunderfahrung müsste mit Situationen heutigen Lebens verknüpft werden, um zum Glauben an Christus zu ermuntern: Wo können wir in ihm zur Ruhe finden?

Gestaltungsideen für den Gottesdienst

– *Sturm im Leben:* Mit den Kindern werden im Gespräch Beispiele überlegt, was im Leben von Menschen wie ein bedrohlicher Sturm sein kann. Ebenso können zu einzelnen Situationen auch vorbereitete Spiele aufgeführt werden. Bei ausreichend Zeit können die Kinder auch Bilder malen, die die angsterregende Wirkung von Sturm und aufgewühltem Meer ausdrücken. Das Evangelium führt dann zur Aussage, dass die Jünger sich in ihrer Not Jesus zugewandt hatten und in ihm mitten im Sturm Halt und Kraft erfuhren. So sind wir als Jünger heute dazu aufgerufen, uns mitten in den Stürmen unseres Lebens Jesus zuzuwenden. Der Evangelientext kann dabei vorgelesen oder auch als Pantomime gespielt werden. Zu einer solchen Pantomime lässt sich gut passende Musik einspielen oder auf der Orgel improvisieren.

– *Angst und Vertrauen:* Die Kinder bedenken, besprechen, spielen oder malen Beispiele für das, was uns Angst macht. Dabei ergibt sich, dass die Ängste der Menschen sehr unterschiedlich sein können, dass aber jeder Mensch von Angst geprägt ist – Kinder wie Erwachsene. In einem zweiten Schritt wird überlegt, was dazu beiträgt, dass Angst ausgehalten oder gar überwunden werden kann. Wesentlich geschieht dies durch Symbole (Licht, Haus, aber auch der vertraute Teddy als Symbol für Geborgenheit) und durch Menschen, deren Nähe und Zuwendung man erfährt. Angst führt also zum Thema Vertrauen und personale Bindung. Dies wird auch am Evangelientext deutlich, der in einem dritten Schritt eingebracht wird: Hier besteht eine personale Bindung zwischen Jesus und den Jüngern. Aber nur, wenn diese Bindung tief ist, d.h. von Vertrauen und festem Glauben geprägt ist, lässt sich die Angst der Jünger überwinden. Ein vierter Gestaltungsschritt dieses Gottesdienstes sollte das Thema Glaube und Vertrauen in Jesus für die Kinder und ihre Lebenssituationen thematisieren.

– *Ein Schiff, das sich Gemeinde nennt:* Das Symbol des Schiffes kann individuell (meine Fahrt durch das Leben) oder auch gemeinschaftlich gedeutet werden. Meist geschieht das Letztere im Blick auf die Gemeinschaft der Christen und die Kirche, das bekannte

Lied zeugt davon ebenso wie die vielgestaltige Kunsttradition »Kirche als Schiff«. Dies kann vielfältig gedeutet werden (vgl. dazu den Firmkurs »Wohin der Geist uns treibt«, der das Schiff in dieser Weise zum Roten Faden der Katechese macht): der Glaube an Gott als Fundament, die Bindung an Christus als tragender Mast (Kreuz), das Hoffen auf die bewegende Kraft des Geistes, die Gemeinschaft der Christen als Mannschaft des Schiffes, die Bibel als Kompass zur Orientierung, die Eucharistie als Proviant für unterwegs, die Buße als Rettungsring in Notsituationen, die Fahrt auf dem offenen Meer als Fahrt durch das Leben, der Zielhafen als christliche Hoffnung auf Vollendung und Heimat (vgl. auch zur neutestamentlichen Lesung in B 41) ...

– *Unterwegs:* Zur Seesturmperikope gibt es eine Reihe von Bildern aus der christlichen Kunstgeschichte. Das Bild aus dem Hitda-Kodex ist das bekannteste davon. So kann der Gottesdienst mit einer Bildbetrachtung (noch ohne Evangelientext!) beginnen. Von den Aspekten des Bildes her wird danach eine Brücke zu entsprechenden Lebenssituationen heute geschlagen. Erst danach folgt durch den Evangelientext und die weitere Reflexion eine Aussage des Glaubens und die Ermunterung zur Bindung an Jesus, um auf dem eigenen Weg Hilfe und Schutz, Geborgenheit und Orientierung zu erlangen.

– *Unruhe und Stille:* Diese Thematik lässt sich vielleicht durch eine zur Meditation und eigenen Erfahrung anregende Pantomime einbringen: Einige wenige (eher erwachsene) Darsteller beginnen in einem Kreis mit sehr unruhigen Bewegungen (eventuell passende Musik dazu – Improvisation auf einem Instrument oder Rhythmus durch Schlaginstrumente). Die Kinder können aufgefordert werden, die Bewegungen passend zu den Vorspielern mitzumachen. Deren Bewegungen werden immer ruhiger und langsamer (die Musik leitet dies an), bis sie schließlich ganz zur Ruhe kommen (die Musik leitet in eine besinnliche Form über, kann auch leiser bis zur völligen Stille werden). Nach einer Weile Stille kann das Evangelium gelesen werden. Wer will, mag die Erfahrungen der Pantomime mit dem Text vergleichen, dieser Schritt ist aber bei Kindern keineswegs nötig. Einen Schlusspunkt setzt ein Gebetstext, der sich an Jesus richtet und den Glauben an ihn bekennt: Du führst uns zur Ruhe und Stille.

Weiterführung nach dem Gottesdienst

Zum Thema Sturm im Leben und darin Halt bei Jesus finden wird ein Bild gestaltet und vervielfältigt, das einen Wirbel von dunklen Farben und bedrohlichen Formen zeigt. In der Mitte ist dagegen ein »ruhiges«, helles Zentrum in warmen Farben – die Ruhe im Sturm. So kann die Botschaft des Evangeliums in einer symbolischen Bildaussage übermittelt werden. Zu einem solchen Bild können ebenso die Kinder selbst angeregt werden. Sie bringen ihre Bilder dann zum nächsten Familiengottesdienst mit.

Zum Thema Vertrauen in Jesus passen gut kleine Vertrauensgebete, die den Kindern geschenkt werden können mit der Aufforderung, diese Gebete in »Sturmsituationen« ihres Lebens zur Hand zu nehmen und darin dann Kraft zu finden.

Das Schiff, das sich Gemeinde nennt, kann ebenfalls durch eine Darstellung in Erinnerung bleiben. Ebenso können aber auch einzelne Gegenstände, die zu einem Schiff gehören (etwa ein Stück Tau oder Holz), oder ein kleines (gefaltetes) Papierschiff übergeben werden.

Wenn im Gottesdienst eine Bildbetrachtung erfolgte, sollte man das betreffende Bild als Erinnerung mitgeben (Postkarte oder zumindest Kopie). Vielleicht kann auf die Rückseite ein Satz aus dem Evangelium oder ein passender Spruch geschrieben werden.

Zum letzten Gottesdienstvorschlag passt der Satz des Augustinus: »Unruhig ist unser Herz, bis es ruht in dir.« Der auf Gott hin gesprochene Satz des Kirchenlehrers kann durchaus passend zum Evangelium auf Jesus gedeutet werden. Er kann in einer schönen Schrift gestaltet und den Kindern als Erinnerung übergeben werden.

(B 43) 13. Sonntag im Jahreskreis

Zu den Schrifttexten

Weish 1,13-15;2,23-24: *Gott hat den Menschen zur Unvergänglichkeit erschaffen.* Das Buch der Weisheit ist etwa 100 Jahre vor Christus in der jüdischen Diaspora in Ägypten, wahrscheinlich in Alexandria, entstanden. Diese ägyptische Hafenstadt war damals ein Zentrum der hellenistischen Kultur und Denkweise, und das merkt man dem zuletzt entstandenen Buch des Alten Testamentes an: Der traditionelle Glaube der Juden wird hier in einen Dialog mit griechischer Denk- und Sprechweise gebracht und so neu ausgesagt. Dabei geht es dem Verfasser um die gleichen Fragen, die Menschen immer wieder bewegt haben (vgl. etwa Ijob): Wie ist das mit dem Bösen, dem Leid und dem Tod in der Welt? Wie passt all dies mit dem guten Gott zusammen? Der Verfasser des Buches der Weisheit trennt dabei – fußend auf jüdischer Tradition und auf Texten der Thora und der Propheten – den guten Gott und seinen Heilswillen von der Gegenmacht des Teufels und der Entscheidung der Menschen, der einen oder anderen Seite anzugehören. Das bedeutet: Tod und Leid belasten zwar den Menschen, bedeuten aber nichts vor der Größe und Macht Gottes: Seine Liebe ist größer und rettet. Nur wo Menschen aus dem Bereich Gottes heraustreten, sich von ihm abwenden, gewinnt der Tod so sehr Macht über sie, dass er das endgültige Ende darstellt. Damit wird die Frage nach dem Tod gewendet: vom Blick auf Gott hin zur Verantwortung des Menschen für seinen Lebensweg. Gott will das Gute, will Heil und Unsterblichkeit, der Mensch aber kann sich dem verweigern.

2 Kor 8,7.9.13-15: *Eine Kollekte für die Armen in Jerusalem.* Paulus sieht seine Aufgabe nicht allein in der Gründung und Festigung neuer Gemeinden, sondern auch in der Förderung von Verbindungen zwischen den Gemeinden und der Ur»sprungs«gemeinde in Jerusalem. Die dortige Gemeinde scheint von ihrer sozialen Schicht eher arm gewesen zu sein, dies klingt in mehreren Paulusbriefen (vgl. etwa Röm 15,25ff) an. Paulus hält deshalb in Mazedonien und auch in Korinth eine Kollekte für die »Armen in Jerusalem«. Da Kollekten nicht nur heute unbeliebt sind, musste er diese Sammlung besonders begründen. Er tut dies auf dreifache Weise: 1. Zuerst lobt er die Korinther weges ihres Reichtums an geistlichen Gaben und Begabungen (»Glaube, Rede, Erkenntnis, Eifer, Liebe«). Dieser Reichtum an inneren Werten kann durch die Freigebigkeit einer reichen Kollekte vergrößert werden. 2. Er verweist auf das Beispiel Jesu, der mehr gegeben hat als nur Geld. Er hat sich für die Menschen arm gemacht. 3. Für Paulus ist die Kollekte ein notwendiger Ausgleich zwischen den beiden Gemeinden: Von Jerusalem nämlich hat Korinth erst den Glauben erhalten, deshalb ist es nicht mehr als recht, wenn Korinth jetzt der in Not geratenen Jerusalemer Gemeinde hilft, zudem dies keine Überforderung der Korinther bedeutet.

Mk 5,21-43: *Erweckung der Jairus-Tochter und Heilung der blutflüssigen Frau.* Im Evangelium dieses Sonntags hat Markus zwei ursprünglich unabhängige Wundergeschichten aus erzählerischen Gründen ineinander verschachtelt: So steigt die Spannung, ob Jesus noch rechtzeitig kommen kann, um das kranke Mädchen zu heilen. Wir empfehlen für den Familiengottesdienst eine Beschränkung auf die Kurzfassung des Evangeliums. Markus zeigt Jesus als den, der Macht durch sein Wort (vgl. Kapitel 4 mit den Gleichnissen) und durch sein Handeln (Kapitel 5 mit vier Wundergeschichten, beginnend mit dem Seesturm, vgl. B 42) ausübt. Er ist der von Gott gesandte Messias, dessen Größe aber erst nach seiner Auferweckung an Ostern allen sichtbar wird. So ist auch das Schweigegebot am Ende des Textes einzuordnen: Erst nach Ostern wird die Herrlichkeit Jesu sichtbar. Die Erzählung von der blutflüssigen Frau ist ganz im Stil der herkömmlichen Wundererzählungen aufgebaut. Allein am Ende setzt Markus einen neuen Akzent: Die Heilung erfolgt nicht durch die magische Berührung, sondern durch das machtvolle Wort Jesu. Die Erweckung des Mädchens übertrifft die bisherigen Wunder (Seesturm; Heilung des Besessenen und der Frau). Nunmehr geht es um die grundlegende Überwindung der lebensfeindlichen Macht. Damit wird auf dem Hintergrund des Alten Testaments (Wunder des Elija) eine eschatologische Ebene erreicht: Wenn Tote erweckt werden, ist das endgültige Heil gegenwärtig, ist der Messias unter den Menschen.

Schrifttext und Familien mit Kindern

Die alttestamentliche Lesung bereitet für eine Verwendung im Familiengottesdienst erhebliche Schwierigkeiten und kommt in der Regel nicht in Betracht. Thema, inhaltliche Aussagen und Sprachform sind Kindern so nicht zugänglich.

Die neutestamentliche Lesung behandelt das Thema der Kollekte als Zeichen der Dankbarkeit für Zuwendung, die man selber empfangen hat, wie für Solidarität und Liebe zwischen den Menschen (hier christlichen Gemeinden). Beide Motive sind auch heute wichtig und sollten Kindern vermittelt werden. Der Gottesdienst, der auf dieser Lesung aufbaut, sollte für Kinder nur am Rand zu »Kirche und Geld« Stellung nehmen – dies betrifft eher Erwachsene. Die beiden Motive, die Paulus anführt samt seinem Argument des Vorbilds Jesu, sind wichtiger. Vielleicht kann dieses Thema im Zusammenhang mit solidarischen Aktionen der Gemeinde (etwa Patenschaftsprojekt beim Pfarrfest ...) angesprochen werden.

Die erste Entscheidung zur Gestaltung eines Familiengottesdienstes wird der Evangelientext sein, dann allerdings in einer Beschränkung auf die Kurzfassung, also die Erzählung von der Auferweckung der Tochter des Jairus. Kinder werden diesem Text allein schon deshalb zuhören, weil es hier um ein Kind und seine Rettung geht. Allerdings ist dieses Kind in der Darstellung des Markus nur am Rand erwähnt, spielt kaum eine eigene Rolle (es hat nichts zu sagen). Der Glaube des Jairus ist in der Sicht des Evangelisten das Entscheidende, weil er zum Modell des Glaubens eines jeden Christen werden soll: Die Bindung an Jesus und das Vertrauen auf ihn rettet. Mehr noch: In diesem Vertrauen zeigt sich, dass in Jesus die messianische Zeit angebrochen ist – es geht nicht länger »nur« um Heilung, sondern um die Überwindung des Todes.

So sehr dieser Text auf das Interesse der Kinder stoßen wird, so sehr gibt es aber auch die Gefahr, dass er falsch verstanden und mit den falschen Fragen belegt wird. Da geht es dann eher um Überlegungen, was da genau passiert sein kann, wie das vor sich gegangen ist, vielleicht um die Grundsatzfrage, ob Wunder und erst recht Totenerweckungen überhaupt möglich sind. Die eigentlich theologischen Aussagen über Jesus und über den Glauben an ihn treten in den Hintergrund. Es bedarf einer kontinuierlichen Arbeit der Verkündigung, dass biblische Texte in ihrer ganz bestimmten Textsorte wahrgenommen und nur auf die in ihnen liegenden Aussagen hin befragt werden. Die Wunder der Bibel sind angesichts unserer heutigen Denkstruktur für viele keine Zeichen, die den Glauben verstärken, sondern eher Hemmnisse: Glauben nicht wegen, sondern trotz der Wunder. In der Verkündigung muss deshalb immer wieder von den »Wie ist das geschehen?«-Fragen weg auf die »Was soll das für uns bedeuten?«-Fragen verwiesen werden.

Gestaltungsideen für den Gottesdienst

– *Als Beschenkte schenken:* Ein Spiel zeigt in verschiedenen Szenen auf, wie Menschen beschenkt werden und aus ihrer Freude darüber selber zu einem großzügigen Schenken bereit werden. In einem zweiten Schritt wird nach der Lesung angesprochen, wie wir durch Gott (durch Jesus) beschenkt werden (evtl. Beispiele durch Bilder und Symbole visualisieren). Gut ist dann anschließend eine Zeichenhandlung, in der alle anwesenden Kin-

der sowohl mit einer Kleinigkeit beschenkt werden als auch selber andere beschenken.
– *An einem Tisch:* Ein Tisch mit Stühlen ist aufgestellt. Verschiedene Kinder nehmen daran Platz, die verschiedene Völker symbolisieren sollen (sie können verschiedene Gewänder tragen etc. oder mit Farben und Schildern gekennzeichnet sein). Nun wird eine Speise in die Mitte des Tisches gestellt, etwa ein Kuchen oder eine große Melone ... Diese Speise wird nun entsprechend der augenblicklichen Verteilung der Wirtschaftsgüter auf der Welt zwischen den Völkern aufgeteilt: 2/10 der Kinder erhalten 8/10 der Speise; 8/10 der Kinder erhalten 2/10 der Speise. Im Gespräch mit den Kindern wird sowohl die Ungerechtigkeit einer solchen Ordnung angesprochen wie auch die Aufgabe, durch Teilen Solidarität zu zeigen. Nun teilen die Kinder am Tisch die betreffenden Güter gerecht auf. Die Lesung des Korintherbriefes wird danach vorgetragen und durch Sacherklärungen (Situation der Jerusalemer Gemeinde damals ...) ergänzt. Weitere Hinweise können zu Solidaritätsaktionen von Christen heute erfolgen.
– *In Jesus erkennen wir Gott:* Alle Wunderberichte machen wesentlich christologische Aussagen. In Jesus bricht das Reich Gottes an, in dem jede Not überwunden ist und selbst der Tod ein Ende hat. Die Kinder erarbeiten in einem ersten Schritt, was Menschen damals wie heute belastet. Krankheit, Hunger, Streit, Ungerechtigkeit, Tod ... Danach wird die Sonntagsperikope als eine der biblischen Geschichten aufgeführt, die uns zeigen, wie Gott unsere Belastungen wenden und überwinden will. Dies kann methodisch durch ein Spiel, besser eine Pantomime geschehen, die den Wandel von Trauer, Dunkelheit, Tod zu Licht, Freude und neuem Leben zeigt. Passende Farben, Bilder und Musik können das Spiel ergänzen.
– *Glaube trägt wie ein Boot:* (Eventuell mit Rückgriff auf die Perikope in B 42: Seesturm.) Wundergeschichten und andere Texte der Bibel ermuntern zum Vertrauen auf Jesus und zum Glauben an ihn. Das wird in den Geschichten an glaubenden Personen gezeigt, hier an Jairus. Er hat Grund zu Angst und Sorge, doch er wendet sich in seiner Not an Jesus. Dies kann wie folgt gespielt werden: Jairus erzählt (in orientalisch breiter Form) einige Tage nach der Erweckung seiner Tochter einigen Verwandten von diesem Geschehen und von seinen Gefühlen vorher und nachher. Seine Erzählung wird von einem Bekenntnis zu Jesus abgeschlossen.
– *Zuwendung schenkt neues Leben:* Szenen aus dem Alltag zeigen auf, wie Menschen einander durch Zuwendung und gegenseitige Hilfe neuen Lebensmut, ja neue Lebenshorizonte schenken können. Liebe kann Leben aufwecken. Die Kinder werden dazu ermuntert, selber zu solchen »Lebensspendern« zu werden. In ihrem Umkreis können sie, wenn auch kleine, aber dennoch wichtige Schritte tun, die anderen Menschen Lebensfreude schenken.

Weiterführung nach dem Gottesdienst

Zum ersten Vorschlag kann den Kindern eine Kleinigkeit geschenkt werden. Sie werden zusätzlich ermuntert, auch etwas von ihren Dingen einem anderen Menschen zu schenken.

Zum Thema Solidarität und gegenseitige Hilfe passt eine entsprechende Gemeindeaktion, wie sie in vielen Gemeinden als Partnerschaft durchgeführt wird. Dazu können nach dem Gottesdienst weitere Informationen gegeben werden (etwa ein Diavortrag oder Berichte ...). Ebenso kann über die großen kirchlichen Hilfswerke berichtet werden.

Zu der neutestamentlichen Lesung passt – allerdings mehr für die Erwachsenen – das Thema Kirche und Geld. Viele Bistümer haben dazu Broschüren zur Verwendung der Kirchensteuer. Ebenso kann aber auch über den Haushalt der betreffenden Gemeinde informiert werden.

Wenn der Evangelientext behandelt wird, kann den Kindern ein schönes Jesusbild übergeben werden, das die Symbolik von Dunkelheit/Licht (Tod/Leben) aufgreift. Ebenso aber können die Kinder selber entsprechend malen.

Eingang	110,1
Kyrie	
Gloria	
Antwortgesang	110,3
Halleluja/Ruf v. d.	
Credo	
Gabenbereitung	
Sanctus	491
Agnus Dei	spr.
Kommunion	
Danksagung	577,1+2
Auszug (S)	

(B 44) 14. Sonntag im Jahreskreis

Zu den Schrifttexten

Ez 2,2-5: *Ein Prophet war mitten unter ihnen.* Das Buch Ezechiel ist die große Prophetie am Anfang des Exils Israels. Das Buch gliedert sich in zwei Teile: Nach der einleitenden Berufung des Propheten (Kapitel 1-3) folgen vor allem Gerichts- und Unheilsprüche gegen Juda und Jerusalem. Erst im zweiten Teil des Buches wird Ezechiel zum Trost- und Hoffnungspropheten, der den Menschen im Exil eine Wende ihrer hoffnungslosen Situation durch das Eingreifen Gottes verheißt. Ezechiel wird von Gott berufen, nachdem ein Teil des Volkes 597 bereits in die Verbannung geführt wurde. Der Rest des Volkes aber will nach wie vor die unheilvolle Situation nicht wahrhaben. Ezechiel verweist eindrücklich auf die »Widerspenstigkeit« des Volkes und seine Untreue Jahwe gegenüber. Alles was dem Volk geschieht, beruht auf Schuld Gott gegenüber – die Abläufe der Geschichte werden zum Gericht über die Menschen. Der Text der Perikope bezieht sich inhaltlich nur in Andeutungen darauf. Er schildert vielmehr die drei Schritte, die zur Prophetenberufung gehören: 1. Der Prophet wird von Gott angesprochen, beauftragt, für seine Aufgabe durch Gottes Geist gestärkt und schließlich ausgesandt. 2. Der Prophet soll die Botschaft verkünden, die ihm aufgetragen wurde, er soll Sprachrohr Gottes sein, nicht eine eigene Botschaft verkünden. 3. Seine Hörer werden dadurch zur Entscheidung aufgerufen, sie sollen erkennen und entsprechend handeln.

2 Kor 12,7-10: *Die Gnade Gottes erweist ihre Kraft in den Schwachen.* Der 2. Korintherbrief besteht wahrscheinlich aus mehreren, später zusammengefügten Briefen. Die Perikope ist Teil des sogenannten 2. Verteidigungsbriefes, mit dem Paulus sich gegen Vorwürfe aus Korinth wehrt. Dahinter stehen andere christliche Verkünder in Korinth, die ihre eigene Kraft und Offenbarungserlebnisse in den Vordergrund stellen und die sich als »stark« bezeichnen, während ihr Gegner Paulus nur »schwach« gewesen sei. Gegen diese Vorwürfe verteidigt sich Paulus mit der »Narrenrede«: Wenn die Narren sich schon selbst rühmen, dann kann er auch ein Narr sein und auf das hinweisen, was er selbst erlitten hat – Verfolgung, Not, Missachtung und wie hier angedeutet Krankheit, die den Körper schwach macht und die Verkündigung behindert. Für Paulus aber sind die aus seiner Person erwachsenen Behinderungen seiner Verkündigung nur ein deutliches Zeichen dafür, dass es Gott nicht um den Starken geht, sondern dass er besonders die Schwachen und Kleinen erwählt – eine Linie, die die ganze Bibel durchzieht. Gerade dadurch, dass die Schwachen trotz ihrer Schwäche große Aufgaben erfüllen, wird Gottes Stärke sichtbar. So ist sein Lebensschicksal letztlich auch keine Behinderung seiner Verkündigung, sondern ein deutliches Zeugnis für das Wirken Gottes: Je schwächer er ist, umso stärker ist Christus.

Mk 6,1-6: *Nirgends gilt ein Prophet weniger als in seiner Vaterstadt.* Nach den Gleichnissen (der Rede Jesu – Kapitel 4) und den Wundern (den Taten Jesu – Kapitel 5) geht es Markus nun um die Verkündigung Jesu und die Reaktion der Menschen darauf. Im Mittelpunkt des 6. Kapitels steht die Aussendung der Jünger und ihre Rückkehr. Zuvor aber, gleichsam als Kontrast, behandelt die vorliegende Perikope die Ablehnung Jesu in seiner Vaterstadt. Hier geht es also um Glaube und Unglaube, um das »Kennen« Jesu und sein »Verkennen«, wenn man nur die Äußerlichkeiten seines Werdeganges und seiner Ursprungsfamilie sieht, nicht aber seinen Geist als Geist Gottes versteht. Dieses Verkennen eines Menschen mit religiösem Auftrag hat Tradition, Jesus selbst verweist in einem Sprichwort auf das Schicksal der Propheten. Die für heutige Hörer im Text angesprochene Frage nach den Brüdern Jesu ist nur ein Nebenaspekt, der von der Exegese unterschiedlich beantwortet wird: Die evangelische Exegese sieht in ihnen weithin leibliche Brüder, die katholische versteht sie als seine Vettern.

Schrifttext und Familien mit Kindern

Alle drei Schrifttexte lassen sich unter einem Leitgedanken zusammenfassen: Gott erwählt Menschen und stellt sie in seinen Dienst. Dabei ist es überraschend, wen er für die Verkündigung auswählt. Es sind keineswegs die Starken und Mächtigen, sondern die Schwachen und Unscheinbaren, ja die, denen man dies eigentlich überhaupt nicht zutrauen würde. Doch Gott befähigt und stärkt seine Berufenen für ihre Aufgabe, er erfüllt sie mit seinem Geist, und das macht alle Unzulänglichkeit wett: Wo Menschen schwach sind, werden sie durch Gott stark.

Für die Umsetzung in einen Familiengottesdienst bedeutet die gemeinsame Überschrift aber noch nicht viel. Die einzelnen Perikopen nämlich lassen sich Kindern nur schwer erschließen: Zur Gestalt des Ezechiel haben sie keine Beziehung, die geschichtliche Konstellation zu Beginn der Exilszeit Israels ist ihnen unbekannt und für sie auch weithin irrelevant. Die Gestalt des Paulus ist einigen Kindern schon eher bekannt; das hier angeschnittene Thema von seiner Schwachheit aber und zudem seine Sprache erscheinen wie aus einer fremden Welt. Plastisch dagegen scheint das Evangelium zu sein. Doch auch hier gibt es Schwierigkeiten, wenn man sich etwa an Nebenfragen (»die Brüder Jesu«) festbeißt.

Trotz dieser Schwierigkeiten erscheint es denkbar, dass man alle drei Texte miteinander durch den Gedanken verbindet, dass Gott gerade das Kleine erwählt und groß macht. Dieser Gedanke kommt Kindern in ihrem Sehnen nach Größe und Bedeutung entgegen. Dabei darf man Jesus durchaus auch als »klein« in diesem Sinn betrachten, wenn man das berücksichtigt, was die Menschen damals (seine Familie, die Bewohner seines Ortes ...) äußerlich von ihm erfahren haben: Er war eben ein Handwerker, der aus einer einfachen Familie in einem von Jerusalem weit abgelegenen Ort stammte. Dass er redegewandt war, ja mit Macht redete, dass er wunderbare Zeichen tat, führte zwar zu Erstaunen, aber keineswegs zum Glauben, dass dieser doch bekannte junge Mann der Messias war, der unerkannt unter den Menschen erscheinen sollte.

So ergibt sich das Thema Glaube – Unglaube: Öffnet sich ein Mensch für Jesus, gelangt er zum Glauben und zur Rettung (die Jünger als die neue Familie Jesu). Verschließt sich jemand aber dem in Jesus wirkenden Geist und sieht nur auf das Äußere, dann entsteht ein Unglauben, der für Jesus im Letzten zu Kreuz und Tod führte.

Ebenso wie man die große Linie aller drei Texte als Thema wählen kann, lassen sich auch die einzelnen Gestalten der Perikopen eigenständig behandeln. So kann man am Beispiel des Ezechiel und seines Wirkens den alttestamentlichen Propheten und sein Schicksal vorstellen. Ebenso kann die Gestalt des Paulus zum Thema eines Familiengottesdienstes werden, bei dem es dann nicht allein um das Thema seiner Schwachheit, sondern um seinen ganzen Lebensweg gehen kann. Der Lesungstext ist dann nur ein Anlass, Paulus in einem Gottesdienst in den Vordergrund zu stellen.

Für das Evangelium würde eine solche Betrachtung auf die Entscheidung aufmerksam machen, die jeder treffen muss: Wie verhalte ich mich im Blick auf Jesus? Wage ich die Bindung und den Glauben an ihn, weil ich in ihm mehr sehe als irgendeinen – wenn auch herausragenden – Menschen? Sehe ich in ihm Gott selber?

Gestaltungsideen für den Gottesdienst

– *Prophet Gottes sein:* Ezechiel und sein Lebensschicksal sind typisch für das Schicksal alttestamentlicher Propheten. Sie werden von Gott aus ihrem Alltag herausgerufen, sind einfache Leute, die keineswegs herausragende Begabungen haben. Weithin fühlen sie sich mit ihrem Auftrag überfordert. Dennoch verweigern sie sich (bis auf anfängliches Zögern) nicht, weil sie die Stärkung durch Gottes Geist erfahren, der sie »auf die Füße stellt«. So sprechen sie Gottes Wort zu den Menschen, und dies unabhängig davon, ob sie gehört werden und Erfolg haben oder nicht. Propheten sind also Menschen, die nicht einfach die Zukunft vorhersagen, sondern die »für« (»pro«) Gott sprechen, sein Wort unter Menschen repräsentieren. Im Familiengottesdienst kann dieses »prophetische Schema« durch kleine Zeichnungen verdeutlich werden, etwa: der Prophet als Mund Gottes, der Prophet, von Gott »auf die Füße gestellt und aufgerichtet« (mit Mut und Kraft beschenkt), der Prophet als Mahnung (Warnzeichen, Hinweiszeichen) für die Menschen, der Prophet als Aufruf zur Entscheidung und zur Orientierung (Wegweiser). Zu solchen Zeichnungen können Beispiele aus dem Leben Ezechiels, aber auch anderer Propheten aufgeführt werden.

– *Von den Höhen und Tiefen des Paulus:* Im Mittelpunkt des Gottesdienstes stehen Paulus und die verschiedenen Stationen seines Lebensweges: sein Aufstieg zum jüdischen Gelehrten und sein Eifer in der Befolgung des jüdischen Gesetzes; seine Lebenswende bei der Bekehrung zu Christus vor Damaskus und seine Aufnahme in die christlichen Gemeinden von Damaskus und Jerusalem; der Beginn seiner Verkündigungstätigkeit und sein Ringen um ein vom jüdischen Gesetz freies Evangelium, seine Missionsreisen und seine Schreiben an die von ihm gegründeten Gemeinden, seine Gefangennahme und sein Tod in Rom ... Die einzelnen Stationen dieses Weges können durch entsprechende Zeichnungen dargestellt werden, die auf einen vorbereiteten Weg (große Wandtapete oder Tageslichtprojektor) befestigt werden. Ebenso können aber einzelne Szenen auch nacherzählt oder gespielt werden. Dabei sollte deutlich werden, dass Gott immer wieder in das Leben des Paulus eingreift und ihn für seine Aufgabe befähigt. Dieser Aspekt verbindet ihn mit den alttestamentlichen Propheten.

– *Im Menschen Gott sehen:* Der Glaube und die Bindung an Jesus können nur dann entstehen, wenn wir in ihm mehr sehen als nur einen wenn auch herausragenden Menschen. Hinter seinem Äußeren liegt Tieferes, das entscheidend ist: Gott selbst. Den Kindern kann dieser Gedanke dadurch nahe gebracht werden, dass auf einem Tageslichtprojektor mehrere Folien übereinander liegen und sich gegenseitig verdecken; eine nach der anderen wird weggenommen und lässt dann mehr erkennen. Die oberste, noch sehr dunkel gehaltene und deshalb die darunter liegenden überdeckende Folie zeigt einen Menschen mit Axt und anderen Werkzeugen: »Jesus, Sohn des Zimmermanns und selber Zimmermann« – so kannten ihn die Menschen in Nazaret. Die folgende Folie zeigt Jesus, wie er einen Menschen (etwa einen Kranken, Gelähmten ...) aufrichtet: »Jesus, Prophet und Wundertäter« – so erfuhren ihn seine Jünger, waren von ihm fasziniert, aber erkannten ihn bis zur Auferstehung noch nicht richtig. Die letzte Folie zeigt eine Lichtgestalt, hinter der eine strahlende Sonne liegt: »Jesus, Mensch und Gott« – so sehen ihn die Augen des Glaubens, so sollen wir Christen ihn sehen.

Weiterführung nach dem Gottesdienst

Das Thema Propheten als Boten Gottes und Wegweiser der Menschen kann dadurch vertieft werden, dass den Kindern am Ende des Gottesdienstes eine Zeichnung mitgegeben wird, auf der ein Wegweiser gezeichnet ist. In seinen Schildern sind die Namen verschiedener Propheten (eventuell auch anderer großer Gestalten der Bibel) eingetragen. Die Schilder müssen dabei in eine Richtung zeigen (der auf Gott ausgerichtete Lebensweg).

Zu Paulus kann den Gottesdienstbesuchern ein kurzer Abriss seines Lebens und Wirkens mitgegeben werden. Auch für Erwachsene wird dadurch manches aus dem Leben des Paulus wieder in Erinnerung gerufen.

Das Spiel mit den Folien kann in vereinfachter Form ebenfalls vervielfältigt mitgegeben werden. Dabei sind zwei kleine Blätter (etwa DIN A 6) aus möglichst dünnem Papier übereinander geheftet: Das obere, das untere zuerst überdeckende Bild zeigt Jesus, den Sohn des Zimmermanns (s.o.). Das untere zeigt Jesus als Lichtgestalt mit einer hinter ihm liegenden Sonne.

(B 45) 15. Sonntag im Jahreskreis

Zu den Schrifttexten

Am 7,12-15: *Rede prophetisch zu meinem Volk Israel.* Der Prophet Amos stammt aus Tekoa, einem Dorf im Südreich Juda, und war Tier- und Maulbeerbaumzüchter. Zur Zeit König Jerobeams II, also in einer Zeit der politischen Ruhe und wirtschaftlichen Blüte, geht er im Auftrag Gottes in das Nordreich, um dort als Prophet zu wirken – wahrscheinlich nur für kurze Zeit. Seine Botschaft ist sozialkritisch, die Reichen und Mächtigen werden scharf angegriffen: In der sozialen Ungerechtigkeit zeigen sich Unglaube und mangelnde Treue zu Gottes Bund, der immer auch einen solidarischen Bund der Menschen untereinander beinhaltet. So kommt es zur Auseinandersetzung mit den Machtträgern, zu denen auch der Priester Amazija am Reichstempel von Betel gehört. Dieser sieht im Wirken des Amos fälschlicherweise das Sprechen eines Berufspropheten, der eine Botschaft für Geld verkündet. Dagegen argumentiert Amos, dass er nicht wegen Geld spricht – er hat sein eigenes Einkommen als Hirte –, sondern aus dem direkten Auftrag von Gott. Deshalb kann er auch schweigen oder an anderer als der ihm aufgetragenen Stelle reden. Neben dem Thema der Berufung durch Jahwe klingen zwei andere Gedanken an. 1. Die Spannung zwischen Politik (König) und Religion (Reichsheiligtum): Kann dort unabhängig von politischer Macht Religion ausgeübt werden? 2. Die Spannung zwischen religiösem Amt (Priester am Heiligtum innerhalb einer »kirchlichen« Ordnung) und freier Berufung (Prophet, allein von Gottes Geist angetrieben).

Eph 1,3-14: *Durch Christus hat er uns mit allem Segen seines Geistes gesegnet.* Der Epheserbrief ist ein nachpaulinisches Rundschreiben, in dem die Situation der Kirche gegen Ende des ersten Jahrhunderts reflektiert wird. Dabei kommt es dem im paulinischen Sinn schreibenden Verfasser darauf an, die Einheit der Kirche zu betonen. Die Perikope dieses Sonntags stellt einen großen, in liturgischer Sprache geformten Lobpreis am Anfang des Briefes dar – gleichsam eine theologische Überschrift des Briefes in Form eines Hymnus. Durch die Dichte der theologischen Sprache wird der normale Hörer unserer Zeit allerdings weithin überfordert. Das Thema des Lobpreises ist im ersten Vers angegeben: Gott beschenkt uns durch Christus mit allem Segen. Dies bedeutet Erwählung und Berufung des Glaubenden von Anbeginn an, dies bedeutet Vergebung der Sünden und Erlösung durch Christus, dies bedeutet das Geschenk des Geistes, der den Glaubensbund besiegelt. So sind die Christen miteinander zum Lob der Herrlichkeit Gottes bestimmt.

Mk 6,7-13: *Er sandte die Zwölf zu je zweien aus.* Die wohl wiederholte Aussendung der Jünger durch Jesus ist hier von Markus redaktionell in eine modellhafte Form gebracht, die zum einen eine grundsätzliche theologische Aussage (»die Zwölf«) macht, zum anderen in der Aussendungsrede konkrete Anweisungen gibt, wie die Jünger ihre Botschaft glaubhaft verkünden können. Die Zwölf stehen hier für die zwölf Stämme Israels, die Jesus zum endzeitlichen Volk Gottes zusammenführen will. (Zu diesem geeinten Israel kommen in der Endzeit dann »die Völker« hinzu, so dass der Blick nicht explizit über Israel hinausgeht, die Menschen aller Völker aber dennoch einbezogen werden.) Mit Jesus also und der Botschaft, die von ihm ausgehend durch die zwölf Ausgesandten (=Apostel) weitergetragen wird, beginnt die Endzeit, die messianische Zeit, die Erlösung. Die Ausgesandten sollen in aller Einfachheit, ja Armut ihren Weg gehen und so ein glaubwürdiges Zeugnis für ihr Evangelium geben (vgl. auch Amos). Einem glaubwürdigen Zeugnis dient auch, dass sie paarweise gehen und damit der Forderung glaubwürdiger Zeugen in Israel entsprechen. Ihr Wirken führt – wie bei Jesus – zu einer Umkehr der Menschen zu Gott (Bekehrung), zur Heilung und zur Überwindung der Dämonen: Die Endzeit ist angebrochen.

Schrifttext und Familien mit Kindern

Die drei Schrifttexte dieses Sonntags sind für den Einsatz im Familiengottesdienst weithin ungeeignet. Nur mit Mühe kann man einzelne Ansatzpunkte finden, die sich für die Verkündigung an Kinder heute eignen.

Aus der alttestamentlichen Lesung kann noch einmal das Thema Prophet aufgegriffen werden, das aber bereits am Sonntag vorher im Zusammenhang mit Ezechiel eine Gestaltungsmöglichkeit war. Wenn dies geschehen soll, ist es sinnvoll, aus den beiden Sonntagen eine kleine Reihe über Propheten zu machen und dabei unterschiedliche Akzente zum Prophetenschicksal zu setzen: etwa bei Ezechiel der innere Ruf und die persönliche Entwicklung, die im Propheten durch den Auftrag Gottes in Gang gesetzt wird; bei Amos können dagegen die Wirkung prophetischer Rede auf andere Menschen und die Auswirkung auf das Schicksal des Propheten im Vordergrund stehen. Dennoch – es bleibt die große zeitliche und kulturelle Distanz zu den Prophetengestalten des Alten Testaments.

Der Lobpreis der neutestamentlichen Lesung überfordert in seiner dichten theologischen Sprache bereits Erwachsene – vor allem, wenn man ihn nur hören, nicht aber selber in Ruhe lesen kann. Für Kinder ist er in dieser Form ungeeignet und müsste für einen Familiengottesdienst sprachlich und inhaltlich erheblich reduziert und elementarisiert werden. Dann erst könnte der Gedanke, dass Gott uns in Christus segnet und wir deshalb zu seinem Lob bestimmt sind, erarbeitet werden.

Einen für das Gesamt des Textes unwichtigen Nebenaspekt stellen die Worte vom »Siegel des Heiligen Geistes« dar, die als ein Hinweis auf das Sakrament der Firmung verstanden werden dürfen (vgl. die Firmformel). Bereits die Kirche der Anfangszeit kannte also einen Ritus der Geisterfüllung, der mit der Annahme des Glaubens verbunden, aber nicht mit der Taufe identisch war. So könnte das Thema Firmung von dieser Lesung aufgegriffen werden, etwa wenn eine Firmung in der Gemeinde ansteht.

Die Sendung der Zwölf zu den Menschen gibt einen Grundzug von Kirche zu allen Zeiten wieder, die Art und Weise allerdings, wie dies geschieht, ändert sich und muss sich in neuen gesellschaftlichen Verhältnissen auch ständig ändern. So sind für uns die Anweisungen an urchristliche Wanderprediger, wie sie in der Aussendungsrede Jesu anklingen, in unserer Kultur und unseren geographischen und klimatischen Verhältnissen nicht lebbar (selbst Franziskaner, für die diese Anweisungen eine wichtige Richtschnur waren, leben bei uns anders). Hinter den konkreten Anweisungen aber steht eine innere Haltung, die auch für Christen heute prägend sein kann: Um der Glaubwürdigkeit des Evangeliums willen müssen Verkünder nicht allein durch ihre Worte, sondern auch durch ihre Lebensgestaltung deutlich machen, dass es Werte über den »Dingen dieser Welt« gibt.

Ein Nebenaspekt, der zum Thema Firmung in der zweiten Lesung passt, ist der der Salbung von Kranken (vgl. Jak 5,14). Evtl. können beide Verse zusammengebracht und für eine Gesamtsicht der Sakramente verwendet werden.

Gestaltungsideen für den Gottesdienst

– *Wer hört schon auf einen Propheten?* Am Beispiel des Amos kann deutlich werden, dass Propheten immer Mühe hatten, von den Menschen gehört und verstanden zu werden. Ihre Botschaft war oft unbequem, deshalb wollte man sie nicht hören. Der Aufruf zur Umkehr (bei Amos etwa zur sozialen Gerechtigkeit im Volk aus der Bindung an Gott heraus) und zur Lebenswende erregte deshalb oft Widerstand. Dass Propheten wegen ihrer Botschaft verfolgt wurden, ist deshalb nur zu verständlich. Für die Umsetzung ist ein Spiel denkbar, in dem ein Prophet (etwa Amos) immer wieder Menschen anspricht und dabei auf unterschiedliche Argumentationen stößt, warum man seiner Aufforderung zur Lebenswende nicht folgen kann. Solche Gründe müssen nicht allein aus der damaligen Kultur und

Denkweise stammen, sondern können – anachronistisch – auch unserer Zeit und damit dem Denken heutiger Kinder entspringen, etwa: keine Zeit, anderen etwas Gutes zu tun, weil man noch zur Reitstunde, zum Tennis und zum Ballett muss ...

– *Wir sind zum Lob Gottes bestimmt:* Gott segnet uns mit allem Segen. Diese allgemeine Aussage des Epheserbriefes muss für den Gottesdienst mit konkreten Beispielen gefüllt werden, was dies für Menschen heute bedeuten kann. Die in der Perikope angeführten Gedanken (Erwählung, Erlösung, Offenbarung über die Fülle der Zeit) sind in einer theologischen Sprache formuliert, die den meisten nicht vermittelbar ist. Deshalb darf man – wenn auch mit anderen Beispielen, aber im Ergebnis durchaus im Sinn des Apostels – auf Kindern zugängliche Stichworte zurückgreifen, mit denen wir zu Dank und Lob Gottes ermuntert werden können, etwa: Dank für die Schöpfung und Lob Gottes für das Leben in seinen vielfältigen Formen; Dank für Jesus Christus und die Hilfen zum Leben, die wir von ihm und seiner Botschaft erhalten können, Lob, weil er uns Leben, Brot und Weg ist; Dank für Gottes Geist, der die Macht des Todes überwindet und auch uns Hoffnung auf ein Leben in der Vollendung Gottes schenken kann ...

– *Zu den Menschen gesandt:* Mit diesem Stichwort wird eine Linie aufgezeigt, die sich von Jesus über seine Jünger bis zu Christen heute erstreckt. Wir bekennen Jesus als den, der von Gott zu den Menschen gesandt wurde. Er rief Jünger zusammen und sandte sie aus. Diese gründeten Gemeinden, die sowohl weitere Boten aussandten (Mission) wie auch an ihren Orten für die Menschen da waren. So ergibt sich eine Kette der Verkündigung, aber auch des Dienstes an den Menschen. Oder mit einem anderen Bild: Von einem Zentrum (der Mitte Jesus) gehen Wellen aus, die immer größere Bereiche erreichen. Diese Bewegung kann durch eine Zeichenhandlung dargestellt werden, bei der von einer Mitte aus ein »Anstoß« erfolgt, der dann immer weitere Mitspieler erreicht. Die Kette der Verkündigung kann auch durch das Streichholzspiel sichtbar werden: Ein Spieler (Jesus darstellend) hat in der Mitte eine Kerze. Daran werden von einigen wenigen Spielern (möglichst große) Streichhölzer angezündet. Diese ersten Spieler (die Jünger darstellend) gehen zu weiteren Spielern und zünden deren Streichhölzer an. So entsteht eine Kette des Lichtes, die viele Glieder hat, ja vielleicht sogar alle Gottesdienstbesucher erfassen kann. In ähnlicher Weise können auch Bänder geknüpft werden, die zusammen ein Netz ergeben.

Weiterführung nach dem Gottesdienst

Amos rief zur sozialen Gerechtigkeit auf. Im Anschluss an seine – heute durchaus aktuelle Botschaft – kann auf gemeindliche oder übergemeindliche Aktivitäten verwiesen werden, mit denen heute zur sozialen Gerechtigkeit und zum Ausgleich zwischen Menschen beigetragen wird.

Zum zweiten Thema passt ein Lob- oder Dankgebet, das zur Anregung für persönliches Beten mitgegeben wird.

An das Thema Sendung können je nach Gestaltung Streichhölzer oder Bänder erinnern, die nach dem Gottesdienst ausgeteilt werden.

(B 46) 16. Sonntag im Jahreskreis

Zu den Schrifttexten

Jer 23,1-6: *Ich erwecke dem David einen rechtmäßigen Sproß.* Die Perikope muss in ihren zeitgeschichtlichen Zusammenhang eingeordnet werden: Jeremia wirkte als Prophet in der Endzeit des Reiches Juda. Er erlebte, wie das Volk durch die unsolide Schaukelpolitik mehrerer Herrscher immer tiefer in den Untergang gezogen wurde. Der letzte König in dieser Reihe war Zidkija, dessen Herrschaft 587 mit der Zerstörung Jerusalems und der Verschleppung des Volkes nach Babylon endete. Dergestalt den Untergang des Volkes vor Augen, klagt Jeremia die unfähigen, nur auf ihre eigene Macht bedachten Herrscher an. Er beginnt diese Anklage mit dem Ruf »Wehe« aus der Totenklage – Herde und Hirt sind dem Untergang geweiht. Doch die Verantwortlichen werden zur Rechenschaft gezogen. Für den Propheten ist typisch, dass er nicht bei einer Gerichtsprophetie stehen bleibt. Sein Glaube an Jahwe führt ihn dazu, dass er von der Treue Gottes unerschütterlich überzeugt ist. Deshalb wird Gott nicht allein durch das Gericht (Verbannung) in die Geschichte seines Volkes eingreifen, er wird ebenso mit ihm neu beginnen, es nach Jerusalem zurückführen und mit neuem Leben beschenken. Hier endet das Bild vom Hirten und der Herde. Ein anderer, hier angehängter Spruch spricht von einem neuen König, der das Königtum Davids fortsetzt und mit Recht und Gerechtigkeit regieren wird. Dies aber kann der neue König nur vom Wirken Gottes her: Nicht menschliche Herrscher, sondern Gott selbst bedeutet Gerechtigkeit und Leben für die Menschen.

Eph 2,13-18: *Christus selbst ist unser Friede.* Der Epheserbrief ist ein theologisches Schreiben, das sich inhaltlich mit dem Wesen der Kirche und mit der Versöhnung der Menschen durch Christus beschäftigt. Diese Versöhnung stellt die innere Gestalt der Kirche dar und steht im Zentrum dieser Perikope: Christus schafft durch sein Kreuz die Versöhnung der Menschen mit dem Vater und ihren ungehinderten Zugang zu ihm. Dies aber bedeutet auch die Versöhnung der Menschen untereinander. Für den Verfasser gilt dies in besonderer Weise für das Verhältnis von Juden und Christen. Zur Abfassungszeit des Briefes hatten sich die christlichen Gemeinden von der jüdischen Synagoge gelöst, das Verhältnis zwischen beiden war zunehmend gespannt. Diese Spannung reichte auch in die christlichen Gemeinden hinein: Ist für die Bindung an Christus die Bindung an das jüdische Gesetz notwendig – diese schon Paulus bewegende Frage war weiterhin aktuell. Für den Verfasser des Epheserbriefes lautet die Antwort, dass Christus die trennende Mauer der jüdischen Thora eingerissen hat. Wie Paulus sagt er, dass allein der Glaube, allein die Bindung an Jesus Christus Heil schafft und den Menschen den Zugang zum Vater ermöglicht. So wird in diesem direkten Zugang zu Gott ohne die Fessel des Gesetzes die einheitsstiftende Funktion der Kirche sichtbar: Zu ihr sind Juden und Heiden gerufen.

Mk 6,30-34: *Sie waren wie Schafe, die keinen Hirten haben.* (Vgl. zu den Versen 30-32 C 66 Ferienbeginn.) Nach der Aussendung der Jünger (vgl. B 45) folgt bei Markus ein Stück über Johannes den Täufer, dann schließt diese Perikope an, in der die Jünger zu Jesus zurückkehren, zum Zentrum ihrer Botschaft. Er ist die innere Mitte ihrer Verkündigung. Nur bei ihm können sie neue Kraft und innere Ruhe erhalten. Die folgenden Verse bereiten die Erzählung von der Großen Speisung vor (»Brotvermehrung«), in der sich Jesus als der gute Hirt erweist, der allen Nahrung und Leben schenkt. Er sammelt eine neue Gemeinschaft, deren Kern die Zwölf sind – Repräsentanten des neuen, endzeitlichen Israel. Diese Gemeinschaft macht sich auf einen Weg mit Jesus, doch es ist ein Weg in die Wüste – aus der Sicherheit menschlicher Ansiedlungen in die Ungewissheit der Wüste. Gerade hier aber wird die Begegnung mit Gott durch Jesus möglich.

Schrifttext und Familien mit Kindern

Die drei Perikopen bieten eine Reihe von Ansatzpunkten zur Gestaltung eines Familiengottesdienstes. Anders als sonst, sind die Texte auch Kindern vermittelbar, es klingen zudem in ihnen eine Reihe von Bildern an, die aufgegriffen und neu auf unsere Situation hin gedeutet werden können. So lässt sich an folgenden Punkten ansetzen.

Das Bildwort vom Hirten und der Herde wird im Alten Testament auf die Beziehung von Gott und Mensch (Volk Israel) bezogen. Im Neuen Testament schildert es auf diesem Hintergrund die Bedeutung Jesu für die Menschen: Er ist der gute Hirt, der sich voller Mitleid um die Menschen kümmert und sie neu zusammenführt, der den Verirrten nachgeht, die Schwachen stärkt und die Verletzten heilt. Dass dieses Bild später in der Geschichte der Kirche auf die Amtsträger der Kirche und das von ihnen geführte Volk Gottes angewandt wurde, mag zwar subjektiv aus ehrenhaften Motiven geschehen sein (Handeln wie der gute Hirt Jesu), hat aber zu mancherlei Perversionen der Botschaft Jesu und seiner Ordnung einer geschwisterlichen Gemeinschaft geführt. Man sollte dieses Bildwort im Blick auf innerkirchliche Verhältnisse deshalb besser eine Zeit lang nicht brauchen, sondern sich damit ausschließlich auf eine Deutung des Handelns Gottes und Jesu beschränken. (Dieses Bildwort ist in unserer Reihe bereits mehrfach erwähnt, vgl.: A 30, A 64, C 29, C 30, C 64. Es wird deshalb hier nicht weiter behandelt.)

Aus der alttestamentlichen Lesung kann man die Verheißung des Davidsohns aufgreifen, die messianische Ausrichtung dieses Trostwortes kann aus christlicher Sicht auf Jesus bezogen werden. Hier bietet sich an, breiter die Beziehung und das Übersteigende von David und Jesus als dem zweiten David (ebenso dem zweiten Mose ...) darzulegen.

Die neutestamentliche Lesung hat als gewichtige Stichworte Frieden und Kirche: Zum Thema Frieden bietet sich bereits vom Text her das Bild von den Mauern und dem Einreißen der Mauern zwischen Menschen an. Christus als Friede – das führt zum Wirken von Christen für den Frieden, die christliche Friedensbewegung »Pax Christi« ist dabei ein herausragendes Beispiel.

Die Einheit der Kirche aus verschiedenen Menschen (für den Epheserbrief Juden und Christen, für uns heute eher Menschen aus verschiedenen Völkern und Kulturen) kann auf unterschiedliche Weise bildhaft ausgedrückt werden. Bei allen Bildern aber wird deutlich, dass die Kirche eine übergreifende Einheit darstellt, die Menschen verbindet und miteinander zu Gott führt. Dies bleibt die wesentliche Aufgabe der Kirche: Versöhnung der Menschen mit Gott und untereinander in der Nachfolge Jesu.

Neben dem bereits erwähnten Bildwort vom Hirten bietet das Evangelium einige andere Stichworte für den Familiengottesdienst. Da dieser Sonntag in etwa vor oder in die Ferienzeit fällt, kann das zur Ruhe Kommen thematisiert werden (vgl. dazu C 66). Ebenso ist der Weg in die Wüste eine Gestaltungsmöglichkeit. Die Wüste wird dabei nicht als menschenfeindlicher Ort gedeutet (obwohl er das auch ist, vgl. B 47: Hunger und Speisung in der Wüste), sondern als Ort, an dem der Mensch zu sich und zu Gott findet, an dem er Gott begegnen kann. Die lebensfeindlichen und das Leben einengenden Wüsten sollten wir meiden – die Wüste als Ort der Besinnung und der Konzentration auf das Wesentlich müssen wir suchen. So bedeutet die Bindung an Jesus auch, sich solcherart in die Wüste aufzumachen.

Gestaltungsideen für den Gottesdienst

– *Jesus, der zweite David:* Aus dem Vergleich von Jesus und David können wichtige Gedanken zur Bedeutung Jesu gewonnen werden. David gilt im Alten Testament als der rechtschaffene, ideale König (dass er durchaus andere, teilweise brutale Züge hatte, wird im verklärenden Rückblick übersehen). Wie David schafft auch Jesus Recht und Gerechtigkeit. Er gibt den Menschen – und zwar jedem – seine Würde wieder, auch den Menschen, die gesellschaftlich am Rande stehen, die von ihm aber in die Mitte gestellt werden (vgl. manche Heilungsgeschichten). David war Hirte, sein Einsatz für das Volk wird rückblickend im Bild des Hirten wiedergegeben. Auch Jesus ist der gute Hirt und dies in einem übersteigenden Maß: Er müht sich um die Menschen, gibt ihnen Brot und Leben (vgl. die folgende Perikope von der Großen Speisung). David sammelt Israel und gibt ihm in

Jerusalem nicht ein allein politisches, sondern auch geistig-religiöses Zentrum. Jesus schafft das neue Gottesvolk, eine Gemeinschaft von Menschen, die sich mit ihm auf den Weg machen. Für den Familiengottesdienst können solche Beziehungen vor allem durch Bilder und Symbole wiedergegeben werden (etwa Königskrone, Hirtenstab ...). Kleinere Erzählstücke zu David deuten diese Bilder und Symbole. Danach wird miteinander überlegt, wie diese Elemente auf Jesus angewandt werden können.

– *Mauern einreißen:* Christus verbindet Menschen miteinander, trennende Mauern werden eingerissen. Dies kann leicht durch ein Spiel dargestellt werden: Menschen sind durch Mauern (etwa aus Umzugskartons o.a.) voneinander getrennt. Ihr Unbehagen mit dieser Situation kann durch Pantomime, aber auch durch umgekehrte Smilies (☹) aufgezeigt werden. Ein Spieler, der durch ein Kreuz als Jesus gedeutet werden kann, reißt nun die trennenden Mauern ein. Dies kann auch durch Pantomimen oder durch Smilies gezeigt werden (☺). Die so von ihren Mauern befreiten Menschen bilden nun eine Gemeinschaft rund um den Altar (= Christus).

– *Die Einheit der Kirche:* Kirchliche Gemeinschaft bedeutet Einheit in Vielfalt. Es geht also nicht um ein einheitliches Gesicht kirchlicher Gemeinschaft, sondern dass in ihr Menschen unterschiedlicher Völker, Kultur und Denkweise zusammenkommen können. Dies kann auf vielfache Weise durch Symbole dargestellt werden: Der Regenbogen etwa ist ein einziger, besteht aber aus vielen Farben (die ihm zugeordnete Zahl Sieben ist eher die Zahl der Vollkommenheit als eine genaue Aufzählung). Ein Baum hat viele Äste, Zweige, Blätter, Blüten und Früchte und ist dennoch einer. In einem Korb können viele unterschiedliche Früchte Platz finden, das Geflecht des Korbes umgibt sie alle. Ein Haus hat viele Räume, die unterschiedlich groß und verschieden gestaltet sein können, dennoch sind alle unter einem Dach ... Aus solchen und vergleichbaren Bildern wird eines für den Gottesdienst ausgewählt und auf die Einheit und Vielfalt der Kirche hin gedeutet.

– *Die Wüste suchen:* Der Doppelaspekt der Wüste kann vielleicht durch einige Dias und entsprechende Berichte deutlich werden: Die Wüste kann gefährlich und lebensfeindlich sein, sie kann sich aber auch staunenswert schön und faszinierend darstellen. Die zweite Bedeutung der Wüste wird von Israel (da aus dem Nomadentum stammend) immer wieder herausgestellt: Die Wüste ist Ort der Begegnung mit Gott und damit mit dem Geheimnis des eigenen Lebens. Israel muss 40 Jahre durch die Wüste ziehen, um das gelobte Land zu erreichen, die Wüste ist hier Ort der Reinigung und der Prüfung – nicht jeder erreicht das Ziel. Der Weg in die Wüste kann das Leben wertvoller machen, kann lehren, das Wesentliche zu entdecken. Je nach dem Kreis der Gottesdienstbesucher kann dieser Gedanke zu einer Meditation führen, in der versucht wird, solche Erfahrungen zu vermitteln.

Weiterführung nach dem Gottesdienst

Die Symbole, die bei der Beschreibung Davids verwandt wurden (Krone, Hirtenstab ...), können als Zeichnungen ein Jesusbild umgeben, das den Kindern nach dem Gottesdienst mitgegeben wird. So werden die Gedanken des Themas erinnert.

Zum Thema Frieden können den Kindern jeweils mehrere Smilies (☺) mitgegeben werden. Sie sollen sie an Menschen weiterschenken, zu denen sie ein gespanntes Verhältnis haben, und so ihre Bereitschaft zum Frieden und zur Versöhnung verdeutlichen.

Das Thema Einheit bietet bereits unterschiedliche Symbole an, die nach dem Gottesdienst an die Kinder ausgeteilt werden können. Zweige mit Blüten, Früchte ... Auch solche Gegenstände können von den Kindern nach dem Gottesdienst an andere weiterverschenkt werden. Dies kann bedeuten: Auch du gehörst zu uns.

Zur Wüste gibt es vielleicht ein schönes Foto (Postkarte), die man den Kindern mitgeben kann. Im Kinderzimmer aufgehängt erinnert sie an die Suche nach der Wüste.

(B 47) 17. Sonntag im Jahreskreis

Zu den Schrifttexten

2 Kön 4,42-44: *Die Speisung der Hundert.* Die beiden großen prophetischen Gestalten des 9. Jahrhunderts vor Christus, Elija und sein Schüler Elischa, wandten sich im Nordreich vehement gegen eindringende Fremdkulte, vor allem den Baalskult, der von der Königin Izebel gefördert wurde. Während Elija ein »Einzelkämpfer« war, lebte Elischa zusammen mit Schülern in einer Prophetengemeinschaft am Kultheiligtum Gilgal in der Nähe von Jericho. Dort spielt die Erzählung von der Speisung, die zu dem Legendenkranz gehört, der sich um die prophetische Gestalt des Elischa rankte. Bei allen Wunderberichten über Elischa geht es – wie bei biblischen Wunderberichten überhaupt – um das Eingreifen Gottes zum Wohl der Menschen. Der Prophet wird dabei als Mittler gesehen, der das wirkungsvolle Wort des Herrn (hier: »Man wird essen ...«) ausspricht und dadurch wirksam werden lässt. Das Geschehen ist einfach dargestellt: Ausgangspunkt ist wohl die siebenjährige Hungersnot, unter der Israel und auch die Prophetengemeinschaft zu leiden hatte. Ein Mann bringt die Erstlingsfrüchte seiner Ernte zu einem Heiligtum, wie es damals Brauch war. Damit bekennt er Jahwe als den Geber aller Gaben. Elischa lässt diese Gaben auch gegen den Einspruch seines Dieners austeilen und verweist auf das Vertrauen zu Gott. Er gibt Leben und erhält es. Der genaue Vorgang des Wunders ist nicht geschildert, darauf kommt es auch gar nicht an. Vielmehr steht allein der selbstverständliche Glaube des Elischa im Vordergrund: Was den Menschen nicht möglich ist, das ist Gott möglich. In den Berichten der Evangelien von der Großen Speisung wird dieser Wunderbericht aufgegriffen und übersteigert: Jesus ist der neue Elischa, der das machtvolle und menschenfreundliche Wirken Gottes sichtbar macht.

Eph 4,1-6: *Ein Herr, ein Glaube, eine Taufe.* Die theologischen Hauptaussagen des Epheserbriefes finden sich in den Kapiteln 2 und 3. Mit dem vierten Kapitel beginnt der ermahnende Teil, d.h., aus den bisherigen Erkenntnissen sollen nun Konsequenzen für das Leben der Christen gezogen werden. Das Stichwort der Liebe und der Geduld mit den anderen leitet in diese Ermahnungen ein – nur so kann die durch Christus gewirkte Einheit auch konkret verwirklicht werden. Die folgenden zwei Sätze nennen in einer großartigen Zusammenfassung sieben (= Vollkommenheitszahl) Begründungen, die für die Einheit in Christus wichtig sind: ein Leib (= eine Kirche, eine Gemeinschaft von Jüngern), ein Geist (= Geschenk und Antrieb zum Glauben und zur Bindung an Jesus), eine Hoffnung (= auf die Vollendung der Welt in Christus), ein Herr (= Jesus selbst), ein Glaube (= nicht ein Glaubensbekenntnis als Sammlung von Sätzen, sondern die persönliche Bindung an Christus), eine Taufe (= Eingliederung in diese Einheit mit Christus), ein Gott (= Zusammenfassung und Höhepunkt aller Aussagen).

Joh 6,1-15: *Die Große Speisung.* (Vgl. zu Mt 14,13-21: A 48; zu Lk 9,11-17: C 37.) Den Wunderbericht von der Großen Speisung übernimmt Johannes aus der ihm vorliegenden Zeichenquelle, in der sieben Wunder Jesu als Zeichen für seine Messianität gedeutet werden. An dieses Brotzeichen schließt er (nach einer kurzen Unterbrechung mit dem Bericht über den Seewandel) die große Brotrede an (vgl. B 48 – B 50), in der Jesus das Geschehen deutet: In diesem Brot begegnet er selbst den Menschen. Die Große Speisung ist auf dem Hintergrund alttestamentlicher Vorbilder dargestellt, die Jesus aber in vielfacher Weise überbietet: Wie Mose das Volk durch die Wüste geführt hat und es dort von *Gott* (nicht von Mose) gespeist wurde, so führt Jesus jetzt das neue Gottesvolk in die Wüste und speist es selber. Wie Elija und Elischa (vgl. 1. Lesung) die Menschen gespeist haben, so tut es Jesus, aber in größerem, vollkommenen Maß. Wie David König und guter Hirte seines Volkes war, so erweist sich Jesus durch die Speisung als Hirte seines Volkes,

David noch überbietend. Wichtig sind auch die Unterschiede zwischen der Johannes-Version und den synoptischen Berichten: Die Handlung wird auf Jesus konzentriert, die Jünger spielen beim Austeilen keine Rolle mehr, es geht hier um eine christologische, keine ekklesiologische Aussage. Liturgisch-eucharistische Elemente bzw. Andeutungen sind zurückgenommen, es geht nicht um Kult und Ritus, sondern sowohl bei der Speisung wie bei der Brotrede um die Bindung des Glaubenden an Christus, der sich ihm ganz und gar schenkt: Christus ist das Brot des Lebens für den Glaubenden.

Schrifttext und Familien mit Kindern

Das bereits häufig behandelte Thema Brot (vgl. A 6, A 18, A 29, A 37, C 37, C 56, C 70) steht durch die beiden Berichte über Speisungswunder im Mittelpunkt dieses Sonntags. Dieses Thema wird sich aber auch über die folgenden drei Sonntage erstrecken, an denen jeweils ein Teil der johanneischen Brotrede im Evangelium gelesen wird. Damit hier keine Doppelungen auftreten, schlagen wir neben anderen Ideen eine Reihe zum Thema Brot vor, die unterschiedliche Akzente zu diesem Grundsymbol christlichen Glaubens setzt. (Möglicherweise ergeben sich durch die Sommerferien aber auch andere Themen, bzw. der Familiengottesdienst fällt in dieser Zeit aus.)

Die alttestamentliche Erzählung vom Speisungswunder wird wegen ihrer reduzierten Erzählweise vielleicht nicht beim ersten Hören als Wunderbericht erkannt, wohl aber in jedem Fall das Evangelium. Damit schiebt sich vielen Hörern, auch Kindern, die allgemeine Wunderproblematik vor die spezifische Aussage dieses Textes: Gibt es überhaupt Wunder? Was ist da »wirklich« geschehen? Was hat Jesus gemacht? ... Diese verständlichen, aber dem Text nicht gerecht werdenden Fragestellungen müssen aufgegriffen werden, um die Augen für die wesentliche Aussage von Wunderberichten und besonders dem der Großen Speisung zu öffnen.

Dabei kann die johanneische Formulierung vom »Zeichen« eine Hilfe sein. Wunder bezeichnen etwas, sind Hinweiszeichen auf eine andere, tiefere Wirklichkeit als die, die wir mit unseren Sinnen wahrnehmen. Für Johannes (die anderen Evangelisten gehen in gleicher Weise vor, setzen aber andere Akzente) liegt das durch die sieben von ihm aufgeführten Zeichen Bezeichnete darin, dass so eine Deutung von Jesus geschieht: Er ist der verheißene Messias, nicht irgendein Wundertäter, sondern der von Gott Gesandte. In diesem Jesus von Nazaret scheint Gottes Herrlichkeit durch. Die Wunder lassen also wie Lichtblitze erkennen, wie Gott dem Menschen Heil zuwenden will: Es ist im Überfluss da (Weinwunder in Kana und Große Speisung), Krankheit und Leid sind überwunden (Blindenheilung ...), selbst der Tod hat seine Macht verloren (Auferweckung des Lazarus). So sind die Wunder und Zeichen, die die Evangelisten berichten, keine historischen Berichte; was im Wirken Jesu genau hinter ihnen steht, lässt sich für uns nicht mehr fassen. Sie sind vielmehr theologische Berichte, die Grundaussagen unseres Glaubens machen, so dass die historisierende Fragestellung ihre Tiefe und ihre Aussageabsicht überhaupt nicht erreicht.

Die zweite Lesung greift das Thema Einheit der Kirche auf und begründet die Mahnung zur Einheit in theologischer Weise. Schon damals hatte es in den Gemeinden Auseinandersetzungen, ja Spaltungen gegeben, so dass sich bereits Paulus und ebenso seine Schüler (wie der Verfasser des Epheserbriefes) um die Einheit der Gemeinde und damit der ganzen Kirche Sorge machten und in den Briefen darauf reagierten. Diese Sorge um die Einheit betrifft die heutige Kirche in doppelter Weise. Zum einen geht es um die Frage der unterschiedlichen christlichen Konfessionen, zum anderen aber auch um die breite Palette von Meinungen und Glaubensvorstellungen, die in jeder einzelnen Gemeinde beheimatet ist und die oft zu Spannungen führt. Die Mahnung zur Einheit, begründet durch den Blick auf das, was verbindet, ist deshalb weiterhin aktuell.

Gestaltungsideen für den Gottesdienst

Für diesen und die drei folgenden Sonntage mit Evangelientexten aus der Brotrede des Johannes (Joh 6) schlagen wir zwei Themenreihen vor. Die erste Themenreihe (Was das Brot bewirkt) behandelt die verschiedenen Akzente von Brot in allgemeiner Form. Die zweite Reihe (Brot auf dem Weg) setzt mehr biblische Akzente und deutet unterschiedliche (alttestamentliche) Perikopen.

– *Reihe Brot I: Was das Brot bewirkt:* Wir schlagen folgende Themen vor:

17. So Brot verbindet
18. So Brot befreit
19. So Brot gibt Leben
20. So Brot sein für andere

Brot verbindet: Brot ist mehr als irgendein Nahrungsmittel, Brot kennt vielfache symbolische Bedeutungen. Brot brechen, miteinander das Brot teilen – so entsteht Gemeinschaft zwischen Menschen, so werden Menschen verbunden. Dies lässt sich – als Nebenaspekt – auch aus den beiden Perikopen dieses Sonntags ablesen: Elischa und seine Jünger sind durch das Mahl verbunden, Elischa lässt das gespendete Brot an seine Gemeinschaft austeilen und stärkt so das Band, das sie verbindet. Ebenso werden die Menschen in der Erzählung der Großen Speisung zusammengeführt. Sie werden durch das von Jesus ausgeteilte Brot zum neuen, messianischen Volk Gottes. Auch heute kann man immer wieder die Erfahrung machen, dass Brot verbindet, selbst wenn in unserer Kultur die Gastfreundschaft weniger stark ausgeprägt ist als im Orient (damals wie heute). Beispiele für solche Erfahrungen können im Gottesdienst von Kindern wie Erwachsenen erzählt werden. Wichtigster Bestandteil ist dann aber die konkrete Erfahrung, dass Brot untereinander geteilt wird: Ein großes Brot wird an alle Anwesenden aufgeteilt.

– *Brot auf dem Weg:* Die zweite Brotreihe bearbeitet die alttestamentlichen Perikopen der vier Sonntage und schließt aus ihnen unterschiedliche Akzente zum Thema Brot:

17. So Elischa: Brot verbindet
18. So Manna: Brot befreit
19. So Elija: Brot gibt Leben
20. So Weisheit: Brot und Fest

Elischa: Brot verbindet: In einem Spiel kann die Prophetengemeinschaft von Elischa und seinen Jüngern nachgespielt werden. Durch die Hungersnot in Israel ist diese Gemeinschaft gefährdet, einige wollen in ihre Heimatorte zurückkehren, andere fragen sich, ob Elischa wirklich der Meister sein kann, wenn es ihm nicht einmal gelingt, für seine Jünger zu sorgen. Dann kommt der Mann mit der Brotspende: Elischa lässt austeilen, und es ist genug für alle da. Die Gemeinschaft um Elischa wird durch das Brot neu konstituiert. Nach diesem Blick auf die alttestamentliche Situation wird auf die Gemeinschaft von Christen heute geblickt: Auch sie werden durch Brot miteinander verbunden. So kann ebenso wie im ersten Vorschlag ein Brot miteinander geteilt werden.

– *Was uns verbindet:* Bei allen Meinungsverschiedenheiten und Spannungen in der Kirche muss immer wieder das Wesentliche betont werden, das Christen verbindet und das in der Aufzählung des Epheserbriefes in konzentrierter Form vor Augen geführt wird: Ein Herr, ein Glaube, eine Taufe, ein Gott ... Die sieben Punkte in der Lesung können angesprochen und vielleicht durch Zeichen verdeutlicht werden: Leib (Kirche als Haus, das alle umschließt), Geist (Feuerflamme), Hoffnung (Weltkugel), Herr (Kreuz), Glaube (Buch, Bibel), Taufe (Taufgefäß), Gott (Licht). Der Gottesdienst schließt, wenn es der Raum ermöglicht, in einem Kreis um den Altar.

Weiterführung nach dem Gottesdienst

In der Sommer- und Ferienzeit ist es denkbar, den Kindern jeweils einen schön gestalteten Ferienwunsch mit auf den Weg zu geben, der an das Gottesdienstthema anschließt: Von allen heutigen Lesungen aus ergibt sich vielleicht der Wunsch: Dass du in den kommenden Wochen viel gute Gemeinschaft mit anderen finden kannst ...

(B 48) 18. Sonntag im Jahreskreis

Zu den Schrifttexten

Ex 16,2-4.12-15: *Manna in der Wüste.* Die alttestamentliche Lesung ist im Blick auf die Brotrede des Evangeliums ausgewählt worden, da dort ein Hinweis auf die Mannaspende zu finden ist. Dennoch sollte der Text unabhängig von neutestamentlichen Bezügen gesehen werden. Der Auszug aus der Sklaverei Ägyptens war für Israel die grundlegende Glaubenserfahrung, die jedoch auf dem langen Weg durch die Wüste nur als einmaliges Ereignis erscheint, das die Situation des Volkes nicht grundlegend geändert hat. Das Volk muss deshalb lernen, dass Gott beständig und treu mit ihm geht als ein »Ich bin da für euch«. In drei Beispielen wird dieser Lernprozess im Buch Exodus aufgezeigt: Wasser in der Wüste (Kapitel 15 [und 17]), Manna vom Himmel (Kapitel 16), Rettung vor Feinden (Kapitel 17). Alle Texte rufen das Volk zu Vertrauen und Glauben auf: Es ist nicht allein, sondern darf auf die Hilfe Gottes vertrauen. Das beschriebene »Wunder« mit Wachteln und Manna ist aus naturwissenschaftlicher Sicht keins: Wachteln überfliegen im Frühjahr und Herbst den Sinai und sind leicht zu fangen. Das Manna ist die sirupartige und sich verfestigende Absonderung von Schildläusen an Tamariskenbäumen. Dennoch sieht der Glaube in solchen natürlichen Ereignissen Gott am Werk – der Schöpfer beschenkt uns mit seinen Gaben und schenkt so das Leben neu. Er befreit aus der Not und zeigt sich als ein mitgehender Gott.

Eph 4,17.20-24: *Zieht den neuen Menschen an.* (Vgl. C 48 zu Kol 3: Ihr seid ein neuer Mensch geworden.) Der mahnende zweite Teil des Epheserbriefes wird in diesen Versen konzentriert wiedergegeben. Christ werden ist ein Prozess, der den Menschen grundlegend verändert, von Grund auf erneuert. Dies gibt der Brief mit dem bekannten Bild vom Kleid wieder, das gewechselt wird. Dieses Bild dürfte aus der Taufliturgie übernommen sein – das Taufkleid ist Zeichen für die Neuschöpfung in der Taufe. Doch dieses Bild kann äußerlich missverstanden werden, als ob man christlichen Glauben so einfach wie ein Kleid anziehen kann. Die Bekehrung zu Christus ist jedoch ein innerer Vorgang, der existenzielle Bedeutung hat. Das hier Gemeinte entspricht also der Umkehr-(»metanoia«)Forderung der synoptischen Evangelien: »Kehrt um, und glaubt an das Evangelium« (Mk 1,15). Wer solcherart zu Christus umkehrt, der verwirklicht die in der Schöpfung liegende Gottebenbildlichkeit, der wird zum neuen, neugeschaffenen Menschen.

Joh 6,24-35: *Müht euch um die Speise, die bleibt für das ewige Leben.* Zwischen der Erzählung von der Großen Speisung und der mit dieser Perikope beginnenden Brotrede Jesu (Fortsetzung an den beiden folgenden Sonntagen, vgl. B 49 – B 50) steht die Erzählung vom Seewandel, die für die Jünger ein Hinweis, ein weiteres Zeichen ist, wie sie den Brot schenkenden Jesus deuten sollen. Für das Volk ist diese Deutung nicht möglich, es folgt Jesus aus Wundersucht und der Suche nach weiteren materiellen Vorteilen (»Brot, das satt macht«). Dieser äußerlich bleibenden Suche stellt Jesus die innere Suche gegenüber, die die Zeichen richtig versteht als Offenbarung des von Gott Gesandten und Bevollmächtigten. So verweisen die Zeichen letztlich auf Gott. Dies ist auch bei dem Manna in der Wüste der Fall, das von den Menschen als Maßstab angegeben wird. Jesus korrigiert ihre Auffassung: Nicht Mose, sondern Gott selbst war der Spender des Manna. So ist es auch jetzt, nur dass er dieses Mal kein Manna oder eine anders geartete Speise vom Himmel sendet, sondern Jesus selbst, keine materielle Gabe, sondern eine Person. Die abschließende »Ich-bin«-Formulierung Jesu verweist auf die Offenbarungsformel Gottes im Alten Testament (Jahwe = »Ich bin da«). Wiederum wird von Johannes eine theologische Aussage gemacht: Jesus ist der von Gott gesandte Messias, der den Menschen aus Gottes Vollmacht heraus das Heil bringt.

Schrifttext und Familien mit Kindern

Die Mannaerzählung der ersten Lesung ist konkret und wird auch von Kindern aufmerksam wahrgenommen. Allerdings ergibt sich hier – wie bei allen Wundergeschichten – die Gefahr des Missverstehens und des naturwissenschaftlichen Nachforschens, was da »wirklich« geschehen ist. In diesem Fall lässt sich das wunderbare Geschehen mit Wachteln und Manna sogar leicht auf physikalisch erklärbare Vorgänge hin deuten (s.o.). Das Wunder, das keins war, verliert dadurch jedoch für manchen Hörer jede Bedeutung. Die eigentliche Aussage des Textes allerdings verfehlt man auf diese Weise.

Eine Verkündigung, die dem Text gerecht wird, mag die äußeren Erklärungen kurz streifen, muss dann aber die wesentliche Glaubensaussage herausstreichen, die in dieser Perikope liegt: Gott ist ein Gott, der mit den Menschen geht und sie auf ihrem Weg begleitet. Er sieht ihre Not und greift helfend ein. Wie dieses Eingreifen konkret geschieht und ob damit naturwissenschaftliche Gesetze überstiegen werden, ist gegenüber dem Dass zweitrangig. Wichtig ist dann auch, dass die rückblickende Ebene verlassen wird und die Erfahrungen, die Israel damals machte, auf unsere Situation heute bezogen werden: Gott ist heute auch mit uns auf dem Weg.

Die neutestamentliche Lesung bringt das Bild vom alten und neuen Menschen. Wie ein Kleid gewechselt wird, so soll der Glaube den Wechsel von einer christusfernen zu einer christusgemäßen Lebensform bewirken. Die Aussagen des Textes über die Heiden und ihre Lebensweise sind uns heute nur auf den ersten Blick fremd. Wir sprechen zwar kaum noch von Heiden (heute ein eher diskriminierender Ausdruck), erleben in unserer Gesellschaft aber immer stärker, dass sich Menschen vor allem von Christus, aber zunehmend auch vom Glauben an einen personalen Gott abwenden und damit nach alter Definition zu »Heiden« werden. So bleibt die im Brief angesprochene Aufgabe, »Christus zu lernen und sich von ihm her erneuern zu lassen«, auch für uns aktuell. Dies muss im Gottesdienst aber konkreter als im Brief auf unsere Situation bezogen werden.

Die Brotrede des Evangeliums (ebenso an den beiden folgenden Sonntagen) ist von ihren Gedanken und ihrer Diktion her für Familien mit Kindern heute kaum aufnehmbar. Die konzentrierte, meditativ ein Thema umkreisende Sprache des Johannes ist uns so fern, dass selbst beim erwachsenen Hörer kaum Aufmerksamkeit und Verständnis erwartet werden dürfen – bei Kindern erst recht nicht. Deshalb ist es sinnvoll, relativ unabhängig vom Evangelientext die beiden Reihen zum Brot fortzuführen, die in B 47 begonnen wurden.

Gestaltungsideen für den Gottesdienst

– *Reihe Brot I: Was das Brot bewirkt:*
17. So Brot verbindet
18. So Brot befreit
19. So Brot gibt Leben
20. So Brot sein für andere

Brot befreit: Die Geschichte vom Auszug Israels aus Ägypten und vom Zug durch die Wüste ist eine einzige Befreiungsgeschichte: Es geht um den Durchgang durch die »Wüste des Todes« in ein »Land des Lebens«. Die Befreiung erfolgt dabei in mehreren Stationen: Befreiung vom Joch der Ägypter (Auszug), Befreiung von den nachsetzenden Soldaten (Durchzug durch das Rote Meer), Befreiung von Durst und Hunger (Ex 15-17), Befreiung von Feinden, die den Zugang in das verheißene Land verhindern (Ex 17 und folgende). Diese Schritte in die Freiheit können im Gottesdienst durch entsprechende Symbole wiedergegeben werden: Am Anfang steht das Pascha mit dem ungesäuerten Brot, dann folgt ein zerbrochener Speer (o.ä.), der die zerbrochene Macht des Pharao und anderer Feinde über Israel darstellt. Ein Krug mit Wasser und ein Brot als Zeichen für Trank und Speise in der Wüste schließen sich an. So gewinnt Israel Schritt für Schritt neues Leben. Diese mehr auf die Geschichte Israels rück-

Eph 5,15-20: *Begreift, was der Wille des Herrn ist.* Der zweite, mahnende Teil des Epheserbriefes kommt in diesem Abschnitt zu seinem Höhepunkt. Christen bemühen sich um ein gutes Leben, doch das allein können auch Heiden tun. Für Christen aber liegt die Motivation zu einem klugen und geisterfüllten Leben darin, dass sie versuchen, den Willen des Herrn zu verstehen und in ihr Leben umzusetzen. So steht der ganze Lebenswandel der Christen unter der Maxime eines gottgefälligen Lebens. Dadurch richtet sich der Christ auf die neue Zeit aus, die alte, vom Bösen beherrschte Zeit wird bald zu Ende gehen. Wer der alten Zeit noch anhängt, ist töricht und unverständig. Das Ausgerichtetsein auf die neue Zeit aber bedeutet eine Offenheit für den Geist Gottes. Für den Verfasser des Briefes ist dies besonders in der Liturgie der Gemeinde zu erfahren. Hier im Gottesdienst ist der Ort, wo der Christ den Willen des Herrn erfahren, wo er sich dem Geist öffnen, wo er zu einem geisterfüllten Leben angeregt werden kann. So kann der Christ an dieser Stelle auch mit anderen zusammen seinen Dank dafür aussprechen, dass er zu diesem neuen Leben berufen wurde.

Joh 6,51-58: *Wer dieses Brot isst, wird leben in Ewigkeit.* Vgl. A 37 (Fronleichnam).

Schrifttext und Familien mit Kindern

Alle drei Schrifttexte sind für Kinder recht schwierig, da sie wenig Konkretes erzählen oder in völlig anderen Welten zu spielen scheinen. Mit der Bildersprache der altorientalischen Weisheit können auch Erwachsene wenig anfangen und stehen dem Text zuerst einmal ratlos gegenüber. Was ist das für ein Mahl, von dem hier gesprochen wird?

Die neutestamentliche Lesung ruft in gleicher Weise ein Kopfschütteln hervor. Wer jubelt schon aus vollem Herzen mit Psalmen und Hymnen? Die Musik, die in unserer heutigen Welt gespielt wird, ist eine andere. Der Blick also auf die neutestamentlichen Gemeinden erscheint wie ein Blick auf eine rätselhafte und unserem Verhalten völlig ferne Gesellschaft.

Der Evangelientext birgt wiederum die Problematik der hochtheologischen johanneischen Sprache in sich. Dies wird auch nicht dadurch verbessert, dass man den dritten Sonntag hintereinander ein solches Stück hört. Eher kommt durch die Perikopeneinteilung Langeweile auf: Das hatten wir doch in fast gleicher Form schon an den beiden letzten Sonntagen.

Solchen textimmanenten Schwierigkeiten kann man für eine Gestaltung des Familiengottesdienstes nur dadurch entgehen, dass man den Texten nur Stichworte und allgemeine Themen entnimmt, auf sie aber nicht konkreter eingeht. Solche Themen sind natürlich von der eucharistischen Rede und der alttestamentlichen Lesung her das Symbol des Brotes und das Mahl (vgl. dazu unsere beiden »Brotreihen«). Das Evangelium kann darüber hinaus zum Thema Eucharistie und Kommunion führen: Kommunion bedeutet, sich von Jesus mit dem Brot des Lebens beschenken lassen.

Die allgemein gehaltenen Mahnungen des Epheserbriefes müssen für den Gottesdienst konkreter gestaltet werden: Was ist der Wille des Herrn heute für unsere Zeit? Wie können sich Christen heute vom Geist Gottes ergreifen lassen? Was kann eine christliche Gemeinde heute tun, um Menschen zu einem Leben nach dem Willen des Herrn zu bewegen?

Gestaltungsideen für den Gottesdienst

– *Reihe Brot I: Was das Brot bewirkt:*

17. So Brot verbindet
18. So Brot befreit
19. So Brot gibt Leben
20. So Brot sein für andere

Brot sein für andere: Jesus schenkt sich ganz, gibt sein Leben für die Menschen. Er ist der echte »Dumensch«, der »Mensch für die anderen«. So gibt er durch seine Lebenshingabe anderen das Leben. Hier kann vielleicht an

Stelle des üblichen Symbols Brot ein alter chinesischer Brauch aufgegriffen und im Gottesdienst umgesetzt werden: In eine alte chinesische Münze (rund, mit quadratischem Loch in der Mitte, leicht für die Kinder aus Pappe nachzuarbeiten) sind lange Wollfäden eingeflochten. Jeder Wollfaden steht für eine Stunde Glück im Leben. Wenn man einen Menschen gern hat und ihm Gutes will, nimmt man einen Wollfaden der eigenen Münze und knotet ihn an der Münze des anderen fest. Dieser (ein wenig abergläubische) Brauch kann in zwei Schritten übertragen werden: Die Jesusmünze (sehr groß, statt chinesischer Schriftzeichen mit Kreuz darauf) hat viele Wollfäden (am besten in einer einzigen leuchtenden Farbe, die sonst nicht vertreten ist). Der Kreuzestod Jesu bedeutet, dass alle Wollfäden an andere weitergeschenkt werden – Jesus gibt sich ganz. Jeder bekommt also einen Faden von der Jesusmünze. In einem zweiten Schritt schenkt jeder einen Faden von seiner Münze an einen anderen – Christen setzen das Werk Jesu in ihrem Leben fort.

– *Brot auf dem Weg:*

17. So Elischa: Brot verbindet
18. So Manna: Brot befreit
19. So Elija: Brot gibt Leben
20. So Weisheit: Brot und Fest

Weisheit: Brot und Fest: Fest und Mahl gehören zusammen. Bei einem gemeinsamen Essen kommen leicht festliche Stimmung und Freude auf. Dies klingt in der alttestamentlichen Lesung an. Um diesen Aspekt den Kindern zu vermitteln, schlagen wir vor, dass der Familiengottesdienst einmal ausgesprochen festliche Züge erhält. Das kann im Sommer vielleicht dadurch geschehen, dass man den Gottesdienstort wechselt und ins Freie verlegt, auf eine Wiese, in einen Park, vielleicht auch ein Stück weg vom Wohnort in den Wald ...Der Wortgottesdienst kann mit einer Agapefeier verknüpft werden, so dass die Kinder die Freude und Gemeinschaft eines festlichen Mahls erleben können. Wo es Kinder- oder Familiengruppen gibt, können diese zu einem solchen Gottesdienstmahl einzelne Elemente vorbereiten, etwa: Brot backen, besondere Getränke mixen, für Blumenschmuck sorgen ... Bei allem muss es in diesem Gottesdienst weniger um thematisches Arbeiten als um die Erfahrung von Festlichkeit und Mahl gehen.

– *Das Mahl der Eucharistie:* Auch wenn Familiengottesdienste in manchen Gemeinden nur als Wortgottesdienste gehalten werden können, so sollte der Blick doch von Zeit zu Zeit auf die Eucharistie als der höchsten gottesdienstlichen Form gerichtet werden – hin und wieder sollte eine Eucharistie mit den Kindern gefeiert werden. Auf der Grundlage des heutigen Evangeliums kann das Thema Eucharistie und Kommunion gut eingebracht werden: Jesus schenkt sich uns im Brot der Eucharistie. In der Kommunion begegnen wir ihm. Zu diesem Gottesdienst können die Kinder des letzten Kommunionkurses besonders eingeladen werden, eventuell können sie einige Gestaltungsaufgaben übernehmen.

– *Begreift den Willen des Herrn:* Von vielen Seiten werden Kinder zu rechtem Verhalten angeleitet. Im Gottesdienst muss es dabei weniger um einzelne Verhaltensweisen gehen als um die dahinter stehende Motivation: Wir bemühen uns um ein gutes Leben, weil Gott uns Menschen so will. Der Blick auf Gott führt uns zum Nächsten. Dies kann mit einem Spiegel dargestellt werden. Er steht für Gott und ist so ausgerichtet, dass er andere Menschen widerspiegelt. Wer also auf Gott blickt, kann seinen Nächsten besser wahrnehmen.

Weiterführung nach dem Gottesdienst

Als Ferienwunsch, der den Kindern mitgegeben werden kann, ist denkbar: Dass du in den Ferien einmal ein besonders schönes Fest mitfeiern kannst und dabei viel Freude hast.

Zum ersten Gottesdienstvorschlag passt eine chinesische Münze (da kaum in großer Zahl verfügbar, aus Pappe oder anderen Materialien gebastelt) mit eingebundenen Wollfäden. Die Gottesdienstbesucher werden aufgefordert, anderen Menschen einen Faden – und damit eine Stunde Glück – zu schenken. Dies bedeutet also eine Besinnung: Wie also kann ich einem anderen Menschen ein Stück von meinem Lebensglück abgeben?

(B 51) 21. Sonntag im Jahreskreis

Zu den Schrifttexten

Jos 24,1-2.15-18: *Wir wollen dem Herrn dienen, unserem Gott.* Der Abschluss des Josuabuches und die Verpflichtung der zwölf Stämme Israels beim Landtag in Sichem auf den Bund mit Jahwe bilden das Ende eines gewaltigen thematischen Bogens, der von der Berufung Abrahams in Genesis 12 über die Vätergeschichten, die Mose- und Exodustradition bis zur Landnahme reicht. Diese Perikope ist damit ein Schlüsseltext des Alten Testamentes. Hinter der Selbstverpflichtung steht, dass wahrscheinlich nur ein Teil der Stämme (der »Stamm Josef«) den Exodus mitgemacht hatte und am Sinai dem Bundesschluss mit Jahwe zustimmte. Die anderen, in Israel bereits sesshaften Stämme kommen nun dazu und bekräftigen auf Anregung Josuas (des Anführers des »Josefstammes«) ebenfalls den Gottesbund. Dieser Bundesschluss ist nach dem Muster altorientalischer Vasallenverträge aufgebaut (leider sind durch die Leseordnung die entscheidenden Verse 2-13 mit dem Rückblick auf das geschichtliche Wirken Gottes an Israel herausgenommen). Ein solcher Vasallenvertrag bedeutete eine beständige Verpflichtung des Untergebenen gegenüber dem ihm wohlwollend entgegentretenden Herrscher. Dieses Wohlwollen hat Jahwe bereits vielfältig in der Geschichte Israels gezeigt (Exodus und Landnahme sind nur zwei herausragende Beispiele), so dass sich die Antwort der Stämme wie selbstverständlich ergeben muss: Sie wollen nicht den Göttern der Väter (die Abraham bei seinem Wegzug aus Haran hinter sich ließ), noch den kanaanäischen Gottheiten (in Sichem gab es neben dem Jahweheiligtum auch ein Baalheiligtum), sondern allein Jahwe dienen.

Eph 5,21-32: *Einer ordne sich dem anderen unter in Ehrfurcht vor Christus.* Die allgemeinen Mahnungen des Epheserbriefes (vgl. B 50: »Begreift, was der Wille des Herrn ist.«) werden in dieser Perikope auf das Verhältnis von Mann und Frau in der Ehe hin konkretisiert. Dabei greift der Verfasser auf die antike Sprachform der »Haustafel« zurück, in der sich das Verhältnis von Mann und Frau, von Eltern und Kindern, von Herrn und Sklaven als ein Konzept der Unterordnung erweist. Dieses Konzept stellt der Verfasser – zeitgebunden, wie jeder ist – nicht grundsätzlich in Frage, wohl aber verändert er es in einer doppelten und entscheidenden Richtung. Dadurch wird der uns heute zuerst in die Augen springende und störende Punkt der Unterordnung der Frau völlig anders dargestellt – eine Empfehlung patriarchalischer Macht ist der Text sicher nicht. Zum Ersten nämlich steht als eine Art Überschrift die Mahnung zur *gegenseitigen* Unterordnung. Damit wird das mit anderen Worten ausgesagt, was als ein Kernstück der Botschaft Jesu zu gelten hat: »Wer bei euch groß sein will, der soll euer Diener sein« (Mt 20,26, vgl. auch Fußwaschung, Joh 13). Die Bindung an Christus verändert also grundsätzlich das Zusammenleben der Menschen. Zum Zweiten bedarf die entsprechend der damaligen Kultur geforderte Unterordnung der Frau aus christlicher Sicht einer Gegenleistung des Mannes: vollkommene, christusgemäße Liebe. Auch dadurch wird eine völlig andere Ebene erreicht als die der soziokulturellen Struktur der damaligen Zeit.

Joh 6,60-69: *Wollt auch ihr weggehen?* Die lange Brotrede (vgl. B 48 – B 50) ist zu einem Abschluss gekommen. Dies führt zur Grundfrage des ganzen Kapitels zurück: Wer ist dieser Jesus, der durch sein Handeln (Große Speisung und Seewandel) wunderbare Zeichen setzt und der durch sein Wort die Menschen zur Entscheidung für oder gegen ihn, für oder gegen den Glauben zwingt? Diese Entscheidung betrifft nicht allein das Volk (von dem hier keine Rede mehr ist), sondern ebenso die Jünger und ihre Kerngruppe, die Zwölf. Jeder also (und dies gilt aus der Sicht des Johannes natürlich in erster Linie für die Mitglieder seiner Gemeinde) muss sich immer wieder neu der Frage stellen: »Zu wem sollen wir gehen?« Wer also bringt den Menschen Lebenssinn, umfassendes Heil und Rettung? Petrus tritt hier als Sprecher der Zwölf auf und gibt die Antwort des glaubenden Menschen (vgl. das synoptische Petrusbekenntnis Mk 8,27ff und Parallelen): »Du bist das menschgewordene Wort Gottes. In dir finden Menschen das Leben. Du bist der Sohn Gottes. In dir wird Gott offenbar. Das ist uns Grund zum Glauben.«

Schrifttext und Familien mit Kindern

Das Problem der Behandlung der meisten biblischen Texte im Gottesdienst liegt darin, dass in diesen Texten oft sehr grundlegende Themen, Archetypen, Fragen der Menschen aller Zeiten enthalten sind, diese uns aber durch die Einbindung in historische, kulturgeschichtliche oder religiöse Gegebenheiten der jeweiligen Zeit und des jeweiligen Ortes so fremd erscheinen, dass wir sie kaum aufnehmen können, ja manchmal nur mit Widerstand hören. Die drei Perikopen dieses Sonntags sind dafür herausragende Beispiele.

Die alttestamentliche Lesung bringt das grundlegende Problem jedes Menschen auf, wer oder was für ihn Gott ist, welche Grundentscheidung er für sein Leben trifft, was letztlich das Fundament seines Lebens ist. Wie die Stämme Israels damals muss jeder auch heute wählen, muss sich entscheiden, wem er dienen will. Diese Frage trifft auch den heutigen Menschen, durch die uns so ferne historische Situation (Landtag von Sichem, Stämme Israels, Götter der Emoriter ...) aber erscheint die Perikope zuerst als ein für uns irrelevanter Text. Die Arbeit der Erschließung muss also über die zeitgeschichtliche Einbindung zum allgemein gültigen und uns heute deshalb auch betreffenden Kern der Erzählung führen: Wie beim Apfel der Kern das Entscheidende , aber von viel Fruchtfleisch umgeben ist, so muss bei solchen Texten durch das »Fruchtfleisch« der historisch-kulturellen Einbindung hindurchgestoßen werden, um den Kern für uns fruchtbar zu machen.

In der neutestamentlichen Lesung wird das noch deutlicher: Der Text ruft beim ersten Hören Widerstand und Spott hervor – Widerstand gegen ein aus unserer Sicht überholtes Verständnis von Mann und Frau, Spott über die Kirche und die Bibel, die hoffnungslos in solchen alten »Klamotten steckt« und sich daraus nicht befreien kann. Auch hier aber muss man wieder den Kern von der in die damalige Kultur und Denkweise eingebundene Ausschmückung trennen. Die der hellenistischen Philosophie entstammenden orientalischen Haustafeln mit ihrer patriarchalischen Ordnung des Hauswesens (Gatten, Kinder, Bedienstete) sind die Vorgabe, an die sich der Verfasser des Epheserbriefes weithin hält. Diese Denkweise ist zudem die für den Verfasser einzig mögliche Denkweise, von der er bei der damaligen Kultur ausgehen musste, um seine Hörer überhaupt zu erreichen. Doch dann setzt er – und das ist der christliche »Kern« des Textes seine eigenen Akzente und verschiebt das bisher Übliche in Richtung des christlichen Glaubens: der unbedingten Anbindung an Jesus Christus und des Beispielnehmens an ihm und ferner der Liebe als Grundprinzip christlichen Lebens, die zu gegenseitigem Dienst und gegenseitiger Unterordnung führt. Diese beiden Punkte aber sind für den Glaubenden zu allen Zeiten unerlässlich und können auch heute als wesentliche Hilfe zum Leben angesehen werden.

Mit dem Evangelientext kommt das Thema der Entscheidung (vgl. erste Lesung) noch einmal in einer auf Jesus zugespitzten Weise vor. Die biblischen Texte über Jesus (etwa das Zeichen der Großen Speisung oder die Brotrede) fordern uns ebenso auf, Stellung zu beziehen, wie damals die Jünger und das Volk zu einer Stellungnahme herausgefordert waren. Aus den berichteten Reaktionen lässt sich die Palette damals möglicher Antworten erkennen (Verfolgung, Widerstand, Weggehen, Bekenntnis ...). Diese Palette ist auch unsere heutige Palette von Haltungen zu Jesus und zum Glauben an ihn: Wir können seine Botschaft ablehnen, ihr Widerstand entgegensetzen, von ihm weggehen, wir können uns auch – wie Petrus – mit Mut zu ihm bekennen: »Du bist der Heilige Gottes.«

Gestaltungsideen für den Gottesdienst

– *Wir müssen uns immer wieder entscheiden:* Was sind für Menschen heute Götter? Worauf richten sie ihr Leben aus? Hier werden sicher sehr unterschiedliche Antworten gegeben: Erfolg, Konsum, Familie, Freizeit, Sex ... Solche »Götter« sind keineswegs einfach abzuwerten, sie stellen in mancherlei Hinsicht Werte für Menschen dar. Aber sie sind zu relativieren, es gibt letztlich etwas viel Tieferes, das alle diese vordergründigen Werte übertrifft und das den Menschen wirklich tragen kann. Der Mensch also muss die Grundentscheidung treffen, ob er sich mit »zweiten« Werten zufrieden gibt, oder ob er sich für das Erste und Tiefste entscheiden kann, für Gott – eine Entscheidung, die allerdings in der Folge Konsequenzen für die »zweiten Werte« hat. Für den Familiengottesdienst kann diese schwierige Thematik wie folgt aufgearbeitet werden: Ein Wegweiser wird aufgeteilt, von dem Wegschilder in verschiedene Richtungen ausgehen. Darauf sind Beispiele für »zweite Werte« aufgeschrieben, oder sie werden mit den Kindern erarbeitet und dann notiert. Im Gespräch wird danach erarbeitet, dass alle diese Werte den Menschen nicht letztlich zufrieden stellen können. So wird ein weiterer, großer Wegweiser so auf den Mast gesetzt, dass er nach oben zeigt. Auf ihm steht nur das Wort »Gott«.

– *Wohin sollen wir gehen?* Die Thematik des Evangeliums geht in eine vergleichbare Richtung und kann auch ähnlich aufgearbeitet werden. Entsprechend der Wegsymbolik sind auf dem Boden verschiedene Wege aufgeführt, die in verschiedene Richtungen gehen. Ein Weg führt zu Jesus – zu einem Jesusbild, zu einer Bibel, einem Kreuz, zum Altar, zu oder einem anderen Jesussymbol. Diese Wege können auch durch aufgeklebte Fußspuren (als Folie erhältlich oder aus Tonpapier geschnitten) dargestellt werden.

– *Wir bekennen uns zu Jesus:* Das Petrusbekenntnis kann zum Anlass genommen werden, mit den Kindern ein eigenes Bekenntnis zu Jesus zu formulieren und in den Gottesdienst einzubringen. Dies kann vorab in Kindergruppen (etwa Kommunionkurs) geschehen, durch Gespräch eventuell auch in Kleingruppen kann ebenso im Gottesdienst zu Texten gefunden werden, die die Kinder dann vorgetragen.

– *Wie Menschen in der Familie zusammenleben:* Die Aussagen des Epheserbriefes werden auf zwei Stichworte hin gedeutet: einander lieben, wie Christus uns liebt, und einander dienen, wie Christus uns gedient hat. Liebe und gegenseitiger Dienst (in der missverständlichen Formulierung »Unterordnung«) sind also konstituierende Elemente von Familie. Diese Grundzüge können durch Beispielszenen aus dem Alltagsleben dargestellt werden. Ebenso können aber auch symbolische Handlungen (Zeichenhandlungen) auf diese Grundzüge hinweisen – eine Rose, die innerhalb einer Familie weitergegeben wird, auf die Liebe, ein Geschirrtuch (Besen, o.Ä.) auf den Dienst. Die gegenseitige Liebe und Zuordnung kann ebenso durch ein Band verdeutlicht werden, mit dem zwei Erwachsene und mehrere Kinder zu einem Kreis zusammengebunden werden.

Weiterführung nach dem Gottesdienst

Zum ersten Gestaltungsvorschlag kann den Kindern ein Bild mit einem Wegweiser mitgegeben werden. Dazu werden sie aufgefordert, zu Hause einen Wegweiser zu basteln mit Werten, die ihnen wichtig sind. Dies ist auch eine gute Anregung zu einem Gespräch in der Familie: Was ist uns wichtig, worauf legen wir Wert? Eine solche Thematik kann mit den Gedanken des Epheserbriefes verknüpft werden: Sind uns Liebe und Dienst wichtige Werte? Wird unsere Liebe zueinander getragen von der Liebe zu Gott, unser Dienst vom Gottesdienst?

Zum Evangelium können den Kindern am Ende des Gottesdienstes die auf dem Boden liegenden Fußspuren als Erinnerung an den Gottesdienst übergeben werden.

(B 52) 22. Sonntag im Jahreskreis

Zu den Schrifttexten

Dtn 4,1-2.6-8: *Hört auf die Gesetze, damit ihr lebt.* Das Buch Deuteronomium hat eine lange Entstehungsgeschichte, die von der Königszeit Israels bis zur Exilszeit reicht. Der Text dieser Perikope dürfte im Exil entstanden sein. Hintergrund ist die bange Frage des nach Babylon verschleppten Volkes, wo es denn inmitten anderer so mächtiger Völker (mit ihren mächtigen Göttern) Hilfe erhalten soll? Wie kann die nationale Identität Israels in der Exilssituation gewahrt bleiben? Dabei greift der deuteronomistische Theologe auf Schlüsselbegriffe des Alten Testaments und der Glaubenserfahrung Israels zurück: Land, Leben, Gottes Nähe, Hören auf die Gesetze. Die Sehnsucht nach dem Land, in dem man in Fülle (in Schalom) leben kann, ist im Exil besonders deutlich. So wird in einer Besinnung auf die Geschichte der Landnahme (Mose, Josua) die Bedingung reflektiert, unter der der Weg in das Land möglich war: Gott schenkt das Land, aber er erwartet von Israel das Hören auf die Gebote, die er am Sinai gegeben hat. Hören ist dabei mehr als Zuhören, es meint Aufnehmen und Befolgen. Die Orientierung an Gott und seinem Willen (seinen Worten, vgl. die Zehn Worte [Gebote] vom Sinai als Konzentrat seines Willens) schenkt Land und Leben. Damit ist ein Weg sichtbar, wie Israel aus seiner Nähe zu Gott auch die unheilvolle Situation des Exils überwinden kann.

Jak 1,17-18.21-22.27: *Handelt nach dem Wort.* Wie sonst selten, steht die zweite Lesung in einem guten inhaltlichen Zusammenhang mit der ersten, was nach den Kriterien der Leseordnung (1. Lesung und Evangelium passen inhaltlich zusammen, die 2. Lesung ist ein davon unabhängiger Abschnitt eines neutestamentlichen Briefes) wohl ein guter Zufall ist. Der Jakobusbrief wird nach alter kirchlicher Tradition dem Herrenbruder Jakobus, einem der führenden Mitglieder der Jerusalemer Urgemeinde zugeschrieben. Heute nimmt man allerdings eher an, dass hinter dem Brief ein unbekannter Judenchrist steht, der unter der Autorität des Jakobus schreibt. Der Verfasser steht auf der Tradition des jüdischen Glaubens, hat aber ebenso hellenistische Bildung. Er schreibt für Christen, die in ihren Gemeinden an den Rand der Gesellschaft gedrängt sind, und will ihnen Mut machen. Zugleich mahnt er zu Verhaltensweisen nach Gottes Willen, zu Gebet und guten Werken, zu Ausdauer und Treue, zu Hilfsbereitschaft und Dienst aneinander. Ähnlich wie in der ersten Lesung liegt ein solches Verhalten des glaubenden Menschen im Hören auf Gottes Wort begründet, für Jakobus allerdings stellt Jesus das menschgewordene Wort Gottes dar. Der Christ soll seinen Glauben also durch die Tat bewähren, nur so kann das Wort, das er gehört und aufgenommen hat, retten.

Mk 7,1-8.14-15.21-23: *Alles Böse kommt von innen, nicht von außen.* Der Anlass des Streitgespräches erscheint uns heute banal, wenn nicht unverständlich. Dennoch tritt hier, wie bei allen Streitgesprächen Jesu mit den Pharisäern, das bedeutende und grundsätzliche Problem in den Vordergrund: Ist Gottes Wort in den vielfältigen Vorschriften des Gesetzes oder in der Person Jesu und seinem Handeln zu finden? Auf wen oder was also soll der Christ hören? Der Text ist dabei auf dem Hintergrund der damaligen kirchlichen Situation zu lesen: Die christlichen Gemeinden emanzipierten sich immer mehr von den jüdischen Synagogen. Was aber war das Entscheidende der christlichen Botschaft? War sie gebunden an die jüdischen Gesetze und Vorschriften (die Reinheitsgebote sind nur ein Teilbereich des ganzen Gesetzes)? Markus macht in diesem Text deutlich, dass Jesus die Menschen von Zwängen und einengenden Vorschriften befreit hat. Die harten Vorschriften, die der größte Teil der Bevölkerung sowieso nicht einhalten konnte, sind sinnlos, denn das Entscheidende ist die innere Gesinnung des Menschen. Jesus nimmt den Menschen also in seiner Verantwortung für sein Tun ernst. Es geht um sittliches Verhalten nach dem Willen Gottes, nicht um ein Einhalten kleinlicher Vorschriften. Nicht die Tradition ist entscheidend, sondern die Lebensmöglichkeit des Menschen. Die Überlieferungen der Alten müssen kritisch hinterfragt werden, ob sie dem Menschen nützen (vgl. Sabbatgebot: »Der Sabbat ist für den Menschen da ...«). Es geht nicht um die Bewahrung überlieferter Ordnungen, sondern um das gelingende Leben der Menschen, das durch ein Handeln nach dem Wort möglich wird. Es geht darum, »nicht Asche aufzubewahren, sondern ein Feuer am Brennen zu halten«.

Schrifttext und Familien mit Kindern

Mit dem Evangelientext zu den Reinheitsgeboten tun wir uns schwer. Nicht nur, dass uns weithin das konkrete Sachwissen zu diesem Thema fehlt (schon Markus musste seinen damaligen Lesern ja in Kurzform erklären, um was es dabei geht), ebenso erscheint uns ein solcher Streit als eigenartige, uns nicht betreffende Geschichte. Über solche, das Leben und die zwischenmenschliche Kommunikation einschränkende Verhaltensweisen (kultisch »Reine« und »Unreine« konnten sich nicht einfach zusammensetzen, vgl. den Umgang Jesu mit Zöllnern und Sündern) glauben wir hinaus zu sein.

Dennoch stoßen wir hier auf eine Verhaltensweise, die zu allen Zeiten eine Gefahr für Menschen ist. Das Äußere, Oberflächliche wird wichtig genommen, man achtet auf das äußere Erscheinungsbild bei sich und anderen, Menschen werden auf die Erfüllung äußerer Gesetze und Normen hin erzogen, weniger zu freiem und selbst verantwortetem Leben. Dies betrifft in besonderem Maß auch die Kirche. Gewiss haben sich in den letzten Jahrzehnten manche engen Vorschriften und Regeln der Kirche gleichsam in Luft aufgelöst, dennoch empfinden viele Christen die Regeln der kirchlichen Ordnung und das Verhalten der kirchlichen Oberen als kleinlich, ängstlich und engstirnig und damit der befreienden Botschaft Jesu widersprechend. Die im Evangelium, aber ebenso in den beiden Lesungen angesprochene Frage nach der Tradition und ihrer Geltung und Umsetzung in eine andere Zeit ist also auch heute hoch aktuell.

Im Blick auf Familiengottesdienste muss man allerdings zugestehen, dass diese Problematik weithin auf Erwachsene zielt. Kinder dagegen orientieren sich vorab an ihren Bezugspersonen, kaum an vorgegebenen Normen und Ordnungen (im Übertreten solcher Ordnungen sind sie oft ausgesprochen erfindungsreich). Als Hilfe für ihren Lebensweg muss demnach eine kritisch-produktive Bewertung von Tradition stehen: Vorgegebene Werte sind auf ihren Sinn hin zu befragen und daraufhin, ob sie dem Leben der Menschen aufhelfen. Das jedenfalls war die Frage Jesu, und das muss auch die Frage der Christen sein.

Aus den beiden Lesungen können die folgenden Gedanken für eine Gestaltung des Familiengottesdienstes wichtig sein (dabei dürfen die Texte in ihrer konkreten Situation ruhig ein wenig in den Hintergrund treten): Christen sind Menschen, die nicht nur auf Gottes Wort hören, sondern es in die Tat umsetzen. Das Hören auf Gottes Wort »lohnt« sich für den Menschen, weil Gott ihm in seinem Wort Leben und Heil schenkt. Dies wird am deutlichsten in der Bindung an Jesus, dem guten Wort Gottes an uns. Wer auf ihn »hört«, d.h. ihn annimmt und in sein Leben einlässt, der erhält sinnerfülltes und unzerstörbares Leben.

Zwei andere Aspekte lassen sich aus der zweiten Lesung erarbeiten: Das Thema »Gott beschenkt uns« ergibt sich aus dem Einleitungssatz der Lesung »Jede gute Gabe kommt von oben«. Dies kann aufgegriffen werden und steht in einer gewissen Nähe zum Thema Erntedank bzw. Dank überhaupt.

Ein etwas schwieriger Gedanke ist das Bildwort vom Menschen als der »Erstlingsfrucht der Schöpfung«. Hier klingt etwas von der besonderen Stellung des Menschen in der Welt, aber auch von seiner besonderen Beziehung zu Gott an, von seiner Gottebenbildlichkeit. Sie liegt in der Freiheit und in der Verantwortung des Menschen, in seiner Befähigung, das Wort Gottes zu leben.

Gestaltungsideen für den Gottesdienst

– *Nur ein Gebot ist wichtig:* In Form einer Zeichenhandlung wird das Thema »Viele Vorschriften – ein Gebot der Liebe« aufgegriffen. Ein Mensch (gezeichnet auf Tapete oder als kleine Zeichnung durch Tageslichtschreiber projiziert, ebenso aber auch als Spiel mit einer lebenden Person denkbar) wird mit vielen kleinen, schwarzen Paragraphen (§) überschüttet, die ihn gleichsam zudecken und zu Boden drücken. Doch nur Eines ist wichtig: Die Person bekommt ein großes rotes Herz als Symbol für die Liebe als die Erfüllung aller Gebote. Die kleinen Paragraphen fallen dagegen bedeutungslos zu Boden.

– *Nicht Asche, sondern Feuer:* Viele Menschen verstehen den christlichen Glauben als eine Sammlung von überholten Vorstellungen und Vorschriften. Dem gegenüber müssen Christen immer wieder deutlich machen, dass es bei Glaube und Kirche nicht um eine Bindung an verstaubte und lebensfremde Dinge geht, sondern um eine dem Leben auch in unserer Zeit aufhelfende Botschaft. Was der Glaube bedeutet, lässt sich – wo es vom Feuer her örtlich möglich ist – in einer Zeichenhandlung darstellen. Zwei Schalen sind vor dem Altar bereitgestellt, in einer ist kalte Asche, in der anderen wird ein lebendiges Feuer entzündet, das wärmt und den Kirchenraum hell macht. Von diesen Zeichen her kann die Bedeutung des christlichen Glaubens erschlossen werden.

– *Täter des Wortes sein:* Menschen können Worte nur hören, sie aber nicht aufnehmen und in die Tat umsetzen. Christlicher Glaube dagegen bedeutet ein Tun des Gehörten, ein Leben der gehörten Botschaft, ein konkretes Befolgen des Wortes Gottes. Dies kann durch folgende Zeichenhandlung sichtbar werden: Verschiedene gute Worte der Bibel, die den Christen mahnen (vgl. etwa die jeweils zweiten Lesungen in B 49 und B 50 aus dem Epheserbrief), sind aufgeschrieben und an die Wand geheftet. Einige Spieler kommen nun, lesen diese Worte laut vor, wenden sich dann aber ab und gehen weiter. Eine zweite Gruppe Spieler kommt, liest wieder laut. Jeder der Spieler nimmt dann einen der Sätze mit und geht wieder weg (sie nehmen die Sätze an, aber tun noch nichts damit). Eine dritte Gruppe von Spielern liest wiederum, nimmt die Sätze und »befolgt« sie: In kleinen Spielen werden die Mahnungen der biblischen Texte in die Praxis umgesetzt.

– *Jede gute Gabe kommt von oben:* Die Kinder sammeln in Wort und Bild Beispiele für Gottes gutes Handeln am Menschen und stellen damit eine Collage zusammen. Diese Arbeit kann in ein Dankgebet münden, das von den Kindern (und von Erwachsenen) frei formuliert werden kann.

– *In das Land der Verheißung gelangen:* Das Motiv der alttestamentlichen Lesung wird aufgegriffen: Gott will uns mit dem Land der Verheißung beschenken, einem Land, in dem wir volles Leben erhalten. Um zu diesem Land zu gelangen, sollen wir auf sein Wort hören. In der Kirche ist ein Weg gestaltet, der aus verschiedenen Zusprüchen und Ansprüchen der Bibel besteht (z.B. aus Bergpredigt, aber auch Zehn Gebote ...). Wer sich auf diesen Weg einlässt, kommt zum verheißenen Land, zu der Gemeinschaft mit Gott und untereinander (etwa durch den Altar symbolisiert).

Weiterführung nach dem Gottesdienst

Verschiedene Gegenstände können die Gottesdienstbesucher an die Themen des Gottesdienstes erinnern: Dies kann ein über Paragraphen gezeichnetes Herz als Erinnerung an das Gebot der Liebe sein, ein Streichholz als Erinnerung an das lebendige Feuer des Glaubens, Sprüche der Bibel (Wort Gottes an uns) als Erinnerung an die Ermunterung zur Tat aus dem Glauben oder die Hoffnung auf das von Gott verheißene Land, ein Dankgebet als Erinnerung an das Thema Dankbarkeit. Wichtig ist von allen drei Schrifttexten her die konkrete Umsetzung des Glaubens. Die Familien können deshalb zur Überlegung ermuntert werden, wo sie nicht nur zu Hörern, sondern zu Tätern des Wortes werden können.

(B 53) 23. Sonntag im Jahreskreis

Zu den Schrifttexten

***Jes 35,4-7:** Gott selbst wird kommen und euch retten.* Innerhalb des gesamten Jesajabuches sind die Kapitel 34-35 ein Einschub in den »Ersten Jesaja« (Kapitel 1-39), der jedoch inhaltlich eher mit der Hoffnungsbotschaft des »Zweiten Jesaja« (Kapitel 40-55) korrespondiert. Die beiden Kapitel werden häufig als die »Kleine Jesaja-Apokalypse« bezeichnet, weil sie Gottes Kommen zum endzeitlichen Gericht, vor allem aber zum endzeitlichen Heil Israels und über Israel hinaus aller Völker ankündigt. In diesem Zusammenhang stehen die Verse der Perikope, die im Blick auf das Evangelium (Heilung des Taubstummen) ausgewählt wurden. Die »Kleine Jesaja-Apokalypse« ist nachexilischen Ursprungs; in ihr wird das Volk angesprochen, das nach der Rückkehr aus dem Exil von großen Hoffnungen erfüllt war, die sich allerdings nicht erfüllten. So wird es zum Volk mit zitternden, »wankenden Knien« (Vers 3). Diesen verzagten Menschen wird Gottes Hilfe zugesagt. Gott steht treu zu seinem Volk und eilt ihm zu Hilfe. Darauf dürfen die Menschen vertrauen. Die Hilfe Gottes geht in zwei Richtungen: Zuerst wird der Mensch heil gemacht in einem ganzheitlichen Sinn: Befreit von allen körperlichen Behinderungen wird er mit Gott und den Menschen gemeinschaftsfähig (körperliche Behinderungen stellten nach damaligem Verständnis Unreinheit und damit ein kultisches Hindernis dar). Der Umwandlung des Menschen folgt die Umwandlung der Natur: Ihre »Behinderung« (Trockenheit der Wüste) wird beseitigt, die Wüste wird zum Garten. Der Text des Jesaja ist eine eindrucksvolle Botschaft der Hoffnung auf Gott.

***Jak 2,1-5:** Hat Gott nicht die Armen auserwählt?* Der Jakobusbrief führt in loser Folge einzelne Verhaltensweisen auf, die sich aus dem christlichen Glauben ergeben. Dabei geht es dem Verfasser um Hilfen zum Glauben und zum Gemeindeleben, keineswegs – wie auch den anderen neutestamentlichen Schriften nicht – um eine Umwandlung der sozialen Verhältnisse seiner Zeit. In dieser Perikope wird das Verhältnis von Reich und Arm auf dem Hintergrund reflektiert, wie eine christliche Gemeinde mit ihren Mitgliedern umgehen soll: Es darf in der Gemeinde keine Unterscheidungen geben, jeder muss mit gleichem Respekt und gleicher Wertschätzung behandelt werden. Ja mehr noch: Die Armen und Geringen erfahren das besondere Wohlwollen Gottes – so ist es gute biblische Tradition: Gott sieht auf die Armen und wendet sich ihnen zu – damit ist eine Handlungsmaxime der Gemeinde vorgegeben. Der Jakobusbrief steht damit in der Tradition der Seligpreisungen ebenso wie des Handelns Jesu (vgl. die Zuwendung Jesu zu dem Behinderten [und damit Armen] im heutigen Evangelium).

***Mk 7,31-37:** Die Heilung des Taubstummen.* Die Erzählung von der Heilung des Taubstummen ist entsprechend dem Gliederungsschema antiker Wunderberichte aufgebaut. Dies macht schon deutlich, dass es weniger um das eigentliche Wunder geht als um die abschließende Deutung, ein Zitat aus Jesaja 35 (vgl. die erste Lesung). Durch das Wunder erweist sich Jesus als der, der die alttestamentlichen Verheißungen erfüllt. In Jesus führt Gott seine Schöpfung zum Heil, überwindet er Behinderungen und Krankheit, macht alles neu und gut. Der Wunderbericht schildert Jesus also nicht einfach als Wunderheiler (mit einer solchen Deutung hätten wir heute Probleme), sondern als den, durch den Gottes Güte und Menschenfreundlichkeit in unsere Welt getragen wird. Dazu kommt ein weiterer Gedanke: Die Erzählung spielt in der Dekapolis (= Zehn Städte), also außerhalb des jüdischen Kernlandes im heidnischen Gebiet. Jesus wendet sich allen Menschen zu, den Gesunden und Behinderten, den Juden und den Heiden. Das von ihm gebrachte Heil Gottes ist universal, erreicht alle Menschen. Er ist der Neuschöpfer der Welt, an ihn sollen die Menschen deshalb glauben. Der Wunderbericht stellt somit eine Ermutigung zum Glauben dar.

Schrifttext und Familien mit Kindern

Die drei Schrifttexte sind vergleichsweise gut verständlich und auch Kindern zugänglich. Die verheißenden Worte der alttestamentlichen Lesung sind in ihrem Inhalt so allgemein und in ihrer Bildersprache so prägnant und zugleich symbolisch, dass sie auch heutige Hörer ansprechen. Sowohl im Heilwerden des Menschen wie der Schöpfung können die Sehnsüchte und Hoffnungen der Menschen unserer Zeit ebenso anklingen wie damals die Israels. Die Hoffnungsbotschaft dieses Textes kann auch Menschen bei uns Mut zum Leben machen und helfen, in bedrängenden Situationen das Vertrauen auf Gott zu setzen und den Blick nach vorn zu richten.

Die neutestamentliche Lesung ist in ihrer Aussage bereits beim ersten Hören eindeutig und bedarf weniger der erklärenden Deutung als des praktischen Umsetzens in die eigene Gemeindesituation. Das Thema Gemeinschaft in einer christlichen Gemeinde kann von diesem Text aus angesprochen, die konkrete Gemeindesituation kann überprüft, Schritte zu besserer Gemeinschaft aller, zur Geschwisterlichkeit in der Gemeinde können angestrebt werden.

Das Thema der Armen in Gesellschaft und Gemeinde kann eigens angegangen werden: Wie ist es mit den Armen bei uns, wie gehen wir mit Armut um? Werden aus dem Bereich der christlichen Gemeinde nur Almosen weitergegeben, oder wird versucht, die Situation der bei uns in vielfältiger Weise Armen eher grundsätzlich zu ändern, auch durch politische und gesellschaftliche Maßnahmen? Wie wird versucht, die Armen in der Gemeinde in möglichst alle Gemeindeaktivitäten zu integrieren und zu beteiligen?

Das Evangelium stellt eine konzentrierte Deutung Jesu dar (vgl. oben). Der eigentliche Wunderbericht ist weniger wichtig, die Benennung Jesu mit dem alttestamentlichen, ursprünglich auf Gott ausgerichteten Jesaja-Zitat ist das Entscheidende: Hier, in diesem Jesus, handelt Gott selbst; in diesem Jesus ist Gott zu erkennen.

Die klare Aussagerichtung des Textes wird durch den Blick heutiger Menschen auf das wunderbare Ereignis und die einzelnen Züge der Wundererzählung oft verdeckt. So steht für viele die Frage im Vordergrund: »Wie ist das geschehen? Was hat Jesus da gemacht? Ist das wirklich so passiert?« Ganz abgesehen davon, dass wir zur Geschichtlichkeit einzelner Heilungen oder zu einzelnen Zügen der Erzählung schon grundsätzlich nichts sagen können, die entscheidende Frage muss lauten: »Wer ist dieser Jesus, dass er dies tun kann?« So und nur so wird man zur Antwort geführt, die Markus durch das Jesaja-Zitat auszudrücken versucht.

Unabhängig von der Deutung Jesu, die den Kern der Perikope darstellt, kann, durch diesen Text angeregt, das Thema Behinderungen und Umgang mit Behinderten angeschnitten werden. Dabei ist das Beispiel Jesu Vorbild und Maßstab auch für das Handeln von Christen heute. Jesus geht auf den behinderten Menschen ein, er wendet sich ihm ganz zu, lässt dafür sogar die Menge der anderen zurück. Jesus hat keine Scheu, Behinderte zu berühren, sich ihnen geistig und körperlich zuzuwenden. Gegen jüdische Sitten, wegen anzunehmender kultischer Unreinheit Abstand zu Behinderten und Kranken (etwa Aussätzigen) zu halten, ist für Jesus gerade die Zuwendung zu den Armen und Kranken (vgl. auch die zweite Lesung) entscheidend. Jesus gibt also einen Maßstab des Umgangs miteinander, auch mit behinderten Menschen, vor, der für Christen heute vorbildlich ist. An seinem Handeln muss sich die Praxis von Christen heute, von jeder christlichen Gemeinde, ein Beispiel nehmen.

Gestaltungsideen für den Gottesdienst

– *Ganz heil sein:* Behinderungen gibt es auf verschiedene Weise, nicht allein in körperlichem Sinn. Dies kann den Kindern durch das Sammeln von vielen Beispielen im Gespräch klar werden. Zur Verdeutlichung kann dazu auf einem großen Plakat der Umriss eines

Menschen gezeichnet und darauf mögliche Behinderungen mit Farben markiert werden. Danach wird der Text der ersten Lesung eingebracht und besprochen. Gott wird alle Behinderungen und Krankheiten der Menschen beseitigen (vgl. auch Offb 21). Neben das Plakat mit dem behinderten Menschen wird ein weiteres gehängt, auf dem nun ein »heiler, ganzer« Mensch ohne jede Einschränkung und Behinderung zu sehen ist.

– *Wasser in der Wüste:* In vergleichbarer Weise kann mit der »heilen» Natur umgegangen werden, die den zweiten Ansatz der Verheißungen Jesajas darstellt. Die Gefährlichkeit und Menschenfeindlichkeit der Wüste kann durch Bilder (Dias) oder auch durch Geschichten von Wanderungen durch die Wüste oder vom Leben der Nomaden dargestellt werden. So wird die Sehnsucht nach Wasser, nach Quellen, Teichen und Bächen eindeutiger. Vielleicht kann jemand einen kleinen Zimmerspringbrunnen mitbringen, der nach der Besinnung auf die Wüste eingeschaltet wird. In das Plätschern des Wassers hinein folgt dann eine Wassermeditation.

– *Miteinander Geschwister sein:* Eine christliche Gemeinde darf keine Unterschiede in der Behandlung der Menschen machen; alle haben den gleichen Wert und sind durch die eine Taufe miteinander verbunden. Dies ist wie eine Kette aus vielen Perlen: Man kann aus dieser Kette nicht eine Perle herausschneiden, dann fällt alles auseinander. Alle Perlen gehören vielmehr zur Kette und bilden miteinander die Gemeinschaft. An einer Kette (evtl. auch einem Rosenkranz) lässt sich dies gut darstellen. Danach bilden die Kinder eine Kette, die verschiedene Menschen darstellen (durch Umhängekartons mit Stichworten oder Bildern deutlich machen). Das Auseinanderfallen, wenn ein Glied dieser Kette herausgenommen wird, kann gut gespielt werden.

– *Die Armen bei uns:* In den meisten Gemeinden gibt es eine Pfarrcaritas oder andere Gruppen, die in verschiedener Form konkrete Hilfe für Bedürftige leisten. Solche Gruppen können im Zusammenhang mit der zweiten Lesung ihre Arbeit vorstellen und um Mitarbeit bei ihren Aufgaben werben. Eventuell lassen sich auch kleine Aktionen vorbereiten, an denen sich Kinder beteiligen können, damit auch sie nicht nur über dieses Thema reden, sondern die Möglichkeit erhalten, konkret etwas zu tun.

– *Jesus geht zu allen Menschen:* Ein wesentliches Kriterium des Wirkens Jesu war, dass er mit allen Menschen kommunizierte, auch und besonders mit denen am Rande, die außerhalb der damaligen Gesellschaft waren: mit Kranken und Behinderten, mit Zöllnern und Sündern. Diese Hinwendung Jesu zu den unterschiedlich »Armen« kann durch verschiedene Spiele umgesetzt werden, in denen die Kinder die Wege Jesu zu den Menschen darstellen.

– *In Jesus zeigt sich Gott:* Das eigentliche Ziel des Wunderberichtes ist eine Aussage über Jesus, in dem sich Gott offenbart. Dies kann den Kindern dadurch verdeutlicht werden, dass hinter ein Jesusbild ein zweites, zuerst nicht sichtbares Bild mit einem Gottessymbol gelegt wird: Wer auf Jesus schaut und sich an ihn bindet, kann durch ihn Gott erkennen.

Weiterführung nach dem Gottesdienst

Die Themen Behinderungen, Krankheiten, aber ebenso Armut und gesellschaftliche Benachteiligung laden dazu ein, zusammen mit in diesen Feldern aktiven Gemeindegruppen zu konkretem Tun zu gelangen. Wie dies vor Ort aussehen kann, hängt stark von den jeweiligen Gegebenheiten (etwa unterschiedliche soziale Einrichtungen in der Gemeinde oder in erreichbarer Nähe, besondere soziale Schwerpunkte und Problemzonen ...) ab und kann hier nicht genauer dargestellt werden. Wichtig ist nicht der Umfang der Arbeit, sondern dass Erwachsene wie Kinder zur Mitarbeit eingeladen werden und durch eigenes Tun erkennen, dass Gottesdienst und Menschendienst für Christen zusammengehören. Wer so beides in den Blick nimmt, der handelt nach dem Beispiel und dem Maßstab Jesu.

(B 54) 24. Sonntag im Jahreskreis

Zu den Schrifttexten

Jes 50,5-9: *Nahe ist, der mich freispricht.* Der in der Perikope enthaltene Teil des dritten Gottesknechtliedes Jesajas wurde mit Blick auf die erste Leidensankündigung Jesu im Evangelium gewählt und gibt dieser Leidensvorhersage eine alttestamentliche Deutung. Deutero-Jesaja (der »Zweite« Jesaja, ein uns unbekannter Prophet im babylonischen Exil) verkündete eine Botschaft der Hoffnung an die verschleppten Israeliten: Gott wird das babylonische Reich zerschlagen, für Israel die Rückkehr bewirken und einen neuen Anfang in Jerusalem ermöglichen. Es ist verständlich, dass diese Botschaft bei den babylonischen Machthabern auf Widerstand stieß. Ebenso wurde sie aber auch von Israeliten, die sich mit der Exilssituation abgefunden hatten, nicht gern gehört. So hatte Deutero-Jesaja in Babel Verfolgung zu erleiden. Über diesen persönlichen Leidenshintergrund geht der Text inhaltlich aber weit hinaus. Er schildert eine messianische Gestalt, den Gottesknecht, der großes Leiden ohne Widerstand auf sich nimmt. Dies kann er deshalb tun, weil er sich ganz in der Hand Gottes geborgen weiß. Er ist unschuldig, vertraut aber darauf, dass Gott Recht spricht und seine Ankläger zuschanden macht. Im vierten Gottesknechtlied wird der hier nur angedeutete Ansatz des stellvertretenden Leidens näher ausgeführt (vgl. C 25).

Jak 2,14-18: *Was nützt der Glaube, wenn die Taten fehlen?* Glaube ist nicht nur eine innere, geistige Einstellung und Überzeugung. Glaube muss sich immer auch im Leben bewähren, muss in die konkrete Tat umgesetzt werden. Dieses Anliegen vertritt der Jakobusbrief vehement gegen Anhänger eines vergeistigten, nicht an das konkrete Leben gebundenen Christentums. Eine solche Auffassung, die der Verfasser wohl im Umkreis seiner Gemeinde vorgefunden hat, stellt eine Verfälschung der paulinischen Rechtfertigungslehre dar: Paulus betonte um der Freiheit vom jüdischen Gesetz willen, dass allein der Glaube rettet und dem Menschen Heil bringt. Wenn dies aber so verstanden wird, dass die Werke unwesentlich sind, ist Paulus (mit seinen vielen konkreten Anweisungen zu einem christlichen Leben) missverstanden. Echter Glaube zeigt sich darin, dass er in der Liebe und der guten Tat wirksam wird und Frucht bringt. So kann man – wie dies im letzten Vers anklingt – auch Glaube und Werke nicht auseinander dividieren; sie sind unlösbar miteinander verbunden, so wie Jesus die unlösbare Verbindung von Gottes- und Nächstenliebe immer wieder betont hat.

Mk 8,27-35: *Petrusbekenntnis, Leidensvorhersage und Aufruf zur Nachfolge.* Die Perikope steht an einer entscheidenden Wende im Markusevangelium. Nachdem Jesus in Galiläa gelehrt und Wunder getan hatte, wendet er sich nun Jerusalem zu, dem Ort des Kreuzes und der Auferstehung. Die Perikope besteht aus drei unabhängigen, inhaltlich aber zusammengehörenden Teilen. Das *Petrusbekenntnis* gibt nach dem Abschluss des ersten Evangelienteils eine Deutung Jesu, zieht gleichsam eine Zwischenbilanz. Die Jünger (zu verstehen als die Gemeinde des Markus) und für sie stellvertretend Petrus bekennen sich zu Jesus, der für sie mehr ist als nur eine prophetische Gestalt. Er ist der Messias, der Verheißene Gottes. Petrus wird durch seine Aussage zum Modell des bekennenden Christen. Sein Bekenntnis wird allerdings erst nach der Auferstehung Jesu vollständig. So kann jetzt auch noch nicht darüber geredet werden. In der ersten *Leidensvorhersage* deutet Jesus den Messiasbegriff im Sinn des alttestamentlichen Gottesknechtes (vgl. erste Lesung). Die Botschaft vom Kreuz gehört wesentlich zur Deutung Jesu als Messias. In den sich anschließenden *Nachfolgesprüchen* wird vom Weg Jesu eine Brücke zum Jüngerverhalten geschlagen: Auch ihr Weg ist ein Weg des Kreuzes, sie müssen »jesusgemäß« werden, um zu ihm zu gehören. So aber werden sie wahres und umfassendes Leben erhalten – das Heil in der Nachfolge des Herrn.

Schrifttext und Familien mit Kindern

Die Inhalte der ersten Lesung und des Evangeliums sind für den Familiengottesdienst nur mit Mühe umzusetzen. Die zweite Lesung ist inhaltlich leichter, steht aber in der Gefahr, in platter Weise als üblicher moralischer Aufruf der Kirche missverstanden zu werden. So ist eine Gestaltung von Gottesdiensten mit Kindern, die von den Schrifttexten ausgehen soll, an diesem Sonntag nicht einfach.

Das Thema des Leidens, so wie es in der ersten Lesung und im Evangelium angeschnitten wird, stößt bei heutigen Hörern auf Widerstand: Gewiss, Leid gibt es überall im Übermaß, aber dass einer freiwillig und als Sühne Leid auf sich nimmt und bewusst einen Weg ins Leid und in den Tod wählt, kommt an die Grenze unseres Verständnisses. Wenn dann noch hinzukommt, dass auch vom Glaubenden die Übernahme des Kreuzes gefordert wird, ist dies in der Sicht heutiger Menschen kaum mehr zumutbar.

Die Grundfrage des Menschen nach dem Leid und einem darin liegenden Sinn erhält durch die beiden Texte einen wichtigen Aspekt. Dieser liegt im unbedingten Gottvertrauen, das sowohl für Deutero-Jesaja wie für Jesus auch angesichts von Leid und Kreuz, ja selbst im Tod einen Menschen zu tragen versteht. Wer sich in unbegrenzter Weise in den Händen Gottes weiß, der kann auch im Leid Stärke beweisen, für den sind Leid und Tod nicht Letztes, sondern nur schmerzhaftes »Vorletztes«, das nicht das Ende des Weges darstellt, sondern einen Durchgang. Das Vertrauen auf Gott, das im Propheten wie in Jesus sichtbar wird, kann dann auch dazu führen, den von Gott gegebenen Lebensauftrag anzunehmen, selbst wenn er Leid und Verfolgung bedeutet. Hier wird anfanghaft ein Verständnis des stellvertretenden Leidens möglich: Wo ein Mensch den ihm von Gott gezeigten Weg geht, auch wenn dieser Leiden mit sich bringt, kann so dennoch Heil gewirkt werden, nicht nur für das eigene, sondern auch für fremdes Leben.

Solche Überlegungen könnten zum Gespräch etwa in einem Bibel- oder Glaubenskreis beitragen, für die Umsetzung in einen Gottesdienst mit Kindern helfen sie nur wenig weiter. Vom Evangelientext, aber auch vom Gottesknechtlied des Deutero-Jesaja her muss deshalb gestaltungsmäßig anders vorgegangen werden.

Dabei kann das Thema »Geborgen in Gott« aufgegriffen und kindgemäß gestaltet werden. Dieses Thema kommt der Sehnsucht der Kinder nach unbedingter Annahme entgegen. Sinnvoll ist es, Aussagen dazu mit Symbolen und Zeichen zu verbinden, um ein besseres Verständnis zu fördern. Das Haus, das Nest, die bergende Hand, das schützende »Dach« einer Baumkrone ... sind mögliche Symbole, die aufgearbeitet werden können.

Das Thema Leid ist Kindern nicht fremd und muss sicher seinen Platz auch in den Gottesdienstthemen wiederfinden. Stellvertretendes Leid allerdings kann kaum verständlich gemacht werden. So wird man zum Thema Leid eher Leidsituationen im Blick darauf aufarbeiten, wie man auch im Leid getragen und gehalten sein kann (s.o.).

Aus dem Evangelium kann auch das Bekenntnis des Petrus zu Jesus übernommen werden (vgl. dazu B 51 mit der johanneischen Fassung des Petrusbekenntnisses). Petrus steht stellvertretend für die Jünger, diese für die Gemeinden des Markus und diese wiederum auch für uns heute. So gilt die Frage Jesu »Für wen haltet ihr mich?« auch uns und fordert eine Antwort heraus.

Der Abschnitt des Jakobusbriefes ist so konkret, dass er Kindern sofort eingängig ist. Allerdings erscheint es sinnvoll, den letzten Vers auszulassen, der in seiner Formulierung schwieriger ist und zum Verständnis des Gemeinten auch nicht gebraucht wird. Die Begriffe »Bruder und Schwester« sollten sicher über den neutestamentlichen Gebrauch (Mitglieder der Gemeinde) hinaus auf Menschen allgemein (Menschheitsfamilie) gedeutet werden. Ebenso sollte erarbeitet werden, dass die angeführten Beispiele (Kleidung und Brot) nur Beispiele sind, die auf die eigene, je unterschiedliche Situation hin ergänzt werden müssen. Wichtig ist: Der Glaube bewährt sich durch die Tat der Liebe.

Gestaltungsideen für den Gottesdienst

– *Geborgen in dir, guter Gott:* Ausgehend von einem Symbol wird das Thema Vertrauen zu Gott angesprochen. Dabei können unterschiedliche Symbole, die von der Geborgenheit des Menschen sprechen, eingebracht werden. Möglich ist etwa: das Haus, in dem man sich unter einem schützenden Dach bergen kann; das Nest, in dem Vögel geborgen sind; ein Baum, an den man sich halten kann und unter dessen Krone man wie unter einem schützenden Dach geborgen ist; die Hand, die hält und in der man sich (sein Gesicht, seinen Kopf) schmiegen kann; ein Mantel, eine Decke, in den oder unter die man sich verkriechen kann ... Solche Zeichen werden im Gespräch, durch Bilder, durch Geschichten, durch eine Meditation (vielleicht auch mit passender Musik) gedeutet. In einem zweiten Schritt wird von der Glaubenserfahrung von Menschen berichtet, die sich in Gott so geborgen wussten wie in einem schützenden Haus, unter einem Dach ... Gerade in Notsituationen haben Menschen (etwa Deutero-Jesaja im Exil) immer wieder erfahren, dass ihnen Hilfe zuteil wurde.

– *Im Leid getragen werden:* Daran kann ein zweiter Themenschwerpunkt ansetzen, der das Thema Vertrauen und Geborgenheit durch die Situation des Leids ergänzt. Dabei ist es gut, dass konkrete Leidsituationen von Kindern aufgegriffen werden. Miteinander wird überlegt, wie man auch im Leid von anderen getragen werden kann, wie man gerade im Leid Hilfe erfahren kann. Eine solche, noch zwischenmenschliche Erfahrung wird im weiteren Verlauf auch auf das Verhältnis von Gott und Menschen gedeutet. Bei diesem Thema ist eine Zeichenhandlung sinnvoll, vielleicht in folgender Weise: Einem Menschen werden leidvolle Dinge »aufgelastet«, dunkle Brocken (eventuell mit passenden Aufschriften) auf die Schultern gelegt, so dass er immer gebückter und beschwerlicher geht, schließlich kaum mehr aus eigener Kraft laufen kann. Nun kommen andere dazu, stützen ihn, nehmen Lasten ab, helfen ihm, wieder weiter zu gehen.

– *Wir bekennen uns zu Jesus:* Vgl. B 51.

– *Jesus nachgehen:* Die Nachfolge Jesu kann mit allen anwesenden Kindern gespielt werden. Ein Jesusdarsteller (oder mehr zeichenhaft, ein Kreuz, das auf Jesus verweist) ist der Anfang einer Prozession, einige Kinder schließen sich an, holen aber unterwegs immer mehr »Nachfolger« dazu, so dass am Ende eine große Gemeinschaft versammelt ist. Zu diesem Weg kann ein passendes Jesuslied gesungen werden. Der Weg endet am Altar, dort werden die Fürbitten (frei formuliert) gesprochen, das Vaterunser gebetet und der Schlusssegen gespendet.

– *Für den anderen sorgen:* Christlicher Glaube muss sich in der Liebe bewähren. Im Jakobusbrief sind dazu zwei Beispiele aufgeführt. Die Kinder bedenken von ihren Lebenssituationen her, was ihnen an konkreten Taten der Liebe möglich ist. Wo können sie anderen Brot sein, wo können sie andere »wärmen« und »sättigen«? Vielleicht kann diese Überlegung dazu führen, dass aus dem Gottesdienst heraus bestimmte Hilfen für andere konkret angepackt werden.

Weiterführung nach dem Gottesdienst

Als Erinnerung an den ersten Gottesdienstvorschlag können die einzelnen Symbole gestaltet und den Kindern übergeben werden, etwa ein Haus, Dach, Baum ... aus Tonapier oder anderen Materialien.

Hilfreich sind in diesem Zusammenhang auch Vertrauensgebete, die den Familien an die Hand gegeben werden können. Entsprechende Texte finden sich in vielen Kindergebetbüchern. Vielleicht lassen sich eine Reihe solcher Gebete als Vorschläge zu eigenen Gebetsformulierungen sammeln und für die Familien vervielfältigen.

Das letzte Thema ermuntert wiederum (vgl. auch B 53) zu einer konkreten Aktion, die sich aus dem Gottesdienst heraus ergeben kann, meist in Absprache oder in Zusammenarbeit mit den caritativen Gruppen der Gemeinde.

(B 55) 25. Sonntag im Jahreskreis

Zu den Schrifttexten

Weish 2,17-20: *Den Gerechten wollen wir prüfen.* Das späte alttestamentliche Buch der Weisheit versucht, die Fragen der frommen Exiljuden in Ägypten zu beantworten, die sich daraus ergaben, dass sie in einem heidnisch-materialistischen Umfeld lebten und sich diese nichtreligiöse Lebenseinstellung auch auf Mitglieder der Gemeinde auswirkte. Wie kann es sein, dass die Glaubenden von den Gottlosen verfolgt werden? Wie kann es sein, dass die Bösen ein langes und gutes Leben haben und die Guten oft früh und erfolglos sterben? Wie ist es also mit Gottes Barmherzigkeit und seinem Eingreifen in das Leben der Menschen? Anders als die frühere alttestamentliche Tradition, die ein erfülltes Leben (Schalom) nur im Diesseits sieht, während sich das Totenreich auch dem Zugriff Gottes entzieht, sieht das Buch der Weisheit über den Tod hinaus: Die ausgleichende Gerechtigkeit Gottes geschieht erst im Jenseits. Dann sind die Gerechten und Guten in der Liebe Gottes geborgen und erfahren auf ewig seine Zuwendung in einem erfüllten Leben. Die Bösen dagegen verfallen der Bedeutungslosigkeit, sie gehen unter, weil sie nur den materiellen Werten des diesseitigen Lebens vertrauten. Das Buch der Weisheit ermuntert also zu einem beständigen Glauben an die Güte und Zuwendung Gottes. Die Verse der heutigen Lesung sind im Blick auf die Leidensvorhersage Jesu im Evangelium ausgesucht – er erleidet das Schicksal des Gerechten, er wird aber durch die Liebe Gottes gerettet werden.

Jak 3,16-4,3: *Die Weisheit von oben ist reich an guten Früchten.* Für den Verfasser des Jakobusbriefes ist der christliche Glaube keine Verstandessache, der man sich argumentativ nähern und der man zustimmen oder die man ablehnen kann. Christlicher Glaube ist vielmehr eine Lebenshaltung, die sich in der konkreten Tat, im Leben im Alltag, in der Praxis des Glaubens zeigen muss. Aus dieser Sicht sind die vielfältigen Ermahnungen des Briefes zu einem christlichen Leben zu verstehen und einzuordnen. Es geht immer um eine weise, gottgefällige Lebensgestaltung, es geht um die »Weisheit von oben«. Wer sich also an die Weisungen Jesu (etwa Bergpredigt ...) hält, kommt zu einer friedlichen und menschenfreundlichen Lebensgestaltung, die dem anderen voll Erbarmen begegnet und deshalb gute Früchte hervorbringt. Ehrlich und ohne Ansehen der Person begegnet der Glaubende anderen, er hat seine Leidenschaften und Begierden im Griff und trägt deshalb zum Frieden bei. Wer sich aber – im privaten Raum ebenso wie in der Gemeinde – nur von seinen Begierden bestimmen lässt, »erntet« nur Kampf und Unfrieden.

Mk 9,30-37: *Der Größte sei der Diener aller.* Die Perikope besteht aus drei, ursprünglich voneinander unabhängigen Stücken, die von Markus hier in einen inhaltlichen Zusammenhang und eine innere Beziehung gestellt werden. Der Text beginnt mit der zweiten Leidensvorhersage Jesu: Er, der Messias, geht seinen Weg nicht als politischer König, sondern als leidender Gerechter im Gehorsam und im Vertrauen Gott gegenüber. Gerade damit aber prägt er ein Modell des Verhaltens, das seine Jünger übernehmen sollen – Jesus wird zum Vorbild der Gemeinde und christlichen Verhaltens. So ist der Streit der Jünger um die Rangordnung (der Streit in christlichen Gemeinden um Rangordnung, Autorität und Macht) von vornherein falsch. Wer Jesus nachfolgen will, muss zum Dienst bereit sein, muss der Diener aller werden. Somit wird im zweiten Teil des Textes eine allgemeine Regel für christliches Verhalten aufgestellt, die nicht allein für die Leiter der Gemeinden gilt, sondern für jeden Christen. Nur in der Haltung des Dienstes kann eine Gemeinde christusgemäß leben. Im dritten Teil wird dies durch ein praktisches Beispiel erläutert: Die Zuwendung zu den Kleinen und Geringen, hier zu einem Kind, konkretisiert die Haltung des Dienstes. Wer das Kind annimmt, nimmt damit Christus in sich auf.

Schrifttext und Familien mit Kindern

Die in der ersten Lesung aufgezeigten Verhaltensweisen der Gottlosen (alleiniges Streben nach materiellen Werten, Verachtung bzw. Ablehnung geistiger Werte, Beschränkung auf das Diesseits, Verspottung derer, die den Blick über den Tod hinaus auf ein Jenseits richten ...) gibt es heute ebenso wie damals, als der Verfasser des Weisheitsbuches den glaubenden Juden in Ägypten Trost spenden wollte. Die konkreten Beispiele der Verfolgung des Gerechten (grausame Behandlung, Verurteilung, Tod) treffen auf unsere Gesellschaft allerdings nur im übertragenen Sinn zu (etwa »Mobbing« religiös eingestellter Schüler durch die Mehrheit nicht- oder antireligiös eingestellter Kameraden, Ähnliches am Arbeitsplatz und an anderen gesellschaftlichen Orten ...). Dennoch lässt sich die Lesung wegen ihrer Sprache und Begrifflichkeit nur schwer in einen Familiengottesdienst einbringen. Möglich erscheint uns dies nur, wenn spielerisch konkrete Situationen eingebracht werden, die den Vorgaben des Textes entsprechen und in denen ebenso zu Vertrauen auch in schwierigen Situationen aufgerufen wird.

Eine zweite Möglichkeit ist die Gegenüberstellung verschiedener Lebensweisen: Eine auf das Diesseits beschränkte Lebenssicht steht der glaubenden Lebensweise gegenüber, die aus der Bindung an Gott heraus den Blick auf das Jenseits und auf die dort erfolgende Gerechtigkeit Gottes richtet. Eine solche Gestaltung bedeutet aber eine Gratwanderung zwischen platter moralischer Anweisung und wenig hilfreicher Vertröstung auf das Jenseits. Hier wirklich aufzuzeigen, wie der Glaube zu einem erfüllten Leben hilft und wie er auch in schwierigen Situationen tragen kann, ist eine komplexe Aufgabe.

Bei der zweiten Lesung plädieren wir für eine Beschränkung auf den ersten Teil des Textes und eine Konzentration auf das Thema der Weisheit von oben und ihrer guten Früchte. Dies lässt sich gut veranschaulichen und kann Kinder leicht ansprechen. Zudem entspricht eine solche Reduktion durchaus der wesentlichen Thematik des Jakobusbriefes: zu einer guten Lebenspraxis aus den Anstößen des Glaubens heraus zu gelangen. Die Problematik von Frieden und Streit kann als eine zweite Möglichkeit in die Gottesdienstgestaltung eingebracht werden.

Die drei unterschiedlichen Sprüche des Evangeliums bieten Spielraum für verschiedene Themen: Ein erstes Thema kann etwa der Weg Jesu sein, der nicht auf Macht und Herrschaft ausgerichtet war, sondern auf Dienst und Einsatz des Lebens für die Menschen bis hin zum Tod am Kreuz. Im Gottesdienst kann so die Gestalt Jesu und seine Bedeutung für uns von dieser Grundhaltung her aufgezeigt werden – ein Weg des Dienstes und der Hingabe.

Ein zweites Thema zieht Konsequenzen für eigenes Verhalten und deutet den Kontrast zwischen dem Wunsch, der Größte sein zu wollen, und dem Anspruch, Diener aller zu sein. Dabei muss klar werden, dass es beim Diener sein nicht um Schwachheit und Unterwürfigkeit und ebenso wenig um Aufgabe der eigenen Persönlichkeit geht, sondern gerade darum, in der Dienstbereitschaft zu sich selber und zu den anderen zu finden. Das Streben nach Größe und Macht verhindert dagegen nicht nur den Zugang zu anderen, sondern verfälscht auch das eigene Wesen.

Ein drittes Thema greift die Bedeutung der Kleinen und Geringen (auch der Kinder) für das Leben der Gemeinde auf. In ihnen kann der Glaubende Christus begegnen und durch ihn auch dem Gott, der ein Gott der Kleinen und Armen ist.

Gestaltungsideen für den Gottesdienst

– *Nicht der Mehrheit folgen, sondern der eigenen Überzeugung:* Mehrere Spielszenen zeigen Menschen auf, die sich nicht nach dem Verhalten anderer orientieren, sondern allein nach dem, was sie für sich als richtig halten und verantworten können. Solche Beispiele können aus der Welt der Mode, der Musik, des Konsums, der Freizeitgestaltung gewählt werden, ein letztes und entscheidendes Beispiel führt dann die persönliche Einstellung eines Menschen zu Glaube und Religion auf (etwa Beispiel aus einer Schulklasse oder zum Thema Gottesdienstbesuch bzw. Mitmachen in der Gemeinde ...): Hier gilt besonders, dass nur die eigene Überzeugung wichtig ist. Eine Kurzpredigt führt danach in die Aussage des Lesungstextes ein, bevor er als Abschluss des Verkündigungsteils verlesen wird.

– *Der Blick ins Weite:* Die beiden Lebenshaltungen einer Beschränkung auf das Diesseits und eines Blickes auf Diesseits und Jenseits können durch einen bildhaften Vergleich dargestellt werden. Das alleinige Leben im Diesseits und die entsprechende Ausrichtung allein auf materielle Dinge entspricht dem Leben in einem Raum, in dem Türen und Fenster geschlossen sind, man also in einem Ort gleichsam gefangen ist. Eine Lebenshaltung, die – wie es der Verfasser des Weisheitsbuches empfiehlt – auch das Jenseits und die dort erfolgende Zuwendung Gottes zum Menschen in den Blick nimmt, gleicht dem Leben in einem Raum (wir leben noch im Diesseits) mit weithin offenen Türen und Fenstern (wir werfen bereits einen Blick auf das, was uns erwartet, sehen über die Mauern dieser Welt hinaus in die Weite). Diese bildhafte Darstellung kann durch Spiel und Zeichenhandlung verdeutlicht werden.

– *Die guten Früchte:* Zwei Bäume sind auf einer Plakatwand durch Tonpapierstreifen dargestellt. Die Kinder suchen Beispiele für gute und schlechte Früchte, für gutes und schlechtes Verhalten im Leben, die den beiden Bäumen zugeordnet werden. Der Baum mit den guten Früchten wird dann durch helle, von oben kommende Strahlen erleuchtet: Gottes Weisheit erleuchtet den Menschen und führt ihn zu einem Verhalten, das gute Frucht bringt.

– *Streit und Frieden entstehen im Herzen, nirgendwo sonst:* Ähnlich wie bei den Bäumen werden zwei große Herzen (evtl. in unterschiedlichen Farben) auf eine Plakatwand geklebt. Den Herzen werden unterschiedliche innere Einstellungen von Menschen zugeordnet, etwa: Liebe, Sorge füreinander, Freundlichkeit, Versöhnungsbereitschaft ... dem einen Herzen; Egoismus, Begierde, Neid, Hass ... dem anderen. Um die Herzen werden dann Szenen dargestellt, die sich aus diesen unterschiedlichen Einstellungen ergeben, etwa Frieden und Streit, Gemeinschaft und Vereinsamung, Freude und Trauer ...

– *Der Weg Jesu:* Der Weg Jesu führte nicht nach oben, nicht zu Macht und Herrschaft, sondern nach unten, zum Dienst und zur Lebenshingabe am Kreuz. Dies kann durch einen entsprechenden Weg dargestellt werden, bei dem ein schwarzes Kreuz den Tiefpunkt darstellt. Von hier aus wird dann in einem zweiten Schritt der Glaube der Christen ausgesagt, dass Gott seinen Christus aus der Tiefe herausgeholt und neu zum Licht geführt hat.

– *Der Weg der Christen:* Wie Jesus einander zum Diener werden ist die Aufgabe der Christen zu allen Zeiten. Dies muss durch Beispiele konkretisiert werden. Spielszenen beispielhaften Verhaltens können dabei auch Symbole des Dienstes (etwa Besen ...) zugeordnet werden.

– *Der Größte dient dem Kleinen:* Die Christophoruslegende ist eine – den Kindern oft unbekannte – Erzählung, die die Aussage des Evangeliums verdeutlichen kann.

Weiterführung nach dem Gottesdienst

Das Thema Dienst sollte nicht allein »theoretisch« angesprochen werden. Vielmehr sollten praktische Beispiele bedacht werden, wie Kinder und Erwachsene im Umfeld ihrer Familie, aber ebenso der Gemeinde Dienste aneinander ausüben können. Am Ende des Gottesdienstes können dazu konkrete Anregungen stehen.

Ähnliches gilt vom Thema der guten Früchte. Auch hier können die Gottesdienstbesucher zu konkreten Schritten ermuntert werden.

Verschiedene Themen eignen sich dazu, den Kindern etwas mitzugeben, das sie an den Gottesdienst erinnert: Foto oder Zeichnung eines Fensters mit einem Blick in die Weite, Früchte, Herzen aus Tonpapier ...

(B 56) 26. Sonntag im Jahreskreis

Zu den Schrifttexten

Num 11,25-29: *Mache jemand das ganze Volk zu Propheten.* Die Aussagen, die in diesem Text über das Wirken des Geistes Gottes gemacht werden, sind vom Verfasser in eine bestimmte geschichtliche Situation gestellt, haben aber darüber hinaus Bedeutung. Mose fühlt sich in der Leitungsaufgabe überfordert, immer wieder murrt das Volk bei seinem Weg durch die Wüste, immer wieder hat er die Last der Verantwortung allein zu tragen. Auf seine Bitte hin soll die Leitung des Volkes aufgeteilt werden; die Geistübertragung von Mose auf die Ältesten stellt die rituell-spirituelle Weise dar, wie dies geschieht. Dabei wird deutlich, dass nicht Mose zu dieser Aufteilung befähigt ist, sondern Gott allein über seinen Geist verfügt. Dies wird auch an der sich anschließenden Erzählung von Eldad und Medad sichtbar: Gottes Geist erfüllt auch Menschen, die außerhalb der normalen Ordnung stehen, ja die sich – aus welchen Gründen auch immer – von der Institution fernhalten. Gottes Geist weht also, wo er will. Mose kann dies im Gegensatz zu Josua unterstützen, ja sein Wunsch ist es, dass das ganze Volk zu Geistträgern wird und damit in eine unmittelbare Beziehung zu Gott gelangt. Eine solche direkte Gemeinschaft mit Gott führt auch zu einer tieferen Gemeinschaft des Volkes selbst. Die Perikope ist im Blick auf den ersten Teil des Evangeliums ausgewählt worden. Darüber hinaus führt sie zu den Themen Prophetentum, Charismen, Volk Gottes.

Jak 5,1-6: *Euer Reichtum verfault.* Die mahnende Stellung des Jakobusbriefes zum Thema Reichtum und Armut fußt auf der breiten Tradition des Alten Testamentes, die auch von Jesus zur Grundlage seiner Stellung zu den Armen gemacht wurde. Der prophetische Protest gegen die egoistische Haltung der Reichen und Mächtigen und gegen die Unterdrückung der Kleinen und Geringen im Volk ist eine der durchgehenden Linien des ganzen Alten Testamentes: Gott ist ein Gott der Armen, er wird ihnen Gerechtigkeit verschaffen und »die Mächtigen vom Thron stürzen« (vgl. das Magnificat). In der Lehre und im Wirken Jesu klingt Ähnliches an, wenn er mit scharfen Worten die Reichen angreift, die es »schwer haben, ins Reich Gottes zu gelangen«, weil sie ihr Vertrauen auf ihren Besitz und nicht auf Gott richten (vgl. das Wort vom Kamel und Nadelöhr, Mk 10,25). Es geht bei der Stellung der Bibel (und damit des Jakobusbriefes) zum Reichtum also nicht allein um die soziale Verantwortung, um die Verpflichtung der Reichen zu sozialem Ausgleich, sondern vor allem darum, was letztlich die Grundlage ihrer Lebenseinstellung ist: Vertrauen in Reichtum und Besitz oder in Gott. Insofern ist hier nicht allein eine soziale, sondern auch eine religiöse Frage angeschnitten. Der Verfasser warnt vor einer falschen Sicherheit.

Mk 9,38-43.45.47-48: *Jemand treibt in deinem Namen Dämonen aus.* Die Perikope ist aus mehreren, nicht zusammengehörenden Stücken zusammengesetzt, die sich an die Gemeinde wenden: 1. Eine Mahnung zu Offenheit und Toleranz (vgl. die alttestamentliche Lesung) – auch außerhalb der Kirche und ihrer Strukturen gibt es Menschen, die sich an Jesus und seinen Namen binden und die durch ihr Wirken anderen Heil verschaffen (Dämonen überwinden, Wunder tun, einander helfen). 2. Schutz für glaubende Menschen – gerade die einfachen und kleinen Glaubenden bedürfen der Hilfe und des Schutzes, sie sollen in ihrem Glauben gefördert und nicht verunsichert und behindert werden. 3. Im Blick auf das Heil zu einer unbedingten Entscheidung kommen – alles, was den Weg zum Reich Gottes behindert und stört, soll zurückbleiben und muss überwunden werden. Auf das, was also den Glauben erschwert, muss verzichtet werden, auch wenn ein solcher Verzicht schwer fällt. Die beiden letzten Teile sind entsprechend semitischem Sprachgebrauch in drastische Bilder gefasst (Mühlstein, Fuß ... abhauen), dies macht den Ernst der Entscheidung deutlich.

Schrifttext und Familien mit Kindern

Auch wenn die erzählte geschichtliche Situation uns fremd und die dargestellte Form prophetischer Begeisterung nicht greifbar ist, enthält die alttestamentliche Lesung dennoch Themen, die auch für die Situation der Kirche heute von hoher Bedeutung sind. Dies ist zum einen das Thema Glauben und Bindung an Gott innerhalb und außerhalb der Kirche, das heute von vielen Zeitgenossen unter dem Stichwort »Jesus (Gott) Ja, Kirche Nein« zusammengefasst wird. Ist es möglich, Christ zu sein, ohne der Kirche anzugehören? Von der Lesung (und in ähnlicher Weise auch vom ersten Teil des Evangeliums her) erscheint dies durchaus denkbar, geht es doch in beiden Texten um Menschen, die sich aus uns nicht mehr fassbaren Gründen nicht in die bestehende Institution integrieren und dennoch von Gottes Geist erfüllt »gute Frucht bringen«. Das Wort, dass Gottes Geist weht, wo er will, wird dadurch bestätigt. Auch die heutige Kirche und ihre Amtsträger müssen deshalb anerkennen, dass sich das Wirken des Geistes nicht auf die Kirche beschränkt. Das Sprechen vom »anonymen Christen« (K. Rahner) gewinnt somit eine neue Sicht.

Ein anderes Thema ergibt sich aus dem Schluss der Perikope, aus Moses Wunsch nach der Geisterfülltheit des ganzen Volkes. Hier wird nicht allein auf das verwiesen, was in der Sakramententheologie mit Taufe und Firmung ausgedrückt wird – die durch den Geist geschehende unmittelbare Verbindung jedes Christen mit Gott und die sich daraus ergebende Verantwortung eines jeden für Glauben und Leben. Auch der vom II. Vatikanischen Konzil hervorgehobene Begriff des Volkes Gottes wird von der alttestamentlichen Verheißung (vgl. Joël 3,1f »... eure Söhne und Töchter werden Propheten sein ...«) und von der Pfingsterzählung der Apostelgeschichte (vgl. Apg 2) bestätigt.

Diese wichtigen theologischen Aussagen sind allerdings nur schwer für Familien mit Kindern umzusetzen. Dennoch bleiben von der ersten Lesung für eine Gestaltung von Familiengottesdiensten die Stichworte: Volk Gottes, Geisterfüllung (etwa in Taufe und Firmung), Beauftragung durch Gott.

Die zweite Lesung ist in ihrer Aussage eindeutig. Die deutliche Mahnung an die Reichen stellt ebenso eine Mahnung an uns dar, mit unserem Wohlstand (auf Weltebene gesehen sogar Reichtum) verantwortlich umzugehen. Soziale Verantwortung und Teilen bedeuten aber nur einen Aspekt dieses Textes. Ein anderer ist die Frage nach beständigen Werten, die das Heil eines Menschen bewirken. Reichtum, so die Aussage des Jakobusbriefes, aber auch vieler anderer Stellen der Bibel, gehört nicht zu solchen Werten, sondern ist immer bedroht und vergänglich (vgl. das Gleichnis Jesu vom reichen Bauern, der noch größere Scheunen bauen lassen will, dann aber stirbt). Aus der zweiten Lesung ergeben sich für den Familiengottesdienst die Themen: »Was ist wahrer Reichtum?« und »Besitz verpflichtet«.

Die drei unterschiedlichen Teile des Evangeliums sollten nicht gemeinsam in einen Gottesdienst mit Kindern eingebracht werden (für einen Erwachsenengottesdienst ist dies ebenso wenig sinnvoll). Der erste Teil passt gut zur alttestamentlichen Lesung und kann vielleicht in Kombination damit gelesen werden. Die beiden folgenden Teile sind in ihrer drastischen Sprache für Kinder (und für Erwachsene?) eher missverständlich (Gefahr eines wörtlichen Verständnisses). Im Familiengottesdienst sollten sie deshalb entfallen. Allenfalls können die darin angesprochenen Themen behandelt werden: Hilfe für die Armen und Kleinen und Ernsthaftigkeit der Entscheidung zum Glauben.

Gestaltungsideen für den Gottesdienst

– *Wer gehört zur Kirche?* Viele Kinder erleben – oft in ihrem direkten Umfeld –, dass Menschen sich als an Jesus gebunden verstehen, aber mit der Kirche nichts zu tun haben wollen. Erste Lesung und Evangelium bestätigen die Berechtigung einer solchen Haltung (allerdings gibt es im Neuen Testament auch andere Aussagen, die auf die Notwendigkeit einer Bindung an die kirchliche Gemeinschaft hinweisen). Kirche ist somit nicht Selbstzweck, sondern Dienst am Menschen, kirchliche Gemeinschaft gibt es nicht um ihrer selbst willen, sondern nur aus ihrer Funktion, dem Menschen auf seinem Weg des Glaubens zu helfen. Dies sollte bei jeder Behandlung des Themas Kirche im Vordergrund stehen. Das Stichwort vom Volk Gottes, das miteinander auf dem Weg ist, bietet sich dazu an. Bei diesem pilgernden Volk gibt es Menschen, die den Weg weisen, andere, die den ganzen Weg gehen, wieder andere, die nur ein Stück Weg beschreiten, und andere, die am Rand des Weges stehen bleiben. Wiederum andere Menschen gehen ihre eigenen Wege, aber mit der gleichen Zielsetzung und Richtung wie die Menge des Volkes. Diese Symbolik kann durch ein Spiel aufgezeigt und anschließend besprochen werden.

– *Gottes Geist auch in uns:* Ausgehend von den beiden Sakramenten Taufe und Firmung wird deutlich gemacht, dass der Geist Gottes auch Menschen unserer Zeit erfüllt, ja dass er in jedem Einzelnen der Gemeinschaft der Getauften wirkt. Der Wunsch des Mose ist somit in Erfüllung gegangen. Es gibt verschiedene Pfingstbilder der Kunst, in denen bildlich-symbolisch dargestellt wird, dass der Geist Gottes alle zur Gemeinde Gehörenden erreicht. Zu diesem Thema passt eine entsprechende Bildbetrachtung. Ebenso kann eine Darstellung mit Overheadprojektor/Plakatwand/Filztafel ... erfolgen: Eine erste Szene zeigt Mose, den allein im Volk ein Lichtstrahl von oben (gleich Gottes Geist) trifft. In einer zweiten Szene treffen Strahlen auf Mose und einige andere aus dem Volk. In einer dritten Szene sind alle in das Licht des Geistes hineingenommen – Bild für den Glauben der Christen an die Geisterfüllung aller.

– *Was ist wahrer Reichtum?* Welche Werte des Menschen sind dauerhaft, was sind »Schätze« für das Reich Gottes? Die Kinder tragen Beispiele für Werte zusammen, nach denen sich Menschen ausrichten, und bewerten diese kritisch. Die Jakobusbrieflesung gibt dazu einen Impuls.

– *Besitz verpflichtet:* Die Aussage »Das gehört mir« bedeutet normalerweise eine Abgrenzung des eigenen Bereiches gegenüber anderen. Christliches Verständnis ergänzt diese Aussage durch einen weiteren Aspekt: »Das gehört mir, hat aber für dich auch Bedeutung.« Im Besitz sieht der Christ also nicht nur den Vorteil für die eigene Person und ihre Lebensgestaltung, sondern auch die Verantwortung für das Leben anderer. Dies sollte durch konkrete Beispiele verdeutlicht werden, die sowohl aus dem Bereich von Kindern wie von Erwachsenen stammen. Besser noch als das Sprechen über Besitz und Verantwortung ist natürlich eine Aktion (etwa zum Missionssonntag oder zu passenden Gemeindeaktionen), die das Angesprochene konkret werden lässt.

– *Nur ein Becher Wasser:* Hilfe für andere meint keineswegs immer die große, bedeutende Tat. Oft sind die vielen Kleinigkeiten wichtig, durch die einem anderen das Leben leichter gemacht werden kann. Die Kinder tragen Beispiele dafür zusammen, was in unterschiedlichen Lebenssituationen »ein Becher Wasser« sein kann, wie man also nach dem Willen Jesu einander in kleinen Dingen beistehen kann. Solche Beispiele können dann auf kleinen Wasserbechern aus Tonpapier notiert und auf einem Plakt gesammelt werden.

Weiterführung nach dem Gottesdienst

Zu den ersten Themen passt ein Verweis auf die Sakramente Taufe und Firmung. So können die Kinder zu einer Tauffeier eingeladen werden. Da nur selten eine Firmung in der Gemeinde ist, können sie Interviews mit Firmlingen des letzten oder eines laufenden Firmkurses führen.

Zum Thema Reichtum und Besitz wurde schon auf die Bedeutung von Aktionen in der Gemeinde hingewiesen. Ähnliches gilt auch vom Thema »Ein Becher Wasser«. Die Kinder können dazu ermuntert werden, jeden Tag wenigstens einmal so zu handeln, dass jemand von ihnen »einen Becher Wasser« empfängt.

(B 57) 27. Sonntag im Jahreskreis

Zu den Schrifttexten

Gen 2,18-24: *Die Erschaffung der Frau.* Die Perikope ist der zweite Teil des jahwistischen Schöpfungsberichtes und geht ätiologisch (= den Ursprung er- und begründend) auf Grundfragen des Menschen ein: Was ist der Mensch? Weshalb gibt es Mann und Frau? Wie ist es mit der Geschlechtlichkeit des Menschen? Zu diesen Fragen macht der Text – unabhängig von seiner erzählerischen Struktur – folgende Kernaussagen: 1. Die Menschen (hebräisch = »adam«) stammen von Gott, sind von ihm geschaffen und deshalb auch auf ihn hin orientiert, von ihm abhängig. 2. Die Menschen sind von Gott als Mann (hebräisch = isch) und Frau (hebräisch = ischah) geschaffen. Dies bedeutet eine unbedingte Zugehörigkeit und ein gegenseitiges aufeinander Verwiesensein, das jede Unterordnung (wie bei dem Verhältnis Mensch – Tiere) ausschließt. Diese Aussage hat erhebliche Konsequenz für die Stellung der Frau – selbst dann, wenn dieser biblische Text in der Geschichte Israels und der orientalischen Kultur keineswegs ausreichend umgesetzt wurde. 3. Die Geschlechtlichkeit des Menschen ist nichts Negatives, sondern ein positiver und von Gott gewollter Grundzug des Menschen. Dies steht gegen alle Körper- und Sexualfeindlichkeit. Im Gegenteil – das Erste, was in der Bibel im Gegensatz zu den guten Schöpfungswerken als »nicht gut« bezeichnet wird, ist, dass »der Mensch allein ist«. 4. Wo das Verhältnis des Menschen zu Gott und untereinander in Ordnung ist, da gibt es keine Scham und Angst, da ist das »Paradies«, da ist der Himmel auf Erden. 5. Der weitere, in dieser Perikope nicht enthaltene Sündenfallbericht verweist darauf, dass diese ursprüngliche, gute Ordnung des Menschen durch die Schuld des Menschen gefährdet ist. Das Ideal steht in der Gefahr zu zerbrechen.

Hebr 2,9-11: *Gott hat den Urheber des Heils durch Leiden vollendet.* Der (nachpaulinische) Hebräerbrief will Gemeinden Trost und Beistand geben, die nicht nur äußerlich unter Druck und Verfolgung leiden, sondern auch innerlich in ihrem Glauben angefochten sind. Der Brief spricht diesen Trost allerdings in einer schwierigen, uns heute sehr fremden Sprache aus, so dass das Verständnis seiner Aussagen erheblich erschwert wird und Kindern nahezu unzugänglich ist. Dennoch gibt es in der vorliegenden Perikope einen klaren Gedankengang: Es wird verwiesen auf die Menschwerdung Jesu, die nach Gottes Willen geschah zum Heil der Menschen. In tiefem Gehorsam beugte sich Jesus unter den Willen Gottes und erniedrigte sich bis zum Tod am Kreuz. Gerade dieser Tiefpunkt aber wird zum Wendepunkt, an dem durch Gottes Eingreifen ein neuer Anfang gesetzt wird: die Ehre und Herrlichkeit der Auferstehung. Dieser Vorgang hat nicht allein für Jesus Bedeutung, sondern für jeden, der sich an ihn bindet, der sein »Bruder« wird: Jesus geht uns auf dem Weg voran, er ist der »Führer«, der uns auf dem Weg zu Gott mitnimmt.

Mk 10,2-16: *Scheidungsfrage und Kindersegnung.* Das Streitgespräch der heutigen Perikope über die Ehescheidung stellt zusammen mit zwei weiteren Gesprächen über Reichtum (vgl. B 58) und über die Rangordnung (vgl. B 59) eine Gemeindebelehrung der markinischen Gemeinde dar. In den Zusammenhang der Gemeindebelehrung gehört auch die Erzählung von der Kindersegnung, die keine Episode aus dem Leben Jesu nachzeichnen will, sondern eine Belehrung der Jünger darstellt, auf welche Weise man in das Reich Gottes gelangen kann. Die Textsorte der Gemeindebelehrung muss beachtet werden – die Aussage Jesu zur Ehescheidung ist also eine Weisung für die Jünger, die ein grundsätzliches Ziel vor Augen stellt, aber kein Rechtssatz (es fehlt dazu z.B. die Strafandrohung bei Übertretung). Es geht bei diesen beiden Textteilen also um eine Orientierung der christlichen Gemeinden am ursprünglichen Willen Gottes. Jesus greift hinter die jüdische Praxis seiner Zeit (von Mose nur für den Mann erlaubter Scheidebrief) zurück auf die ursprüngliche Schöpfungsordnung (vgl. erste Lesung). Gegenüber einer einseitig auf den Mann ausgerichteten Rechtspraxis verweist er auf die ursprüngliche, gute Ordnung, die durch die Schuld des Menschen beeinträchtigt wurde und wird. Er mahnt seine Jünger also – in etwa entsprechend seiner Lehre der Bergpredigt – vollkommen zu werden, sich auf ein vollkommenes Ideal auszurichten. Ähnliches gilt bei der Kindersegnung für die Aufforderung, sich ohne Berücksichtigung der eigenen Leistung vertrauensvoll in die Hand Gottes zu legen – wie ein Kind, das keine eigene Leistung aufweisen kann.

Schrifttext und Familien mit Kindern

Die Thematik der ersten Lesung und des ersten Teils des Evangeliums werden von den erwachsenen Gottesdienstbesuchern aufmerksam wahrgenommen, geht es doch um Grundfragen des Menschen, die jeden betreffen und die für viele – im Zusammenhang mit der Scheidungsfrage – eine besondere Brisanz erhalten. An diesem Punkt liegen die Chancen der Vermittlung, aber auch ihre Gefahren.

Der alttestamentliche Text leidet seit langem unter seiner bildhaften Sprache. So achtet man nicht auf seine bedeutsamen Kernaussagen, sondern nur auf seine erzählerische Ausschmückung und verfehlt das Eigentliche – die vielen Witze über die Rippe belegen dies. Die Verkündigung dieses Textes steht vor der schweren Aufgabe, zuerst einmal die Textsorte deutlich zu machen und zwischen den Aussagen des Textes und seiner Textgestalt (der erzählerischen Ausgestaltung und Ausschmückung) zu unterscheiden. Wenn dies erfolgt ist, darf man der Aufmerksamkeit der Hörer gewiss sein, denn die angeschnittenen Themen (Wesen des Menschen, Verhältnis Mann und Frau, Sexualität ...) gehören für jede Zeit und für jeden Menschen zu den wesentlichen und zugleich je neu zu beantwortenden Fragen.

Dabei ergibt sich allerdings als weiteres Verkündigungsproblem das der Ungleichzeitigkeit. Wir begegnen im Gottesdienst sehr unterschiedlichen Menschen mit aufgrund ihrer unterschiedlichen Lebensgeschichte sehr unterschiedlichen Wertvorstellungen gerade im intimen Bereich der Geschlechtlichkeit. Hier eine Sprache zu finden, die klare Aussagen macht und zugleich allen weiterhilft, ohne Empfindlichkeiten zu verletzen, bleibt eine schwierige, aber umso notwendigere Aufgabe. Die Kirche darf aber nicht darauf verzichten, auch dieses Thema zu behandeln.

Besondere (und berechtigte) Empfindsamkeiten sind bei den Menschen zu erwarten, die in ihrer Lebensgeschichte auf gescheiterte Beziehungen zurückblicken und die vor allem den Evangelientext als Vorwurf verstehen (obwohl sich dies aus der Aussage Jesu nicht begründen lässt). Hier muss deutlich werden, dass Jesus in vielen Bereichen (vgl. etwa die Bergpredigt) ideale Zielorientierungen gibt, die aber immer wieder von Menschen verfehlt und nur selten in einzelnen Aspekten von Menschen ganz erreicht werden (vgl. die jeweils nur in einigen Lebensaspekten vorbildlichen Heiligen). Es geht hier um Orientierung, nicht um Rechtssatzung.

Im Familiengottesdienst wird die Thematik dadurch weiter erschwert, dass die Themen der Perikopen auf sehr unterschiedliche Altersgruppen hin ausgesagt werden müssen und Fragen der Sexualität im Blick auf Kinder und Jugendliche ein ausgesprochen sensibles Thema sind. Fazit: Die beiden Schrifttexte sprechen wesentliche Fragen des Menschen an und haben eine hohe Aktualität. Die Umsetzung in einen Gottesdienst stellt an diesem Sonntag eine noch höhere Anforderung als sonst.

Der Ausweg, einfach auf diese Texte zu verzichten und die Erzählung der Kindersegnung in den Vordergrund zu stellen, ist einfach. Allerdings sollte dabei deutlich werden, dass auch dieser Text wie alle biblischen Perikopen in erster Linie ein »Erwachsenentext« und kein »Kindertext« ist, bei dem es um eine Weisung an Erwachsene geht.

Der Hebräerbrief ist von seiner Sprache und inhaltlichen Aussage ausgesprochen sperrig für eine Vermittlung im Familiengottesdienst. Deshalb wird er wohl nur selten gewählt werden.

Gestaltungsideen für den Gottesdienst

– *Es ist nicht gut, dass der Mensch allein ist:* Wenn Menschen nicht verkümmern sollen, brauchen sie andere Menschen, sie brauchen das Du, um zum Ich zu werden. Nur im Prozess der Zuordnung auf den anderen kann man wachsen und reifen – Beziehung bereichert. Dies kann durch folgende Gegenüberstellung dargestellt werden: Ein Mensch ist allein auf einer einsamen Insel (Robinson-Situation). Für ihn ist jedes Wort sinnlos, das Du-sagen ebenso wie das Ich-sagen. Ihm fehlt jede »Hilfe, die ihm entspricht«. Er wirkt traurig, kann nicht mehr lachen. In einer zweiten Szene wird ein Paar in der gleichen Situation dargestellt. Sie sprechen miteinander, tauschen sich aus, lachen und scherzen und leben so auf.

– *Das Herz verschenken:* Menschen binden sich ganz aneinander. Dies kann durch das Symbol des Herzens (der Personenmitte des Menschen) dargestellt werden. Zeichenhandlung: Zwei Menschen bewegen sich langsam aufeinander zu, berühren sich dann und übergeben dem anderen ein rotes Herz aus Tonpapier o.ä. Materialien: Ich schenke mich dir ganz.

– *Aneinander gebunden:* Als Symbol wird der Ring gewählt, der ein Zeichen unlösbarer Verbundenheit, zudem der Einheit und Ganzheit ist. Menschen werden durch den anderen heil und ganz, im Bund der Liebe gelangen sie zur tiefsten Einheit (in allen Dimensionen des Menschen, körperlich wie geistig), gleich was geschieht, sie sind aneinander gebunden. (Dies gilt auch bei einem Zerbrechen der Beziehung, die gemeinsame Geschichte über ein Stück ihres Lebenswegs hinweg lässt sich nicht rückgängig machen.) Der Ring ist auch ohne Anfang und ohne Ende – ein Hinweis auf die angestrebte Dauerhaftigkeit ehelicher Bindung.

– *Gott nimmt das Zerbrochene in unserem Leben an:* Angesichts der Scheidungen, die das Leben vieler Familien (der Ehepartner wie der Kinder) belasten (das Scheitern des Lebensentwurfes ist unabhängig von der Schuldfrage immer eine erhebliche Belastung), sollte deutlich werden, dass für alle Bereiche des Lebens gilt, dass Menschen immer wieder hinter den gesetzten Idealen zurückbleiben, scheitern und schuldig werden können. Dies muss realistisch anerkannt werden, zugleich sollte man darauf verweisen, dass Gott Versöhnung schenken will und den Menschen in seiner Unvollkommenheit annimmt. Auch im Bezug auf das Scheitern von Beziehungen gilt die Verheißung, dass Gott das Leid überwindet und in eine uns jetzt noch unbegreifliche Herrlichkeit wandelt. Dies kann durch eine Zeichenhandlung sichtbar gemacht werden: Etwas wird unwiderruflich zerstört (etwa ein Tongefäß, ein Papierbild). Diese Scherben, Papierfetzen ... werden aber nicht weggeworfen, sondern in oder auf etwas Neues und Schöneres gelegt (in eine neue Schale, auf ein größeres Bild ...). Übertragen: Gott nimmt die Scherben unseres Lebens und wandelt sie in etwas Neues.

– *Die Kinder dürfen zu Jesus kommen:* Jesus ist für die damals gesellschaftlich eher am Rande stehenden Kinder offen. Dies kann durch ein Spiel oder eine Zeichenhandlung auf die im Gottesdienst anwesenden Kinder aktualisiert werden. Einzeln werden sie mit Namen benannt und zu einem Jesussymbol (Kreuz, Altar, Jesusbild, Kerze ...) gerufen. Ebenso ist es möglich, dass sich die Kinder auf kleine Zettel malen oder ihren Namen darauf schreiben. Diese Zettel werden dann von ihnen nach vorn gebracht und an ein großes Kreuz geheftet. Die Perikope eignet sich auch gut für ein Bibelspiel. In jedem Fall sollte am Ende eines Gottesdienstes zu diesem Thema eine Segnung jedes einzelnen Kindes stehen.

– *Jesus geht uns auf dem Weg voran:* Die Thematik des Hebräerbriefes wird durch die Wegsymbolik ergänzt: Jesus geht uns voran, auch wenn der Weg in die Tiefe führt. Er will uns über die Tiefpunkte unseres Lebens und selbst den Tod zur Herrlichkeit des Vaters führen. Dazu kann ein entsprechender Weg gestaltet werden, der hinabsteigt (etwa die Altarstufen bis zu einem Kreuz), dann aber wieder nach oben führt (etwa bis zur brennenden Osterkerze als Zeichen für die Auferstehung).

Weiterführung nach dem Gottesdienst

Das Gespräch über Beziehungen, Partnerschaft, Ehe und Sexualität gehört in den Kernbereich der Familie. Die Gemeinde und ihr Gottesdienst können nur zum Gespräch anregen und aus der Glaubensbotschaft heraus Impulse für ein Gespräch geben. So können die unterschiedlichen Themen ein Anstoß sein, das Thema im Familiengespräch fortzusetzen: Wie sehen wir das Verhältnis von Mann und Frau? Wie ist es mit Beziehung, Versöhnung und Neuanfang? Wie ist Sexualität in die Beziehung integriert und als wesentlicher Teil menschlichen Lebens gestaltet? Wie werden Kinder und Jugendliche an Beziehung und Partnerschaft, an Ehe und verantwortliches Sexualverhalten herangeführt?

Das Thema Kindersegnung führt zur Besinnung, welche Rolle Kinder in den verschiedenen Lebensbereichen haben, auch in der christlichen Gemeinde. Von diesem Text her kann die Offenheit einer Gemeinde für Kinder neu überprüft und verbessert werden.

(B 58) 28. Sonntag im Jahreskreis

Zu den Schrifttexten

Weish 7,7-11: *Der Geist der Weisheit kam zu mir.* In der Auseinandersetzung mit der hellenistischen Philosophie stellt der Verfasser des Weisheitsbuches (ein Exiljude im ägyptischen Alexandria im ersten Jahrhundert vor Christus) die Weisheit der jüdischen Religion den menschlichen »Weisheiten« gegenüber. Aus seiner Sicht vermag nur die von Gott kommende Weisheit (»der Geist der Weisheit«) dem Menschen zu gelingendem Leben zu verhelfen. Solche Weisheit ist nicht allein intellektuelle Klugheit, sondern eine umfassende Lebensweisheit, die zu einem geordneten und dem Willen Gottes entsprechenden Leben führt. In der vorliegenden Perikope wird ein (fiktives) Gebet des Königs Salomo vorgestellt, des Vorbilds alttestamentlicher Weisheit. Er hat seine Weisheit nicht aus sich selber, sondern empfängt sie auf sein Bitten hin als Geschenk Gottes. Diese Weisheit Gottes gilt ihm mehr als alle Macht (»Zepter und Throne«), als jeder Reichtum (»Edelstein, Gold und Silber«), als Gesundheit und persönliche Vorzüge (»schöne Gestalt«), ja selbst als das Licht der Sonne. Die Weisheit birgt all diese Güter in sich. Dadurch gibt sie den Dingen eine neue Ordnung: Alle irdischen Werte verblassen gegenüber der Weisheit. Die Perikope wurde im Blick auf das Evangelium und die dort angeschnittene Stellung zum Reichtum ausgewählt. Sie gibt ein Fazit alttestamentlichen Glaubens zu diesem Punkt wieder.

Hebr 4,12-13: *Lebendig ist das Wort Gottes.* Für den Verfasser des Hebräerbriefes begegnen Menschen in Jesus Christus dem Wort Gottes, in ihm wird es lebendig und gegenwärtig. In Christus ist das Wort Gottes gleichsam personifiziert. Damit können auch die Wirkungen des Wortes Gottes leichter eingeordnet werden: Es ist lebendig und schenkt Leben – Christus ist das Leben für die an ihn Glaubenden. Es ist kraftvoll – Christus hat Macht über Leben und Tod, ist der Herr des Kosmos. Es ist scharf und durchdringend, hat richtende Funktion – Christus als Weltenherr ist zugleich Weltenrichter. Damit wird im zweiten Teil der Perikope die Stellung des Menschen zu diesem personifizierten Wort Gottes angeschnitten: Der Mensch ist Christus Rechenschaft schuldig, er steht vor ihm, ohne etwas verbergen zu können, er ist ihm gegenüber verantwortlich für sein Tun. Dieses Gerichtsmotiv hat im Gesamt des Hebräerbriefes allerdings keine drohende Wirkung (wie es im isolierten Stück dieser Perikope erscheinen mag), sondern stellt eine Mahnung zum Durchhalten des Glaubens auch in schwierigen Situationen dar.

Mk 10,17-30: *Vom Reichtum und der Nachfolge.* Nach der Weisung an die Gemeinde zum Thema Ehescheidung (vgl. B 57) folgt in einer zweiten Gemeindebelehrung eine Besinnung auf das Thema Reichtum und Nachfolge. Der Text ist von der Markusredaktion dreigeteilt: eine Erzählung von dem reichen Mann, eine anschließende Jüngerbelehrung und ein Zwiegespräch, das zum Thema Reichtum den positiven Kontrast darstellt – das Verlassen von allem um des Evangeliums willen. Der reiche Mann bemüht sich durchaus, das Gesetz (die »Zehn Worte«) zu halten und nichts Negatives zu tun. Er darf von da aus in jüdischer Tradition als Gerechter bezeichnet werden. Dennoch fehlt ihm in der Sicht Jesu das Eigentliche: über das Notwendige hinaus zu absolutem Vertrauen auf Gott bereit zu sein und deshalb auf jegliche Sicherung zu verzichten und alles wegzuschenken. Das Beispiel dieses einen Mannes wird von Jesus im Jüngergespräch dann verallgemeinert und auf alle Reichen bezogen, die es wegen ihrer Bindung an den Reichtum schwer haben, zu einem bedingungslosen Glauben zu gelangen. Das Bildwort vom Kamel (dem größten Tier) und dem Nadelöhr (der kleinsten Öffnung) macht diese Schwierigkeit (nicht Unmöglichkeit) anschaulich deutlich. Im dritten Teil der Perikope wird von Petrus ein positiver Kontrast zum Thema eingebracht. Die Jünger haben alles aufgegeben und sind Jesus gefolgt. Jesus verheißt ihnen vielfältigen Lohn: in der kommenden Welt das ewige Leben, in dieser Welt aber bereits vielfältigen Ersatz für das Aufgegebene. Darunter kann nur die Gemeinschaft der christlichen Gemeinde verstanden werden, die dem Glaubenden und Jesus Nachfolgenden eine neue Heimat und eine neue Familie bietet.

Schrifttext und Familien mit Kindern

Der hymnische Lobpreis der Weisheit in der ersten Lesung erscheint heutigen Hörern trotz seiner inhaltlichen Berechtigung als überhöht und fremdartig. Zudem versteht sich niemand als so reich und mächtig wie Salomo. Der Text kann deshalb für heutige Gottesdienstbesucher nur fruchtbar gemacht werden, wenn er aktualisiert wird: Was ist heute Lebensweisheit, die alle anderen Werte, selbst die Gesundheit, übersteigt? Diese Frage führt bereits dazu, dass es bei der Weisheit nicht um ein intellektuelles Wissen geht, nicht um eine Fülle von Sachwissen, sondern um ein Lebenswissen, um die »Kunst zu leben«. Für den glaubenden Menschen hängt diese Kunst eng zusammen mit seiner religiösen Überzeugung und seiner Bindung an Gott.

Dies wird im Evangelientext noch deutlicher. Dort wird die »Kunst des Lebens« am Beispiel des Reichtums konkretisiert: Nicht Schätze auf Erden, sondern einen Schatz im Himmel soll der Mensch erwerben. Wer sich darum bemüht, kommt weit in der Nachfolge Jesu und damit auf seinem Weg zum Heil. Von den drei Textstücken der Perikope her können unterschiedliche Themen in der Gottesdienstgestaltung behandelt werden: das Verhältnis des Christen (Erwachsene wie Kinder) zu Besitz und Reichtum, die soziale Verantwortung, die sich aus dem Besitz eines Menschen ergibt, die unbedingte Nachfolge, die vom Glaubenden erwartet wird.

Solche Themen sind für die Gestaltung eines christlichen Lebensweges wichtig, haben allerdings für Kinder kaum einen hohen Stellenrang. So bleibt es der Verkündigung überlassen, nach aktuellen Ansatzpunkten im Leben der Kinder zu suchen, um ihnen diese Aspekte der Botschaft Jesu zu vermitteln. Der Gedanke der sozialen Verantwortung, die sich aus der Zugehörigkeit zur Gemeinschaft der Christen ergibt, kann dabei im Vordergrund stehen.

Ebenso wie der alttestamentliche Lesungstext ist auch der neutestamentliche Hymnus auf die Wirksamkeit des Wortes Gottes für uns fremdartig und zuerst wenig zugänglich. Erst wenn dieser Text auf Jesus Christus, das Wort Gottes, hin personalisiert wird, ergibt sich ein Zugang. So können seine Aussagen als Hilfen bei der Deutung Jesu verstanden werden: Jesus als Lebensspender, als Kraftquelle für gelingendes Leben und auch als Richter über den Lebensweg eines Menschen.

Gestaltungsideen für den Gottesdienst

– *Sich ohne Lasten bewegen:* Weg hat etwas mit bewegen zu tun. Wer den Weg Jesu gehen (ihm nachfolgen) will, muss sich also bewegen können. Dies geht umso besser, je weniger Lasten man zu tragen hat, je weniger man in seiner Bewegungsfreiheit eingeschränkt ist. Besitz, Reichtum und vieles andere können die Bewegungsfreiheit des Menschen einengen, deshalb fordert Jesus von seinen Jüngern ein Freiwerden von solchen »Lasten«, um eine bessere Nachfolge zu ermöglichen. Dieser Gedanke kann durch eine Zeichenhandlung verdeutlicht werden: In einem Spiel fordert einer einen anderen auf, ihm zu folgen. Doch der andere hat sehr schwere Lasten zu tragen, die seine Beweglichkeit einengen. Erst als er sie ablegt, kann er ungehindert dem anderen folgen. Im Gespräch nach diesem Spiel wird mit den Kindern überlegt, was solche Lasten sein können, die uns heute daran hindern, Jesus zu folgen.

– *Wem folgen wir?* Ein Spieler kann zwischen verschiedenen Richtungen für seinen Lebensweg wählen: Ein Geldbeutel und andere Besitzstücke (Reichtum), eine Krone und ein Zepter (Macht, vgl. auch die erste Lesung), Freizeitgegenstände wie Ball, Musik-CD, Fernseher ... (Konsum) ..., schließlich eine Gruppe von Spielern, die um ein Kreuz versammelt ist (Gemeinschaft der Christen, die Jesus folgt). Der Spieler muss wählen, was seinem Weg Orientierung und Ausrichtung sein soll.

– *Schätze auf der Erde oder Schatz im Himmel?* Ähnlich kann mit dem Begriff »Schatz« vorgegangen werden. Was ist Menschen bedeutsam, wonach streben sie? Verschiedene »Schätze« von Menschen werden vorgestellt (durch Gegenstände, Bilder oder Spiele aufgezeigt). Was aber sind »Schätze im Himmel«? Auch hier können Beispielszenen Hinweise auf Konkretisierungen geben.

– *Franz von Assisi:* Der Sonntag liegt in der Nähe des Gedenktages dieses Heiligen (4. Oktober), so dass sich eine inhaltliche Verknüpfung zum Thema Reichtum und Nachfolge anbietet. Franziskus steht exemplarisch für den Menschen, der der Forderung Jesu an den Reichen entspricht, alles wegzuschenken und ihm ganz nachzufolgen. Die Lebensgeschichte von Franz von Assisi kann nacherzählt (vgl. in den verschiedenen Heiligenbüchern), in einzelnen Szenen (etwa die Weggabe seines Besitzes an die Armen) auch nachgespielt werden. Wichtig ist dabei, dass das Motiv des Franz deutlich wird: Er will ganz und ohne andere Bindung Christus nachfolgen.

– *Worum würdest du bitten?* Salomo bat Gott um Weisheit. Worum würden wir bitten, wenn wir einen Wunsch frei hätten? Was wäre uns das Wichtigste im Leben? Im Gespräch werden Antworten gesucht, ohne dass der Lesungstext bereits bekannt ist. Stichworte werden dazu notiert. Danach wird die Bitte des Salomo durch den Lesungstext eingebracht. Was versteht er unter Weisheit?

– *Jesus ist das gute Wort Gottes an uns:* Es gibt unterschiedliche Worte von Menschen: gute und böse, hilfreiche und zerstörerische, Worte, die leben lassen, und Worte, die Leben behindern. Die Kinder tragen Beispiele dafür zusammen. Danach wird durch die zweite Lesung eingebracht, dass Jesus das gute Wort Gottes an uns ist.

Weiterführung nach dem Gottesdienst

Die verschiedenen Gestaltungen zum Thema Besitz und Reichtum können dadurch erinnert werden, dass die Kinder am Ende des Gottesdienstes ein kleines Schatzsäckchen bekommen, das sie zu Hause öffnen sollen. Darin finden sie dann den Satz Jesu: »Komm, und folge mir nach!« In der Familie kann gemeinsam überlegt werden, welche Konsequenzen diese Aufforderung für das alltägliche Leben haben kann.

Ebenso können Familiengespräche zu den Themen Weisheit als Lebenshilfe und »Was ist das Wichtigste in unserem Leben?« angeregt werden. Wem folgen wir in unseren alltäglichen Handlungen? Was ist uns »lebenswichtig«?

(B 59) 29. Sonntag im Jahreskreis

Zu den Schrifttexten

Jes 53,10-11: *Mein Knecht wird ihre Schuld auf sich laden.* Die Perikope ist ein kleines Stück aus dem vierten Gottesknechtlied des Deuterojesaja, das wegen seiner Beziehung zum Schlusssatz des Evangeliums ausgewählt wurde (»Der Menschensohn ist gekommen ..., um sein Leben als Lösegeld für viele hinzugeben«). In den Gottesknechtliedern versucht der Prophet am Ende der Exilszeit in Babylon, eine Sinndeutung des Leidens eines unschuldigen Gerechten zu geben, und verkündet, dass sich aus diesem Leiden das Heil für die vielen (das Volk, vielleicht auch universal alle Menschen) ergibt. Es ist in der Bibelwissenschaft nicht abschließend geklärt, ob mit dem Gottesknecht eine konkrete Person oder eine idealtypische Figur gemeint ist. Deutlich wird aber, dass durch die bewusste Selbsthingabe des Gerechten eine Wende zum Heil für alle in Gang gekommen ist – auch der Gerechte selbst erfährt nach seinem Leiden diese Wende zum Heil: Er wird Heilung finden, Nachkommen sehen und das Licht schauen. Aus christlicher Sicht stellen die Gottesknechtlieder Hinweise auf das Schicksal Jesu dar: Er ist der Knecht, der sich erniedrigt und durch das Leid hindurch muss, um die Schuld aller zu tragen und ihre Not in Heil zu wenden. Seine Selbsthingabe am Kreuz bedeutet so Versöhnung, Befreiung und Erlösung. Dieser Weg Jesu geschieht aus Dienstbereitschaft (vgl. das Evangelium) und Liebe heraus – seiner eigenen Liebe zu den Menschen und der darin enthaltenen Liebe des menschenfreundlichen Gottes.

Hebr 4,14-16: *Wir haben einen erhabenen Hohenpriester.* Zu dem in schwieriger Sprache und uns fremder theologischer Begrifflichkeit geschriebenen Hebräerbrief lässt sich nur dann ein Zugang finden, wenn man ihn nicht als christologische Lehrrede (gleichsam als Katechismus über die Bedeutung Jesu, z.B. Hohenpriester ...) versteht, sondern als Trostschrift für eine Gemeinde in schwieriger Zeit. Die nicht näher zu fassende Situation der Leser war in der zweiten christlichen Generation die, dass der Schwung des Anfangs vorbei war und vielerlei Anfechtungen die Gemeinde in Unsicherheit versetzten: Was sollte man in einer veränderten Umwelt über den Glauben an Christus aussagen? Wie konnte man bei zunehmendem Druck und drohender Verfolgung treu zum Glauben stehen? Wie gelang es, den christlichen Glauben im nichtchristlichen Alltag zu leben? Solchen Versuchen, Anfechtungen und Fragen will der Text begegnen. Er stellt Jesus als den hin, der ebenso versucht wurde, der diese Versuchung aber bestanden hat und uns darin Vorbild und Maßstab ist. So können die Glaubenden im Blick auf ihn Kraft schöpfen und ihr Leben auf ihn hin ausrichten. Wer den Mut zum Glauben hat, der wird in Jesus Erbarmen finden. Diese Kernaussage ist vom Verfasser entsprechend seiner Gemeinde in eine alttestamentlich-rituelle Bildersprache (z.B. Hohenpriester) gefasst worden. Für uns heute kann von dieser Sprache abgesehen und auf das Eigentliche des Textes geblickt werden.

Mk 10,35-45: *Wer groß sein will, soll Diener sein.* Nach den Belehrungen über die Ehescheidung und über Reichtum und Nachfolge steht als dritte Gemeindeweisung ein doppelter Abschnitt, der das Thema Rangordnung und Dienst des Christen aufgreift. Dass Jesus diese Jünger- und damit Gemeindebelehrung auf seinem Weg nach Jerusalem (ans Kreuz) vornimmt, bedeutet bereits eine inhaltliche Aussage: Wer ihm folgen will, dem darf es nicht um (richterliche) Macht oder um eine bestimmte Rangordnung gehen, sondern der muss zu Leiden und Tod im Dienst an anderen bereit sein. Dies wird im ersten Teil der Perikope durch zwei Bildworte (»Becher« und »Taufe«) ausgedrückt: Für die beiden Jünger ist jetzt nicht der Blick auf künftige Herrlichkeit zu Seiten des Menschensohns entscheidend, sondern seine Begleitung auf dem Weg ins Leid. Jesus setzt hier einen grundsätzlich anderen Maßstab. Dies verdeutlicht er im zweiten Teil der Belehrung, wenn er sich an die Jünger (an die Gemeinde) wendet und ihr den Charakter einer »Kontrastgesellschaft« geben will: In der Gemeinde soll es nicht so zugehen wie sonst in der Welt und der menschlichen Gesellschaft. Vielmehr sind in der Gemeinde Jesus selbst und seine liebevolle Hingabe (vgl. das Gottesknechtlied der ersten Lesung) der Maßstab des Handelns. Sein Beispiel des Dienstes verpflichtet die, die ihm nachfolgen wollen. Er ist Vorbild ihrer Lebensgestaltung im Dasein für den anderen. So wird in der Nachfolge Jesu eine andere Lebensweise für die Jünger verpflichtend.

Schrifttext und Familien mit Kindern

Die beiden Lesungstexte erschweren durch ihre komplizierte und uns fremde Sprache eine Verwendung im Gottesdienst, besonders in einem Gottesdienst mit Kindern.

Für die alttestamentliche Lesung gilt, dass nicht allein der Begriff des Gottesknechtes Schwierigkeiten macht, sondern vor allem der darin enthaltene Gedanke des stellvertretenden Opfers eines Unschuldigen für die Schuld anderer. Leicht entstehen Fragen: Braucht Gott ein »Opfer« für die Versöhnung? Und wenn, warum muss es in Leid und Tod eines Menschen liegen? Ist Gott also ein unbarmherziger und rachsüchtiger Gott? Wie stimmt dies mit anderen Aussagen der Bibel vom menschenfreundlichen und barmherzigen Gott überein?

Diesem Dilemma kann man nur entgehen, wenn man das Leid und den Tod des Gerechten nicht aus der Sicht Gottes betrachtet – er braucht kein Opfer –, sondern aus der Sicht des Menschen: Wenn jemand aus Liebe zu anderen Schweres auf sich nimmt, ein Opfer bringt, ja vielleicht sogar sein ganzes Leben in die Waagschale legt, dann kann dies andere verändern, kann ihrem Leben Hilfe und Heilung bringen. Ein auch Kindern einleuchtendes Beispiel ist das der Mutter, die bei ihrem kranken Kind wacht und aus Liebe zu ihrem Kind auf vieles verzichtet und ihr Leben einengt. Deutlicher noch wird dieses Sich-Opfern für andere in Beispielen, wo jemand sein Leben für andere einsetzt (Freunde füreinander, aber auch Dienstberufe wie Feuerwehr ...). Von solchen Beispielen her lässt sich eine Brücke zu Jesus und seinem Lebensopfer für uns Menschen schlagen und zumindest anfanghaft ein Verständnis des schweren Lesungstextes ermöglichen: Lebens-Opfer können zum Leben verhelfen.

Auch wenn uns die Textgestalt des Hebräerbriefes kaum zugänglich ist, die Erfahrung einer müden, schlaffen und mutlosen Gemeinde ist uns nicht fremd. Wie die Gemeinde damals stehen auch wir in der Gefahr, der Versuchung zu erliegen, im Bekenntnis des Glaubens nachzulassen. Somit kann uns die Ermunterung zum Glauben, die der Verfasser des Hebräerbriefes ausspricht, vergleichbar weiterhelfen. Die Bindung an Jesus und das Bekenntnis zu ihm machen auch heute Sinn und stellen eine Hilfe für unser Leben dar. Die Umsetzung dieser Gedanken in einen Gottesdienst ist allerdings nicht einfach.

Die Haltung der beiden Jünger ebenso wie die von Jesus geschilderte Haltung der irdischen Herrscher ist ebenfalls bleibend aktuell. Machtmissbrauch und Streben nach Macht und Einfluss – auch auf Kosten anderer – stellen eine bleibende Versuchung der Menschen dar, auch der Christen in Gesellschaft und Kirche. Somit ist die Mahnung und Belehrung Jesu auch für uns bedeutsam und wichtig. Sein Kontrastverhalten des bedingungslosen Dienstes aus Liebe zum Menschen bleibt eine dauerhafte Anforderung für jeden Christen und für jede Gemeinde. Um die Aktualisierung und Konkretisierung dieses Dienstes müssen sich Christen je neu bemühen. Das Beispiel und Vorbild Jesu kann dabei Ansporn und Ermutigung sein.

Trotz ihrer wichtigen Themen sind die drei Schrifttexte wegen ihrer mangelnden Konkretion nur schwer in einen Gottesdienst mit Kindern einzubringen. Die Texte werden deshalb eher am Rande stehen, die darin enthaltenen Inhalte müssen auf andere Weise (durch Spiele, Symbole, Zeichenhandlungen) eingebracht werden – für die Mitarbeiter von Familiengottesdiensten keine leichte Aufgabe.

Gestaltungsideen für den Gottesdienst

– *Sich verzehren und so Licht bringen:* Das Beispiel des selbstlosen, sich aufopfernden Dienstes kann an einer Kerze dargestellt werden. Sie brennt, um für andere Licht zu geben, es in ihrem Leben hell zu machen. Bei ihrem Dienst verzehrt sie sich, sie gibt sich ganz, verliert letztlich ihre Existenz. Sie tut ihren Dienst in Stille und ohne Aufheben. Die Kerze wird damit zum Zeichen für einen Dienst im Sinne Jesu. Zu diesen Gedanken, die eher in meditativer Form als im Gespräch eingebracht werden sollten, passt es gut, wenn die Kirche möglichst dunkel ist und nur eine große Kerze brennt, die von allen gut gesehen werden kann. Vor der Meditation sollte möglichst eine Stilleübung stattfinden, um die Kinder einzustimmen.

– *Hinauf oder hinunter:* Je nach Kirchenraum lässt sich das Folgende mit den Altarstufen, sonst mit einer doppelten Leiter (wie sie Maler oder andere Handwerker verwenden) darstellen. Das Bestreben der meisten Menschen ist es, auf der Lebensleiter weiter nach oben zu steigen (spielen lassen). Oft geschieht dies dadurch, dass man andere zurückdrängt oder gar nach unten stößt (erneutes Spiel). Im Gespräch können entsprechende Beispiele aus Schule, Beruf und anderen Lebensbereichen eingebracht werden. Bei Jesus ist die Bewegung anders. Er steht als Sohn Gottes eigentlich ganz oben auf der Leiter, weit über den Menschen. Dennoch hat er sich aus Liebe zu den Menschen auf den Weg nach unten gemacht, ist zu ihnen herabgestiegen (von einem Spieler zeigen lassen). Damit hat er ein Beispiel gegeben (vgl. auch Fußwaschung), wie Christen sich um andere bemühen sollen: Nicht in dem Erheben über die anderen, sondern im Hinabsteigen zu ihnen, im unbedingten Dienst aneinander und in der Bereitschaft, füreinander da zu sein.

– *Elisabeth – Beispiel des Dienstes:* Ähnlich wie bei Franziskus und dem Thema Reichtum (vgl. B 58) kann mit Elisabeth eine Heilige ausgewählt werden, die die Anforderung Jesu in herausragender Weise erfüllt hat und deren Fest nur wenige Wochen nach diesem Sonntag begangen wird. Elisabeth war als Landgräfin ganz oben. Trotz der Nachteile, ja Verfolgungen, die sie wegen ihres Tuns zu erwarten hatte, hat sie sich ganz hinunter zu den Armen gebeugt und ihr Leben für sie hingegeben (bis hin zur aufopfernden und ihren Tod verursachenden Krankenpflege). Elisabeth kann damit als Kontrast zu den beiden Zebedäussöhnen dargestellt werden.

– *Festhalten am Bekenntnis zu Jesus, dem Sohn Gottes:* Ein kurzes Bekenntnis zu Jesus in wenigen Sätzen wird von einem Sprecher vorgetragen. Danach kommen andere zu ihm und versuchen, ihn von diesem Bekenntnis abzubringen, etwa: Wie kann Jesus für dich der Herr sein, es gibt doch so viele andere »Herren« in unsrer Welt? ... Der erste Sprecher aber bleibt bei seiner Wertung – er setzt seine Hoffnung auf Jesus. Das Spiel schließt mit dem gemeinsamen, in einfacher Form gehaltenen Glaubensbekenntnis der versammelten Gemeinde: Auch für uns ist das Bekenntnis zu Jesus wichtig.

Weiterführung nach dem Gottesdienst

Als Erinnerung an den ersten Gottesdienstvorschlag kann den Kindern eine kleine, dünne und deshalb schnell abbrennende Kerze mit nach Hause gegeben werden. Sie werden aufgefordert, diese Kerze anzuzünden und den Vorgang des Brennens zu beobachten, möglichst in einem dunklen Zimmer.

Das Thema Dienst aneinander eignet sich gut für ein fortführendes Familiengespräch: Welche Dienste sind in einer Familie nötig? Wie steht es mit der Aufteilung von Diensten in unserer Familie, besonders mit unangenehmen Diensten? Trägt jeder im Rahmen seiner Möglichkeiten dazu bei, dass die notwendigen Dienste gerecht aufgeteilt werden?

Das Thema Dienst kann auch auf Gemeindedienste ausgeweitet werden: Wo leistet die Gemeinde im Sinne Jesu einen Dienst an den Menschen? Wo können wir uns an solchen Diensten beteiligen?

(B 60) 30. Sonntag im Jahreskreis

Zu den Schrifttexten

Jer 31,7-9: *Für Israel bin ich zum Vater geworden.* Zum Werk des »Gerichts- und Unheilpropheten« Jeremia gehört auch das sogenannte »Trostbuch» (Kapitel 30-31), in dem Heilsankündigungen und Trostworte für das Volk zusammengestellt sind. Man nimmt an, dass ein Teil dieser Worte (auch die heutige Perikope) aus der Anfangszeit des Propheten (um das Jahr 600) stammt und sich an das bereits seit 722 unter assyrischer Oberhoheit lebende Nordreich Israel richtet. Für Juda und Jerusalem erhalten diese Verse aber nach dem Beginn des babylonischen Exils eine neue Aktualität und werden deshalb im Gesamt des Buches Jeremia auf das ganze Volk bezogen. In diesem Text ist die Botschaft enthalten, dass Gott seinem Volk auch in der Zeit der Zerstreuung (des Gerichtes) zugewandt bleibt, denn er ist der »Vater« des Volkes (eine der wenigen Stellen des Alten Testamentes, die von Gott als Vater spricht). Er bleibt seinem Volk treu, ja, er schenkt ihm Umkehr und neues Heil dadurch, dass er das ganze Volk (den »Rest«) zurückholt. Voll Liebe und Erbarmen, gleichsam wie ein guter Hirt, bemüht er sich dabei besonders um die Kleinen und Schwachen, um die, die diesen Weg aus eigener Kraft nicht zurücklegen können wie Behinderte und Schwangere. Wegen der Stichwortassoziation (Blinde) ist diese Lesung im Blick auf das Evangelium ausgewählt worden (Blindenheilung). Tiefer als diese Stichwortverbindung ist aber, dass Jesus (= »Jahwe rettet«) bereits von seinem Namen her der ist, in dem sich aus christlicher Sicht die Heilsverheißungen des Alten Testaments erfüllen.

Hebr 5,1-6: *Du bist Priester auf ewig.* Die Perikope schließt an die des vorangegangenen Sonntags an (vgl. B 59) und kann nur von da aus verstanden werden: Die Ermutigung des Hebräerbriefes, trotz der schwierigen Gemeinde- und Glaubenssituation unbedingt an Christus festzuhalten, weil er der Hohepriester ist, in dem Menschen die Barmherzigkeit Gottes finden, wird hier durch einen »christologischen Exkurs« ergänzt. Im Stil einer dogmatischen Aussage wird das Stichwort »Hohepriester« auf Christus hin gedeutet und durch Bezüge auf alttestamentliche Vorstellungen und entsprechende Schriftbeweise nachgewiesen. Dabei macht der Text zwei wesentliche Aussagen: Der Hohepriester ist aus den Menschen genommen (»ihrer Schwachheit unterworfen«) und für sie bestellt. Dies kann von Christus ausgesagt werden, der auch versucht wurde (vgl. B 59), dieser Versuchung aber standgehalten hat. Zweitens muss der Hohepriester von Gott berufen und für seinen Dienst beauftragt sein. Dies kann man in den Psalmen bestätigt finden: »Mein Sohn bist du ...« (Ps 2,7); »Du bist Priester ...« (Ps 110,4). Wenn so der Begriff Hohepriester an Christus aufgrund alttestamentlicher Tradition und Begrifflichkeit festgemacht ist – so die hier nicht ausdrücklich wiedergegebene Folgerung des Hebräerbriefes –, dann bedeutet dies für den Glaubenden, dass er sich voll Vertrauen an diesen Christus binden kann.

Mk 10,46-52: *Die Heilung des blinden Bartimäus.* Die Perikope kann mit der Textsorte »Wunderbericht« nicht ausreichend umschrieben werden, denn im Gegensatz zu anderen Wundererzählungen des Neuen Testaments wird das eigentliche Wunder nur am Rand mit seinem Ergebnis wiedergegeben, jede Einzelheit fehlt. Der Text muss deshalb in zwei andere Richtungen hin ausgelegt werden: Er ist zum einen eine *Weggeschichte*. Jesus ist am entscheidenden Punkt seines Weges angelangt, von Jericho aus geht er nach Jerusalem, er geht von hier aus seinen Weg zum Kreuz. Diesen Weg geht der geheilte Blinde mit Jesus, er schließt sich ihm an, folgt ihm nach und macht damit deutlich, was die Bindung an Jesus bedeutet – einen Weg des Leidens mitgehen, um so zur Herrlichkeit zu gelangen. Bartimäus wird damit zum Vorbild für die Jünger (vgl. auch die Jüngerbelehrungen an den vorangegangenen Sonntagen, B 57-

B 59, besonders den Kontrast seines Verhaltens zu dem der beiden Zebedäussöhne, B 59). Der Text ist zum anderen eine *Glaubensgeschichte*. Bartimäus wird zum Modell des glaubenden Menschen, der sich in jeder Lebenslage, auch in der größten Not, an Jesus hält und gerade so Rettung erfährt. Er, der Blinde, erkennt in Jesus den Herrn, die Sehenden dagegen (etwa die Gegner Jesu in Jerusalem) erkennen ihn nicht. Bartimäus macht zudem deutlich, dass der Glaube nicht das Bekenntnis von Formeln ist, sondern die persönliche Bindung, die intensive Beziehung zu Jesus, der für ihn der Herr und Meister ist. Diese Haltung – so das Markusevangelium – soll alle Glaubenden prägen.

Schrifttext und Familien mit Kindern

Sowohl erste Lesung wie auch Evangelium sind im Familiengottesdienst leicht einsetzbar. Der Zugang zur zweiten Lesung ist in unserer Zeit bereits erwachsenen Hörern dadurch erschwert, dass der Text auf alttestamentliche, uns völlig unbekannte Kultvorstellungen zurückgreift (»Opfer, Hohepriester, Ordnung des Melchisedek ...«). Die in dem Text enthaltenen und durchaus bedeutenden christologischen Aussagen sind so kompliziert alttestamentlich verpackt, dass wir sie trotz ihrer Wichtigkeit kaum erkennen können. Was für Erwachsene gilt, gilt für Kinder erst recht. So ist diese Textfassung für den Einsatz in einem Gottesdienst mit Kindern nicht geeignet – das Thema jedoch ist dennoch wichtig: die Bindung der Gemeinde an Christus, der für die Menschen bestellt ist.

Anders als dieser schwere Text ist die alttestamentliche Lesung. Wenn uns auch hier der geschichtliche Hintergrund nicht präsent ist (Nordreich, Abhängigkeit von Assur ...), so lebt der Text von seinem tröstenden und verheißenden Inhalt. Die Kernaussage »Der Herr hat gerettet« kann auch ohne geschichtlichen Hintergrund verstanden werden, sie muss bei der Verkündigung sowieso aktualisiert und auf neue Situationen von Glaubenden hin bezogen werden. Das Sammeln der Menschen, auch und gerade der Schwachen, wird von Kindern gut verstanden. Ebenso kann die Deutung Gottes als sorgender Vater aufgegriffen und mit den Kindern vertieft werden. Hier bieten sich Verknüpfungen zur Botschaft Jesu und seinem Gottesbegriff (»der gute Vater«) an.

Die Erzählung vom blinden Bartimäus ist einer der Texte, die in Kinderbibeln im Vordergrund stehen. In einfacher Weise wird hier nicht allein ein Bild Jesu als desjenigen gezeichnet, der den Menschen Gottes Erbarmen bringt, sondern ebenso der Weg des glaubenden Menschen als Bindung an Jesus beschrieben. So ergeben sich aus dieser Perikope folgende Ansatzpunkte für die Gottesdienstgestaltung: Jesus (Jahwe ist Rettung) bringt den Menschen umfassendes Heil (Schalom). Glaubende Menschen binden sich an Jesus und gehen ihren Weg mit ihm, sie folgen ihm nach. Die Bindung an Jesus macht das Leben hell, lässt einen neu sehen lernen, Jesus ist das »Lebenslicht«, das auch uns erleuchten kann. Zu all diesen Themen passt als Einstieg die Gestaltung der Perikope als Bibelspiel, das von einer Kinder- oder Familiengruppe vorbereitet werden kann.

Gestaltungsideen für den Gottesdienst

– *Gott führt alle zusammen:* Die Verheißung der ersten Lesung wird für Kinder aufgeschlüsselt. Dabei soll deutlich werden, dass Gott sich um alle Menschen kümmert und ihr Heil will. Als guter Hirte und Vater sorgt er für jeden, besonders für die Kleinen und Schwachen, für die Kranken und Behinderten. Dies kann durch ein Spiel gezeigt werden, bei dem verschiedene Kinder verschiedene Gruppen von Menschen darstellen, darunter auch verschiedene Randgruppen (vgl. die Beispiele der Lesung). Alle werden nacheinander zusammen gerufen und gehen dann gemeinsam einen Weg durch die Kirche (etwa bis zum Altar), wobei sie durch Lied und Gebet Gott loben (»jubelt und jauchzt«).

– *Die Bibel sagt: Gott ist unser Vater:* Ausgehend von der ersten Lesung, aber auch von der Botschaft Jesu wird als eines der vielen Gottesbilder der Vaterbegriff vorgestellt und erläutert. Die Kinder tragen dabei zusammen, wie sie sich einen guten Vater vorstellen, welche Eigenschaften er haben sollte, wie er handeln muss ... Solche Ergebnisse können auch durch verschiedene Spielszenen angeregt werden. Ebenfalls kann von einem Bild der darstellenden Kunst ausgegangen werden, das als Thema den guten Vater (und verlorenen Sohn) hat. Nach der Besprechung wird die Lesung eingebracht und dabei besonders auf den Schlusssatz hingewiesen. Es sollte deutlich werden, dass wir heute mit dem »Israel« des Textes gemeint sind: Wir sind die Kinder Gottes, für uns ist er wie ein guter Vater.

– *Die Bibel sagt: Gott ist wie ein guter Hirt:* Im vorletzten Satz der Lesung klingen Eigenschaften eines guten Hirten an (zum Wasser führen, auf einen guten und ebenen Weg leiten ...). Gott sorgt für sein Volk wie ein guter Hirt für seine Herde. Auch bei diesem Stichwort können die Kinder ihre Vorstellungen einbringen. Ebenso ist wiederum eine Bildbetrachtung (etwa Dias von Hirt und Herde) möglich.

– *Jesus heißt: Gott rettet:* Der Name Jesu ist bereits Programm für sein Handeln. In ihm erscheint den Menschen die Liebe Gottes, in ihm wird den Armen und Schwachen Gottes Hilfe zuteil. Dieses Heil kann mit dem umfassenden Begriff »Schalom« wiedergegeben werden. Immer wieder – so auch in der Blindenheilung des Evangeliums – wird dieser Aspekt im Leben Jesu deutlich. Die Kinder tragen weitere Beispiele außer der Blindenheilung zusammen, wo sich Jesus als Gottes Hilfe für den Menschen erweist. Den Abschluss dieses Gottesdienstvorschlages kann eine vorformulierte oder auch frei entwickelte Jesuslitanei bilden, die die gefundenen Beispiele aufgreift und in Gebetsform zusammenfügt (mit dem Ruf des Blinden: Kyrie eleison – Herr, erbarme dich meiner).

– *Jesus geht uns voran:* Glaubende Menschen entdecken in Jesus mehr als irgendeinen guten Menschen. Sie entdecken in ihm den, dem sie folgen können, der auch ihrem Leben die richtige Ausrichtung gibt. Der Blinde folgt Jesus nach – dies nicht allein wegen seiner Heilung, andere Geheilte tun dies ja nicht, sondern weil er, bereits als Blinder, in Jesus den Retter und Heiland erkannt hat. Bartimäus wird zum Modell des glaubenden Menschen, der Jesus folgt. Dieses Nachfolgen kann wiederum als Spiel gestaltet werden, bei dem die Kinder hinter einem Jesusspieler oder einem Jesussymbol (Kerze, Kreuz ...) hergehen.

– *Jesus ist Lebenslicht:* Für Bartimäus wird Jesus zum Licht seines Lebens, das seine Blindheit überwindet. Die Kinder bedenken, was im Leben eines Menschen alles Blindheit und Dunkelheit sein kann – nicht allein körperliches Unvermögen, sondern auch viele andere leidvolle Dinge, Behinderungen in Beziehungen, Streit und Angst, Einsamkeit und Not, aber ebenso Schuld und Versagen, Neid und Missgunst. Jesus führt aus solchen Dunkelheiten heraus. Er wird zum »Lebenslicht«, das die dunklen Stellen aufhellt. Dies kann durch eine Zeichenhandlung erläutert werden. Beispiele für solche Dunkelheiten werden, auf Plakate geschrieben, an verschiedene Stellen in der Kirche angebracht. Danach stellt man zu diesen Beispielen jeweils eine mit einem Kreuz (Jesus) versehene Kerze, macht das Dunkel also hell.

Weiterführung nach dem Gottesdienst

Die Kinder werden eingeladen, im Anschluss an den Gottesdienst im Pfarrheim eine große Collage zu fertigen, die aus unterschiedlichen Menschen besteht. Dazu können sie Bilder aus Zeitschriften verwenden oder selbst kleine Bilder von Menschen malen, die dann in der Collage zusammengestellt werden.

Die Jesuslitanei, die sich aus dem vierten (vielleicht auch aus dem letzten) Gottesdienstvorschlag ergibt, kann vervielfältigt und den Kindern mitgegeben werden.

Als Erinnerung an den letzten Gottesdienstvorschlag können die Kinder eine mit einem Kreuz versehene Kerze erhalten.

(B 61) 31. Sonntag im Jahreskreis

Zu den Schrifttexten

Dtn 6,2-6: *Für Israel bin ich zum Vater geworden.* Im Blick auf das Evangelium ist als erste Lesung ein Kernstück alttestamentlichen Glaubens ausgewählt worden. Es gehört zu den Einleitungskapiteln des Deuteronomiums und steht unmittelbar hinter den dort erneut zitierten Zehn Geboten (Dtn 5). In Art einer fiktiven Abschiedsrede des Mose an das Volk werden im Deuteronomium die Grundlagen jüdischen Glaubens beschrieben und im zweiten Teil des Buches mit seinen vielen Rechtsvorschriften konkretisiert. Dabei geht es immer darum, aus der erfahrenen Zuwendung Gottes (Rettung aus Ägypten, Führung zum Gelobten Land ...) die für den Menschen richtigen Konsequenzen zu suchen. Nicht starre Gesetzesbefolgung ist im Deuteronomium das Thema, sondern die passende Antwort des Menschen auf die Erfahrung der liebevollen Zuwendung Gottes. So folgt dem Appell, die Gebote (Zehn Gebote) zu beachten, die Aufforderung, Gott aus ganzem Herzen zu lieben. Israel hat in seiner Geschichte die Erfahrung gemacht, dass nur Jahwe für den Weg des Volkes und seine je neue Rettung verantwortlich war. Deshalb kann Israel auch gegen fremde Götter der umliegenden Kulturen zum klaren Bekenntnis kommen: »Jahwe ist einzig.« Ihn gilt es als Antwort auf sein Geschenk der Liebe mit gleicher Kraft zu lieben. Diese Liebe äußert sich konkret in der Treue zu Gottes Geboten. Die Schlussverse der Perikope bilden das Sch'ma Israel, das Grundgebet der Juden, das morgens und abends gebetet wird und in der Gebetstradition jüdischen Glaubens eine einzigartige Stellung hat. Es wird von Jesus im Evangelium aufgegriffen und durch einen weiteren alttestamentlich begründeten Gedanken – das Gebot der Nächstenliebe – ergänzt.

Hebr 7,23-28: *Christus hat ein unvergängliches Priestertum.* Das Thema Christus als Hoherpriester wird vom Hebräerbrief in dieser Perikope mit einer neuen Argumentation zum Abschluss gebracht. Das jüdische Kultpriestertum, das mit seinen Tieropfern im Tempel die Treue der Menschen zu Gott dokumentieren wollte und das an eine bestimmte Menschengruppe (Mitglieder des Stammes Levi) gebunden war, konnte die Aufgabe, die Nähe zu Gott zu vermitteln, nicht erfüllen. Dies deshalb nicht, weil auch die Priester schwache und fehlerhafte Menschen blieben, die aus eigener Kraft den Weg zu Gott nicht beschreiten konnten. Dies ist nun mit Christus anders geworden, und in ihm ist deshalb auch das alttestamentliche Opferpriestertum grundsätzlich überwunden: Weil er der Sohn ist, zwar Mensch, aber ein heiliger, fehlerloser, der Versuchung nicht nachgebender, weil er zudem nicht länger durch Tod und Vergänglichkeit bedroht, sondern auf ewig in der Herrlichkeit Gottes ist, deshalb ist er der unvergängliche und notwendige Mittler, der Hohepriester, der für alle das Heil bringt. Seine erhöhte Stellung bei Gott hat für uns heilschaffende Wirkung.

Mk 12,28-34: *Das Hauptgebot der Gottes- und Nächstenliebe.* Das traditionelle Judentum hatte die zu befolgenden Gesetze auf 613 ausgedehnt (symbolisch für 365 Tage und – wie damals angenommen – 248 Körperteile des Menschen) und als »Zaun des Gesetzes« verstanden, der dem Menschen Sicherheit in seiner Treue zu Gottes Willen verschaffen sollte. Eine solche Fülle von Geboten konnte von den meisten Menschen nicht ohne Übertretung befolgt werden, deshalb gab es zur Zeit Jesu durchaus eine Diskussion, was nun unter all den vielen Geboten das wichtigste ist, der Kern des Gesetzes, die innere Mitte einer treuen Bindung an Gott. Die beiden Gebote der Gottes- und Nächstenliebe, die Jesus (und ebenso der Schriftgelehrte) hier herausstellt, sind dabei in der jüdischen Tradition durchaus genannt worden. Die Antwort Jesu ist damit nicht einmalig, auch nicht völlig neu. Wohl aber konzentriert sich in dieser Antwort nicht allein die ganze Lehre Jesu, sondern auch sein eigenes Verhalten. Das

Doppelgebot gewinnt dadurch eine besondere, für den an Jesus Glaubenden verpflichtende Bedeutung. Jesus greift dabei auf Dtn 6,4 (vgl. erste Lesung) und Lev 19,18 zurück und und stellt von da aus Gottes- und Nächstenliebe in den Vordergrund. Wer sich darum bemüht, der ist dem Reich Gottes nicht fern, der erlangt in seiner Treue zu Gott und in der liebenden Sorge für den Nächsten sein Heil.

Schrifttext und Familien mit Kindern

Die Verwendbarkeit der zweiten Lesung aus dem Hebräerbrief ist ebenso wie an den beiden vorangegangenen Sonntagen durch die schwere Sprache und die verwendete Begrifflichkeit erheblich eingeschränkt. Für heutige Hörer ist zwar das Thema der Bedeutung Jesu für die Rettung des Menschen aktuell und im Blick auf andere Religionen durchaus von Bedeutung, der alttestamentliche Hintergrund dagegen ist nach der Zerstörung des Tempels und dem Ende des Opferpriestertums nicht allein für uns überholt. Wenn die zweite Lesung im Gottesdienst verwandt wird, sollte man unabhängig von ihr das Thema Heilsbedeutung Jesu einbringen.

Die erste Lesung muss auch in ihren Kontext (etwa die unmittelbar vorangegangenen Zehn Gebote) eingeordnet werden. Die grundsätzliche Forderung der Gottesliebe und des Bekenntnisses zum einen Gott ist aber auch ohne diesen Hintergrund verständlich und sinnvoll aufzugreifen.

Dies geschieht besonders dann, wenn die erste Lesung in den von der Leseordnung beabsichtigten Zusammenhang mit dem Evangelium gestellt wird. Das hier benannte Doppelgebot der Gottes- und Nächstenliebe ist in der christlichen Tradition so sehr in den Vordergrund der Verkündigung gestellt worden, dass es allen Hörern, meist auch den Kindern als selbstverständlich bekannt ist. Diese Selbstverständlichkeit birgt die Gefahr des Überhörens in sich. So bleibt es die Aufgabe der Verkündigung, nicht allein die Aktualität des Doppelgebots aufzuweisen, sondern auch zu Konkretisierungen in der eigenen Lebensgestaltung anzuregen.

Zusätzlich zu diesem generellen Thema lassen sich einzelne Stichworte aus den Schrifttexten entnehmen, die für eine Übernahme in den Gottesdienst geeignet sind. Für die alttestamentliche Lesung sind dies etwa: das »Hören« als Grundhaltung des Menschen, wenn er dem Wort und Anspruch Gottes begegnet; das »Eingeschriebensein ins Herz« des Hauptgebotes und damit die Verbindung von Erkenntnis des Wesentlichen und der Umsetzung in die konkrete Tat; das »Land von Milch und Honig«, das als Verheißung ausgesprochen wird und die Liebe und Zuwendung Gottes zum Menschen konkretisiert.

Das Evangelium wirft mit der Antwort des Schriftgelehrten auch das Verhältnis von Kult (Opfer, Ritus) und Gottes- bzw. Nächstenliebe auf. Wahre Gottesliebe zeigt sich nicht im Ablauf äußerer Dinge, sondern in der aus dem Inneren, dem Herzen kommenden liebenden Fürsorge für den Nächsten, durch die der Anspruch Gottes an den Menchen erfüllt und sein Zuspruch (das Land ...) zugesagt wird.

Gestaltungsideen für den Gottesdienst

– *Wer ist für uns Gott?* Das Bekenntnis Israels zu einem Gott ist aus seiner Erfahrung gewachsen, dass Jahwe sein Volk durch die Geschichte begleitet hat. Sein Gottesbekenntnis ist also nicht das Ergebnis einer geistigen Spekulation, sondern die ständige Erinnerung an seinen Weg und das Bewusstsein, dass Gott der »Ich-bin-da-für-euch« ist. In einer ähnlichen Haltung sollte die christliche Gottesvorstellung heute vermittelt werden: Was tut uns Gott in unserem Leben Gutes? Wo hat er in der Geschichte der Menschen, Israels, der Christen seine Nähe zu den Menschen gezeigt? Beispiele dazu können vielleicht durch Bilder und Stichworte zu einer Bilderwand zusammengetragen werden (etwa: Schöpfung, Leben und Wirken Jesu, aber ebenso das Geschenk des eigenen Lebens, Erfahrungen von

Gottes Nähe auf dem eigenen Weg, Gotteserfahrung inmitten christlicher Gemeinschaft, Hoffnung auf von Gott gewirkte Zukunft ...
– *Ein Gott oder viele Götter:* Was sind den Menschen heute Götter, was halten sie für lebenswichtig, woran orientieren sie sich? Beispiele werden mit den Kindern erarbeitet. Dem wird das jüdisch-christliche Bekenntnis zu einem Gott gegenübergestellt. Zu dem alttestamentlichen Glaubensbekenntnis der ersten Lesung kann dann eine (vereinfachte) Fassung christlicher Glaubensbekenntnisse gestellt werden. Eventuell können die Kinder auch in kleinen Gruppen eigene Glaubensbekenntnisse formulieren.
– *Höre, Israel!* Der feierliche Appell am Beginn des Sch'ma Israel greift mit seiner Forderung eine Grundhaltung des Menschen Gott gegenüber auf: Es geht um ein richtiges Hören auf Gottes Wort. Dieses Hören schließt das innere Aufnehmen und das Befolgen des Gehörten mit ein, ist also mehr als ein Vorgang der Sinnesorgane. Es geht um ein »Hören mit dem Herzen« (vgl. das »Sehen des Nächsten mit dem Herzen«). Wo der Mensch so Gott (und seinen Nächsten) sieht, da ist er auf dem Weg des Heils, ist er dem »Gottesreich nahe«. Mit den Kindern werden unterschiedliche Weisen des Hörens erläutert: rein äußeres Hören von Geräuschen ohne Bedeutung für das eigene Leben; Worte, die nur äußerlich bleiben; Worte, die mitten ins eigene Leben treffen; Worte, die Orientierung geben. Das Doppelgebot der Gottes- und Nächstenliebe ist das herausragende Beispiel für die letzte Weise des Hörens.
– *Auf dein Herz geschrieben sein:* Die symbolische Bedeutung des Herzens als Personenmitte und als Ausgangspunkt für menschliches Handeln wird aufgezeigt. Danach werden auf ein großes Herz aus Pappe oder Stoff die beiden Hauptgebote geschrieben. Für jeden sollen diese beiden Gebote zur unabdingbaren Lebensmaxime werden.
– *Gottes- und Nächstenliebe im Zusammenhang:* Von Jesus werden die beiden Gebote in einen unauflösbaren Zusammenhang gebracht. Beides soll der Mensch in seinem Leben anstreben. Diese Zusammengehörigkeit kann durch eine Waage mit zwei Schalen dargestellt werden. Die beiden Schalen sind mit den Begriffen Gottesliebe und Nächstenliebe beschriftet. Der Auftrag Gottes an die Menschen ist, beide Schalen möglichst hoch zu füllen. In einer Zeichenhandlung können zu diesem Theme gefundene Beispiele auf Pappstücke geschrieben und diese in die beiden Schalen gelegt werden.
– *Von Gott ein Zeugnis bekommen:* Am Ende unseres Lebens wird Gott uns beurteilen. Dabei gibt es »Noten« zu zwei »Fächern«: Wie hast du Gott geliebt? Wie hast du deinen Nächsten geliebt? Dies kann auf einem großen Zeugnisformular entsprechend dargestellt werden.
– *Viele Gesetze und ein Gesetz:* Ein dickes Gesetzbuch (oder auch mehrere) wird den Kindern gezeigt: So viele Bestimmungen und Regeln gibt es für das menschliche Zusammenleben. Was aber ist das Entscheidende, das eigentlich Wichtige? Als Kontrast zu dem dicken Gesetzbuch wird ein einziges Blatt Papier gezeigt, auf das die beiden Hauptgebote geschrieben sind: Dies allein ist für die Beurteilung eines Menschen entscheidend, alles andere ist nur Ausgestaltung.

Weiterführung nach dem Gottesdienst

Das Hauptgebot der Gottes- und Nächstenliebe kann für die Kinder in einer schönen Weise aufgeschrieben, vervielfältigt und als Erinnerung an den Gottesdienst mitgegeben werden. Dies kann – passend zum zweiten Gottesdienstvorschlag – auch mit einem Glaubensbekenntnis geschehen. Ebenso können die selbstformulierten Texte der Kinder gesammelt und vervielfältigt werden.

Das Herz spielt im Zusammenhang mit dem Doppelgebot der Liebe eine besondere Rolle. So können die Kinder ein aus Tonpapier geschnittenes Herz als Erinnerung an den Gottesdienst erhalten. Eventuell kann im Familiengespräch überlegt und auf dieses Herz geschrieben werden, welche Konkretionen des Doppelgebotes in der jeweiligen Familie möglich sind.

(B 62) 32. Sonntag im Jahreskreis

Zu den Schrifttexten

1 Kön 17,10-16: *Elija und die Witwe.* Die Perikope gehört zu den Elijaerzählungen, in denen in der Gestalt und am Schicksal des Propheten deutlich wird, dass Jahwe und nicht Baal der Gott Israels ist. Auch bei der vorliegenden Perikope geht es erst in zweiter Linie um die Witwe und ihren Sohn und die ihnen von Gott durch den Propheten gewährte Hilfe. Vielmehr ist dieser Text wie der vorhergehende (1 Kön 17,2-6: wunderbare Speisung des Propheten durch einen Raben) ein Bekenntnis zu dem Gott, der seinen Propheten nicht im Stich lässt, sondern ihm auf wunderbare Weise zu Hilfe kommt. Dabei geht es weniger um das Wunder selbst als um den Glauben und das Vertrauen. Der Glaube des Propheten wird zum Modell für jeden – die Witwe ist durch ihr Handeln die Erste, die diesem Glauben folgt. Ihr Vertrauen wird somit wieder zum Modell für jeden Israeliten und auch heute für jeden Glaubenden. Die Erzählung spielt in einer Zeit der Dürre – nicht der Fruchtbarkeitsgott Baal hat das Sagen, sondern Jahwe als Herr über alles. Die Bedrohung des Lebens trifft auch Jahwes Boten, doch Gott gibt ihm eine Weisung zur Rettung. Elija muss sich dazu aber auf den Weg machen – das an vielen Stellen im Alten Testament anzutreffende Wegmotiv findet sich auch hier. Wasser und Brot sind die zum Leben notwendigen Gaben. Dadurch, dass die Witwe bereit ist, in der Haltung der Gastfreundschaft das Wasser zu teilen, macht sie den weiteren Fortgang und das Brotwunder erst möglich. Ein Nebenaspekt ist dabei die Rettung der Kleinen und Geringen (Witwen und Waisen als diejenigen, die nicht für sich selber sorgen können). Gerade diese Kleinen aber werden zum Vorbild des Vertrauens.

Hebr 9,24-28: *Christus wurde ein einziges Mal geopfert.* Das Thema hohenpriesterlichen Wirkens (vgl. die vorangegangenen Sonntage) wird in dieser Perikope unter neuen Aspekten behandelt – von der Einmaligkeit des Opfers Christi her, von den Gedanken eigenen und fremden Blutes her und von dem Gedanken des unmittelbaren Zugangs zu Gott in Christus. Wo im Alten Bund jährlich neue Opfer nötig waren, ist das Kreuzesopfer Jesu ein einmaliges und nicht zu überbietendes Geschehen. Wo die Priester des Alten Bundes fremdes Blut (von Tieren) opferten – stellvertretend für eigenes Leben und das Gott zu übereignende Leben des Volkes, da gibt Christus sich in einzigartigem Gehorsam gegenüber dem Vater hin und schenkt sein eigenes Blut (alttestamentlich: Blut = Leben). Wo das Opfer des Alten Bundes in irdischen Gebäuden (Tempel) stattfand, die nur abbildhaft die Beziehung Gott-Mensch aufzeigen konnten, da wirkt Christus in unmittelbarer Nähe Gottes (im Himmel). So versucht der Hebräerbrief die Bedeutung des Kreuzestodes Jesu herauszustellen und zugleich den fundamentalen Unterschied zwischen Altem und Neuem Bund zu benennen: Das eine Kreuz Jesu genügt zum Heil aller!

Mk 12,38-44: *Schelte der Schriftgelehrten und das Opfer der Witwe.* In der Perikope sind von Markus zwei ursprünglich selbstständige Stücke (Jüngerbelehrung über die Schriftgelehrten und Beispielerzählung über die arme Witwe) zusammengefügt worden. Das bot sich durch eine Stichwortassoziation an (ähnlich auch in der Auswahl der ersten Lesung), hat aber zudem tiefere Gründe: Dem falschen Handeln der Schriftgelehrten soll das richtige Handeln der armen Frau gegenübergestellt werden. Der Kontrast zwischen den »Berufsreligiösen« und dem einfachen Volk wird deutlich und damit auch die Aussage, die Markus seiner Gemeinde auf den Weg gibt: Im Sinne Jesu handeln geschieht dann, wenn ein Mensch alles bedingungslos hergibt und sein Leben vertrauensvoll in die Hände Gottes legt. Die Belehrung über die Schriftgelehrten stellt eine Zusammenfassung und ein Ergebnis der Streitgespräche dar, die Jesus mit Pharisäern und Schriftgelehrten geführt hat. Sein scharfes Urteil und seine Warnung vor ihnen deuten gleichzeitig nach vorne: Diese Menschen, die Führer des Volkes, werden seinen Tod herbeiführen. Für die Gemeinde des Markus ergibt sich ein weiterer Akzent: Die jungen christlichen Gemeinden lösen sich zunehmend von den Synagogen – die Lehre Jesu, so Markus, gibt für diese Trennung bereits eine ausreichende Begründung an. Die Szene mit der Witwe spielt im Vorhof des Tempels, wo die Opferkästen aufgestellt waren, in die die Glaubenden unter Nennung der Intention (vielleicht auch des Betrages?) ihre Münzen hineinwarfen. Dem Überfluss der Reichen wird das Opfer einer Witwe gegenübergestellt – zwei Pfennige. Dennoch, sie hat alles gegeben, ihren ganzen Lebensunterhalt, und wird damit zum Modell des auf die Hilfe Gottes vertrauenden Menschen (vgl. auch die alttestamentliche Lesung mit einer vergleichbaren Aussage).

Schrifttext und Familien mit Kindern

Zum Text des Hebräerbriefes gilt das an den beiden vorhergehenden Sonntagen Gesagte: Wenn der eigentliche Kerngedanke – die einmalige Bedeutung des Kreuzestodes Jesu – auch für uns heute wichtig ist, so ist dieser Gedanke so sehr in alttestamentliche Vorstellungen und eine schwierige Sprache gefasst, dass wir nur mit großer Mühe einen Zugang dazu erhalten. Dies gilt in besonderer Weise für Kinder, so dass diese Lesung kaum in einem Gottesdienst mit Kindern einsetzbar ist. Wiederum können höchstens einzelne Gedanken (Kreuz, Alter und Neuer Bund) unabhängig vom Text eingebracht werden.

Die alttestamentliche Lesung dagegen ist als Erzähltext durchaus »kinderfreundlich« gestaltet. Hier liegt die Aufgabe der Verkündigung vorrangig darin, die Person des Elija und seine Aufgabe als Gottesbote darzustellen, damit die Perikope nicht als eine beliebige Wundergeschichte wahrgenommen wird, sondern als Aufweis der helfenden Macht Jahwes an seinem Propheten und damit als Anspruch zum Glauben an den einen Gott. Die im Text nicht ausdrücklich enthaltene Auseinandersetzung zwischen Jahwe und Baal, zwischen den an den Gott der Väter Glaubenden (wie Elija) und denjenigen, die den kanaanäischen Fruchtbarkeitskulten verhaftet sind, bestimmt dennoch die inhaltliche Ausrichtung. Dies kann thematisch aufgegriffen werden.

Zudem bringt der Text eine ganze Fülle von Assoziationen und möglichen Gottesdienstthemen mit sich. Viele davon sind auch für Kinder geeignet, etwa:

– Einander wie die heidnische Frau Wasser und Brot geben und damit das Leben des anderen sichern und fördern – *füreinander Brot sein.*

– Der Weg, den der Prophet zurücklegen muss, um die Erfahrung der Nähe und Zuwendung Gottes zu machen – *vom Weg und Wagnis des Glaubens.*

– Gastfreundschaft als grundlegende Haltung des orientalischen Menschen und als Hilfe zum Leben für alle – *Brot schafft Gemeinschaft.*

– Der Schutz der Kleinen, der Witwen und Waisen als beständige Aufgabe des glaubenden Menschen (des Gerechten) – *von der Sorge für die Kleinen.*

– Das unbedingte Vertrauen, das die Witwe zum Propheten (und damit zu Gott selbst) hat – *vom Leben und Glauben der Kleinen* (vgl. auch passend dazu das Evangelium).

Der Evangelientext lebt vom Kontrast der dargestellten Personen: die Schriftgelehrten, die in ihrer äußerlichen Frömmigkeit ihr selbstgestecktes Ziel verfehlen – die Witwe, die alles und damit sich selber schenkt und so die Beziehung zu Gott gewinnt. Der erste Teil des Textes kann zu einem kritischen Blick auf Schriftgelehrte heute führen, auf die Gefahren, die kirchlichen Ämtern in allen Zeiten zu eigen sind. Doch ein solches Thema gehört eher in einen Erwachsenengottesdienst als in einen Gottesdienst mit Kindern. Besser geeignet ist die Aussage, dass selbst die kleinen Dinge (die »zwei Lepta«) richtig sein können, wenn sie »aus dem Herzen« kommen und wenn sich der Opfernde damit ganz schenkt und gibt. Es geht weder bei der Witwe noch bei Kindern um große Leistung, sondern um die innere Haltung.

Gestaltungsideen für den Gottesdienst

– *Das Kreuz Jesu bringt uns Heil.* Das Kreuz ist Zeichen des Leides und des Todes. Entsprechend können viele kleinere schwarze Kreuze auf einer Plakatwand Beispiele für Leid und Not des Menschen darstellen. Möglich ist auch, hier Todesanzeigen anzubringen, die ja meist mit einem schwarzen Kreuz versehen sind. Über diese schwarzen Kreuze wird nun ein großes Kreuz in einer warmen Farbe (Rot, Orange, Gelb ...) angebracht – das Kreuz Jesu meint mehr als Tod. Es führt Jesus und damit auch uns zur Herrlichkeit Gottes. Um dieses Kreuz werden Symbole von Heil, Glück und Leben angebracht, etwa Sonne, Wasser, Hände, die sich zärtlich berühren ...

– *Alter und Neuer Bund:* Jesus lebte als Jude im Bund Gottes mit seinem Volk. Dennoch brachte er etwas Neues, Überbietendes. Dies kann durch folgende Darstellung erläutert werden, die vermeidet, den Neuen Bund als Ablösung des Alten zu sehen. Ein kleinerer Kreis farbigen Papiers steht für den Bund Gottes mit seinem Volk Israel – gelebt im jüdischen Glauben. Dieser Kreis wird von einem andersfarbigen Kreis umgeben – der Neue Bund, der auf dem Alten, Ersten fußt, ihn als inneres Zentrum hat, zugleich aber darüber hinausgeht und weiterführt: Der Neue Bund erreicht alle Völker. Eventuell kann in diesem zweiten Kreis das Zeichen des Kreuzes aufscheinen: Dieser Bund ist auf das Kreuz Jesu gegründet.

– *Im Nächsten Gott finden:* Die Witwe von Sarepta gehörte nicht zum Volk der Juden, damit auch nicht zu denen, die an Jahwe glaubten. Dennoch sorgt sie für den Propheten und gibt ihm Wasser, dann auch ihr letztes Brot. So spricht sie durch ihr Handeln auf andere Weise ein Glaubensbekenntnis aus und gelangt in die Gemeinschaft mit dem Gott des Propheten. Dies passt zum Thema der Verbindung von Gottes- und Nächstenliebe (vgl. B 61). Wer sich dem Menschen zuwendet, kann in dieser Zuwendung Gott finden. Auf die Frage »Wo ist Gott?« (durch Plakat einbringen) kann in einem Spiel eine Antwort gegeben werden: »Im Nächsten«, wenn ich mich ihm liebevoll zuwende.

– *Füreinander Brot sein:* In eine ähnliche Richtung geht dieses Thema: Menschen können einander Brot zum Leben (Wasser zum Leben) sein. Für dieses Thema muss mit den Kindern die übertragene Bedeutung der Symbole Brot oder Wasser aufgearbeitet werden, um so ausdrücken zu können, was die angestrebte Haltung ausdrücken soll – eine Haltung der Selbsthingabe, um dem anderen gelingenderes und ganzheitlicheres Leben zu ermöglichen. Ein Bezug zum Kreuz Jesu ist leicht möglich.

– *Vom Weg und Wagnis des Glaubens:* Die Nähe Gottes und seine Zuwendung hat Elija nur dadurch erfahren, dass er sich immer wieder neu auf den Weg gemacht hat. Eventuell kann die vorliegende Perikope durch andere Elija-Weg-Geschichten ergänzt werden. Weg hat mit Wagnis zu tun, man lässt Bekanntes, Sicheres zurück und geht in die Unsicherheit hinein. Gerade dadurch aber gewinnt man Neues und Größeres – Elija die Hilfe und Nähe Gottes. Der Weg des Elija mit verschiedenen Stationen kann in der Kirche nachgestellt werden. An jeder Station erhält Elija etwas, das seine wachsende Gotteserfahrung symbolisiert (Brot, Wasser, Kerze, ein Band der Freundschaft ...).

– *Brot schafft Gemeinschaft:* In vielen biblischen Texten wird die Gastfreundschaft herausgestellt, so auch in der ersten Lesung. Gastfreundschaft schafft Verbindung, Gemeinschaft, Freundschaft. Mit dem Brot wird gleichsam ein Band der Freundschaft zwischen Menschen geknüpft. Dies kann dadurch nachgespielt werden, dass die Kinder nacheinander um den Altar zusammenkommen. Jeder erhält ein Stück Brot, dabei wird er zugleich mit farbigen Bändern in die Gemeinschaft eingebunden.

– *Von der Sorge für die Kleinen:* Witwen und Waisen waren die typischen Hilfsbedürftigen in Israel und auf die Versorgung durch andere angewiesen. So wird in der ersten Lesung auch die Sorge Gottes für die Kleinen im Volk sichtbar. Diese Sorge verpflichtet auch die Glaubenden, sich um die Kleinen zu kümmern. Dies kann im Gottesdienst zum Anlass genommen werden, die Sorge der Gemeinde für die Armen aufzuführen und zum Einsatz für die Armen zu ermuntern.

– *Vom Vertrauen der Kleinen:* Die beiden Witwen in Lesung und Evangelium können aufzeigen, dass die Kleinen im Volk dann leicht zu Gott finden, wenn sie aus dem Vertrauen und aus unbedingter Hingabe handeln. Die Großen und Mächtigen dagegen (Schriftgelehrte) können ihr Ziel verfehlen, wenn sie nur im Blick auf ihre Ehre und Macht vorgehen. So stellen die Texte eine Ermunterung dar, »aus ganzem Herzen« Gott und den Nächsten zu lieben (vgl. das Doppelgebot der Liebe in B 61). Es bleibt für jeden die Frage: Was sind für uns die »zwei Lepta«, die wir bringen können? Was können wir »aus ganzem Herzen« tun? Mit den Kindern können dazu Beispiele aus ihren Lebenssituationen überlegt werden.

Weiterführung nach dem Gottesdienst

Von den verschiedenen Aspekten des Themas Brot füreinander sein ergibt sich die Möglichkeit, nach dem Gottesdienst zu einem Mahl (einer Agapefeier) zusammenzukommen, die zwischen den Familien Gemeinschaft schafft. Eine Vertiefung wäre es, wenn zu diesem Mahl gezielt Menschen eingeladen würden, die Gastfreundschaft der Gemeinde also konkret würde: Arme und Kleine unserer Zeit, Fremde und Randgruppen. Vielleicht kann ein solches Mahl in Zusammenarbeit verschiedener Gemeindegruppen (Liturgie und Caritas) vorbereitet werden.

Aus den Gottesdienstvorschlägen ergeben sich eine Fülle von verschiedenen Gegenständen, die den Kindern als Erinnerung an den Gottesdienst mitgegeben werden können: Kreuz und Brot, Freundschaftsbänder und ein Abdruck der beiden Kreise (Alter und Neuer Bund) ...

(B 63) 33. Sonntag im Jahreskreis

Zu den Schrifttexten

Dan 12,1-3: *Dein Volk wird in jener Zeit gerettet.* Im Zusammenhang mit dem Ende des Kirchenjahres wurde in der Leseordnung sowohl eine endzeitliche Rede Jesu (vgl. Evangelium) wie auch eine Apokalypse aus dem Buch Daniel ausgewählt. Apokalyptische Texte (innerhalb und außerhalb der Bibel) versuchen eine Offenlegung der Endzeit und des mit der Endzeit verbundenen Geschehens. Sie sind von der Überzeugung geprägt, dass die gegenwärtigen Verfolgungen Zeichen eines gewaltigen, endzeitlichen Umbruchs sind, dass aber für den, der beständig zum Glauben steht, diese Endzeit eine Zeit der Rettung darstellt. Das Buch Daniel greift auf einen Propheten mit diesem Namen zurück, der zur Zeit des Exils gelebt haben und am babylonischen Königshof zu Ansehen gekommen sein soll. Es ist erwiesen, dass dies eine literarische Fiktion ist. Das Buch ist vielmehr in der Mitte des zweiten vorchristlichen Jahrhunderts in der Zeit entstanden, als die Makkabäer gegen die Hellenisierungspolitik Antiochus IV. entschiedenen Widerstand leisteten und deshalb verfolgt und getötet wurden. In dieser Zeit der Verfolgung will das Buch Trost und Hoffnung spenden und tut dies mit der Textsorte des apokalyptischen Ausblicks und der Zusage, dass bei der entscheidenden Wende die Getreuen gerettet werden. Darüber hinaus macht es eine wichtige Aussage über das Schicksal der Märtyrer: Auch sie erhalten von Gott neues Leben. Hier findet sich in der Bibel die erste Aussage über eine allgemeine Auferstehung der Toten – und deshalb hat dieser Text trotz seiner schwierigen Bildersprache seine Bedeutung auch für Christen heute.

Hebr 10,11-14.18: *Ein einziges Opfer für die Sünder.* Die Perikope schließt die langen Ausführungen des Hebräerbriefes (vgl. auch die vorangegangenen Sonntage) zum Hohenpriestertum Jesu ab und fasst die Aussagen noch einmal zusammen: Während die Priester des Alten Bundes am Tempel jeden Tag immer wieder Opfer darbringen, diese Opfer aber nicht die Vergebung der Schuld und die Versöhnung mit Gott bewirken können, geschieht durch das Opfer Jesu am Kreuz grundsätzlich und für alle Mal Vergebung und Versöhnung, ist das Heil durch Jesus Wirklichkeit geworden. Dies wird dadurch bestätigt, dass Jesus zur Rechten Gottes Platz genommen hat, dass sein Kreuz also Durchgang zur Herrlichkeit Gottes war. So findet Jesus, damit auch sein Opfer am Kreuz, seine Bestätigung – das Heil ist allein in ihm zu finden.

Mk 13,24-32: *Der Menschensohn wird mit großer Macht kommen.* Der in der Perikope wiedergegebene Teil der eschatologischen Rede Jesu (13. Kapitel des Markusevangeliums) besteht aus drei Teilen: einer in apokalyptischem Stil gehaltenen Schilderung der Endzeit, dem Feigenbaumgleichnis als Aufruf zur Wachsamkeit und einigen Sprüchen Jesu, die zur Bedeutung seines Wortes und zum Termin der Endzeit Stellung nehmen. In der apokalyptischen Bildersprache des ersten Teils werden Traditionen des Alten Testamentes aufgegriffen (Erschütterung von Himmel und Erde, Wolke als Symbol der Gegenwart Gottes ...), die im Zusammenhang mit Gottes Macht und seinem Gericht stehen. Es geht also bei diesem Text nicht um eine Beschreibung künftigen Geschehens, sondern um den Ausdruck, dass die endgültige Entscheidung und Wende bevorstehen, das Gericht Gottes, das für die Auserwählten (die Glaubenden) ein Ende der augenblicklichen Bedrängnis darstellt und ihnen Heil und Rettung verheißt. Der Text will also keine Angst vor dem Ende machen, sondern Trost und Hoffnung spenden: Die Verfolgung, die die christlichen Gemeinden zur Zeit des Markus erdulden mussten, wird durch das Eingreifen Gottes beendet werden. Daraus ergibt sich aber ein Zweites, das durch das Gleichniswort vom Feigenbaum ausgedrückt wird. Die Haltung des Menschen angesichts dieses Vorgangs muss die der Wachsamkeit sein. Es gilt, die Zeichen der Zeit zu verstehen und sich richtig zu entscheiden. Eine solche Entscheidung – so der dritte Teil des Textes – fußt dabei nicht auf menschlichen Berechnungen und auf Spekulationen über das Ende der Zeit, sondern allein auf dem Wort Jesu. In ihm allein ist die Nähe der Gottesherrschaft erfahrbar. In diesem schwierigen Text gibt Markus somit seiner Gemeinde Trost und Hoffnung und ermuntert sie zur Wachsamkeit angesichts des bevorstehenden Kommens Gottes in seinem Menschensohn Jesus.

Schrifttext und Familien mit Kindern

Alle drei Texte sind nicht allein in Kindergottesdiensten, sondern auch in Gottesdiensten mit Erwachsenen nur schwer zu deuten und für die Gottesdienstgestaltung zu nutzen. Für die zweite Lesung stellt die zusammenfassende, auf dem Kult des Alten Testaments beruhende Theologie des Hebräerbriefes eine hohe Hemmschwelle dar. Mit der theologischen Begrifflichkeit dieses Textes ebenso wie mit seinen opfertheologischen Voraussetzungen können wir heute kaum noch etwas anfangen. Die Kernaussage des Textes über die Bedeutung Jesu Christi ist zwar auch im Blick auf heutige Hörer von entscheidender Wichtigkeit, doch kann sie für uns aus diesem Text kaum erschlossen werden.

Ähnliches gilt auch von den beiden eschatologisch-apokalyptischen Texten der ersten Lesung und des Evangeliums. Es gibt zwar im Zusammenhang mit der Jahrtausendwende zur Zeit auch bei uns eine Reihe von Spekulationen über das Ende der Zeit. Esoterik und Mystery haben zumindest in den Medien Hochkonjunktur, viele Menschen nehmen auch Elemente esoterischer Lebensgestaltung in ihren eigenen Lebensentwurf hinein. Dennoch kann man kaum von einer eschatologischen Grundstimmung in unserer Gesellschaft sprechen. Bei der Bildersprache der Texte verwechseln viele zudem die intendierte, hinter diesen Bildern liegende Aussage mit der Darstellung von historisch fassbarem Geschehen – ein Problem biblischer Bilder- und Symbolsprache und biblischer Textsorten überhaupt.

Wo also soll man für die Gestaltung eines Familiengottesdienstes ansetzen? Themen der Endzeit, des Gerichtes, der Rettung durch Gott, der Hoffnung auf Vollendung gehören zum Kern christlicher Botschaft und dürfen auch im Gottesdienst nicht unterschlagen werden. Dennoch sind sie ausgesprochen schwer einzubringen, da der Blick heutiger Menschen vorrangig auf die Gestaltung der Gegenwart bzw. der Planung der unmittelbar bevorstehenden und innerhalb menschlicher Geschichte stattfindenden Zukunft gerichtet ist, aber nicht auf das von Gott für den Menschen gestaltete »Jenseits«.

Vor allen eschatologischen Bildworten muss die Verkündigung also die Aussage machen, dass diese Erde und das Leben der Menschen darauf begrenzt sind und auch die menschlichen Bemühungen, das Glück auf Erden zu finden oder selbst zu schaffen, nie zu ganzheitlichem Heil gelangen können. Unser Leben und unsere Welt bleiben immer begrenzt, bedroht, eingeengt, unvollkommen. Daraus ergibt sich die Hoffnung auf Vollendung, auf das ganz Andere, auf von außen, von Gott kommende Rettung und Erlösung. Diese Erlösung bedeutet eine grundsätzliche Wende – die apokalyptischen Bilder drücken dies in ihrer Sprache aus. An der Unvollkommenheit des Menschen und an der Hoffnung auf Vollendung muss deshalb die Verkündigung einsetzen und dies durch Bilder heutigen Lebens deutlich machen – Bilder, die von Trost und Rettung künden, von einer nicht planbaren und dennoch sicheren Wende, von dem helfenden Eingreifen Gottes, von der unstillbaren Hoffnung des Menschen auf Besserung, die in Jesus und seinem Wort ihre Bestätigung gefunden hat.

Gestaltungsideen für den Gottesdienst

– *Über den Horizont hinausblicken:* Christen sind Menschen, die von ihrem Glauben her über den Horizont jetzigen Lebens hinausblicken. Dies kann durch ein von einer Kinder- oder Familiengruppe gestaltetes Bild deutlich werden: Im Vordergrund des Bildes sind in dunklen Farben viele verschiedene, gute und schlechte Dinge unseres täglichen Lebens gemalt (oder durch eine Collage aus Fotos wiedergegeben). Den Horizont aber bildet ein helles, strahlendes Licht, hier ist alle Begrenzung und Enge aufgehoben. Wir dürfen uns schon heute auf dieses Licht jenseits des diesseitigen Lebens freuen.

– *Gott schlägt eine neue Seite auf:* In ähnlicher Weise können zwei Doppelseiten eines großen Buches gestaltet werden: Auf einer sind die »Bedrängnisse« des jetzigen Lebens in dunklen Farben dargestellt, die auch Kindern zu schaffen machen: Krankheit, Streit, Einsamkeit, Leid in seinen vielfältigen Formen ... Dann wird feierlich eine neue Doppelseite aufgeschlagen, die unsere Hoffnung auf Vollendung durch Farben und Symbole wiedergibt: Licht und buntes Leben, Freude und Frieden ...

– *Ein ewiges Fest bei Gott:* Ausgehend von einigen Gleichnissen Jesu kann christliche Hoffnung stärker in eine Bildersprache gebracht werden, die weniger von beunruhigenden Gerichtsgedanken (vgl. die Texte dieses Sonntags) als vielmehr von Vollendung und Heil des Menschen in der Nähe Gottes bestimmt ist. Unsere Hoffnung wird dabei mit Bild des Festes (der Hochzeit, des Mahles ...) konkretisiert. Gott will das Heil (das Glück, die Freude, das Leben ...) des Menschen, nicht sein Unglück (seinen Tod ...). Darauf dürfen wir vertrauen.

– *Die Wolke als Zeichen für Gott:* Mit dem Stichwort Wolke greift das Evangelium ein alttestamentliches Bild auf, das dort sowohl für die Verborgenheit und Unverfügbarkeit Gottes steht wie für seine Nähe zu den Menschen und dem von ihm gewährten Schutz. Dieses Bild wird auf Jesus übertragen – in ihm erscheint also Gott in seiner Macht und zugleich Menschenfreundlichkeit. Die Wolke ist somit neben vielen anderen Gottesvorstellungen (König, Hirte, Licht, Vater, Mutter ...) eine wesentliche Aussage der Bibel zur Erfahrung Gottes. Dabei kann die Wolke manchmal auch als dunkle, unheimliche Wolke erfahren werden: Gottes Wirken ist für uns nicht immer verstehbar. Dennoch ermuntert die Bibel immer wieder zum Vertrauen auf diesen verborgenen und uns fremden Gott.

– *Die Stunde kennt niemand:* Viele Dinge können wir zeitlich berechnen und recht genau vorhersagen. Unsere Zivilisation beruht wesentlich auf solchen zeitlichen Gliederungen (das für Kinder so wichtige Fernsehprogramm ist nur ein unwesentliches Beispiel dafür). Solche Dinge können durch verschiedene Uhren ausgedrückt werden. Es gibt aber vieles andere, das wir nicht berechnen und vorhersagen können. Gott und sein Handeln sind dem Menschen nicht verfügbar – wann Gott also die Vollendung des Menschen und der Welt vornimmt, bleibt unseren Augen verborgen. Hier kann vielleicht eine Uhr gezeigt (auf Plakat dargestellt) werden, die keine Zeiger hat. Es bleibt dann der Aufruf zur Wachsamkeit.

– *Im Buch Gottes verzeichnet:* Ein Bildwort der ersten Lesung kann aufgegriffen werden: Unser Handeln in dieser Welt bleibt nicht ohne Bedeutung für die kommende. Das ist – um ein altes, oft in der Geschichte der Christen auch missbrauchtes Bild aufzugreifen –, als ob Gott unser Handeln in ein Buch einträgt, das, was misslingt, und das, was gelingt. Wir dürfen aber darauf vertrauen, dass er den unvollständigen Text unseres Lebens in einen vollkommenen und heilen Text umschreibt – von diesem Gedanken her kann das alte Bild auch heute eingesetzt werden und zur christlichen Hoffnung ermuntern.

Weiterführung nach dem Gottesdienst

Die Hoffnung der Christen auf Vollendung der Welt ist ein wesentlicher Gedanke des bevorstehenden Advent. Vielleicht kann sich aus dem Gottesdienst dieses Sonntags eine Gestaltungsreihe von Adventsgottesdiensten ergeben, die von Familien unter diesem Gesichtspunkt vorbereitet wird.

Die Kinder können eingeladen werden, ihre Vorstellungen von Gottes guter Welt für die Menschen und von seinem Geschenk des Heils in Bilder zu fassen, die sie zu folgenden Gottesdiensten (Christkönig oder Advent) mitbringen.

Auch die unterschiedlichen Gotteserfahrungen (Wolke als eine von vielen) können von den Kindern zu einem Mosaik der Bilder Gottes zusammengestellt werden, das durch seine Vielfalt und Gegensätzlichkeit ein größeres und umfassenderes Bild Gottes ermöglicht.

(B 64) Christkönig

Zu den Schrifttexten

Dan 7,13-14: *Seine Herrschaft ist unvergänglich.* Die Perikope ist nur aus dem Gesamtzusammenhang des siebten Kapitels, der inneren Mitte des Danielbuches, zu verstehen. In den ersten Versen geht es um vier tierähnliche Ungeheuer, die aus dem Meer (dem Inbegriff des Chaos, vgl. Schöpfungsbericht) entsteigen und die Menschen bedrohen. Mit den ersten drei Tieren sind wohl die Weltreiche der Babylonier, Meder und Perser gemeint, das vierte, noch ungeheuerlichere Tier lässt sich leicht auf Antiochus IV. deuten, der mit seiner Unterdrückungspolitik das Leid des Volkes hervorgerufen hat. Dem Volk nun will das Buch Daniel durch die Verheißung des Menschensohnes Trost und Hoffnung spenden. Dieser Menschensohn kommt nicht aus dem Meer, sondern aus den Wolken, also aus der Nähe Gottes (vgl. B 63). Ihm wird die Weltherrschaft dauerhaft übergeben, die Herrschaft der Tiere hat vorher durch den Hochbetagten (also durch Gott) ein Ende gefunden. Mit dem Menschensohn beginnt ein neues Reich, eine neue Wirklichkeit. So lässt sich dieser Menschensohn symbolisch (wie die Tiere) auf dieses neue Reich hin deuten. Ebenso findet man die Deutung, dass dieser Menschensohn vom Gedanken der Kollektivpersönlichkeit her das Volk Israel bedeutet, für das alle Fremdherrschaft nun beendet ist und das zur Mitte der Völker werden wird (vgl. etwa die Jesaja-Prophezeihungen von der Völkerwallfahrt zum Zion). Christen lesen diesen Text des Menschensohns auf dem Hintergrund des Neuen Testamentes im Blick auf Jesus, der diesen Namen als Selbstbezeichnung wählte und der auch in Texten der Urgemeinde damit bezeichnet wird: Er ist der von Gott erwählte König, dem die Weltherrschaft übergeben ist. Er ist der Weltenherrscher, dem alles und jeder unterworfen ist.

Offb 1,5-8: *Jesus Christus ist der Herrscher.* Die Perikope ist zusammen mit dem vorhergehenden Vers die Einleitung der Offenbarungsschrift, die das Thema des Buches wie eine Überschrift wiedergibt. Dabei klingen in den einzelnen Versen verschiedene Teile in Form A – B – A – B an: Der Text beginnt mit einem Hymnus auf Christus (A). Er hat uns Gottes Wort gebracht und ist sein treuer Zeuge bis in den Tod am Kreuz. Für die Glaubenden hat er Heilsbedeutung, weil seine Überwindung des Todes zugleich die Verheißung der Rettung aller in sich birgt. Schließlich ist er der Weltenherrscher, der die Macht irdischer Könige begrenzt und Gottes Herrschermacht über die ganze Erde verbreitet. Dies alles hat seine Auswirkungen auf die Gemeinde, die durch Verfolgung (des römischen Kaisers) bedrängt wird, aber die Rettung vor Augen haben soll. Deshalb kann die Gemeinde auch zu einem Lobpreis Gottes (B) kommen: Er hat Herrlichkeit und Macht über alle Zeiten hinweg. An diese Sätze schließt erneut ein Blick auf Jesus an (A): Dan 7,13 (vgl. erste Lesung) wird zitiert – er ist derjenige, der von Gott her zu den Menschen kommt. Ein Zitat aus Sach 12,10 nennt ihn den unschuldig Getöteten. Der Text schließt mit einem feierlichen Lobpreis Gottes (B): Er ist der Anfang und das Ende (A und Ω), also Raum und Zeit umfassend. Er ist der Pantokrator, der Weltherrscher, dem alles unterworfen ist und auf den sich deshalb die Hoffnung der Gemeinde ausrichtet.

Joh 18,33-37: *Jesus vor Pilatus: Ich bin ein König.* Das Evangelium dieses Sonntags mit einem Stück der johanneischen Leidensgeschichte stellt einen Kontrast zu den beiden Lesungen dar, in denen vom Weltenherrscher und dem Königtum Jesu gesprochen wird. Hier sehen wir Jesus ohnmächtig der römischen Besatzungsmacht ausgeliefert, bedroht von Verurteilung und Tod. Es stellt geradezu einen unerträglichen Kontrast dar, wenn dieser gebundene und zerschlagene Mensch von sich aussagt, dass er der wahre König ist, und von der grundlegenden Wahrheit menschlichen Lebens Zeugnis ablegt. Dies kann der Machtpolitiker Pilatus nicht verstehen. Für ihn ist Jesus ein religiöser Irrer des ihm verhassten jüdischen Volkes, den er nicht ernst nimmt. So ist der Text des Johannes auch eher eine Anfrage an die Leser des Johannesevangeliums (und damit auch an uns): Wie stellt ihr euch zu Jesus? Was haltet ihr von ihm? Könnt ihr euch – wie der Text der Offenbarung – zu seiner Herrschaft bekennen?

Schrifttext und Familien mit Kindern

(Vgl. auch zu A 64 und C 64.) Das erst in diesem Jahrhundert (1925) in die Liturgie eingeführte Christkönigsfest ist uns bereits wieder fremd geworden. Dies liegt wesentlich daran, dass die Stellung von Königen innerhalb unserer mitteleuropäischen Gesellschaft anders geworden ist. Mit ihnen werden nicht länger treu für ihr Volk sorgende Menschen verbunden, vielmehr sind sie oft nichts anderes als Themen der Klatschpresse und eher märchenhafte und kuriose Figuren.

So ist es gut, dass durch den Abschnitt der Leidensgeschichte aus dem Johannesevangelium bereits ein anderer Akzent in die Behandlung dieses Themas einfließt. Es geht bei Christkönig nicht um weltliche, politische Macht, sondern um ein hinter allem innerweltlichen »Vordergrund« liegenden Hintergrund des »Reiches Gottes«. Für die Wahrheit des Reiches Gottes und damit für Gott selbst legt Christus Zeugnis ab – deshalb ist er König und Herrscher. Vom Symbol der Königs- und der Dornenkrone her kann der Kontrast zwischen weltlichem Königtum und dem Königtum Jesu aufgearbeitet werden. Diese Aufgabe leisten auch diejenigen Bilder der kirchlichen Kunsttradition, die von Christus als dem gekrönten Narr sprechen: Er ist ein ganz anderer König.

In den beiden Lesungstexten wird diese Aussage durch eine apokalyptisch-eschatologische Bildersprache verstärkt. Leider ist uns diese Sprache und ihre Bilderwelt so fremd, dass der Zugang zu den Inhalten erheblich erschwert ist – besonders für Kinder. Dennoch können einzelne Aussagen dieser beiden Texte aufgegriffen werden.

Zum Symbol der Wolke vgl. B 63. Die universale Herrschaft des Menschensohns (ein König für alle Völker) ist ein weiteres mögliches Thema, ebenfalls seine nicht nur im Raum, sondern auch in der Zeit (»ewig«) unbegrenzte Herrschaft (vgl. erste Lesung). Dieser Gedanke wird auch in der zweiten Lesung aufgegriffen (»Herrscher über die Könige der Erde«). Obwohl im Lesungstext auf Gott bezogen, kann auch das Symbol für Anfang und Ende (A und Ω) auf Christus angewandt werden. Er hat teil an Gottes Herrschaft und ist deshalb Anfang und Ende.

Gestaltungsideen für den Gottesdienst

(Vgl. auch in den beiden Bänden zu den Lesejahren A und C.)

– *Ein König für alle Völker.* Das weltliche Königsverständnis sieht je einen König an der Spitze je eines Volkes – vom Machtstreben und Machtmissbrauch der Könige und anderen Machthaber her entstehen dann Trennung und Kriege zwischen den Völkern. Christus dagegen überwindet die Mauern zwischen den Völkern, er ist König für alle Menschen, er ist ein einendes Band der Völker, Rassen und Schichten. Dies kann in einem Spiel leicht dargestellt werden. Verschiedene, mit goldenen Pappkronen versehene Kinder spielen einzelne Könige, die sich bekämpfen und voneinander abgrenzen. Dann kommt ein Jesusspieler (vielleicht mit einer »Dornenkrone« als Kontrast zu den anderen und zugleich als Zeichen seines Dienstes) und bindet die verfeindeten Könige zu einer Gemeinschaft zusammen. Als Zeichen ihrer Unterordnung unter ihn legen sie daraufhin ihre Kronen ab.

– *Alpha und Omega:* Die Symbolik dieser beiden Buchstaben für Anfang und Ende und damit für eine Zeit und Raum umfassende Wirklichkeit findet sich im liturgischen Raum auf der Osterkerze, dem Symbol für die Auferstehung Jesu. Sie wird an diesem letzten Sonntag des Kirchenjahres in den Vordergrund gestellt und gedeutet (Kreuz als Hinweis auf Jesus, A und Ω als Hinweis auf seine weltumgreifende Herrschaft, die aktuelle Jahreszahl als Hinweis darauf, dass auch wir unter der Herrschaft Jesu stehen). Vor allem aber kann das Licht der Kerze ein Hinweis auf die besonders gestaltete Art des Königtums Jesu sein: Er ist nicht König in Macht, sondern in verzehrendem Dienst (wie eine sich verzehrende Kerze). Er bedeutet für die Menschen Licht, Wärme und Geborgenheit, schafft ihnen Heil.

– *Königskrone oder Dornenkrone:* Eine aus Pappe und Goldpapier gefertigte Krone und eine Dornenkrone mit spitzen Stacheln werden gegenübergestellt. Welche passt zu Jesus und warum? Die Dornenkrone verbindet sich mit seiner Leidensgeschichte (das Evangelium wird – vielleicht um einige weitere Teile der Leidensgeschichte ergänzt – vorgetragen). Diese Krone ist aber auch Zeichen des Dienstes und der Hingabe Jesu für die Menschen. Auch die Königskrone ist in Bezug auf Jesus nicht falsch. Den am Kreuz Erniedrigten hat Gott zu neuer Herrlichkeit berufen – er hat ihm Macht und Ehre verliehen (die erste Lesung oder der Christushymnus der zweiten Lesung können nun eingebracht werden). Beide Kronen haben also für Jesus ihre Bedeutung. Schauen wir auf seine menschliche Geschichte, entdecken wir die Dornenkrone, sehen wir ihn an Gottes Seite, ist die Königskrone das passende Symbol.

– *Christus, der Narr:* Mehrere Künstler dieses Jahrhunderts haben das Thema Christkönig auf eigene Art verarbeitet. Für sie ist Christus eher der Narr, der Clown, der zwar eine Krone trägt, der Rollenerwartung eines irdischen Königs aber keineswegs entspricht. Beispiele gibt es u.a. von Rouault und von Litzenburger. Ein solches Bild kann mit den Kindern betrachtet werden. An ihm wird das Besondere des Königtums Jesu gut zu deuten sein. Der Evangelientext kann die gefundenen Gedanken verstärken.

Weiterführung nach dem Gottesdienst

Wenn ein Kunstbild eingesetzt wird, kann den Kindern vielleicht eine Kopie davon als Erinnerung an den Gottesdienst mit nach Hause gegeben werden.

Kleine Königskronen aus Goldpapier können an die Kinder verteilt werden. Dazu passend können die Familien ermuntert werden, über die Bedeutung von Königen heute und über das anders geartete Königtum Jesu (seinen Dienst für die Menschen wie ein guter Hirte, vgl. A 64) zu sprechen.

Ebenso können den Kindern – wenn noch aus der Osternacht übrig – kleine Kerzen mit dem Kreuz und dem A und Ω mitgegeben werden. Vielleicht können die Kinder diese Kerzen in die Adventskränze bzw. -gestecke ihrer Familie integrieren und so in der Adventszeit an den wiederkehrenden Christus König erinnert werden. Damit gewinnt der neue Advent eine Bedeutung über den Blick auf das bevorstehende Weihnachtsfest hinaus.

Schriftstellenregister

Gen 1,1-2,2 C 26, C 68
Gen 2,7-9; 3,1-7 A 18
Gen 2,18-24 B 57
Gen 3,9-15 B 40
Gen 9,8-15 B 18
Gen 9,12-17 C 66
Gen 12,1-4 A 19, C 67
Gen 14,18-20 C 37
Gen 15,5-12.17-18 C 19
Gen 18,1-10 C 46
Gen 18,20-32 C 47
Gen 22,1-18 A 26, B 19
Ex 3,1-8.13-15 C 20
Ex 12,1-8.11-14 C 24
Ex 14,15-15,1 B 26
Ex 16,2-4.12-15 B 48
Ex 17,3-7 A 20
Ex 17,8-13 C 59
Ex 19,2-6 A 41
Ex 20,1-17 B 20
Ex 22,20-26 A 60
Ex 24,3-8 B 37
Ex 32,7-11.13-14 C 54
Ex 34,4-6.8-9 A 36
Lev 13,1-2.45-46 B 15
Lev 19,1-2.17-18 A 16
Num 6,22-27 C 7
Num 11,25-29 B 56
Dtn 4,1-2.6-8 B 52
Dtn 4,32-34.39-40 B 36
Dtn 5,12-15 B 39
Dtn 6,2-6 B 61
Dtn 8,2-3.14-16 A 37
Dtn 11,18.26-28 A 39
Dtn 18,15-20 B 13
Dtn 26,4-10 C 18
Dtn 30,10-14 C 45
Jos 5,9-12 C 21
Jos 24,1-2.15-18 B 51
1 Sam 3,3-10.19 B 11
1 Sam 16,1.6-7.10-13 A 21
1 Sam 26,2.7-9.12-13.22-23 C 16
2 Sam 5,1-3 C 64
2 Sam 7,1-5.8-11.16 B 4
2 Sam 12,7-10.13 C 41
1 Kön 3,5.7-12 A 47
1 Kön 8,41-43 C 39
1 Kön 17,10-16 B 62
1 Kön 17,17-24 C 40
1 Kön 19,4-8 B 49
1 Kön 19,8-9.11-13 A 49
1 Kön 19,16.19-21 C 43
2 Kön 4,8-10.14-16 A 43
2 Kön 4,42-44 B 47
2 Kön 5,14-17 C 58
2 Chr 36,14-16.19-23 B 21
Neh 8,2-4a.5-6.8-10 C 12
2 Makk 7,1-2.9-14 C 62
Ijob 7,1-4.6-7 B 14
Ijob 38,1.8-11 B 42
Ps 104 C 66
Spr 8,22-31 C 36
Spr 9,1-6 B 50
Spr 31,10-13.19-20.30-31 A 63
Koh 1,2; 2,21-23 C 48
Koh 3,1-8 C 67
Weish 1,13-15;2,23-24 B 43
Weish 2,17-20 B 55
Weish 6,12-16 A 62
Weish 7,7-11 B 58
Weish 9,13-19 C 53
Weish 11,23-12,2 C 61
Weish 12,13.16-19 A 46
Weish 18,6-9 C 49
Sir 3,2-6.12-14 A 6, C 6
Sir 3,17-18.20.28-29 C 52
Sir 15,15-20 A 15
Sir 24,1-2.8-12 C 8
Sir 27,4-7 C 38
Sir 27,30-28,7 A 54
Sir 35,15-17.20-22 C 60
Jes 2,1-5 A 1
Jes 5,1-7 A 57
Jes 6,1-2a.3-8 C 14
Jes 6,1-8 C 70
Jes 7,10-14 A 4
Jes 8,23-9,3 A 12
Jes 9,1-3.5-6 C 5
Jes 11,1-10 A 2
Jes 20,7-9 A 52
Jes 22,19-23 A 51
Jes 25,6-10 A 58
Jes 35,1-6.10 A 3
Jes 35,4-7 B 53
Jes 40,1-5.9-11 B 2
Jes 42,1-4.6-7 A 10, C 10

Jes 43,16-21 C 22
Jes 43,18-19.22.24-25 B 16
Jes 45,1.4-6 A 59
Jes 49,3.5-6 A 11
Jes 49,14-15 A 38
Jes 50,4-7 A 23, C 23
Jes 50,5-9 B 54
Jes 52,7-10 C 5
Jes 52,13-53,12 C 25
Jes 53,10-11 B 59
Jes 54,5-14 C 26
Jes 55,1-3 A 48
Jes 55,6-9 A 55
Jes 55,10-11 A 45
Jes 56,1.6-7 A 50
Jes 58,6.7-10 A 14
Jes 60,1-6 C 9
Jes 61,1-3 C 69
Jes 61,1-2.10-11 B 3
Jes 62,1-5 C 11
Jes 63,16-17; 64,1-8 B 1
Jes 66,10-14 C 44
Jes 66,18-21 C 51
Jer 1,4-5.17-19 C 13
Jer 17,5-8 C 15
Jer 20,10-13 A 42
Jer 23,1-6 B 46
Jer 31,7-9 B 60
Jer 31,31-34 B 22
Jer 33,14-16 C 1
Jer 38,4-6.8-10 C 50
Bar 5,1-9 C 2
Ez 2,2-5 B 44
Ez 17,22-24 B 41
Ez 18,25-28 A 56
Ez 33,7-9 A 53
Ez 34,11-12.15-17 A 64
Ez 37,12-14 A 22
Ez 36,16-28 A 26
Dan 7,13-14 B 64
Dan 12,1-3 B 63
Hos 2,16-17.21-22 B 38
Hos 6,3-6 A 40
Joël 2,12-18 C 17
Joël 2,23-27 C 68
Am 6,1.4-7 C 56
Am 7,12-15 B 45
Am 8,4-7 C 55
Jon 3,1-5.10 B 12
Mich 5,1-4 C 4
Hab 1,2-3; 2,2-4 C 57
Zef 2,3; 3,12-13 A 13
Zef 3,14-18 C 3
Sach 9,9-10 A 44
Sach 12,10-11 C 42
Mal 1,14-2,2.8-10 A 61
Mal 3,19-20 C 63

Mk 1,1-8 B 2
Mk 1,7-11 B 10
Mk 1,12-15 B 18
Mk 1,14-20 B 12
Mk 1,21-28 B 13
Mk 1,29-39 B 14
Mk 1,40-45 B 15
Mk 2,1-12 B 16
Mk 2,18-22 B 38
Mk 2,33-3,6 B 39
Mk 3,20-35 B 40
Mk 4,26-34 B 41
Mk 4,35-41 B 42
Mk 5,21-43 B 43
Mk 6,1-6 B 44
Mk 6,7-13 B 45
Mk 6,30-34 B 46
Mk 7,1-8.14-15.21-23 B 52
Mk 7,31-37 B 53
Mk 8,27-35 B 54
Mk 9,2-10 B 19
Mk 9,30-37 B 55
Mk 9,38-43.45.47-48 B 56
Mk 10,2-16 B 57
Mk 10,17-30 B 58
Mk 10,35-45 B 59
Mk 10,46-52 B 60
Mk 11,1-10 B 23
Mk 12,28-34 B 61
Mk 12,38-44 B 62
Mk 13,24-32 B 63
Mk 13,33-37 B 1
Mk 14,1-15,47 B 23
Mk 14,12-16.22-26 B 37
Mk 16,1-8 B 26
Mk 16,15-20 B 33
Mt 1,18-24 A 4
Mt 2,1-12 C 9
Mt 2,13-15.19-23 A 6
Mt 3,1-12 A 2
Mt 3,13-17 A 10
Mt 4,1-11 A 18

Schriftstellenregister

Mt 4,12-23	A 12
Mt 5,1-12	A 13
Mt 5,13-16	A 14
Mt 5,17-37	A 15
Mt 5,38-48	A 16
Mt 6,1-6.16-18	C 17
Mt 6,24-34	A 38
Mt 7,21-27	A 39
Mt 9,9-13	A 40
Mt 9,36-10,8	A 41
Mt 10,26-33	A 42
Mt 10,37-42	A 43
Mt 11,2-11	A 3
Mt 11,25-30	A 44
Mt 13,1-23	A 45
Mt 13,24-43	A 46
Mt 13,44-52	A 47
Mt 14,13-21	A 48
Mt 14,22-33	A 49
Mt 15,21-28	A 50
Mt 16,13-20	A 51
Mt 16,21-27	A 52
Mt 17,1-9	A 19
Mt 18,15-20	A 53
Mt 18,21-35	A 54
Mt 20,1-16	A 55
Mt 21,1-11	A 23
Mt 21,28-32	A 56
Mt 21,33-43	A 57
Mt 22,1-14	A 58
Mt 22,15-21	A 59
Mt 22,34-40	A 60
Mt 23,1-12	A 61
Mt 24,37-44	A 1
Mt 25,1-13	A 62
Mt 25,14-30	A 63, C 67
Mt 25,31-40	C 69
Mt 25,31-46	A 64
Mt 26,14-27,66	A 23
Mt 28,1-10	A 26
Mt 28,16-20	A 33, B 36
Mk 6,30-32	C 66
Lk 1,1-4	C 12
Lk 1,26-38	B 4
Lk 1,39-47	C 4
Lk 2,1-14	C 5
Lk 2,15-20	C 5
Lk 2,16-21	C 7
Lk 2,22-40	B 6
Lk 2,41-52	C 6
Lk 3,1-6	C 2
Lk 3,10-18	C 3
Lk 3,15-16.21-22	C 10
Lk 4,1-13	C 18
Lk 4,14-21	C 12
Lk 4,21-30	C 13
Lk 5,1-11	C 14
Lk 6,17.20-26	C 15
Lk 6,27-38	C 16
Lk 6,39-45	C 38
Lk 7,1-10	C 39
Lk 7,11-17	C 40
Lk 7,36-8,3	C 41
Lk 9,11-17	C 37
Lk 9,18-24	C 42
Lk 9,28-36	C 19
Lk 9,51-62	C 43
Lk 10,1-9	C 70
Lk 10,1-12.17-20	C 44
Lk 10,25-37	C 45
Lk 10,38-42	C 46
Lk 11,1-13	C 47
Lk 12,13-21	C 48, C 68
Lk 12,32-48	C 49
Lk 12,49-53	C 50
Lk 13,1-9	C 20
Lk 13,22-30	C 51
Lk 14,1.7-14	C 52
Lk 14,25-33	C 53
Lk 15,1-3.11-32	C 21
Lk 15,1-32	C 54
Lk 16,1-13	C 55
Lk 16,19-31	C 56
Lk 17,5-10	C 57
Lk 17,11-19	C 58, C 68
Lk 18,1-8	C 59
Lk 18,9-14	C 60
Lk 19,1-10	C 61
Lk 19,28-40	C 23
Lk 20,27-38	C 62
Lk 21,5-19	C 63
Lk 21,25-28.34-36	C 1
Lk 22,14-23,56	C 23
Lk 23,35-43	C 64
Lk 24,1-12	C 26
Lk 24,13-35	A 29
Lk 24,35-48	B 29
Lk 24,46-53	C 33
Joh 1,1-18	C 5, C 8
Joh 1,1.8.19-28	B 3

Joh 1,29-34 A 11
Joh 1,35-42 B 11
Joh 2,1-12 C 11
Joh 2,13-25 B 20
Joh 3,14-21 B 21
Joh 3,16-18 A 36
Joh 4,5-42 A 20
Joh 6,1-15 B 47
Joh 6,24-35 B 48
Joh 6,41-51 B 49
Joh 6,51-58 A 37, B 50
Joh 6,60-69 B 51
Joh 8,1-11 C 22
Joh 9,1-41 A 21
Joh 10,1-10 A 30
Joh 10,11-18 B 30
Joh 10,27-30 C 30
Joh 11,1-45 A 22
Joh 12,20-33 B 22
Joh 13,1-15 C 24, C 65
Joh 13,31-35 C 31
Joh 14,1-12 A 31
Joh 14,15-21 A 32
Joh 14,23-29 C 32
Joh 15,1-8 B 31
Joh 15,9-17 B 32
Joh 16,12-15 C 36
Joh 17,1-11 A 34
Joh 17,1-19 B 34
Joh 17,20-26 C 34
Joh 18,1-19,42 C 25
Joh 18,33-37 B 64
Joh 19,26-27 C 65
Joh 20,1-9 C 27
Joh 20,19-23 C 35
Joh 20,19-31 A 28, B 28, C 28
Joh 21,1-19 C 29
Apg 1,1-11 A 33, B 33, C 33
Apg 1,12-14 A 34
Apg 1,15-17.20-26 B 34
Apg 2,1-11 C 35
Apg 2,14.22-28 A 29
Apg 2,14.36-41 A 30
Apg 2,42-47 A 28
Apg 3,13-15.17-19 B 29
Apg 4,8-12 B 30
Apg 4,32-35 B 28
Apg 5,12-16 C 28
Apg 5,27-32.40-41 C 29
Apg 6,1-7 A 31
Apg 7,55-60 C 34
Apg 8,5-8.14-17 A 32
Apg 9,26-31 B 31
Apg 10,25-26.34-35.44-48 B 32
Apg 10,34-38 A 10, C 10
Apg 10,34.37-43 C 27
Apg 13,14.43-52 C 30
Apg 14,21-27 C 31
Apg 15,1-2.6.22-29 C 32
Röm 1,1-7 A 4
Röm 3,21-25.28 A 39
Röm 4,18-25 A 40
Röm 5,1-5 C 36
Röm 5,1-2.5-8 A 20
Röm 5,6-11 A 41
Röm 5,12-19 A 18, A 42
Röm 6,3-4.8-11 A 43, B 26
Röm 8,8-11 A 22
Röm 8,9.11-13 A 44
Röm 8,14-17 B 36
Röm 8,18-23 A 45
Röm 8,26-27 A 46
Röm 8,28-30 A 47
Röm 8,31-34 B 19
Röm 8,35.37-39 A 48
Röm 9,1-5 A 49
Röm 10,8-13 C 18
Röm 11,13-15.29-32 A 50
Röm 11,33-36 A 51
Röm 12,1-2 A 52
Röm 13,8-10 A 53
Röm 13,11-14 A 1
Röm 14,7-9 A 54
Röm 15,4-9 A 2
Röm 16,25-27 B 4
1 Kor 1,1-3 A 11
1 Kor 1,3-9 B 1
1 Kor 1,10-13.17 A 12
1 Kor 1,22-25 B 20
1 Kor 1,26-31 A 13
1 Kor 2,1-5 A 14
1 Kor 2,6-10 A 15
1 Kor 3,16-23 A 16
1 Kor 4,1-5 A 38
1 Kor 5,6-8 C 27
1 Kor 6,13-15 B 11
1 Kor 7,29-31 B 12
1 Kor 7,32-35 B 13
1 Kor 9,16-29.22-23 B 14
1 Kor 10,1-6.10-12 C 20

1 Kor 10,16-17	A 37
1 Kor 10,31-11,1	B 15
1 Kor 11,23-28	C 24, C 37
1 Kor 12,3-7.12-13	C 35
1 Kor 12,4-11	C 11
1 Kor 12,12-30	C 12
1 Kor 12,31-13,13	C 13, C 65
1 Kor 15,1-11	C 14
1 Kor 15,12.16-20	C 15
1 Kor 15,20-26.28	A 64
1 Kor 15,45-49	C 16
1 Kor 15,54-58	C 38
2 Kor 1,18-22	B 16
2 Kor 3,1-6	B 38
2 Kor 4,6-11	B 39
2 Kor 4,13-5,1	B 40
2 Kor 5,6-10	B 41
2 Kor 5,14-17	B 42
2 Kor 5,17-21	C 21
2 Kor 5,20-6,2	C 17
2 Kor 8,7-9.13-15	B 43
2 Kor 12,7-10	B 44
2 Kor 13,11-13	A 36
Gal 1,1-2.6-10	C 39
Gal 1,11-19	C 40
Gal 2,16.19-21	C 41
Gal 3,26-29	C 42
Gal 4,4-7	C 7
Gal 5,1.13-18	C 43
Gal 6,14-18	C 44
Eph 1,3-6.15-18	C 8
Eph 1,3-14	B 45
Eph 1,17-23	A 33, B 33, C 33
Eph 2,4-10	B 21
Eph 2,13-18	B 46
Eph 3,2-3.5-6	C 9
Eph 4,1-6	B 47
Eph 4,17.20-24	B 48
Eph 4,30-5,2	B 49
Eph 5,8-14	A 21
Eph 5,15-20	B 50
Eph 5,21-32	B 51
Phil 1,4-6.8-11	C 2
Phil 1,20-24.27	A 55
Phil 2,1-11	A 56
Phil 2,6-11	A 23, C 23
Phil 3,8-14	C 22
Phil 3,17-4,1	C 19
Phil 4,4-7	C 3
Phil 4,6-9	A 57
Phil 4,12-14.19-20	A 58
Kol 1,12-20	C 64
Kol 1,15-20	C 45
Kol 1,24-28	C 46
Kol 2,12-14	C 47
Kol 3,1-4	C 27
Kol 3,1-5.9-11	C 48
Kol 3,12-21	A 6, C 6
1 Thess 1,1-5	A 59
1 Thess 1,5-10	A 60
1 Thess 2,7-9.13	A 61
1 Thess 3,12-4,2	C 1
1 Thess 4,13-18	A 62
1 Thess 5,1-6	A 63
1 Thess 5,16-24	B 3
2 Thess 1,11-2,3	C 61
2 Thess 2,16-3,6	C 62
2 Thess 3,7-12	C 63
1 Tim 1,12-17	C 54
1 Tim 2,1-8	C 55
1 Tim 6,1-16	C 56
1 Tim 6,17-19	C 68
2 Tim 1,6-8.13-14	C 57
2 Tim 1,8-10	A 19
2 Tim 2,8-13	C 58
2 Tim 3,14-4,2	C 59
2 Tim 4,6-8.16-18	C 60
Tit 2,11-14	C 5
Tit 3,4-7	C 5
Phlm 9-10.12-17	C 53
Hebr 1,1-6	C 5
Hebr 2,9-11	B 57
Hebr 4,12-13	B 58
Hebr 4,14-16	B 59
Hebr 4,14-16; 5,7-9	C 25
Hebr 5,1-6	B 60
Hebr 5,7-9	B 22
Hebr 7,23-28	B 61
Hebr 9,1-15	B 37
Hebr 9,24-28	B 62
Hebr 10,5-10	C 4
Hebr 10,11-14.18	B 63
Hebr 11,1-2.8-19	C 49
Hebr 12,1-4	C 50
Hebr 12,5-7.11-13	C 51
Hebr 12,18-19.22-24	C 52
Jak 1,17-18.21-22.27	B 52
Jak 2,1-5	B 53
Jak 2,14-18	B 54
Jak 3,16-4,3	B 55

Jak 5,1-6	B 56
Jak 5,7-10	A 3
1 Petr 1,3-9	A 28
1 Petr 1,17-21	A 29
1 Petr 2,4-9	A 31
1 Petr 2,20-25	A 30
1 Petr 3,15-16	A 32
1 Petr 3,18-22	B 18
1 Petr 4,13-16	A 34
2 Petr 3,8-14	B 2
1 Joh 2,1-5	B 29
1 Joh 3,1-2	B 30
1 Joh 3,18-24	B 31
1 Joh 4,7-10	B 32
1 Joh 4,11-16	B 34
1 Joh 4,7-8.11-12	C 65
1 Joh 5,1-6	B 28
Offb 1,9-13.17-19	C 28
Offb 1,5-8	B 64
Offb 5,11-14	C 29
Offb 7,9.14-17	C 30
Offb 21,1-5	C 31
Offb 21,10-14.22-23	C 32
Offb 22,12-14.16-17.20	C 34

Stichwortverzeichnis

Abendmahl A 37, C 24
Abraham A 19, A 26, A 40, C 46, C 47, C 49, C 67
Adam A 18
Adlerflügel A 41
Advent A 1 – A 4, B 1 – B 4, C 1 – C 4
Adventskrippe C 1 – C 4
Adventslieder C 1 – C 4
Agapefeier C 24, C 26
allein sein B 57
Alpha/Omega B 64
Altar A 37
Alte ehren A 6
Amos B 45
Angst A 31, A 42, B 42, C 1
Apostel A 41, B 27, B 34
Arme A 13, A 44, A 60, B 53, C 55, C 56
Aschenkreuz C 17
Aschermittwoch A 17, B 17, C 17
Auferstehung, Auferweckung A 22, A 29, A 62, B 29, C 14 – C 16, C 26, C 27, C 38, C 40, C 62
Augen öffnen C 19
Aussatz C 58
Ausweis C 56

Ballast C 50
Balken C 38
Band A 11, B 37, C 65
Barmherzigkeit A 40, A 46, A 54, A 64, C 47, C 61
Bartimäus B 60
Baum A 2, A 18, A 50, B 5, B 41, C 15, C 34, C 38, C 59, C 65
Befreiung B 3, B 48, B 58
Begegnung A 49, C 4
Begeisterung C 35
Behinderung B 16, B 53, B 60
Bekehrung A 30
bekennen B 59, C 34, C 42
bereit werden A 2
Berg A 1, A 49, A 58, B 19, B 49
Bergpredigt A 38
Berufung B 11, C 43, C 70
Bescheidenheit C 52
Besen C 64
Besitz B 56, C 48, C 55, C 56
beten A 42, A 46, A 53, A 56, C 39, C 55
Bibel A 45, C 45, C 59
Bild C 45, C 64
bitten A 50, B 58, C 39, C 47, C 55, C 59
blind sein A 3, A 21, C 38
Blumenstrauß C 42, C 65
Boot B 43
Böses A 6, B 40, C 18
Botschaft B 33
Brief (Christi) B 38
Brot A 6, A 18, A 29, A 37, B 47 – B 50, B 62, C 37, C 56, C 70
Brotvermehrung A 48
Brot zum Leben A 45, C 21
Brücke A 10, B 18, C 40, C 46, C 61
Buch A 28, B 63, C 7, C 59, C 67
Bund A 41, A 48, A 61, B 18, B 22, B 34, B 37, B 57, B 62, C 66
Buße C 18 – C 22, C 41

Caritas A 31
Chance für jeden C 21
Christkönig A 64, B 64, C 64
Christophorus B 55

Dankbarkeit A 39, A 43, A 51, C 58, C 68
David A 21, B 46, C 41, C 64
Decke A 58
Demut A 13
Diakon A 31
Dienst A 38, A 52, A 56, A 61, B 55, C 44
Dienste der Gemeinde C 28
Dreifaltigkeit A 36, B 36, C 36
Dreikönige C 9
Dumensch A 16, B 50, C 48

Eckstein B 30
Einheit A 34, B 34, B 46, B 47, C 34, C 42
Einladung A 38
Elija A 49, B 49
Elisabeth B 59
Elischa A 43, B 47
Emmaus A 29
Engel B 4
Entscheidung A 21, B 33, B 51
Ernte B 41, C 44
Erntedankfest C 58, C 68
Erster sein C 51, C 52
Esel A 44
essen C 46
Eucharistie A 48, B 50, C 24, C 37
Evangelium A 12, A 48, B 12, B 18

Familie A 6, B 6, B 40, B 51, C 6, C 42
Fasten A 13, A 14
Fastenleiter B 18 – B 22
Fastenzeit A 18 – A 22, B 18 – B 22, C 18 – C 22
Feindesliebe C 16
Ferien C 66
Fernglas C 19, C 66
Fest B 50, B 63, C 11
Feuer A 15, B 35, B 52, C 17, C 20, C 26, C 35, C 50
Firmung A 32
Fisch C 37
Franz von Assisi B 58
Frau A 63
Freiheit A 56, C 43
Fremde A 50, A 60

Freund des Lebens C 61
Freude B 3
Freundschaft A 41, A 56
Frieden A 1, A 44, A 57, B 5, B 29, B 35, B 55, C 4, C 50
froh sein C 3
Fronleichnam A 37, B 37, C 37
Frucht bringen A 57, B 55, C 20, C 38
Fundament C 19
Fürbitten A 47, A 50
Fußwaschung C 24, C 65

Gaben und Fähigkeiten B 35, B 52, C 11, C 35
Garten A 3
Gastfreundschaft A 43, C 46
Geborgen in Gott B 1 – B 4, B 54
Gebot A 40, B 52
Geist Gottes A 32, A 35, A 46, B 35, B 56, C 32, C 35, C 36, C 69
Geld C 55
Gemeinde A 28, A 49, A 53, B 42, C 12, C 28, C 31
Gemeinschaft A 11, A 34, A 40, A 50, A 58, B 1, C 22, C 41, C 46, C 53, C 60
Gerechtigkeit A 2, B 3, C 41, C 60
Gesalbter A 21
Geschenk A 7, A 39, A 48, A 58, B 30, B 43, C 57, C 65
Geschwister A 61, B 53, C 53
Gesetzbuch B 61
Gesetz Jesu A 15
getragen von Gott C 2
Gewaltverzicht A 54, C 16
Glas C 52
glauben A 27, A 28, B 31, B 43, B 62, C 49, C 50, C 57
Glaubensbekenntnis B 10, C 18
Gleichnis A 45 – A 47, A 62 – A 64
goldenes Kalb C 54
Gott erfahren A 55, B 44, C 14
Gottesbild B 19, B 40, B 61, C 3, C 44, C 52, C 53, C 62
Gottesdienst A 52, B 39, C 12
Gott berührt uns C 58
Gottesliebe A 60, B 32
Gott führt uns C 19
Gott führt zusammen B 60
Gott liebt uns A 15, B 16, B 32, B 36, B 57, C 18, C 68
Gottesliebe B 61
Gott mit uns A 20, B 38, C 20
Gott schaut uns an B 39, C 7
Gründonnerstag A 24, B 24, C 24
Grundgesetz B 32
Güte A 21, A 55
Gutes A 47, C 18

Hand A 10, A 19, A 38, B 1, B 5, B 15, B 34, C 3, C 21, C 30
Handauflegung A 32
Hände öffnen C 21
Haus A 16, A 31, A 39, B 40, C 6
heilig sein C 4
Heilung B 53, C 38
Herrlichkeit Gottes C 19
Herz A 36, A 39, A 47, A 60, B 3, B 12, B 17, B 22, B 28, B 55, B 61, C 16, C 18, C 36, C 62
Herzauge C 27
Herzen öffnen C 22
Hilfe B 56
Hilfswerke C 30
Himmel und Erde B 1, B 2, B 33, C 5, C 31, C 48
Himmelfahrt A 33, B 33, C 33
Hirt / Herde A 30, A 64, B 2, B 30, B 46, B 60, C 29, C 30, C 64
Hochmut C 60
Hochzeit C 11
Hoffnung A 1 – A 4, A 20, A 32, A 45, A 55, C 19
hören A 47, B 61, C 30, C 46
Horizont B 63
Hungertuch B 18 – B 22

Ich bin ... B 48
Ichmensch A 16, C 48
Immanuel A 4, A 53

Jahr B 7
Jenseits B 55
Jeremia A 42, C 50
Jerusalem A 34
Jesaja A 1, A 52
Jesus A 3, A 4, A 10, A 18 – A 22, A 30, A 33, A 40, A 64, B 6, B 7, B 10, B 11, B 19, B 30, B 43, B 46, B 51, B 53, B 60, C 5, C 6, C 11, C 21, C 34, C 40, C 42
Johannes der Täufer A 2
Josef (NT) A 4
Juden A 49
Juwel A 59

Kampf C 56
Karfreitag A 25, B 25, C 25
Kerze (vgl. Licht) B 36, B 59
Ketten A 6, B 13, C 43
Kinder B 57
Kirche A 35, A 51, A 59, A 61, A 63, B 56
Kirchengebäude C 39
Kirchenvorstand B 34
Kleeblatt A 36
Kleid A 58, B 48, C 2, C 42
Kleines erwählen B 62, C 4
König A 47, B 64, C 64

Kompass B 20
Konflikt C 32
Korn B 41
Kreuz, Kreuzzeichen A 14, A 23, A 25, A 39, A 43, A 52, B 20, B 21, B 27, B 36, B 62, C 15, C 23 – C 27, C 44, C 53
Kreuzverehrung C 25
Kreuzweg C 25
Krippe A 5, C 5
Krone B 23, B 64, C 64

Lamm Gottes A 11, B 11, C 29
Land B 52, C 18
Lasten B 58
Leben A 17, A 22, A 29, A 44, B 26, B 49
Leib Christi C 12, C 33
Leid A 51, A 52, B 14, B 54
Leidensgeschichte C 25
Leiter B 59, C 59
Licht A 5, A 11, A 14, A 21, A 23 – A 26, A 48, A 62, B 3, B 6, B 21, B 39, B 59, C 8, C 9, C 16, C 40, C 60, C 69, C 70
Liebe A 36, A 53, A 56, B 2, C 13, C 16, C 31, C 36, C 43, C 45, C 65
Lob Gottes (Jesu) A 28, A 59, B 45, C 29, C 66
Luftballon C 60

Macht A 18, C 64
Mahl A 37, A 40, A 48, A 58, C 46, C 49, C 51
Manna B 48
Maria A 3, B 4
Martin C 69
Maß der Liebe C 16
Mauer B 46
Meer A 49
Menschenfischer B 12, C 14, C 29
Menschheit A 50
Messias A 51
Misereor C 22
Mission B 32
Mitleid A 60
Mobile B 14
Morgen A 12, A 55
Mose A 20, B 20, C 54, C 58
Mund Gottes A 52, B 13
Mund öffnen C 18
Mut A 9
Mutlose aufrichten C 3, C 51
Mutter (Gott) A 38, B 30, C 44
Muttertag C 65

Nachfolge A 12, A 60, B 54, B 58, C 42, C 43, C 44, C 53
Nächstenliebe A 16, A 40, A 60, B 61
Nächster B 62, C 45
Name A 59, B 4, B 7, B 11, C 11
Narr B 64
Netz B 15, C 41
Neubeginn A 49, A 52, A 56, B 16, B 38
neuer Mensch C 48
Nikolaus C 70
Noten/Notenschlüssel C 1

oben/unten A 4, A 64, C 52
Ohren öffnen C 20
Ökumene B 34, C 34
Orchester B 14
Osterei A 27
Osterkerze A 27, C 26, C 27
Ostern A 27, B 27, C 27
Osternacht A 26, B 26, C 26
Osterwasser B 27

Palmsonntag A 23, B 23, C 23
Palmzweige C 23
Pascha A 37, C 21, C 24
Paulus A 4, B 31, B 44, C 40, C 44
Petrus A 29, B 27, C 42
Pfarrgemeinderat B 34, C 31
Pfingsten A 35, B 35, C 35
Programm Jesu C 12
Prophet A 22, A 42, B 44, B 45, C 13, C 40
Prozession C 37
Pyramide A 60, C 36

Rad der Gemeinde C 14, C 28, C 34
Regenbogen A 50, B 18, C 66
reich sein C 2, C 48, C 56
Reichtum (wahrer) B 56
Reich Gottes A 46, A 51
Reicht das? C 19
Reißverschluss A 33, C 48
Rettung B 30, C 49
richten C 22
Rose C 16, C 61
Ruf, gerufen werden C 13

Sackgasse A 56, B 9, C 54
Salz A 14
Sämann A 45
Samariter C 45
Schalom A 2, A 44
Schatz A 47, A 51, B 39, B 58, C 49, C 68
Schiff A 49, B 42
Schlüssel A 51, A 53, C 28, C 59
Schöpfung A 18, C 26, C 44, C 63, C 66, C 68
Schulanfang C 67
Schuld A 54, C 41
Schuldschein C 47
Segelboot C 63
Segen A 19, A 39, A 43, B 6, B 8, C 7
Seil A 10
Seligpreisungen C 15
Senfkorn C 57
Sendung B 45
Sonne C 36, C 42, C 62
Sonntag B 39
Sorge füreinander B 54
Spiegel C 52, C 70
Spiel C 66
Stacheldraht C 16, C 27

Stadt (Gottes) C 2, C 31, C 32, C 34, C 52
Standhaftigkeit A 34, C 63
Stein A 31, B 23 – B 26
Stephanus C 34
Stern C 2, C 9
Sternsinger A 9, C 9
Stille B 42, C 66
Stirn A 39
Straße B 2
Streit A 12, B 55
Sturm B 42, C 35

Talente A 63, C 67
Taschengeld C 48
Tat B 31, B 52
Taufe A 32, A 33, A 43, A 54, B 2, B 10, B 18, B 36, C 10, C 20, C 43, C 47
Tauferneuerung C 10
Taufkleid C 42
teilen A 28, B 28, C 37, C 56, C 68, C 69 , C 70
Tempel A 16
Teppich C 52
Testament Jesu B 32
Tisch A 37, B 24, B 43
Tod A 17, B 25, C 38, C 40, C 60
Ton C 67
Töpfer B 1
Tor C 1, C 67
Totengedenken C 62
Tür A 60, C 8, C 18, C 35, C 51
Tür zum Glauben C 31
Turm A 10

Überheblichkeit C 56
Überzeugung B 55
Uhr B 7, C 1, C 66
Umkehr A 56, C 41, C 54, C 61
Unkraut A 46
Urteilen C 38

Vater, guter A 61, B 30, B 36, B 60, C 21, C 54
Vaterunser B 28, C 47, C 59
Verantwortung füreinander C 3
Vergebung A 54, C 41
Vergrößerungsglas C 66
Verheißung A 1 – A 4, B 52
Verklärung A 19
Verkündigung C 29
Versöhnung A 41, A 53, B 16, C 54, C 61
Verstorbene C 60
Vertrauen A 38, A 56, B 1, B 42, C 21, C 57
Verzagtheit A 3
Vielfalt C 42
Volk Gottes A 31, A 41
Völker A 50, B 4, C 9, C 30, C 39, C 51
Vollendung B 15
Vorbild C 63

Waage C 39, C 46
Wachsamkeit A 1, A 62, B 1, C 49
Wächter A 53
wachsen C 1
Waffen des Lichts A 1
warten A 3, C 1 – C 4, C 34, C 61
Wasser A 15, A 20, A 26, B 49, B 53, C 10, C 15, C 30, C 34
Weg A 31, A 51, B 2, B 16, B 31, B 32, B 37, B 51, B 55, C 9, C 13, C 22, C 43
Weg bauen C 2
Wegbegleiter A 29
Wegweiser A 2, A 39, A 53, A 60, B 17, B 20
Weihnachten A 5, B 1 – B 6, C 5
Weinberg A 57
Weinstock B 31
Weißer Sonntag A 28, B 28, C 28
Weisheit A 8, A 47, A 62, C 36, C 38, C 53
Weizenkorn B 22
Weltgericht C 69
Weltkirche C 12, C 27, C 30, C 32, C 39
Wende zum Guten B 9
Werte B 31
Wettkampf C 50
Wind A 49
Windhauch C 48
Wohnung A 31, B 41
Wolke B 63, C 42
Worte des Lebens A 29, A 61, B 5, B 31, C 8
Wort Gottes A 45, A 61, B 5, B 58, C 45, C 58, C 59
Wurzel A 2, A 50, C 59
Wünsche A 7, A 47
Wüste A 3, B 16, B 38, B 46, B 49, B 53

Zebra C 61
Zeit B 7, B 63, C 63, C 67
Zelt B 40
Zerbrochenes B 57
Zeuge sein B 29, B 34, C 33
Zeugnis B 61, C 38
Ziel A 57
Zöllner C 60, C 61
Zollstock C 1
Zukunft B 15, C 33, C 62
zusammenhängen B 14
Zweige C 16, C 23, C 26

Hermann-Josef Frisch
In Gemeinschaft feiern
Wortgottesdienste für Familien mit Kindern
Lesejahr A

Das Lesejahr A (Matthäus) steht unter dem Leitthema »In Gemeinschaft feiern«.
Damit wird eine Grundlinie der Theologie des Matthäus aufgegriffen: In der Gemeinschaft der Glaubenden und in ihrem Gottesdienst wird das Evangelium verkündet und der folgenden Generation weitergegeben.

ISBN 3-491-70305-0

Hermann-Josef Frisch
Vom Leben erzählen
Wortgottesdienste für Familien mit Kindern
Lesejahr C

Das Lesejahr C (Lukas) steht unter dem Leitthema »Vom Leben erzählen«.
Damit wird eine Grundlinie der Theologie des Lukas aufgegriffen: Er erzählt vom Leben der Menschen und wie Jesus mitten im alltäglichen Leben die Botschaft vom Reich Gottes verkündet.

ISBN 3-491-77030-0

Die drei Bände zu den drei Lesejahren stellen ein Standardwerk zur Vorbereitung von Gottesdiensten für Familien mit Kindern von 5-12 Jahren dar. Zu insgesamt über 200 Sonn- und Feiertagen des dreijährigen Lesezyklus finden sich in diesen Bänden fundierte Kurzexegesen aller in der Leseordnung enthaltenen Schrifttexte, dazu eine Besinnung, wie diese Texte mit der Lebenswelt heutiger Familien zu verbinden sind. Danach gibt es jeweils eine Fülle von Anregungen zur Gottesdienstgestaltung und zur Weiterführung dieser Gedanken auch nach dem Gottesdienst. Schriftstellen- und Stichwortregister runden jeden der drei Bände ab, so dass eine leichte Orientierung auch für weniger geübte Mitarbeiter/innen der Vorbereitungskreise möglich ist.

Hermann-Josef Frisch
Ich bin eingeladen
Kleines Messbuch

Kinder in den Gottesdienst der Christen einzuführen, ist heute eine nicht immer leichte Aufgabe. Dieses kleine Buch gibt Eltern und 5-8jährigen Kindern gute Hilfen und vielfältige Anregungen.

ISBN 3-491-79484-6